Versicherungsfall Insolvenzanfechtung

VERSICHERUNGSRECHTLICHE STUDIEN

HERAUSGEGEBEN VON PROFESSOR DR. GERRIT WINTER
UND PROFESSOR DR. ROBERT KOCH, LL.M.

BAND 84

PETER LANG

Dr. Kai Engelsberg, LL.M.

Versicherungsfall Insolvenzanfechtung

Versicherungsschutz gegen das Insolvenzanfechtungsrisiko für Lieferanten

PETER LANG

Bibliografische Information der Deutschen Nationalbibliothek
Die Deutsche Nationalbibliothek verzeichnet diese Publikation in der Deutschen Nationalbibliografie; detaillierte bibliografische Daten sind im Internet über http://dnb.d-nb.de abrufbar.

Zugl.: Hamburg, Univ., Diss., 2020.

D 18

ISBN 978-3-631-83385-8 (Print)
E-ISBN 978-3-631-83587-6 (E-PDF)
E-ISBN 978-3-631-83588-3 (EPUB)
E-ISBN 978-3-631-83589-0 (MOBI)
DOI 10.3726/b17606

Peter Lang – Berlin · Bern · Bruxelles · New York ·
Oxford · Warszawa · Wien

Diese Publikation wurde begutachtet.

www.peterlang.com

Vorwort

Für Lieferanten stellt die Inanspruchnahme aus Insolvenzanfechtung durch rückwirkenden Forderungsausfall ein schwer kalkulierbares Vermögensschadenrisiko dar, das es zu steuern gilt. Seit einigen Jahren beschäftigt sich der deutsche Versicherungsmarkt mit der Frage, ob und wie das Risiko Insolvenzanfechtung versicherbar ist. Dieser Umstand gab über meine berufliche Tätigkeit hinaus Anlass, die Thematik eingehender zu untersuchen. Die vorliegende Arbeit wurde im Sommersemester 2020 von der Fakultät für Rechtswissenschaft der Universität Hamburg als Dissertation angenommen.

An dieser Stelle möchte ich mich bei allen bedanken, die mich bei der Anfertigung der Dissertation unterstützt haben.

Mein ganz besonderer Dank gilt Prof. Dr. Robert Koch, LL.M. (McGill) für die hervorragende Unterstützung und Betreuung der Arbeit. Ferner danke ich Prof. Dr. Reinhard Bork sehr für die zügige Erstellung des Zweitgutachtens. Für die Aufnahme der Arbeit in die Reihe „Versicherungsrechtliche Studien" danke ich Prof. Dr. Robert Koch, LL.M. (McGill) sowie Prof. Dr. Gerrit Winter.

Mein ganz herzlicher Dank gilt zudem meiner Frau und meinen Kindern für ihre Geduld und Unterstützung.

Hamburg, Juli 2020 Dr. Kai Engelsberg, LL.M.

Inhaltsverzeichnis

Literaturverzeichnis

Armbrüster, Christian | Privatversicherungsrecht
Tübingen 2013.
(zitiert: *Armbrüster*)

ders. | AGB-Kontrolle der Leistungsbeschreibung in Versicherungsverträgen – Neues vom EuGH? in: NJW 2015, S. 1788 ff.

Bähr, Gunne W. | Handbuch des Versicherungsaufsichtsrechts
München 2011.
(zitiert: *Bearbeiter* in: Handbuch des Versicherungsaufsichtsrecht)

Baumann, Horst | AGB-rechtliche Inhaltskontrollfreiheit des Claims-made-Prinzips? in: VersR 2012, S. 1461 ff.

Beckmann, Roland Michael/ **Matusche-Beckmann**, Annemarie | Versicherungsrechtshandbuch
3. Auflage, München 2015.
(zitiert: *Bearbeiter* in: Beckmann/ Matusche-Beckmann)

Binz, Fritz/ **Hess**, Harald | Der Insolvenzverwalter
Heidelberg 2004.
(zitiert: *Binz/Hess*)

Bork, Reinhard | Einführung in das Insolvenzrecht
8. Auflage, Tübingen 2017.
(zitiert: *Bork*)

ders. | Handbuch des Insolvenzanfechtungsrechts
Köln 2006.
(zitiert: *Bearbeiter in:* Handbuch des Insolvenzanfechtungsrechts)

ders. Zahlungsunfähigkeit, Zahlungsstockung und Passiva II in: ZIP 2008, S. 1749 ff.

ders. Die Renaissance des § 133 InsO in: ZIP 2004, S. 1684 ff.

ders. Grundtendenzen des Insolvenzanfechtungsrechts in: ZIP 2008, S. 1041 ff.

ders. Kann der (vorläufige) Insolvenzverwalter auf das Anfechtungsrecht verzichten? in: ZIP 2006, S. 589 ff.

ders. Verfolgungspflichten – Muss der Insolvenzverwalter alle Forderungen einziehen? in: ZIP 2005, S. 1120 ff.

ders. Pflichten der Geschäftsführung in Krise und Sanierung in: ZIP 2011, S. 101 ff.

ders. Anfechtung als Kernstück der Gläubigergleichbehandlung in: ZIP 2014, S. 797 ff.

ders. Die Anfechtung unentgeltlicher Leistungen nach § 134 InsO in: NZI 2018, S. 1 ff.

Bork, Reinhard/ **Gehrlein**, Markus Aktuelle Probleme der Insolvenzanfechtung 14. Auflage, Köln 2017. (zitiert: *Bork/Gehrlein*)

Borsch, Uwe/ **Matzen**, Klaus Vorsatzanfechtung – Vorwärts in die Vergangenheit? in: ZInsO 2018, S. 2685 ff.

Brahmstaedt, Robert Die Feststellung der Zahlungsunfähigkeit Köln 2012. (zitiert: *Brahmstaedt*)

Bruck, Ernst/ **Möller**, Hans	VVG, Kommentar Band 1, 9. Auflage, Berlin 2008 Band 2, 9. Auflage, Berlin 2010 Band 3, 9. Auflage, Berlin 2010 Band 4, 9. Auflage, Berlin 2013. (zitiert: Bruck/Möller/*Bearbeiter)*
Bruns, Alexander	Privatversicherungsrecht München 2015. (zitiert: *Bruns*)
Büchler, Olaf	Beraterhaftung in der GmbH–Insolvenz in: InsVZ 2010, 68 ff.
Bühren van, Hubert W.	Handbuch Versicherungsrecht 7. Auflage, Köln 2017. (zitiert: *Bearbeiter* in: Handbuch Versicherungsrecht)
Buschbell, Hans/ **Hering**, Manfred	Handbuch Rechtsschutzversicherung 6. Auflage, Bonn 2015. (zitiert: *Bearbeiter* in: Handbuch Versicherungsrecht)
Ciupke, Steffen	Wertpotentiale der Kreditversicherung Karlsruhe 2008. (zitiert: *Ciupke*)
Dahl, Michael/ **Schmitz**, Daniel	Das neue Insolvenzanfechtungsrecht in: NJW 2017, S. 1505 ff.
Deutsch, Erwin/ **Iversen**, Thore	Versicherungsvertragsrecht 7. Auflage, Karlsruhe 2015. (zitiert: *Deutsch/Iversen*)

Dittmer, Jana — Die Feststellung der Zahlungsunfähigkeit von Gesellschaften mit beschränkter Haftung
Tübingen 2013.
(zitiert: *Dittmer*)

Eisolt, Dirk — BFH-Urteil vom 15.12.2016 belastet die Masse zugunsten des Fiskus in: ZInsO 2017, S. 630 ff.

Farny, Dieter — AVB unter dem Gesichtspunkt „Produktbeschreibung“ in: ZVersWiss 1975, S. 170 ff.

Farny, Dieter/
Helten, Elmar/
Koch, Peter/
Schmidt, Reimer — Handwörterbuch der Versicherung
Karlsruhe 1988.
(zitiert: HdV/*Bearbeiter*)

Fawzy, Oliver/
Köchling, Marcel — Die Reform der Vorsatzanfechtung, oder: die größte Baustelle des Insolvenzrechts? in: ZInsO 2014, 1073 ff.

Fleischer, Holger/
Goette, Wulf — Münchener Kommentar zum Gesetz betreffend die Gesellschaften mit beschränkter Haftung
Band 2, 3. Auflage, München 2019.
(zitiert: MüKo-GmbHG/*Bearbeiter*)

Froehner, Jan — Deliktische Haftung für die Beihilfe zur Insolvenzverschleppung gegenüber dem Neugläubiger in: ZInsO 2011, S. 1617 ff.

Ganssauge, Karsten/
Maier, Katharina — IFRS9: Praktische Anwendungsfälle bei Industrieunternehmen in: WPg 2018, S. 133 ff.

Ganter, Gerhardt — Wiederaufleben von Sicherheiten nach Tilgung der gesicherten Hauptforderung durch Anfechtung in: WM 2011, S. 245 ff.

Gardette, Jean-Marie — Versicherungsschutz für Hochwasserschäden? in: ZVersWiss 1997, S. 216 ff.

Gehrlein, Markus — Neuere Entwicklungen zur Schenkungsanfechtung in: ZInsO 2018, S. 2280 ff.

ders. — Neuere Rechtsprechung zur Vorsatzanfechtung in: ZInsO 2018, S. 2557 ff.

Graef, Joachim — Haftung der Geschäftsführer bei fehlerhafter Kreditvergabe in: GmbHR 2004, S. 327 ff.

Goette, Wulf/ **Habersack**, Matthias/ **Kalss**, Susanne — Münchener Kommentar zum Aktiengesetz Band 2, 5. Auflage, München 2019. (zitiert: MüKo-AktG/*Bearbeiter*)

Gottwald, Peter — Insolvenzrechtshandbuch 5. Auflage, München 2015. (zitiert: *Bearbeiter* in: Insolvenzrechtshandbuch)

Gützlaff, Markus — Vergleich zwischen Kreditversicherung und Kreditderivaten Hamburg 2011. (zitiert: *Gützlaff*)

Haarmeyer, Hans/ **Huber**, Michael/ **Schmittmann**, Jens — Praxis der Insolvenzanfechtung 3. Auflage, Köln 2018. (zitiert: HHS/*Bearbeiter*)

Haarmeyer, Hans/ **Wutzke**, Wolfgang/ **Förster**, Karsten — Insolvenzordnung, Kommentar 2. Auflage, Köln 2012. (zitiert: HWF/*Bearbeiter*)

Hacker, Maximilian — Verabschiedung des Gesetzes zur Reform des Anfechtungsrechts in: NZI 2017, S. 148 ff.

Halm, Wolfgang/ **Engelbrecht**, Andreas/ **Krahe**, Frank — Handbuch des Fachanwalts Versicherungsrecht 5. Auflage, Köln 2014. (zitiert: *Bearbeiter* in: Handbuch Versicherungsrecht)

Hamburger Gesellschaft zur Förderung des Versicherungswesens mbH (Hrsg.) Der Umgang mit Risiken im Grenzbereich der Versicherbarkeit
Karlsruhe 2002.
(zitiert: HGFV, *Bearbeiter)*

Heidbrink, Alfried Zum Wiederaufleben von Sicherheiten nach Insolvenzanfechtung in: NZI 2005, S. 363 ff.

Heidbrink, Alfried/ **v. d. Groeben,** Marie-Christine Insolvenz und Schiedsverfahren in: ZIP 2006, S. 265 ff.

Herrmann, Harald Risikomanagement in der Kreditversicherung – Bloßes Werbeversprechen oder verbindliche Zusage in Krisenzeiten? In: VersR 2015, S. 275 ff.

Hess, Harald Kölner Kommentar zur Insolvenzordnung
Band 3, Köln 2017.
(zitiert: KK-InsO/*Bearbeiter*)

Hopt, Klaus J./ **Wiedemann**, Herbert Aktiengesetz, Großkommentar
Band 3, 4. Auflage, Berlin 2008.
(zitiert: Hopt/Wiedemann/*Bearbeiter*)

Horsch, Andreas/ **Rathmann**, Tanja Kreditrisikotransfer durch Kreditversicherung
Karlsruhe 2012.
(zitiert: *Horsch/Rathmann*)

Huber, Michael Anfechtungsgesetz
11. Auflage, München 2016.
(zitiert: *Huber*)

Ihlas, Horst Directors & Officers Liability
2. Auflage, Berlin 2009.
(zitiert: *Ihlas*)

ders. Stand und Entwicklungsmöglichkeiten in der Vertrauensschadenversicherung in: VersR 1994, S. 898 ff.

Isern, Werner Die Versicherung von Krediten als Instrument kreditspezifischer Risikovorsorge im Geschäft der Banken
Frankfurt a.M. 1984.
(zitiert: *Isern*)

Jauernig, Othmar Bürgerliches Gesetzbuch, Kommentar
17. Auflage, München 2018.
(zitiert: Jauernig/*Bearbeiter*)

Joecks, Wolfgang/ **Miebach**, Klaus Münchener Kommentar zum Strafgesetzbuch
Band 1, 3. Auflage, München 2017.
(zitiert: MüKo-StGB/*Bearbeiter*)

Kahlert, Günter Umsatzsteuerfolgen von Vereinbarungen über Insolvenzanfechtung in: ZIP 2012, S. 1433 ff.

Kayser, Goderhard Vorsatzanfechtung im Spannungsverhältnis von Gläubigergleichbehandlung und Sanierungschancen in: NJW 2014, S. 422 ff.

ders. Konsequenzen des neuen Anfechtungsrechts für die Rechtsprechung des BGH – Viel Lärm um nichts? In: ZIP 2018, S. 1153 ff.

ders. Die Anfechtung als unentgeltliche Leistung – eine Allzweckwaffe des Insolvenzverwalters zur Massegenerierung? in: ZIP 2019, S. 293 ff.

Kayser, Godehard/ **Thole**, Christoph Insolvenzordnung, Kommentar
9. Auflage, Heidelberg 2018.
(zitiert: Kayser/Thole/*Bearbeiter*)

Kirchhof, Hans-Peter	Münchener Kommentar zum Anfechtungsgesetz München 2012. (zitiert: MüKo-AnfG/*Kirchhof*)
Kindler, Peter/ **Bitzer**, Fabian	Die Reform der Insolvenzanfechtung in: NZI 2017, S. 369 ff.
Kirchhof, Hans-Peter/ **Eidenmüller**, Horst/ **Stürner**, Rolf	Münchener Kommentar zur Insolvenzordnung Band 2, 3. Auflage, München 2013. (zitiert: MüKo-InsO/*Bearbeiter*)
Kirstein, Hans-Joachim	Ausführungen zur real existierenden Situation bei Eröffnungs- und Befriedigungsquoten in Insolvenzverfahren in: ZInsO 2006, S. 966 ff.
Koch, Robert	Vertrauensschadenversicherung Karlsruhe 2006. (zitiert: *Koch*)
ders.	Die Vertrauensschadenversicherung in ihrer aktuellen Erscheinungsform in: VersR 2005, S. 1192 ff.
ders.	Die Rechtsstellung der Gesellschaft und des Organmitglieds in der D&O-Versicherung (I) in: GmbHR 2004, S. 18 ff.
ders.	Das Claims-made-Prinzip in der D&O-Versicherung auf dem Prüfstand der AGB-Inhaltskontrolle in: VersR 2011, S. 295 ff.
ders.	Kontrollfähigkeit/-freiheit formularmäßiger Haftpflichtversicherungsfalldefinitionen? in: VersR 2014, S. 1277 ff.
ders.	Die Auslegung von AVB in: VersR 2015, S. 133 ff.

ders.	Auslegung des Tatbestandsmerkmals „Pflichtverletzung bei Ausübung der versicherten Tätigkeit" im Rahmen der D&O-Versicherung in: ZIP 2018, S. 301 ff.
Köper, Roman/ **Pfoser**, Florian	Vorsatzanfechtung nach § 133 Abs. 1 InsO bei Ratenzahlungsvereinbarungen und ihre Folgen für Handelsunternehmen in: ZInsO 2014, S. 2341 ff.
Krauß, Sabine	Zahlungsunfähigkeit und Bugwelleneffekt aus Sicht der wirtschaftlichen Praxis in: ZInsO 2016, S. 2361 ff.
Kreft, Gerhardt	Heidelberger Kommentar Insolvenzordnung 7. Auflage, Heidelberg 2014. (zitiert: HK-InsO/*Bearbeiter*)
Kübler, Bruno M./ **Prütting**, Hanns/ **Bork**, Reinhard	Kommentar zur Insolvenzordnung Lose Blattsammlung Köln 2019. (zitiert: KPB/*Bearbeiter*)
Kummer, Joachim/ **Schäfer**, Berthold/ **Wagner**, Eberhard	Insolvenzanfechtung, Fallgruppenkommentar 3. Auflage, Köln 2017. (zitiert: KSW/*Bearbeiter*)
Lange, Oliver	D&O-Versicherung und Managerhaftung München 2014. (zitiert: *Lange*)
Langheid, Theo/ **Wandt**, Manfred	Münchener Kommentar zum Versicherungsvertragsgesetz, Band 1, 2. Auflage, München 2016 Band 3, 2. Auflage, München 2017. (zitiert: MüKo-VVG/*Bearbeiter*)
Leonhardt, Peter/ **Smid**, Stefan/ **Zeuner**, Mark	Insolvenzordnung, Kommentar 3. Auflage, Stuttgart 2010. (zitiert: LSZ/*Bearbeiter*)

Lind, Thorsten — Zur Auslegung von § 133 InsO, insbesondere im System der Anfechtungstatbestände
Berlin 2006.
(zitiert: *Lind*)

Littbarski, Sigurd — Produkthaftpflichtversicherung, Kommentar
2. Auflage, München 2014.
(zitiert: *Littbarski*)

Lutter, Marcus — Die Business Judgement Rule und ihre praktische Anwendung in: ZIP 2007, S. 841 ff.

Maier, Klaus — Die tödliche Forderungsanmeldung in: ZInsO 2016, S. 843 ff.

Marotzke, Wolfgang — Vertrauensschutz kontra Gesamtgläubigerinteresse – Gedanken zu Auslegung und Reform des Insolvenzanfechtungsrechts in: ZInsO 2014, S. 417 ff.

Meyer, Bernd — Die Kreditversicherung
4. Auflage, Frankfurt a. M. 1997.
(zitiert: *Meyer*)

Mitterlechner, Hermann/ **Wax**, Thomas/ **Witsch**, Hendrik — D&O-Versicherung
2. Auflage, München 2019.
(zitiert: *Mitterlechner/Wax/Witsch*)

Mohrmutter, Harro/ **Ringstmeier**, Andreas — Handbuch Insolvenzverwaltung
10. Auflage, Köln 2018.
(zitiert: *Bearbeiter* in: Handbuch Insolvenzverwaltung)

Nerlich, Jörg/ **Römermann**, Volker — Insolvenzordnung, Kommentar
Loseblattsammlung
München 2019.
(zitiert: Nerlich/Römermann/*Bearbeiter*)

Nickert, Cornelius/ **Lamberti**, Udo H. — Überschuldungs- und Zahlungsunfähigkeitsprüfung im Insolvenzrecht 3. Auflage, Köln 2016. (zitiert: Nickert/Lamberti/*Bearbeiter*)

Olbrich, Carola — Die D&O-Versicherung 2. Auflage, Karlsruhe 2007. (zitiert: *Olbrich*)

Palandt, Otto — Bürgerliches Gesetzbuch, Kommentar 77. Auflage, München 2018. (zitiert: Palandt/*Bearbeiter*)

Pape, Gerhard — Verbesserung der Rechtssicherheit bei Insolvenzanfechtungen? in: NWB 2017, S. 2841 ff.

ders. — Die Zahlungsunfähigkeit als Dreh- und Angelpunkt des Insolvenzverfahrens in: NWB 2018, S. 961 ff.

ders. — Anfechtungsrecht 2017 – Abschied von der Insolvenzrechtsreform in Raten in: ZInsO 2018, S. 296 ff.

Paschen, Lutz — Reform der Insolvenzanfechtung – die Wirtschaft bleibt bei der Forderung nach einer gesetzgeberischen Korrektur in: ZInsO 2014, 2485 ff.

Pataki, Tibor S. — Der Versicherungsfall in der Haftpflichtversicherung – Grenzen eines Definitionsversuchs am Beispiel der „Claims-made"-Theorie in: VersR 2004, S. 835 ff.

Penner, Eduard — Tod eines Wiedergängers? „Vorsätzliche" contra „Wissentliche" Pflichtverletzung in der D&O-Versicherung in: VersR 2005, S. 1359 ff.

Pfefferle, Roland — Zur Reform der Konkursanfechtung und der Rückschlagsperre in: ZIP 1984, S. 147 ff.

Pohl, Roland — Der Insolvenzgrund der Zahlungsunfähigkeit Hamburg 2011. (zitiert: *Pohl)*

Prölls, Jürgen/ **Martin**, Anton — Versicherungsvertragsgesetz, Kommentar 30. Auflage, München 2018. (zitiert: Prölls/Martin/*Bearbeiter*)

Prütting, Hanns **Wegen**, Gerhard **Weinreich**, Gerd — Bürgerliches Gesetzbuch, Kommentar 14. Auflage, Köln 2019. (zitiert: PWW-*Bearbeiter*)

Reese, Jürgen — Die Haftung von „Managern" im Innenverhältnis in: DStR 1995, S. 532 ff.

Ruttmann, Peter — Die Versicherbarkeit von Geldstrafen, Geldbußen, Strafschadensersatz und Regressansprüchen in der D&O Versicherung Karlsruhe, 2014. (zitiert: *Ruttmann*)

Rendels, Dietmar — Wann ist eine Vollstreckungshandlung als Rechtshandlung des Schuldners nach § 133 Abs. 1 InsO anfechtbar? in: ZIP 2004, S. 1289 ff.

Schädlich, Jörg — Reform der Insolvenzanfechtung in Kraft getreten in: NWB 2017, S. 563 ff.

Schimikowski, Peter — Claims made – ein geeignetes Prinzip für Haftpflichtversicherungen im Heilwesenbereich? in: VersR 2010, S. 1533 ff.

Schönke, Adolf/ **Schröder**, Horst — Strafgesetzbuch, Kommentar 30. Auflage, München 2019. (zitiert: Schönke/Schröder/*Bearbeiter*)

Schramm, Tanja — Das Anspruchserhebungsprinzip
Karlsruhe 2009.
(zitiert: *Schramm*)

Schmidt, Andreas — Hamburger Kommentar zum Insolvenzrecht
7. Auflage, Köln 2019.
(zitiert: HambKomm/*Bearbeiter*)

Schmidt, Karsten — Insolvenzordnung, Kommentar
19. Auflage, München 2016.
(zitiert: Schmidt/*Bearbeiter*)

Seitz, Björn — Vorsatzausschluss in der D&O-Versicherung – endlich Licht im Dunkeln! in: VersR 2007, S. 1476 ff.

Seitz, Björn/
Finkel, Bastian/
Klimke, Dominik — D&O-Versicherung, Kommentar
München 2016.
(zitiert: Seitz/Finkel/Klimke/*Bearbeiter*)

Seitz, Stefanie — Die Bedeutung der Vertrauensschadenversicherung im Kontext von Wirtschaftskriminalität, Risikomanagement und Compliance
Karlsruhe 2011.
(zitiert: *Seitz*)

Smid, Stefan — Handbuch Insolvenzrecht
6. Auflage, Berlin 2012.
(zitiert: *Smid*)

Staudinger, Ansgar/
Halm, Andreas/
Wendt, Dominik/ — Fachanwaltskommentar Versicherungsrecht
2. Auflage, Köln 2017.
(zitiert: Staudinger/Halm/Wendt/*Bearbeiter*)

Stürner, Rolf/
Eidenmüller, Horst/
Schoppmeyer, Heinrich — Münchener Kommentar zur Insolvenzordnung
Band 1, 4. Auflage, München 2019
(zitiert: MüKo-InsO/*Bearbeiter*)

Teschabai-Oglu, Hannah — Die Versicherbarkeit von Emerging Risks in der Haftpflichtversicherung
Karlsruhe 2012.
(zitiert: *Teschabai-Oglu*)

Thole, Christoph — Das Reformgesetz zur Insolvenzanfechtung
in: ZIP 2017, S. 401 ff.

Trams, Kai — Ausufernder Anwendungsbereich der Vorsatzanfechtung? in: NJW Spezial 2014, S. 597 f.

Uhlenbruck, Wilhelm — Insolvenzordnung, Kommentar
15. Auflage, München 2019.
(zitiert: Uhlenbruck/*Bearbeiter*)

Veith, Jürgen/
Gräfe, Jürgen/
Gebert, Yvonne — Der Versicherungsprozess
3. Auflage, Baden-Baden 2016.
(zitiert: *Bearbeiter* in: Handbuch Versicherungsprozess)

Wagner, Gerhard — Die Zukunft der Umwelthaftpflichtversicherung in: VersR 1992, S. 261 ff.

Wagner, Magnus — Der Steuerberater in der Zwickmühle – Die Wahl zwischen Mandatsniederlegung oder Beihilfe zur Insolvenzverschleppung in: ZInsO 2009, 449 ff.

Wandt, Manfred — Versicherungsrecht
6. Auflage, München 2016.
(zitiert: *Wandt)*

Weber, Jörg-Andreas — Kreditsicherungsrecht
10. Auflage, München 2018.
(zitiert: *Weber)*

Westphalen Graf von, Friedrich — Wirksamkeit des Claims-made-Prinzips in der D&O-Versicherung in: VersR 2011, S. 145 ff.

Wien, Andreas	Handels- und Gesellschaftsrecht Wiesbaden 2013. (zitiert: *Wien*)
Wimmer, Klaus	Frankfurter Kommentar zur Insolvenzordnung 9. Auflage, Köln 2018. (zitiert: FK-InsO/*Bearbeiter*)
Winter, Gerrit	Versicherungsaufsichtsrecht Karlsruhe 2013. (zitiert: *Winter*)
ders.	Subsidiaritätsklauseln und AGBG in: VersR 1991, S. 527 ff.
Wittchen, Ingo	Die Warenkreditversicherung Karlsruhe 1995. (zitiert: *Wittchen*)
ders.	Vertragsform und Kündigungsrecht in der Warenkreditversicherung In: VersR 1993, 530 ff.
Wöltje, Jörg	Investition und Finanzierung Freiburg 2013. (zitiert: *Wöltje*)
Zivkovic, Frane	Die reformierte Vorsatzanfechtung. Es darf „vermutet“ werden in: ZVI 2017, S. 369 ff.
Zöllner, Wolfgang/ **Noack**, Ulrich	Kölner Kommentar zum Aktiengesetz Band 2 Teil 1, 3. Auflage Köln 2009. (zitiert: KölnerKommAktG/*Bearbeiter*)

Abkürzungsverzeichnis

a.F.	alte Fassung
Abs.	Absatz
AGB	Allgemeine Geschäftsbedingungen
AHB	Allgemeine Haftpflichtbedingungen
AktG	Aktiengesetz
AnfG	Anfechtungsgesetz
Anh.	Anhang
ARB	Allgemeine Bedingungen für die Rechtsschutzversicherung
AVB	Allgemeine Versicherungsbedingungen
AVB-AnfechtV	Allgemeine Versicherungsbedingungen für die Insolvenzanfechtungsversicherung
AVB-AFV-K	Allgemeine Versicherungsbedingungen für die Anfechtungsversicherung als Ergänzung für die Kreditversicherung
AVB-AVG	Allgemeine Versicherungsbedingungen für die Vermögensschaden-Haftpflichtversicherung von Aufsichtsräten, Vorständen und Geschäftsführern
AVB-VSV	Allgemeine Versicherungsbedingungen für die Vertrauensschadenversicherung
AVB-WKV	Allgemeine Versicherungsbedingungen für die Warenkreditversicherung
Az.	Aktenzeichen
Beschl.	Beschluss
BFH	Bundesfinanzhof
BGB	Bürgerliches Gesetzbuch
BGBl	Bundesgesetzblatt
BGH	Bundesgerichtshof
BT-Drucks.	Bundestag Drucksache
Buchst.	Buchstabe
bzgl.	bezüglich
ders.	derselbe
D&O	Directors & Officers
DStR	Deutsches Steuerrecht
Einf.	Einführung
etc.	et cetera
EuGH	Europäischer Gerichtshof

EuInsVO	Europäische Insolvenzverordnung
EUR	Euro
f.	folgende
ff.	fortfolgende
FamFG	Gesetz über das Verfahren in Familiensachen und den Angelegenheiten der freiwilligen Gerichtsbarkeit
GDV	Gesamtverband der Deutschen Versicherungswirtschaft
gem.	gemäß
ggf.	gegebenenfalls
GmbH	Gesellschaft mit beschränkter Haftung
GmbHG	Gesetz betreffend die Gesellschaft mit beschränkter Haftung
GmbHR	GmbHRundschau
HGB	Handelsgesetzbuch
h.M.	herrschende Meinung
Hrsg.	Herausgeber
HS	Halbsatz
IFRS9	International Financial Reporting Standard 9 - Finanzinstrumente
InsO	Insolvenzordnung
InsVZ	Zeitschrift für Insolvenzverwaltung und Sanierungsberatung
i.V.m.	in Verbindung mit
Kp.	Kapitel
LG	Landgericht
m.w.N.	mit weiteren Nachweisen
n.F.	neue Fassung
NJW	Neue Juristische Wochenschrift
NJW-RR	Neue Juristische Wochenschrift Rechtsprechungs-Report
Nr.	Nummer
NStZ	Neue Zeitschrift für Strafrecht
NWB	Neue Wirtschafts-Briefe - Steuer und Wirtschaftsrecht
NZG	Neue Zeitschrift für Gesellschaftsrecht
NZI	Neue Zeitschrift für Insolvenz- und Sanierungsrecht
OLG	Oberlandesgericht
ProdHaftpflV	Produkthaftpflichtversicherung
RegE	Regierungsentwurf
Rn.	Randnummer
r+s	Recht und Schaden
S.	Seite(n), Satz
S.A./ SA	Société Anonyme/ Sociedad Anónima

SE	Societas Europapaea
StGB	Strafgesetzbuch
u.a.	unter anderem
UStG	Umsatzsteuergesetz
u.U.	unter Umständen
VAG	Versicherungsaufsichtsgesetz
VersR	Zeitschrift für Versicherungsrecht, Haftungs- und Schadensrecht
vgl.	vergleiche
Vorb.	Vorbemerkung
VSV	Vertrauensschadenversicherung
VVG	Versicherungsvertragsgesetz
WKV	Warenkreditversicherung
WM	Wertpapiermitteilungen - Zeitschrift für Wirtschafts- und Bankrecht
WPg	Die Wirtschaftsprüfung
z.B.	zum Beispiel
Ziff.	Ziffer
ZInsO	Zeitschrift für das gesamte Insolvenzrecht
ZIP	Zeitschrift für Wirtschaftsrecht
ZPO	Zivilprozessordnung
z.T.	zum Teil
ZVersWiss	Zeitschrift für die gesamte Versicherungswissenschaft
ZVI	Zeitschrift für Verbraucher- und Privat-Insolvenz

Einleitung

Das Thema „Insolvenzanfechtung" wird seit einigen Jahren in Deutschland in Wissenschaft, Rechtsprechung und Wirtschaftskreisen intensiv diskutiert, da die Bedeutung des Anfechtungsrecht in der Insolvenzpraxis zugenommen und vor allem bei Lieferanten zu beachtlicher Rechtsunsicherheit geführt hat.[1] Es ist kritisiert worden, dass das Insolvenzanfechtungsrecht, jedenfalls in seiner praktischen Handhabung durch die Insolvenzverwalter und Instanzgerichte, den Wirtschaftsverkehr mit unverhältnismäßigen und unkalkulierbaren Risiken belaste.[2]

Die Insolvenzanfechtung ist dabei weder ein neues noch auf das deutsche Recht beschränktes Instrument des Insolvenzverwalters, Gläubigerbenachteiligungen durch Rechtshandlungen in der Zeit vor Insolvenzantragstellung rückgängig zu machen. Belastbare Statistiken über die Anzahl durchgeführter Insolvenzanfechtungen in Deutschland oder zur Gesamthöhe angefochtener und zurückgezahlter Beträge gibt es nicht.[3] Der BGH hat durch seine Rechtsprechung zu den §§ 129 ff. InsO, insbesondere zu § 133 InsO a.F., das Insolvenzanfechtungsrecht aber zugunsten der Insolvenzmasse geprägt.[4] Die Vorschrift des § 133 InsO ist zu einer Art „Superanfechtungsrecht" geworden, die von Insolvenzverwaltern immer häufiger neben den Regelungen der §§ 130, 131 InsO herangezogen wird.[5]

Konkret bedeutet das für Lieferanten, dass sie bei Eröffnung des Insolvenzverfahrens über das Vermögen eines ihrer Abnehmer ggf. bereits erhaltene Zahlungen auf Forderungen aus Lieferung und Leistung teils Jahre später gem. § 143 Abs. 1 InsO wieder herausgeben müssen. Die Insolvenzanfechtung kann somit

---

1 BT-Drucks. 18/7054, S. 10 f.; *Bork*, ZIP 2004, 1684 ff.; *Bork*, ZIP 2008, 1041, 1049; *Marotzke*, ZInsO 2014, 417; *Köper/Pfoser*, ZInsO 2014, 2341 ff.; *Fawzy/Köchling*, ZInsO 2014, 1073 ff.; *Trams*, NJW Spezial, 2014, 597 f.; Uhlenbruck/*Hirte/Borries*, Vor § 129, Rn. 9 ff.; *Gehrlein*, ZInsO 2018, 2280.

2 BT-Drucks. 18/7054, S. 10; *Bork*, ZIP 2008, 1041, 1049; *Paschen*, ZInsO 2014, 2485 ff.

3 *Dahl/Schmitz*, NJW 2017, 1505, 1511; *Trams*, NJW Spezial 2014, 597, 598.

4 Vgl. BGH NZI 2003, 533, 535, BGH NZI 2003, 597, 598; *Bork*, ZIP 2008, 1041, 1045; *Rendels*, ZIP 2004, 1289, 1296; *Kindler/Bitzer*, NZI 2017, 369, 370; *Borsch/Matzen*, ZInsO 2018, 2685, 2690; Uhlenbruck/*Hirte/Borries*, Vor § 129 Rn. 9.

5 BT-Drucks. 18/7054, S. 1, S. 10 f.; *Bork* ZIP 2004, 1684 ff.; *Bork*, ZIP 2008, 1041, 1045; *Fawzy/Köchling*, ZInsO 2014, 1073, 1075; *Trams*, NJW Spezial 2014, 597; *Kindler/Bitzer*, NZI 2017, 369; *Borsch/Matzen*, ZInsO 2018, 2685, 2686.

für betroffene Lieferanten zu massiven wirtschaftlichen Schwierigkeiten bis hin zur eigenen Insolvenz führen. Aus Wirtschaftskreisen wird daher vorgebracht, das Insolvenzanfechtungsrecht sei in Deutschland vor allem für Lieferanten zu einem unkalkulierbaren Risiko geworden und habe zu einem Verlust des Vertrauens in die Bestandskraft von rechtlichen Verfügungen geführt.[6] Infolge entsteht wirtschaftlicher Schaden nicht nur durch Rückerstattung angefochtener Zahlungen auf Forderungen aus Lieferung und Leistung; zum Teil beliefern Lieferanten ihre Abnehmer bereits nicht mehr, wenn ein Anfechtungsrisiko nicht mit ausreichender Sicherheit ausgeschlossen werden kann. Die Bereitschaft, kriselnde Abnehmer weiterhin durch Lieferung und Leistung oder durch Gewährung von Zahlungserleichterungen zu unterstützen, nimmt ab.[7] Zudem binden Verteidigungskosten und etwaige Rückstellungen Liquidität bei behaupteten aber nicht notwendigerweise bestehenden Anfechtungsansprüchen.[8]

Durch entsprechende Lobbyarbeit u.a. verschiedener Wirtschaftsverbände[9] hat der Gesetzgeber reagiert und mit dem am 5. April 2017 in Kraft getretenen „Gesetz zur Verbesserung der Rechtssicherheit bei Anfechtungen nach der Insolvenzordnung und nach dem Anfechtungsgesetz“ eine „punktuelle Neujustierung“ der einschlägigen Vorschriften der Insolvenzordnung vorgenommen.[10]

---

6 *Paschen*, ZInsO 2014, 2485 ff.; *Fawzy/Köchling*, ZInsO 2014, 1073 ff.; *Schädlich*, NWB 2017, 563 ff.; *Trams*, NJW Spezial 2014, 597; Uhlenbruck/*Hirte/Borries*, Vor § 129, Rn. 9a.

7 Dieser Umstand hat im Verlauf der Covid19 Krise dazu geführt, dass der Gesetzgeber im März 2020 u.a. die Insolvenzantragspflicht für durch die Pandemie in die Krise geratenen Unternehmen bis zum 31. September 2020 suspendiert hat. Ferner hat der Gesetzgeber die Anfechtung gem. §§ 129 ff. InsO für Rechtshandlungen dieser Unternehmen im gleichen Zeitraum deutlich eingeschränkt. Zur Begründung wird ausgeführt: *Schließlich besteht bei eingetretener Insolvenzreife das Risiko, dass Gläubiger und Vertragspartner des Schuldners erhaltene Leistungen und Zahlungen in einem späteren Insolvenzverfahren infolge einer Insolvenzanfechtung wieder herausgeben müssen. Das kann die Aufrechterhaltung von Geschäftsbeziehungen zum Schuldner gefährden. Ziel der vorgeschlagenen insolvenzrechtlichen Regelungen ist es, die Fortführung von Unternehmen zu ermöglichen und zu erleichtern, die infolge der COVID-19-Pandemie insolvent geworden sind oder wirtschaftliche Schwierigkeiten haben*; BT-Drucks.: 19/18110.

8 Uhlenbruck/*Hirte/Borries*, Vor § 129 Rn. 9a; *Paschen*, ZInsO 2014, 2485, 2486.

9 Positionspapier des Bundesverbands der Deutschen Industrie (BDI) und des Zentralverbands des Deutschen Handwerks (ZDH), ZInsO 2013, 2312; *Marotzke*, ZInsO 2014, 417; *Paschen*, ZInsO 2014, 2485; *Schädlich*, NWB 2017, 563, 564; *Trams*, NJW Spezial 2014, 597.

10 Gesetz vom 29.3.2017, BGBl I 654; RegE BT-Drucks. 18/7054.

Allerdings wird zum Teil infrage gestellt, ob die erstrebte Rechtssicherheit für die betroffenen Verkehrskreise mit der Reform des Anfechtungsrechts erreicht wird.[11]

Aus Lieferantensicht stellt die Insolvenzanfechtung also ein Risiko dar, das es zu steuern gilt, z.B. durch den Abschluss einer Versicherung. Seit 2012 beschäftigt sich der deutsche Versicherungsmarkt, insbesondere der Kreditversicherungsmarkt, eingehender mit der Thematik Insolvenzanfechtung. Zwischenzeitlich sind Spezialversicherungslösungen entwickelt worden, die seit Anfang 2014 im Markt angeboten werden.

Gegenstand der vorliegenden Arbeit ist die Untersuchung, ob und inwieweit sich Lieferanten gegen die Folgen einer Insolvenzanfechtung durch Abschluss einer Versicherung schützen können. Zur Thematik Versicherungsschutz gegen Insolvenzanfechtung gibt es bislang erkennbar keine Rechtsprechung und kaum Literatur. Die vorliegende Arbeit soll daher einen Beitrag leisten zum Thema Versicherungsschutz gegen das Insolvenzanfechtungsrisiko für Lieferanten.

---

11 *Kayser,* ZIP 2018, 1153, 1159; *Pape,* ZInsO 2018, 296; *ders.,* NWB 2017, 2841; *Dahl/Schmitz,* NJW 2017, 1505; *Schädlich,* NWB 2017, 563; *Thole,* ZIP 2017, 401, 410; *Hacker,* NZI 2017, 148, 150; *Kindler/Bitzer,* NZI 2017, 369, 377; *Gehrlein,* ZInsO 2018, 2557, 2569; *Borsch/Matzen,* ZInsO 2018, 2685; *Zivkovic,* ZVI 2017, 369; Uhlenbruck/*Hirte/Borries,* Vor § 129, Rn. 9h.

Gang der Untersuchung

Im ersten Teil der Arbeit wird die Inanspruchnahme aus Insolvenzanfechtung gem. §§ 129 ff. InsO als Risiko für Lieferanten aus deren gewöhnlichen Geschäftsbetrieb mit ihren Abnehmern untersucht. Hierzu werden zunächst zum besseren Verständnis die Grundzüge und Voraussetzungen der Insolvenzanfechtung dargestellt. Besonderes Augenmerk liegt auf dem Lieferantenkredit, da insbesondere Zahlungen auf kreditierte Forderungen im Insolvenzfall zur Inanspruchnahme aus Insolvenzanfechtung führen können.

Im zweiten Teil der Arbeit wird sodann untersucht, ob und inwieweit das Risiko Insolvenzanfechtung in der Kredit-, Vertrauensschaden- und D&O-Versicherung versicherbar ist. Zunächst wird die Warenkreditversicherung in den Blick genommen. Hierbei wird insbesondere die Frage untersucht, ob und in welchem Umfang Warenkreditversicherer im Fall des Wiederauflebens einer versicherten Forderung gem. § 144 Abs. 1 InsO entschädigungspflichtig sind. Da die Warenkreditversicherung nicht im VVG geregelt ist und der GDV keine unverbindlichen Musterbedingungen veröffentlicht hat, wird der Versicherungsschutz vornehmlich am Beispiel der vom Marktführer Euler Hermes verwendeten Allgemeinen Versicherungsbedingungen für die Warenkreditversicherung 1999 (Version 2008), Stand 2010 (AVB-WKV) betrachtet. Auf Bedingungswerke anderer Versicherer wird eingegangen, soweit diese von den AVB-WKV abweichen.

Dabei wird deutlich werden, dass die Warenkreditversicherung lediglich unzureichenden oder gar keinen Versicherungsschutz bei Insolvenzanfechtung bietet. Deshalb werden im Anschluss Versicherungsprodukte, die den Versicherungsschutz der Warenkreditversicherung ergänzen und unter der Bezeichnung „Top-Up“ Versicherung und „Insolvenzanfechtungszusatzversicherung“ vertrieben werden, auf ihre Eignung zur Schließung der Deckungslücke untersucht.

Im Anschluss wird die Frage in den Blick genommen, ob die bewusste Entgegennahme einer in anfechtbarer Weise geleisteten Zahlung oder die Entscheidung zur Fortführung der Geschäftsbeziehung mit einem erkannt zahlungsunfähigen Abnehmer Beihilfe zur Insolvenzverschleppung sein kann, die im Fall der Insolvenzanfechtung zu einer Entschädigungsleistung der Vertrauensschadenversicherung führen kann. Soweit Organe des Lieferanten beteiligt sind, stellt sich zudem die Frage, ob für Schadensersatzansprüche gegen die Organe Versicherungsschutz im Rahmen der D&O-Versicherung besteht.

Es wird sich zeigen, dass die mit dem Insolvenzanfechtungsrisiko einhergehenden Nachteile für den Lieferanten weder durch Abschluss einer Warenkreditversicherung nebst Deckungserweiterungen noch durch die Vertrauensschadenversicherung und D&O-Versicherung beseitigt werden können.

Im dritten Teil der Arbeit wird deshalb die neu entwickelte Insolvenzanfechtungsversicherung dargestellt und auf ihre Eignung zur effektiven Absicherung von Lieferanten gegen das Insolvenzanfechtungsrisiko untersucht.

Erster Teil: Insolvenzanfechtungsrisiko für Lieferanten

Die Möglichkeit, aus Insolvenzanfechtung auf Rückerstattung bereits erhaltener Zahlungen in Anspruch genommen zu werden, hat sich in den letzten Jahren zu einem beachtlichen Risiko für Lieferanten entwickelt.[12] Muss ein Lieferant aufgrund einer angefochtenen Rechtshandlung eine bereits erhaltene Zahlung auf Forderungen aus Lieferung und Leistung gem. den §§ 129 ff. InsO an die Insolvenzmasse zurückerstatten, können die wirtschaftlichen Auswirkungen massiv sein. Die Insolvenzanfechtung kommt in aller Regel für den Lieferanten überraschend und erfolgt zum Teil in erheblicher Höhe, sodass sich nicht nur merkliche bilanzielle Effekte ergeben, sondern im schlimmsten Fall der Lieferant selbst zahlungsunfähig wird. Daher stellt die Inanspruchnahme aus Insolvenzanfechtung gem. §§ 129 ff. InsO für Lieferanten ein relevantes Vermögensschadenrisiko dar.

Es wird sich zeigen, dass sich Anfechtungsrisiken für Lieferanten im Wesentlichen aus der Entgegenahme anfechtbarer Zahlungen auf kreditierte Forderungen aus Lieferung und Leistung ergeben. „Bargeschäfte" im Sinne von § 142 InsO, die den vereinbarungsgemäßen unmittelbaren Austausch gleichwertiger Gegenleistungen voraussetzen[13], sind gem. § 142 Abs. 1 InsO weitestgehend der Insolvenzanfechtung entzogen. Im Wirtschaftsverkehr zwischen Unternehmen werden Bargeschäfte in den meisten Fällen jedoch nicht vereinbart.[14] Vielmehr verständigen sich Lieferanten und deren Abnehmer regelmäßig auf die Gewährung sogenannter „Lieferantenkredite".

A. Lieferantenkredite

Geht der Lieferant in Vorleistung und verzichtet so darauf, seine eigene Leistung nur Zug um Zug (§ 274 BGB) gegen Bezahlung des Kaufpreises zu erbringen,

---

12 BT-Drucks. 18/7054, S. 10 f.; *Fawzy/Köchling*, ZInsO 2014, 1073; *Paschen*, ZInsO 2014, 2485, 2486; *Trams*, NJW Spezial 2014, 597; Uhlenbruck/*Hirte/Borries*, Vor § 129, Rn. 9 ff.

13 BGH ZInsO 2010, 1929, 1932; HK-InsO/*Kreft*, § 142, Rn. 3; Uhlenbruck/*Borries/Hirte*, § 142, Rn. 10.

14 *Wittchen*, S. 1; *Grauschopf* in: Handbuch Versicherungsprozess, § 22, Rn. 1; Staudinger/Halm/Wendt/*Eichelberg*, WKV Rn. 1; *Langen* in: Handbuch Versicherungsrecht, § 20, Rn. 1 f.

gewährt er seinem Abnehmer einen Lieferantenkredit.[15] Im Rahmen eines freiwilligen Lieferantenkredits geht der Lieferant vertraglich vereinbart in Vorleistung und stellt seine Gegenforderung zu einem späteren Zeitpunkt fällig. Üblich sind Zahlungsziele zwischen 30 und 180 Tagen, die der Lieferant seinem Abnehmer gewährt.[16] Hierdurch wird die Liquidität des Abnehmers zunächst geschont. Der Abnehmer muss auch keine Drittfinanzierung beanspruchen und spart dadurch Zinsaufwendungen. Lieferantenkredite sind ein weltweit anerkannter und häufig praktizierter Weg der Unternehmensfinanzierung.[17]

Gleichzeitig dienen Lieferantenkredite dem Lieferanten als Absatzinstrument, da der Lieferant durch die Vorleistung unter Verzicht auf die sofortige Gegenleistung attraktive Absatzbedingungen schafft.[18] Die Gewährung von Lieferantenkrediten hat für den Lieferanten aber auch zur Folge, dass er die Lieferung oder Leistung selbst vorfinanzieren muss. Zudem geht der Lieferant grundsätzlich Kreditrisiken ein.[19]

I. Kreditrisiken

Im Wirtschaftsverkehr versteht man unter „Kreditrisiken“ die Gefahr, dass Schuldner nicht mehr in der Lage sind, ihren Zahlungsverpflichtungen nachzukommen oder dass sich ihre dahingehende Kreditwürdigkeit graduell verschlechtert.[20] Der Lieferant geht mit Gewährung von Lieferantenkrediten Kreditrisiken ein, da sich die Bonität seines Abnehmers zwischen Lieferung und Leistung und Ausgleich der Forderung verschlechtern kann. Im schlimmsten Fall wird der Abnehmer zwischenzeitlich zahlungsunfähig, sodass der Lieferant den Ausfall seiner Forderungen verkraften muss.

Bei der Gewährung von Lieferantenkrediten ist deshalb von besonderer Bedeutung, etwaige Kreditrisiken zu erkennen, zu steuern und zu kontrollieren.[21] Der Lieferant gewährt Lieferantenkredite in aller Regel nur, wenn er mit ausreichender Sicherheit darauf vertraut, dass der Abnehmer die Zahlung wie

---

15 *Weber*, S. 1.

16 *Horsch/Rathmann*, S. 32; *Wien*, S. 95, Ziff. 9.1.1.

17 *Horsch/Rathmann*, S. 32; Staudinger/Halm/Wendt/*Eichelberg*, WKV Rn. 1; *Langen* in: Handbuch Versicherungsrecht, § 20, Rn. 1 f.

18 *Horsch/Rathmann*, S. 2, S. 69; *Wittchen*, S. 1.

19 *Weber*, S. 1; *Horsch/Rathmann*, S. 33.

20 *Grauschopf* in: Handbuch Versicherungsprozess, § 22, Rn. 5.

21 *Horsch/Rathmann*, S. 2; *Graef*, GmbHR 2004, 327, 330.

vertraglich vereinbart leistet (*credere* = vertrauen).[22] Die Bonitätsprüfung und -überwachung wird unter dem Begriff „Kreditmanagement" zusammengefasst.

Je größer die Zahl von Lieferantenkrediten ist, desto höher ist das Kreditrisiko. Die bilanzielle Berücksichtigung des Forderungsausfallsrisikos hat Einfluss auf die Kreditwürdigkeit des Lieferanten.[23] Der am 1. Januar 2018 in Kraft getretene Bilanzierungsstandard IFRS9 sieht daher u.a. für Forderungen aus Lieferung und Leistungen vor, dass die für die kommenden zwölf Monate zu erwartenden Forderungsausfälle im Sinne eines „expected credit loss models" unter Berücksichtigung zahlreicher Risikoinformationen dargestellt und berücksichtigt werden.[24] Lediglich der Rückgriff auf Zahlungserfahrungen aus der Vergangenheit genügt somit nicht mehr zur Bewertung des Forderungsausfallrisikos in bilanzieller Hinsicht nach IFRS9.

Lieferanten müssen sich also intensiv mit Bonitätsinformationen über ihre Abnehmer auseinandersetzen. Zu den Sorgfaltspflichten der Organe der Lieferanten gehört daher, das Kreditmanagement auf der Grundlage angemessener Informationen und zum Wohle der Gesellschaft zu betreiben bzw. für eine entsprechende Organisation zu sorgen.[25]

Wie sich zeigen wird, ist die Bonitätsprüfung und -überwachung ein wesentliches Element der Warenkreditversicherung, zugleich aber auch Anknüpfungspunkt für den Insolvenzverwalter bei der Insolvenzanfechtung.[26] Die Zahlungs(un)fähigkeit des Abnehmers sowie die diesbezügliche Kenntnis des Lieferanten spielt eine zentrale Rolle im Rahmen der Insolvenzanfechtung. Die Insolvenzanfechtung setzt die Eröffnung des Insolvenzverfahrens über das Vermögen des Schuldners voraus.[27] Durch Insolvenzanfechtung realisiert sich das Kreditrisiko nicht durch unmittelbaren Forderungsausfall, sondern erst rückwirkend mit Rückerstattung des angefochtenen Betrags gem. § 143 Abs. 1 InsO.

II. Unfreiwilliger Lieferantenkredit

Zahlt der Abnehmer eine berechtigte Forderung aus Lieferung und Leistung bei vereinbarter Fälligkeit nicht, „zwingt" er dem Lieferanten einen Lieferantenkredit

---

22 *Horsch/Rathmann*, S. 1; *Weber*, S. 1.

23 *Horsch/Rathmann*, S. 49 ff.; *Langen* in: Handbuch Versicherungsrecht § 20, Rn. 1 f.

24 *Ganssauge/Maier*, WPg 2018, 133, 135.

25 Vgl. *Lutter*, ZIP 2007, 841, 844; *Bork*, ZIP 2011, 101, 102; MüKo-AktG/*Spindler*, § 93, Rn. 82; MüKo-GmbHG/*Fleischer*, § 43, Rn. 59, Rn. 62 ff.

26 *Horsch/Rathmann*, S. 2, S. 47; siehe Zweiter Teil, A.I.2.a.bb.aaa.

27 Siehe Erster Teil, B.

auf. Der Lieferant wird so zum „unfreiwilligen“ Kreditgeber. Zunächst ergeben sich daraus erhebliche Nachteile nur für den Lieferanten, der die erwartete Zahlung nicht erhält und den Ausfall an Liquidität kompensieren muss. Der Abnehmer haftet für den Schaden, den der Lieferant durch die Zahlungsverzögerung erleidet, erst mit Eintritt des Verzugs gemäß § 286 BGB. Sodann ist der „unfreiwillige“ Lieferantenkredit aufgrund der hohen gesetzlichen Verzinsung gem. §§ 286, 288 Abs. 2 BGB allerdings auch für den Abnehmer in aller Regel die wirtschaftlich schlechteste Variante der Unternehmensfinanzierung.

Der „unfreiwillige“ Lieferantenkredit erhöht das Insolvenzanfechtungsrisiko signifikant. Wie sich zeigen wird, ist die Kenntnis bzgl. der Zahlungsunfähigkeit des Schuldners gem. §§ 130 bis 133 InsO in vielen Fällen Voraussetzung der Insolvenzanfechtung.[28] Der fortgesetzte Zahlungsverzug als solcher kann bereits ein Anzeichen für die Zahlungsunfähigkeit sein.[29] Zudem findet während des Zahlungsverzugs in aller Regel intensiver Austausch zwischen dem Lieferanten und dem säumigen Abnehmer statt, sodass sich hieraus ggf. die Kenntnis der Zahlungsunfähigkeit oder die Kenntnis von Umständen, die auf die Zahlungsunfähigkeit hindeuten, vom Insolvenzverwalter für die Geltendmachung von Ansprüchen aus §§ 129 ff. InsO herleiten und beweisen lässt.[30]

B. Insolvenzanfechtung gem. §§ 129 ff. InsO

Gem. § 143 Abs. 1 S. 1 InsO muss der Anfechtungsgegner das, was aus dem Vermögen des Schuldners in anfechtbarer Weise veräußert, weggegeben oder aufgegeben ist, zur Insolvenzmasse zurückgewähren. Der Anspruch aus Insolvenzanfechtung entsteht mit Insolvenzeröffnung kraft Gesetzes und ist sofort fällig.[31]

Im vorliegenden Zusammenhang soll im Wesentlichen davon ausgegangen werden, dass es sich beim Anfechtungsgegenstand um aus dem Vermögen des Abnehmers geleistete Zahlungen auf Forderungen aus Lieferungen und Leistung eines Lieferanten handelt, die der Insolvenzverwalter vom Lieferanten zurückverlangt.

---

28 Siehe Erster Teil, B.VI.1.c.

29 Siehe Erster Teil, B.VI.1.b.bb.aaa.

30 *Herrmann* in: Beckmann/Matusche-Beckmann, § 39, Rn. 23; siehe Erster Teil, B.VI.1.d.

31 BT-Drucks. 18/7054, S. 20; BGH NJW 1987, 2821, 2822; BGH ZInsO 2004, 672, 673; BGH ZInsO 2007, 261, 262; KPB/*Jacoby*, § 143, Rn. 9.

Die Voraussetzungen zur Inanspruchnahme gem. § 143 Abs. 1 S. 1 InsO sind in den §§ 129 ff. InsO geregelt, die im Folgenden zum besseren Verständnis des Insolvenzanfechtungsrisikos für Lieferanten vor dem Hintergrund der Ziele des Insolvenzrechts und zum Zweck der Abgrenzung zu anderen Rechtsvorschriften dargestellt werden.

I. Sinn und Zweck der Insolvenzanfechtung

Sinn und Zweck der Insolvenzanfechtung ist, eine vor Eröffnung des Insolvenzverfahrens vorgenommene Schmälerung der Insolvenzmasse zu korrigieren.[32] Zu diesem Zweck ermöglicht die Anfechtung von Rechtshandlungen eines Schuldners im Insolvenzverfahren, Gegenstände, die ein Schuldner aus seinem Vermögen weggegeben hat, der Gläubigergesamtheit wieder zu erschließen und sachlich ungerechtfertigte Vermögensverschiebungen, durch die das Schuldnervermögen verkürzt wurde, rückgängig zu machen.[33] Durch die Anfechtungstatbestände wird somit bereits für eine bestimmte Zeit vor der formellen Eröffnung des Insolvenzverfahrens dem Grundsatz der gleichmäßigen Befriedigung der Gläubiger (*par condicio creditorum*) Rechnung getragen.[34]

Angefochten wird die durch die Rechtshandlung ausgelöste Rechtswirkung, die gläubigerbenachteiligend ist.[35] Die Insolvenzanfechtung entspricht in ihrer Wirkung nicht der Anfechtung von Willenserklärungen gem. §§ 119 ff. BGB.[36]

Werden vor Eröffnung des Insolvenzverfahrens Vermögensgegenstände zum Nachteil der Gläubiger übertragen oder sonstige Vermögensverfügungen getroffen, so sind diese Verfügungen zu Lasten der Insolvenzmasse grundsätzlich wirksam. Der Rechtsverkehr vertraut daher in aller Regel auf die Rechtsbeständigkeit der Verfügungen. Die Rechtssicherheit sowie der Verkehrsschutz stehen aber im Sinne des Insolvenzanfechtungsrechts gewollt

---

32 BT-Drucks. 12/2443, S. 156.

33 BGH ZInsO 2011, 1154, 1155; OLG Karlsruhe NZI 2008, 188, 191; MüKo-InsO/*Kirchhof*, § 143, Rn. 30; Uhlenbruck/*Borries/Hirte*, § 129, Rn. 1.

34 BGH ZIP 2005, 1426, 1429; BGH ZInsO 2003, 417, 419; BGH NJW 1972, 2084; *Bork* in: Handbuch des Insolvenzanfechtungsrechts, Kap. 1, Rn. 1; HHS/*Haarmeyer*, Teil I, Rn. 2; *Bork/Gehrlein*, Rn. 2; *Glatt* in: Handbuch Insolvenzverwaltung, Kp. 9, Rn. 1; *Bork* ZIP 2014, 797, 802; siehe auch Dritter Teil, B.II.

35 BGH ZIP 2017; 489, 490; KK-InsO/*Mohr* § 129, Rn. 7; *Heidbrink*, NZI 2005, 363, 364 m.w.N.

36 BGH ZInsO 1999, 165, 166; BGH ZIP 2014; 528; BGH ZIP 2017, 489, 490; *Bork*, § 20, Rn. 245; MüKo-InsO/*Kirchhof*, Vor §§ 129-147, Rn. 40.

zurück, wenn das Interesse an der Rückgängigmachung von Verfügungen aus der Zeit vor Insolvenzeröffnung überwiegt.[37] In der Insolvenz verdrängen die Ordnungsvorstellungen des Insolvenzrechts diejenigen des Vertragsrechts.[38] Der Gesetzgeber hat die Interessen der Beteiligten am Bestand der Verfügungen, also an der formal noch bestehenden Privatautonomie auf der einen Seite und dem Gläubigerschutz auf der anderen Seite, abgewogen.[39] Die Insolvenzanfechtung ist daher weniger nach formal-rechtlichen als vielmehr nach wirtschaftlichen Regeln zu betrachten.[40]

Bereits im Römischen Recht gab es die Möglichkeit, Vermögensverfügungen des Schuldners rückgängig zu machen, wenn hierdurch die Gläubiger in ihrer Gesamtheit benachteiligt wurden (*actio pauliana*).[41] Es widerspricht dem allgemeinen Gerechtigkeitsempfinden, wenn in Fällen, in denen das Vermögen des Schuldners unzureichend ist, einzelne Gläubiger voll befriedigt werden, während anderen Gläubigern das nur teilweise oder gar nicht gelingt.[42] Es wird dabei allerdings grundsätzlich kein Handlungsunrecht sanktioniert.[43] Der Anspruch aus Insolvenzanfechtung ist kein deliktischer Anspruch. Liegen lediglich die Voraussetzungen nach den §§ 129 ff. InsO vor, ist die anfechtbare Rechtshandlung keine unerlaubte Handlung im Sinne der §§ 823 ff. BGB.[44] In der Praxis kommt der Insolvenzanfechtung keine präventive Wirkung zu. Der Anfechtungsgegner hat „lediglich“ das Erlangte herauszugeben.[45]

1. *Vorverlagerung der Gläubigergleichbehandlung*

Durch die Insolvenzanfechtung werden Vermögensverschiebungen, die vor der Eröffnung des Insolvenzverfahrens vorgenommen wurden und die zu einer Gläubigerbenachteiligung führen, zugunsten der Insolvenzmasse rückgängig

---

37 KPB/*Bork*, Vor § 129, Rn. 2.
38 BGH ZIP 2010, 1702, 1704; BGH ZIP 2009, 825 f.
39 *Bork* in: Handbuch des Insolvenzanfechtungsrechts, Kap. 1, Rn. 2.
40 BGH ZIP 2001, 2055, 2057; BGH ZIP 2008, 2136, 2137; FK-InsO/*Dauernheim*, § 129, Rn. 1; *Huber* in: Insolvenzrechtshandbuch, § 46, Rn. 3; Uhlenbruck/*Borries/Hirte*, § 129, Rn. 3.
41 KPB/*Bork*, Vor § 129, Rn. 33; *Bork*, ZIP 2014, 797.
42 *Huber* in: Insolvenzrechtshandbuch, § 46, Rn. 2.
43 BGH ZIP 2010, 1702, 1704; BGH ZIP 2001, 885, 888; BGH ZInsO 1999, 165, 166.
44 Vgl. BGH ZIP 2008, 125, 128; BGH ZIP 2000, 238, 243.
45 BGH ZIP 2008, 125, 128; HWS/*Schmittmann/Zeeck*, § 129, Rn. 5.

gemacht, die Haftungsmasse also wiedergestellt.[46] Durch Vorverlagerung der Gläubigergleichbehandlung noch vor Insolvenzantrag wird verhindert, dass der Schuldner Vermögenswerte der Insolvenzbeschlagnahme entzieht oder verschleudert und dass sich einzelne Gläubiger zu Lasten anderer Sondervorteile verschaffen, sei es durch ein besonderes Näheverhältnis zum Schuldner, Sonderwissen oder außergewöhnlich hartes und konsequentes Vorgehen.[47]

Zum Schutz der Gläubiger vor Aushöhlung der Insolvenzmasse müssen gem. § 15a Abs. 1 InsO die Mitglieder des Vertretungsorgans von beschränkt haftenden Rechtssubjekten ohne schuldhaftes Zögern, spätestens jedoch drei Wochen nach Eintritt der Zahlungsunfähigkeit oder Überschuldung, einen Eröffnungsantrag stellen.[48] Bei Beachtung der Höchstfrist ist für die Gläubiger eine deutlich niedrigere Ausfallquote zu erwarten.[49] In vielen Fällen wird die Höchstfrist gem. § 15a Abs. 1 InsO jedoch nicht eingehalten.[50] Ziel des Insolvenzanfechtungsrechts ist daher, einen Zustand (wieder)herzustellen, der bei ordnungsgemäßer und vor allem fristgerechter Insolvenzanmeldung bestanden hätte.[51]

2. *Masseanreicherung*

Voraussetzung für eine gerechte Verteilung des Schuldnervermögens an alle Gläubiger ist, dass genügend Verteilungsmasse vorhanden ist, um überhaupt ein Insolvenzverfahren eröffnen zu können. Unter Geltung der Konkursordnung konnten laut Insolvenzstatistik viele Verfahren mangels Masse nicht eröffnet werden oder wurden später wieder eingestellt.[52] Mit der am 1. Januar 1999 in Kraft getretenen Insolvenzordnung sollte daher auch erreicht werden, dass mehr

---

46 BT-Drucks. 12/2443, S. 156; BGH NJW 1995, 659, 661; KSW/*Schäfer*, Rn. A7; Schmidt/*Schmidt*, § 129, Rn. 1; Uhlenbruck/*Hirte/Borries*, vor § 129, Rn. 1.; *Huber* in: Insolvenzrechtshandbuch, § 46, Rn. 3; KPB/*Bork*, Vor § 129, Rn.1; *Bork*, ZIP 2014, 797, 802.

47 BGH ZIP 2008, 125, 128; BGH NJW 1972, 870, 871; MüKo-InsO/*Kirchhof*, Vor §§ 129-147, Rn. 2; Uhlenbruck/*Borries/Hirte*, vor § 129, Rn. 1.

48 Uhlenbruck/*Hirte*, § 15a, Rn. 1.

49 *Kirstein*, ZInsO 2006, 967; HHS/*Haarmeyer*, Teil I, Rn. 4.

50 HHS/*Haarmeyer*, Teil I, Rn. 12; *Kirstein*, ZInsO 2006, 966, 967; siehe Zweiter Teil, B.I.1.b.aa.

51 BGH ZIP 2008, 125, 127; *Binz/Hess*, Rn. 2423; HHS/*Haarmeyer*, Teil I, Rn. 4.

52 *Pfefferle*, ZIP 1984, 147; MüKo-InsO/*Ganter/Bruns*, § 1, Rn. 21; FK-InsO/*Schmerbach*, vor §§ 1 ff., Rn. 13.

Insolvenzverfahren eröffnet und die Insolvenzen somit geordnet abgewickelt werden können.[53]

Ein Ziel der Insolvenzrechtsreform war daher, Regularien zur Anreicherung der Masse zu schaffen, um die Eröffnung einer größeren Anzahl von Insolvenzverfahren zu ermöglichen. Die Anfechtungstatbestände gem. §§ 129 ff. InsO sind im Zuge der Reform im Vergleich zu den Regelungen der vormaligen Konkursordnung vom Gesetzgeber deutlich verschärft worden, um ein wirksames Instrument zur Masseanreicherung zu haben.[54] Erreicht hat der Gesetzgeber diese Ziele u.a. durch die Verlängerung der Anfechtungsfristen, Einschränkungen subjektiver Voraussetzungen und Einführung von Beweiserleichterungen.[55] Insgesamt ist durch die Verschärfung des Insolvenzanfechtungsrechts die Möglichkeit für die Insolvenzverwalter, Anfechtungsansprüche durchzusetzen, erheblich erweitert und erleichtert.[56]

Die Insolvenzanfechtung dient also dem Gläubigerschutz u.a. durch Anreicherung der Ist-Masse und als Gegenmittel zur Massearmut. Der Insolvenzmasse soll jedoch kein Vorteil verschafft werden, den sie ohne die anfechtbare Rechtshandlung nicht gehabt hätte. Die Befriedigungsmöglichkeit der Gläubiger muss bei wirtschaftlicher Betrachtungsweise ohne die anfechtbare Rechtshandlung günstiger gewesen sein. Die Insolvenzmasse ist also so zu stellen, als sei die anfechtbare Rechtshandlung nicht vorgenommen worden.[57]

II. Rechtsnatur der Insolvenzanfechtung

Die Rechtsnatur der Insolvenzanfechtung ist umstritten.[58] Unterschieden werden die dingliche Theorie, die der Anfechtung rechtsgestaltende Kraft beimisst mit der Folge, dass die angefochtene Rechtshandlung entweder aufgrund der

53 Gesetz vom 5.10.1994, BGBl I 2866; RegE BT-Drucks 12/2443, S. 80 f.; vgl. BGH NJW 2018, 1089, 1093; KSW/*Schäfer*, Rn. A3; FK-InsO/*Schmerbach*, vor §§ 1 ff., Rn. 30 ff.; *Pape*, ZInsO 2018, 296, 297; *Gehrlein*, ZInsO 2018, 2280.

54 BT-Drucks 12/2443; KPB/*Prütting*, § 1, Rn. 28; MüKo-InsO/*Ganter/Bruns*, § 1, Rn. 38 ff.; FK-InsO/*Schmerbach*, vor §§ 1 ff., Rn. 34; Uhlenbruck/*Hirte/Borries*, vor § 129, Rn. 4; Nerlich/Römermann/*Nerlich*, § 129, Rn. 1 f.; KSW/*Schäfer*, Rn. A3.

55 Uhlenbruck/*Hirte/Borries*, Vor § 129, Rn. 2 ff.; *Bork* in: Handbuch des Insolvenzanfechtungsrechts, Kap. 1, Rn. 40.

56 *Pape*, ZInsO 2018, 296, 297; Nerlich/Römermann/*Nerlich*, § 129, Rn. 3; *Heidbrink*, NZI 2005, 363.

57 BGH ZIP 2008, 125, 127; OLG Karlsruhe, NZI 2008, 188, 189.

58 MüKo-InsO/*Kirchhof*, Vor §§ 129-147, Rn. 11 ff.; Uhlenbruck/*Borries/Hirte*, § 129, Rn. 4 ff.; KSW/*Schäfer*, Rn. A9.

Anfechtungserklärung oder bereits unmittelbar kraft Gesetzes unwirksam wird; die schuldrechtliche Theorie, wonach das Anfechtungsrecht dem Berechtigten den Anspruch verleiht, dass der Anfechtungsgegner dasjenige, was er aus dem Vermögen des Schuldners erlangt hat, zur Masse zurückgewährt; und die haftungsrechtliche Theorie, wonach anfechtbar weggegebene Gegenstände der Haftung für die Verbindlichkeiten des Schuldners nicht entzogen werden, die entsprechende Rechtshandlung vielmehr haftungsrechtlich unwirksam sein soll.[59] Da die Bedeutung des Theorienstreits für die vorliegende Arbeit nicht von Relevanz ist, ist eine eingehende Darstellung der verschiedenen Theorien entbehrlich.

Die schuldrechtliche Theorie hat sich in der herrschenden Meinung durchgesetzt.[60] Hiernach charakterisiert § 143 Abs. 1 InsO den Anfechtungsanspruch als schuldrechtlichen Anspruch auf Rückgewähr. Bei übereigneten Sachen richtet sich der Anspruch auf Rückübereignung.[61] Das Anfechtungsrecht ist kein Gestaltungsrecht; die Anfechtung selbst daher keine Gestaltungserklärung. Es wird ein bereits bestehender schuldrechtlicher Anspruch auf Rückübertragung geltend gemacht.[62]

Herauszugeben oder zurück zu übertragen ist das, was durch die anfechtbare Rechtshandlung dem Vermögen des Schuldners entzogen wurde.[63] Grundsätzlich erfolgt die Rückgewähr „in natura".[64] Ist eine Rückgewähr „in natura" nicht mehr möglich, so muss Wertersatz gem. § 143 Abs. 1 S. 2 InsO i.V.m. den Vorschriften zur ungerechtfertigten Bereicherung gem. §§ 819 Abs. 1, 818 Abs. 4, 292 Abs. 1 und 989 BGB geleistet werden.[65] Der Anfechtungsanspruch selbst ist jedoch kein Anspruch aus ungerechtfertigter Bereicherung.[66]

---

59 *Bork/Gehrlein*, Rn. 1086 m.w.N.

60 BGH ZIP 2006, 2176, 2177; BGH ZIP 2007, 1274; Uhlenbruck/*Borries/Hirte,* § 129, Rn. 6 m.w.N; FK-InsO/*Dauernheim,* § 129, Rn. 9; Schmidt/*Schmidt*, § 129, Rn. 8; *Bork/Gehrlein*, Rn. 847; KPB/*Bork*, Vor § 129, Rn. 9; KK-InsO/*Mohr*, § 143, Rn. 10 ff.

61 MüKo-InsO/*Kirchhof*, Vor §§ 129-147, Rn. 17; Uhlenbruck/*Borries/Hirte,* § 129, Rn. 6.

62 BGH ZInsO 2004, 149; BGH ZInsO 2007, 658, 659; BGH ZInsO 2008, 276; Uhlenbruck/*Borries/Hirte*, § 129, Rn. 6; Schmidt/*Schmidt*, § 129, Rn. 5; *Bork*, ZIP 2006, 589, 590.

63 BGH ZInsO 2007, 658, 659.

64 BGH NZI 2005, 453; BGH ZIP 1986, 787, 791.

65 BGH ZIP 2004, 1619, 1620; BGH ZIP 2008, 2136, 2137; *Binz/Hess*, Rn. 2434; Uhlenbruck/*Borries/Hirte*, § 143, Rn. 29.

66 Uhlenbruck/*Borries/Hirte,* § 129, Rn. 29; Nerlich/Römermann/*Nerlich*, § 129, Rn. 14.

Festzuhalten für vorliegende Untersuchung ist somit auch, dass es sich bei den Ansprüchen aus §§ 129 ff. InsO jedenfalls nicht um Haftpflichtansprüche handelt, die im Rahmen von Haftpflichtversicherungen eine Rolle spielen könnten.

III. Umfang der Insolvenzanfechtung

Der Insolvenzverwalter kann regelmäßig die Rückübertragung des in anfechtbarer Weise Erlangten in vollem Umfang an die Insolvenzmasse verlangen. Der Rückgewähranspruch gem. § 143 Abs. 1 InsO richtet sich bei anfechtbaren Geldleistungen auf Rückzahlung eines entsprechenden Geldbetrags.[67] Umfasste die in anfechtbarer Weise geleistete Zahlung auch Umsatzsteuer, richtet sich der Rückgewähranspruch auf die Bruttovergütung.[68]

Der Rückgewähranspruch ist nicht beschränkt auf die Summe der Verbindlichkeiten des Insolvenzschuldners; auch dann nicht, wenn der Erlös nicht vollständig zur Befriedigung aller Insolvenzgläubiger erforderlich ist.[69] Das ist ein wichtiger Aspekt bei der Beurteilung des Anfechtungsrisikos von Lieferanten der Höhe nach, da im konkreten Fall in aller Regel alle in anfechtbarer Weise geleisteten Bruttozahlungen angefochten werden.

Der Rückgewähranspruch gem. § 143 Abs. 1 InsO wird begrenzt durch den Zweck der Insolvenzanfechtung, die Masse zur Gläubigerbefriedigung aufzufüllen.[70] Ein etwaiger Mehrerlös nach Befriedigung aller Gläubiger und Abzug der Kosten ist mit Beendigung des Verfahrens im Rahmen der Schlussverteilung dem Anfechtungsgegner zu überlassen bzw. dem Anfechtungsgegner ein Rückübertragungsanspruch einzuräumen.[71] Bis zur Schlussverteilung vergeht in aller Regel aber ein erheblicher Zeitraum, sodass der angefochtene Lieferant selbst bei Rückerstattung eines Teils der angefochtenen Zahlungen durch den Insolvenzverwalter die durch die Anfechtung entstandene Liquiditätslücke zunächst überbrücken muss.

---

67 BGH NJW 1987, 2821, 2822; BGH ZInsO 2004, 672, 673; BGH ZInsO 2007, 261, 262.

68 BGH Beschl. vom 10.02.2011 – IX ZR 80/08; MüKo-InsO/*Kirchhof*, § 143, Rn. 94.

69 OLG Hamm, ZIP 1992, 1755, 1757; MüKo-InsO/*Kirchhof*, § 143, Rn. 26.

70 Uhlenbruck/*Borries/Hirte*, § 143, Rn. 114.

71 MüKo-InsO/*Kirchhof*, § 143, Rn. 26; Uhlenbruck/*Borries/Hirte*, § 143, Rn. 114.

IV. Gesetz über die Anfechtung von Rechtshandlungen eines Schuldners außerhalb eines Insolvenzverfahrens

Zum Ausgleich individueller Gläubigerbenachteiligung gibt es außerhalb des Insolvenzverfahrens Anfechtungsmöglichkeiten nach dem Gesetz über die Anfechtung von Rechtshandlungen eines Schuldners außerhalb eines Insolvenzverfahrens („AnfG"). Ziel der Gläubigeranfechtung nach dem AnfG ist, Gegenstände, die ein Schuldner aus seinem Vermögen weggegeben hat, dem Vollstreckungszugriff des Gläubigers wieder zu erschließen und die durch eine Vermögensverschiebung verhinderte Zwangsvollstreckung in einen Gegenstand des Schuldnervermögens zu ermöglichen.[72] Vermögen, das dem Gläubigerzugriff im Bewusstsein der Benachteiligung oder unentgeltlich entzogen wurde, soll also für die Vollstreckung der Gläubiger wieder zur Verfügung stehen.[73] Die Einzelgläubigeranfechtung dient demnach nicht der Gläubigergesamtheit, sondern nur dem Einzelgläubiger. Die Anfechtung nach dem AnfG führt daher auch nicht zur Rückführung in die Masse.[74]

Der Grundgedanke der Anfechtung nach dem AnfG und der §§ 129 ff. InsO sind gleich, die Rechtsfolgen unterscheiden sich jedoch im Einzelnen.[75] Wie gezeigt verfolgen die §§ 129 ff. InsO das Ziel, die Gläubigergleichbehandlung auch bereits auf einen Zeitraum vor Eröffnung des Insolvenzverfahrens zu erstrecken. Die Gläubigeranfechtung verfolgt dieses Ziel nicht.[76] Die Anfechtung durch den einzelnen Gläubiger tritt nach Maßgabe der §§ 16 bis 18 AnfG mit Eröffnung des Insolvenzverfahrens hinter die Anfechtung durch den Insolvenzverwalter gem. §§ 129 ff. InsO zurück. Der Schutz der Gläubigergesamtheit hat insoweit Vorrang.[77] Vorliegend geht es um das Risiko für Lieferanten, dass deren Lieferantenkredite im Rahmen der Lieferkette aufgrund Inanspruchnahme aus Insolvenzanfechtung gem. § 129 ff. InsO rückwirkend ausfallen. Wie sich zeigen wird, spielt die Anfechtung nach dem AnfG auch bei den Versicherungslösungen gegen das Anfechtungsrisiko keine Rolle. Weitere Ausführungen zum AnfG sind daher entbehrlich.

---

72 *Huber*, Einf., Rn. 9; KPB/*Bork*, Vor § 129, Rn. 15.

73 MüKo-AnfG/*Kirchhof*, Einf., Rn. 1.

74 KPB/*Bork*, Vor § 129, Rn. 15.

75 *Huber*, Einf., Rn. 19.

76 MüKo-AnfG/*Kirchhof*, Einf., Rn. 7.

77 MüKo-AnfG/*Kirchhof*, Einf., Rn. 10.

V. Allgemeine Anfechtungsvoraussetzungen gem. § 129 InsO

Gem. § 129 Abs. 1 InsO kann der Insolvenzverwalter Rechtshandlungen, die vor der Eröffnung des Insolvenzverfahrens vorgenommen worden sind und die Insolvenzgläubiger benachteiligen, nach Maßgabe der §§ 130 bis 146 InsO anfechten. Sowohl vom Zeitpunkt als auch vom Umfang her knüpft die Insolvenzanfechtung an die Eröffnung des Insolvenzverfahrens an. Das Anfechtungsrecht ist einheitlich ausgestaltet und unterscheidet nicht nach den unterschiedlichen Zielen des Insolvenzverfahrens.[78] Es ist daher unerheblich, ob eine Liquidation oder Sanierung des insolventen Unternehmens durchgeführt wird oder ob ein Insolvenzverwalter bestellt oder Eigenverwaltung angeordnet ist.[79] Im letzten Fall wird die Insolvenzanfechtung anstelle des Insolvenzverwalters gem. § 280 InsO vom Sachwalter vorgenommen.[80] Maßgeblich ist die Wirksamkeit des Eröffnungsbeschlusses gem. § 27 InsO.[81]

1. Rechtshandlung

Gegenstand der Insolvenzanfechtung sind anfechtbare Rechtshandlungen bzw. deren Rechtswirkung.[82] Der Begriff der Rechtshandlung im Sinne des § 129 Abs. 1 InsO ist weit auszulegen. Hierunter fällt jedes von einem Wollen getragene Verhalten, das in irgendeiner Weise Rechtswirkungen zur Folge haben und das Vermögen des Schuldners zum Nachteil der Insolvenzgläubiger verändern kann.[83] § 129 Abs. 2 InsO stellt das Unterlassen einer Rechtshandlung gleich.

Soweit nicht ein ausdrücklicher Hinweis erfolgt, wie in §§ 132 Abs. 1, 133 Abs. 1 S. 1, 134 Abs. 1, 135 Abs. 2, 137 Abs. 1 sowie 142 Abs. 1 InsO, dass die Rechtshandlung vom Schuldner vorgenommen worden sein muss, kommt grundsätzlich jede Rechtshandlung in Betracht. D.h. es können auch Rechtshandlungen Dritter anfechtbar sein, wenn sie zu einer Gläubigerbenachteiligung führen.[84] Auch Handlungen von Organen und Bevollmächtigten des Schuldners sowie Handlungen Dritter, die dem Schuldner gem. § 164 Abs. 1 BGB

---

78 MüKo-InsO/*Ganter/Bruns*, § 1, Rn. 41.

79 MüKo-InsO/*Ganter/Bruns*, § 1, Rn. 12; FK-InsO/*Dauernheim*, § 129, Rn. 1.

80 Schmidt/*Schmidt*, § 129, Rn. 3.

81 Uhlenbruck/*Borries/Hirte*, § 129, Rn. 89.

82 Siehe Erster Teil, B.I.

83 BGH ZInsO 2012, 241; *Bork*, § 20, Rn. 246; HK-InsO/*Kreft*, § 129, Rn. 11; vgl. Schmidt/*Schmidt*, § 129, Rn. 26 m.w.N.

84 BGH ZInsO 2000, 153, 154; BGH ZIP 2008, 125 ff.; *Bork*, § 20, Rn. 246.

zugerechnet werden, sind als Handlungen des Schuldners im Sinne des § 129 Abs. 1 InsO zu werten.[85]

Rechtshandlungen des „schwachen" vorläufigen Insolvenzverwalters sind grundsätzlich ebenfalls anfechtbar.[86] Etwas anders gilt für den „starken" vorläufigen Insolvenzverwalter, da dessen Handlungen gem. § 55 Abs. 2 InsO denen des endgültigen Verwalters gleichgestellt sind.[87] Rechtshandlungen von Rechtsvorgängern des Schuldners stehen bei Gesamtrechtsnachfolge Rechtshandlungen des Schuldners gleich.[88]

Im Wirtschaftsverkehr kann also so gut wie jedes Handeln der Insolvenzanfechtung unterliegen, wenn die weiteren Voraussetzungen der §§ 129 ff. InsO vorliegen. Die weite Auslegung ist bewusst gewollt, damit grundsätzlich alle Arten der benachteiligenden Maßnahmen angefochten werden können.[89] Für Lieferanten bedeutet das, dass jede Zahlung oder andere Erfüllungsleistung auf eine Forderung aus Lieferung und Leistung eine Rechtshandlung im Sinne von § 129 Abs. 1 InsO ist.

2. Gläubigerbenachteiligung

Die oben beschriebenen Rechtshandlungen sind gem. § 129 Abs. 1 InsO nur dann anfechtbar, wenn sie zu einer Gläubigerbenachteiligung führen. Eine Gläubigerbenachteiligung liegt vor, wenn die Rechtshandlung entweder die Passivmasse vermehrt oder die Aktivmasse verkürzt und dadurch den Zugriff auf das Schuldnervermögen vereitelt, erschwert oder verzögert hat und hierdurch die Gläubiger in ihrer Gesamtheit objektiv benachteiligt sind.[90]

Unerheblich ist grundsätzlich, ob die Rechtshandlung der Insolvenzmasse auch Vorteile gebracht hat. Eine Saldierung von Vor- und Nachteilen im Sinne einer Vorteilsausgleichung findet im Anfechtungsrecht nicht statt.[91] Maßgeblich

---

85 Vgl. Schmidt/*Schmidt*, § 129, Rn. 36 m.w.N.

86 BGH ZInsO 2003, 417, 419 f.; BGH ZIP 2014, 584, 585.

87 BGH ZIP 2014, 584, 585; *Bork*, § 20, Rn. 248; HK-InsO/*Kreft*, § 129, Rn. 31.

88 FK-InsO/*Dauernheim*, § 129, Rn. 36.

89 BT-Drucks. 12/2443, S. 157; MüKo-InsO/*Kayser*, § 129, Rn. 7.

90 BGH ZIP 2007, 1120, 112; BGH ZIP 2008, 125, 127; BGH ZIP 2015, 2035, 2036; BGH ZIP 2016, 279, 280; BGH ZIP 2016, 581; BGH ZIP 2019, 1624; *Bork*, § 20, Rn. 252; FK-InsO/*Dauernheim*, § 129, Rn. 45; HK-InsO/*Kreft*, § 129, Rn. 27; Uhlenbruck/*Borries/Hirte*, § 129, Rn. 159.

91 BGH ZIP 2019, 1624, 1625; BGH ZIP 2008, 125, 127; Uhlenbruck/*Borries/Hirte*, § 143, Rn. 107.

ist, dass die Befriedigungsmöglichkeit der Gesamtheit der Insolvenzgläubiger ohne die entsprechende Rechtshandlung günstiger ausgefallen wäre.[92] Leistet ein Abnehmer demnach Zahlungen an einen Lieferanten, um dessen Forderungen aus Lieferung und Leistung zu befriedigen, wird grundsätzlich die Aktivmasse des Abnehmers verkürzt, sodass die übrigen Gläubiger insgesamt eine geringere Quote erhalten und dadurch benachteiligt werden.[93]

Im Regelfall reicht eine mittelbare Gläubigerbenachteiligung aus. Lediglich in den Fällen des § 132 InsO und § 133 Abs. 4 InsO muss die Gläubigerbenachteiligung als unmittelbare Folge der vorgenommenen Rechtshandlung eintreten. Eine mittelbare Gläubigerbenachteiligung liegt vor, wenn die Gläubigerbenachteiligung nicht schon durch die Rechtshandlung selbst eingetreten ist, sondern die Befriedigungsaussichten der Gläubiger erst durch das Hinzutreten weiterer Umstände bis zum maßgeblichen Zeitpunkt der letzten mündlichen Verhandlung in der Tatsacheninstanz beeinträchtigt worden sind.[94] Die weiteren Umstände müssen nicht kausal auf der anfechtbaren Rechtshandlung beruhen.[95]

VI. Anfechtungsgründe gem. §§ 130 ff. InsO

Die einzelnen Anfechtungsgründe sind in den §§ 130 bis 136 InsO geregelt. Vorliegend wird die Anfechtbarkeit der Erfüllung von Forderungen aus Lieferung und Leistung in den Blick genommen, daher werden im Folgenden lediglich die hierfür relevanten Anfechtungstatbestände gem. §§ 130, 131 sowie 133 und 134 InsO in ihren Grundzügen dargestellt. Aus den vorgenannten Vorschriften ergeben sich die Voraussetzungen der Inanspruchnahme aus §§ 129 ff. InsO sowie die Anfechtungszeiträume, aus denen erhaltene Leistungen zurückverlangt werden können.

Anhand der Prüfung der Voraussetzungen der §§ 130 ff. InsO in Bezug auf einen konkreten kriselnden Abnehmer sowie unter Berücksichtigung der erhaltenen Zahlungen im jeweils relevanten Anfechtungszeitraum lässt sich ermitteln, wie hoch das Insolvenzanfechtungsrisiko und damit einhergehend die potentielle Schadenhöhe für den Fall ist, dass über das Vermögen eines konkreten Abnehmers das Insolvenzverfahren eröffnet wird.

---

92 BGH ZIP 2015, 2035, 2036; BGH ZIP 2016, 279, 280; BGH ZIP 2016, 581; FK-InsO/*Dauernheim*, § 129, Rn. 45.

93 Vgl. Uhlenbruck/*Borries/Hirte*, § 129, Rn. 163.

94 BGH NJW 1995, 659, 661; BGH ZIP 2007, 1120, 1121; BGH ZIP 2012, 333, 335; BGH ZIP 2017, 489, 490; HK-InsO/*Kreft*, § 129, Rn. 42; *Bork*, § 20, Rn. 252.

95 FK-InsO/*Dauernheim*, § 129, Rn. 76; Uhlenbruck/*Hirte/Borries*, §129, Rn. 236.

1. *Kongruente Deckung gem. § 130 InsO*

Gem. § 130 Abs. 1 Nr. 1 InsO ist eine Rechtshandlung anfechtbar, die einem Insolvenzgläubiger eine Sicherung oder Befriedigung gewährt oder ermöglicht hat, wenn sie in den letzten drei Monaten vor dem Antrag auf Eröffnung des Insolvenzverfahrens vorgenommen worden ist, wenn zur Zeit der Handlung der Schuldner zahlungsunfähig war und wenn der Gläubiger zu dieser Zeit die Zahlungsunfähigkeit kannte.

Bei der Sicherung oder Befriedigung spricht man von Deckung, weswegen die Anfechtung nach § 130 InsO sowie auch nach § 131 InsO Deckungsanfechtung genannt wird. Die Fallgestaltungen Sicherung oder Befriedigung sind gleich zu behandeln. § 130 Abs. 1 InsO erfasst nur solche Deckungen, die auf eine Insolvenzforderung geleistet wurden.[96] Keine Voraussetzung ist hingegen, dass die Forderung auch rechtsbeständig ist. Erbringt der Schuldner auf eine vermeintliche, tatsächlich aber nicht bestehende Forderung eine Zahlung, ist der Empfänger in Anwendung der §§ 130, 131 InsO als Insolvenzgläubiger zu betrachten, wenn die Leistung zur Tilgung der nicht bestehenden Forderungen bestimmt ist.[97]

a. *Kongruenz*

Kongruent ist die Deckung, wenn eine Leistung wie vertraglich geschuldet erbracht wurde.[98] Bei Zahlungen auf Forderungen aus Lieferung und Leistung durch den vertraglichen Schuldner handelt es sich daher in aller Regel um kongruente Deckungen. Anfechtungsgegner ist grundsätzlich der Insolvenzgläubiger, dem die Deckung zugeflossen ist;[99] im vorliegenden Zusammenhang also der Lieferant.

Im Grundsatz ist das Vertrauen des Gläubigers geschützt, eine vom Schuldner zur rechten Zeit und in der rechten Weise bewirkte Leistung behalten zu dürfen.[100] Das Vertrauen darauf, dass der Gläubiger die vertraglich geschuldete Leistung behalten darf, verdient im Interesse der Gläubigergleichbehandlung jedoch dann keinen Schutz, wenn der Empfänger der Leistung zum Zeitpunkt der Vornahme der Rechtshandlung gem. § 140 InsO Kenntnis davon hatte, dass

---

96 KPB/*Schoppmeyer*, § 130, Rn. 13, Rn. 58.

97 BGH NZI 2012, 177.

98 MüKo-InsO/*Kayser*, § 130, Rn. 6 f.; Uhlenbruck/*Borries/Hirte*, § 130, Rn. 3.

99 BGH NZI 2012, 177, 179; BGH NZI 2008, 733, 734; KPB/*Schoppmeyer*, § 130, Rn. 66; KSW/*Schäfer*, Rn. C7.

100 *Bork/Gehrlein*, Rn. 194; KPB/*Schoppmeyer*, § 130, Rn. 104.

der Schuldner bereits zahlungsunfähig war.[101] Fraglich ist demnach zunächst, wann ein Schuldner im Sinne von § 130 InsO zahlungsunfähig ist.

b. Zahlungsunfähigkeit gem. § 17 Abs. 2 InsO

Der Begriff der Zahlungsunfähigkeit beurteilt sich im gesamten Insolvenzrecht und somit auch im Rahmen des Insolvenzanfechtungsrechts nach § 17 Abs. 2 InsO.[102] Drohende Zahlungsunfähigkeit gem. § 18 InsO sowie Überschuldung gem. § 19 InsO genügen für die Anfechtbarkeit gem. § 130 InsO hingegen nicht.[103]

aa. Betriebswirtschaftliche Methode

Der Begriff der Zahlungsunfähigkeit ist in § 17 Abs. 2. S. 1 InsO legal definiert. Zahlungsunfähig ist, wer nicht in der Lage ist, die fälligen Zahlungspflichten zu erfüllen. Zahlungsunfähigkeit liegt nach Rechtsprechung des BGH hiernach vor, wenn der Schuldner nicht in der Lage ist, sich innerhalb von drei Wochen die zur Begleichung der fälligen Forderungen benötigten finanziellen Mittel zu beschaffen und die Liquiditätslücke auf unter 10 % zurückzuführen.[104] Diese Beurteilung ist anhand objektiver Umstände vorzunehmen.[105]

Die Zahlungsunfähigkeit gem. § 17 Abs. 2 S. 1 InsO wird im Wege der sogenannten „betriebswirtschaftlichen Methode" mittels Liquiditätsbilanz grundsätzlich stichtagsbezogen ermittelt.[106] Hierbei werden die Aktiva I und Aktiva II den Passiva I und Passiva II gegenübergestellt.[107] Von einer Zahlungsunfähigkeit ist danach regelmäßig auszugehen, wenn die Liquiditätslücke des Schuldners 10 % oder mehr beträgt, sofern nicht ausnahmsweise mit an Sicherheit grenzender Wahrscheinlichkeit zu erwarten ist, dass die Liquiditätslücke demnächst vollständig oder fast vollständig geschlossen wird und den Gläubigern ein Zuwarten nach den besonderen Umständen des Einzelfalles zuzumuten ist.[108]

---

101 *Bork/Gehrlein*, Rn. 194; FK-InsO/*Dauernheim*, § 130, Rn. 2.

102 BGH ZInsO 2011, 1410, 1411; BGH ZInsO 2013, 2434, 2435; Uhlenbruck/*Borries/Hirte*, § 130, Rn. 39.

103 Uhlenbruck/*Borries/Hirte*, § 130, Rn. 42.

104 BGH NJW 2018, 1089, 1091; BGH ZIP 2005, 1426, 1427 f.; *Pape*, NWB 2018, 961, 962.

105 BGH NJW 2018, 1089, 1091; BGH ZIP 2005, 1426, 1428, BGH ZIP 2006, 2222, 2224.

106 BGH ZIP 2013, 2469, 2470; BGH NJW 2018, 1089, 1091; BGH ZIP 2006, 2222, 2224.

107 BGH NJW 2018, 1089, 1091.

108 BGH ZIP 2005, 1426, 1430; BGH ZIP 2006, 2222, 2224; BGH ZIP 2013, 228, 229.

aaa. Liquiditätsbilanz

Zur Feststellung der Zahlungsunfähigkeit werden in der stichtagsbezogenen Liquiditätsbilanz zunächst die zum Stichtag fälligen Verbindlichkeiten (Passiva I) den liquiden Mitteln (Aktiva I) gegenübergestellt.[109]

(I.) Aktiva I

Unter die Aktiva I fallen stichtagsbezogen die sofort verfügbaren liquiden Mittel. Diese können sich aus dem Kassenbestand, dem Bankguthaben und verfügbaren Kreditlinien zusammensetzen.[110]

(II.) Passiva I

Die Passiva I bezeichnen alle stichtagsbezogenen fälligen aber noch unbezahlten Verbindlichkeiten.[111] Gem. § 271 BGB ist eine Forderung fällig, wenn der Gläubiger die Leistung verlangen kann, wenn also keine Einwendungen oder Einreden entgegenstehen. Der BGH verlangt für die Fälligkeit im Sinne des § 17 Abs. 2 S. 1 InsO jedoch, dass die Forderungen zudem ernsthaft eingefordert werden.[112] Für das ernsthafte Einfordern genügt hiernach jede Gläubigerhandlung, aus der sich im Allgemeinen der Wille ergibt, vom Schuldner Erfüllung zu verlangen. Ein Erfüllungsverlangen des Gläubigers ist daher bereits dann anzunehmen, wenn ein Gläubiger den Schuldner auch nur einmal zur Zahlung auffordert.[113] Bei einer vertraglichen Stundung entfällt bereits die Fälligkeit, sodass gestundete Forderungen bei der Prüfung der Zahlungsunfähigkeit unter den Passiva I nicht zu berücksichtigen sind. Bedeutung kann das Merkmal des ernsthaften Einforderns haben, wenn stillschweigend die Nichtzahlung hingenommen wird, ohne dass entsprechende Maßnahmen zur Beitreibung der Forderung unternommen werden. Ein so zum Ausdruck gebrachtes Stillhalteabkommen (*pactum de non petendo*) führt dazu, dass die Forderung im Sinne des § 271 BGB fällig, aber Einrede behaftet ist. In diesen Fällen sind die Forderungen ebenfalls bei der Feststellung der Zahlungsunfähigkeit unter den Passiva I nicht zu berücksichtigen.[114]

---

109 BGH ZIP 2005, 1426, 1428; vgl. *Krauß*, ZInsO 2016, 2361, 2362.

110 BGH ZIP 2007, 1666, 1669; *Bork*, ZIP 2008, 1749, 1750; *Krauß*, ZInsO 2016, 2361, 2362.

111 *Bork*, ZIP 2008, 1749, 1751; *Krauß*, ZInsO 2016, 2361, 2362.

112 BGH ZIP 2007, 1666, 1667 f.; BGH NJW 2018, 1089, 1090, 1094; vgl. *Brahmstaedt*, S. 84; *Bork*, ZIP 2008, 1749.

113 BGH ZIP 2007, 1666, 1667; BGH NJW 2018, 1089, 1094; Nickert/Lamberti/*Kriegel*, Rn. 12 m.w.N; *Brahmstaedt*, S. 85; FK-InsO/*Schmerbach*, § 17, Rn. 14.

114 *Brahmstaedt*, S. 87; FK-InsO/*Schmerbach*, § 17, Rn. 17 f.

Ergibt die Gegenüberstellung der Aktiva I und der Passiva I stichtagsbezogen eine Deckungslücke größer als 10 %, so liegt Zahlungsunfähigkeit vor, sofern es sich nicht lediglich um eine vorübergehende Zahlungsstockung handelt.[115]

bbb. Abgrenzung zur Zahlungsstockung

Nach der Rechtsprechung des BGH ist bei der Feststellung der Zahlungsunfähigkeit die bloße Zahlungsstockung abzugrenzen. Eine lediglich kurzfristige Zahlungsstockung liegt demnach vor, wenn der Zustand der Zahlungsunfähigkeit im Sinne der oben dargestellten Negativbilanz nicht länger als drei Wochen anhält.[116] Drei Wochen sind nach Ansicht des BGH erforderlich, aber auch ausreichend, um genügend liquide Mittel zu beschaffen, um die Zahlungsfähigkeit wieder herzustellen.[117]

Es muss also für den drei Wochen Zeitraum eine Prognose zur weiteren Entwicklung gestellt werden.[118] Bei der Frage, ob die Liquiditätslücke in den nächsten drei Wochen wieder beseitigt werden kann, sind daher neben der Entwicklung der erwarteten Liquidität (Aktiva II) auch die Verbindlichkeiten, die erst im genannten Zeitraum fällig werden (Passiva II), zu berücksichtigen.[119]

(I.) Aktiva II

Unter die Aktiva II fallen die in den kommenden drei Wochen verfügbar werdenden liquiden Mittel. Diese ergeben sich regelmäßig aus dem Einzug bereits fälliger oder im relevanten Zeitraum fällig werdender Forderungen sowie aus freiwerdenden Kreditlinien und Finanzierungsmaßnahmen (z.B. Factoring) oder aus der kurzfristigen Verwertung von Vermögensgegenständen.[120]

Bei den Aktiva II sind entsprechend der Wahrscheinlichkeit der Realisierung der zu erwartenden Einnahmen, insbesondere bei Forderungen, ggf. Wertabschläge zu machen. Dies gilt zum Beispiel dann, wenn ein Schuldner eine Forderung trotz Fälligkeit und Verzug noch nicht beglichen hat. In einem solchen Fall ist nicht mit absoluter Sicherheit davon auszugehen, dass der Schuldner die

---

115 *Bork*, ZIP 2008, 1749, 1751.

116 BGH ZIP 2005, 1426, 1428; BGH NJW 2018, 1089, 1091; vgl. *Bork*, § 10, Rn. 102 f.; *Pohl*, S. 32; FK-InsO/*Schmerbach*, § 17, Rn. 27.

117 BGH ZIP 2005, 1426, 1428; BGH ZIP 2007, 1469, 1470; BGH ZIP 2007, 1666, 1669; BGH NJW 2018, 1089, 1091; Nickert/Lamberti/*Kriegel*, Rn. 38 m.w.N.

118 BGH ZIP 2005, 1426, 1430; *Bork*, ZIP 2008, 1749, 1750.

119 BGH NJW 2018, 1089, 1091 f.; *Bork*, ZIP 2008, 1749, 1751 f.; *Krauß*, ZInsO 2016, 2261, 2363; Uhlenbruck/*Mock*, § 17, Rn. 28; MüKo-InsO/*Eilenberger*, § 17, Rn. 20.

120 BGH ZIP 2007, 1666, 1669; *Bork*, ZIP 2008, 1749, 1750; *Krauß*, ZInsO 2016, 2361, 2362.

Forderungen in den nächsten drei Wochen begleichen wird. Die Erwartung an den Eingang liquider Mittel kann also nicht mit 100 %, ggf. sogar gar nicht angesetzt werden.[121] Für die Differenzierung des Wertabschlags ist insbesondere auf den Zeitpunkt der Fälligkeit bzw. auf die Überfälligkeit der Forderung abzustellen.[122]

(II.) Passiva II

Zu den Passiva II gehören vor allem fällig werdende Verbindlichkeiten aus Lieferung und Leistung, Lohn- und Gehaltsverbindlichkeiten, Verbindlichkeiten gegenüber dem Finanzamt oder den Sozialversicherungsträgern sowie fällige Zahlungspflichten aus Darlehen und Dauerschuldverhältnissen.[123] Nur unter Einbeziehung der Passiva II lässt sich schlussendlich feststellen, ob es sich im relevanten drei Wochen Zeitraum um eine Zahlungsstockung oder um eine andauernde Zahlungsunfähigkeit handelt.[124] Deutlich wird dies u.a., wenn man auf die Verwendung der zu erwartenden liquiden Mittel abstellt.

Werden die liquiden Mittel auf Altforderungen verrechnet, entstehen in naher Zukunft stetig neue Schulden. Stehen den fällig werdenden Forderungen fällig werdende Verbindlichkeiten gegenüber, die im Rahmen der Liquiditätsbilanz unbeachtlich bleiben, führt das zum sogenannten „Bugwelleneffekt“.[125] Das Unternehmen schiebt die „Bugwelle“ fällig werdender Verbindlichkeiten vor sich her, ohne aber im Sinne der Liquiditätsbilanz zahlungsunfähig zu werden. Werden die erwarteten liquiden Mittel hingegen auf die Neuschulden verrechnet, was in der Praxis nicht unwahrscheinlich ist, werden die Altverbindlichkeiten nicht abgebaut. Als Indiz für die Zahlungseinstellung gilt nach Rechtsprechung des BGH aber, wenn im relevanten Moment bestehende Verbindlichkeiten bis zur Eröffnung des Insolvenzverfahrens nicht beglichen werden.[126] Wird das Bestehen eines Forderungsrückstands bis zur Insolvenzeröffnung oder die Existenz einer erheblichen Altforderung als Indiz für die Zahlungseinstellung im

---

121 *Bork*, ZIP 2008, 1749, 1750; *Krauß*, ZInsO 2016, 2361, 2365.

122 *Bork*, ZIP 2008, 1749, 1750.

123 *Krauß*, ZInsO 2016, 2261, 2263.

124 BGH NJW 2018, 1089, 1091 f.; *Bork*, ZIP 2006, 1749, 1752 f.

125 BGH NJW 2018, 1089, 1093; *Krauß*, ZInsO 2016, 2361, 2364 f.; *Bork*, ZIP 2008, 1749, 1752; Nickert/Lamberti/*Kriegel*, Rn. 51.

126 BGH NJW 2018, 1089, 1093; siehe Erster Teil, B.VI.1.b.bb.aaa.

Sinne von § 17 Abs. 2 S. 2 InsO gewertet, erfolgt dadurch indirekt gerade auch die Berücksichtigung der Passiva II.[127]

Im Ergebnis werden also stichtagsbezogen die Aktiva I den Passiva I gegenübergestellt. Ergibt sich eine Deckungslücke von 10 % und mehr, so muss unter Berücksichtigung der Aktiva II und den Passiva II ermittelt werden, ob sich die Deckungslücke innerhalb der nächsten drei Wochen schließt. Ist dies nicht der Fall, so ist die Zahlungsunfähigkeit mittels Liquiditätsbilanz im Sinne des § 17 Abs. 2 S. 1 InsO festgestellt.[128]

bb. Wirtschaftskriminalistische Methode

§ 17 Abs. 2 S. 2 InsO stellt eine Vermutungsregel auf, nach der die Zahlungsunfähigkeit regelmäßig anzunehmen ist, wenn der Schuldner seine Zahlungen eingestellt hat. Im Anfechtungsprozess ist die Aufstellung einer Liquiditätsbilanz nach der aufgezeigten betriebswirtschaftlichen Methode entbehrlich, wenn eine Zahlungseinstellung die gesetzliche Vermutung der Zahlungsunfähigkeit gem. § 17 Abs. 2 S. 2 InsO begründet.[129]

Der BGH hat die Vermutung nach § 17 Abs. 2 S. 2 InsO dahingehend konkretisiert, dass sich für die beteiligten Verkehrskreise der berechtigte Eindruck aufgedrängt haben muss bzw. es für sie nach außen hin erkennbar geworden sein muss, dass der Schuldner seine fälligen Zahlungspflichten aufgrund eines Mangels an liquiden Zahlungsmitteln nicht mehr erfüllen kann. Die Zahlungseinstellung ist hiernach das äußere Verhalten, durch das sich die Zahlungsunfähigkeit typischerweise ausdrückt.[130] Es kommt hierbei nicht darauf an, dass die Zahlungseinstellung allgemein bekannt ist. Ausreichend kann bereits sein, dass lediglich einem Großgläubiger die Zahlungseinstellung bekannt ist. Die Zahlungseinstellung im Sinne von § 17 Abs. 2 S. 2 InsO ist bereits dann anzunehmen, wenn ein wesentlicher Teil der Verbindlichkeiten durch den Schuldner nicht mehr erfüllt wird.[131]

---

127 BGH NJW 2018, 1089, 1093; *Krauß*, ZInsO 2016, 2361, 2362 f.; *Bork*, ZIP 2008, 1749, 1752; Nickert/Lamberti/*Kriegel*, Rn. 51.

128 BGH NJW 2018, 1089, 1091; *Bork*, ZIP 2008, 1749, 1753.

129 BGH ZInsO 2017, 2612, 2613.

130 BGH ZIP 2006, 2222, 2223; *Bork*, § 10, Rn. 103; HambKomm/*Schröder*, § 17, Rn. 36.

131 BGH ZIP 2006, 2222, 2223; BGH ZIP 2012, 735 f.; Nickert/Lamberti/*Kriegel*, Rn. 56; HambKomm/*Schröder*, § 17, Rn. 37; HK-InsO/*Kirchhof*, § 17, Rn. 29.

aaa. Feststellung der Zahlungseinstellung durch Indizien

Zur Feststellung der Zahlungsunfähigkeit aufgrund der Zahlungseinstellung sind entsprechend offenkundige Indizien heranzuziehen. Ein einzelnes Indiz kann bereits ausreichend sein. Die Würdigung folgt in einer Gesamtschau der jeweils vorliegenden Umstände.[132] Nach der Rechtsprechung des BGH können grundsätzlich u.a. folgende Umstände einzeln oder in der Gesamtschau die Feststellung der Zahlungseinstellung begründen:

Erklärungen des Schuldners, er könne eine fällige Verbindlichkeit nicht begleichen[133] und die Bitte um Stundung, da ein Ausgleich derzeit nicht möglich sei[134], Schleppende Zahlung von Löhnen und Gehältern[135], Nichtzahlung eines wesentlichen Teils einer fälligen und ernsthaft eingeforderten Verbindlichkeit[136], dauerhaft schleppende Zahlungsweise[137], Nichtabführen von Sozialversicherungsbeiträgen[138], „Vorsichherschieben" eines beträchtlichen, sich immer wieder erneuernden Zahlungsrückstands[139], Rundschreiben des Schuldners mit Stundungsbitte[140], Androhung und Durchführung von Vollstreckungsmaßnahmen[141], Flucht vor den Gläubigern[142], Nichteinlösung von Schecks[143], Rückgabe von Lastschriften[144], nachträgliche Vereinbarung von Ratenzahlungen[145], Nichteinhaltung von Ratenzahlungsvereinbarungen.[146]

---

132 BGH ZInsO 2011, 1410, 1411; BGH ZIP 2016, 2423, 2425; BGH ZIP 2016, 481 f.; BGH ZIP 2016, 173, 174; *Bork/Gehrlein*, Rn. 240; HambKomm/*Schröder*, § 17, Rn. 38; MüKo-InsO/*Eilenberger*, § 17, Rn. 30b.

133 BGH ZIP 2001, 2097, 2098.

134 BGH ZIP 2008, 420, 422; BGH ZIP 2013, 228, 230; BGH ZIP 2016, 1388, 1390; BGH ZIP 2016, 627, 629.

135 BGH ZIP 2008, 706, 708; BGH ZIP 2015, 396, 398; BGH ZIP 2015, 585, 587.

136 BGH ZIP 2001, 2097, 2098; BGH ZIP 2008, 420, 422; BGH ZInsO 2011, 1410, 1411.

137 BGH ZIP 2013, 2015, 2017; BGH ZIP 2015, 585, 587.

138 BGH ZIP 2006, 1056, 1057; BGH ZInsO 2013, 2015, 2017; BGH ZIP 2015, 585, 587; BGH ZIP 2015, 1234, 1236.

139 BGH ZIP 2011, 1416; BGH ZIP 2013, 2015, 2017; BGH ZIP 2016, 1388.

140 BGH ZIP 2016, 173, 174; BGH ZInsO 2014, 1004, 1007.

141 BGH ZIP 2015, 1234, 1236.

142 BGH ZIP 2006, 1056, 1057.

143 BGH ZInsO 2011, 1410, 1412.

144 BGH ZInsO 2010, 1598, 1599; BGH ZIP 2015, 585, 587; BGH ZInsO 2015, 628, 630.

145 BGH ZIP 2015, 937; BGH ZIP 2012, 735, 737; BGH ZIP 2013, 228, 230 f.

146 Überblick über die Rechtsprechung des BGH zu einzelnen Indizien bei *Bork*, § 10, Rn. 103 m.w.N.; Nickert/Lamberti/*Kriegel*, Rn. 59 m.w.N.; KPB/*Schoppmeyer*, § 130, Rn. 91 m.w.N; *Bork/Gehrlein*, Rn. 239 ff m.w.N.; *Pape*, NWB 2018, 961 965.

Sind Indizien vorhanden, die auf die Zahlungseinstellung hindeuten, bedarf es darüber hinaus keiner weiteren Darlegung oder Feststellung bzgl. der Höhe der gegen den Schuldner ernsthaft eingeforderten, fälligen Verbindlichkeiten. Auch das Vorliegen einer Unterdeckung von mindestens 10 % ist hiernach entbehrlich.[147] Zudem tritt die Zahlungseinstellung offenkundig zu Tage, sodass sie bei Dritten unmittelbar zur Kenntnis der Zahlungsunfähigkeit führt.[148]

bbb. Wiederaufnahme der Zahlungen im Allgemeinen

Die einmal eingetretene Zahlungseinstellung kann nur dadurch wieder beseitigt werden, dass der Schuldner seine Zahlungen allgemein wiederaufnimmt. Der Beweis der Beseitigung der Zahlungsunfähigkeit obliegt demjenigen, der sich darauf beruft.[149] Es obliegt also den Gläubigern in der Rolle des Anfechtungsgegners, die aus der Zahlungseinstellung resultierende gesetzliche Vermutung der Zahlungsunfähigkeit zu widerlegen, was regelmäßig kaum gelingt.[150]

War der Schuldner zum Zeitpunkt der Vornahme der Rechtshandlung zahlungsunfähig, ist die Zahlungsunfähigkeit aber zunächst danach bis zur Verfahrenseröffnung wieder allgemein beseitigt worden, entfällt die Anfechtbarkeit der zum Zeitpunkt der Zahlungsunfähigkeit vorgenommenen Rechtshandlung.[151] Bezogen auf das konkrete Anfechtungsrisiko kommt es demnach darauf an, dass die Zahlungsunfähigkeit bei Vornahme der anfechtbaren Rechtshandlung bis zur Eröffnung des Insolvenzverfahrens ununterbrochen fortbestanden hat. Es fehlt ansonsten am erforderlichen Kausalzusammenhang zwischen der Zahlungsunfähigkeit zum Zeitpunkt der anfechtbaren Rechtshandlung und der späteren Insolvenzeröffnung. Ein Gläubiger, der in anfechtbarer Weise etwas erlangt hat, darf nicht schlechter gestellt sein, als ein Gläubiger, der nach Aufhebung der Zahlungsunfähigkeit in nicht anfechtbarer Weise etwas erlangt hat.[152]

---

147 Nickert/Lamberti/*Kriegel*, Rn. 58; MüKo-InsO/*Eilenberger*, § 17, Rn. 30b; HambKomm/*Schröder*, § 17, Rn. 38.

148 *Bork/Gehrlein*, Rn. 250.

149 BGH ZIP 2006, 2222, 2224; BGH ZIP 2001, 2235 f.

150 BGH ZIP 2016, 627, 629; *Bork/Gehrlein*, Rn. 284; Nickert/Lamberti/*Kriegel*, Rn. 53; *Pape*, NWB 2018, 961.

151 Uhlenbruck/*Borries/Hirte*, § 130, Rn. 46; MüKo-InsO/*Kayser*, § 130, Rn. 30.

152 *Brahmstaedt*, S. 30, m.w.N.

c. *Kenntnis der Zahlungsunfähigkeit gem. § 130 Abs. 1 Nr. 1 InsO*

Kenntnis der Zahlungsunfähigkeit des Schuldners im Sinne von § 130 Abs. 1 Nr. 1 InsO bedeutet positive Kenntnis, d.h. für sicher gehaltenes Wissen. Kenntnis der Zahlungsunfähigkeit liegt vor, wenn der Gläubiger aus den ihm bekannten Tatsachen und dem Verhalten des Schuldners bei natürlicher Betrachtungsweise den zutreffenden Schluss gezogen hat, dass der Schuldner mehr als nur geringfügige Teile, also 10 % und mehr, seiner fälligen und einredefreien und ernsthaft eingeforderten Verbindlichkeiten aufgrund mangelnder Zahlungsmittel in den nächsten drei Wochen nicht tilgen wird.[153]

Kenntnis der Zahlungs(un)fähigkeit ihrer Abnehmer im Sinne der betriebswirtschaftlichen Methode gem. § 17 Abs. 2 S. 1 InsO haben Lieferanten regelmäßig nicht, da die Abnehmer in aller Regel keinen Einblick in ihre Buchhaltung gewähren. Wie gezeigt wird Zahlungsunfähigkeit gem. § 17 Abs. 2 S. 2 InsO vermutet, wenn der Schuldner seine Zahlungen im Wesentlichen eingestellt hat.[154] Kennt der Gläubiger die Tatsachen, aus denen sich die Zahlungseinstellung ergibt, kennt er damit auch die Zahlungsunfähigkeit. Die in § 17 Abs. 2 S. 2 InsO formulierte Vermutung gilt auch im Rahmen von § 130 Abs. 1 InsO.[155] Der angefochtene Lieferant kann sich aufgrund der Vermutungsregel in § 17 Abs. 2 S. 2 InsO nicht darauf berufen, er habe aus der ihm bekannten Zahlungseinstellung nicht auf die Zahlungsunfähigkeit geschlossen.[156]

d. *Kenntnis von Umständen, die zwingend auf die Zahlungsunfähigkeit schließen lassen gem. § 130 Abs. 2 InsO*

Gem. § 130 Abs. 2 InsO steht der Kenntnis der Zahlungsunfähigkeit oder des Eröffnungsantrags die Kenntnis von Umständen gleich, die zwingend auf die Zahlungsunfähigkeit oder den Eröffnungsantrag schließen lassen. Es genügt daher, dass der Anfechtungsgegner die tatsächlichen Umstände kennt, aus denen bei zutreffender rechtlicher Würdigung die Zahlungsunfähigkeit des Schuldners zweifelsfrei folgt.[157] Der zwingende Schluss auf die Zahlungsunfähigkeit kann

---

153 BGH ZIP 2006, 2222, 2225; BGH ZInsO 2006, 1210, 1212; Uhlenbruck/*Borries/Hirte*, § 130, Rn. 61; KBP/*Schoppmeyer*, § 130, Rn. 106.

154 Siehe Erster Teil, B.VI.1.b.bb.

155 BGH ZInsO 2013, 2434, 2435; BGH ZInsO 2012, 696, 697; BGH ZInsO 2009, 515, 516; BGH ZIP 2006, 2222, 2223.

156 Vgl. BGH ZInsO 2012, 696, 698; BGH ZInsO 2009, 515, 516; Uhlenbruck/*Borries/Hirte*, § 130, Rn. 63.

157 BGH ZInsO 2009, 515, 516; BGH ZInsO 2009, 2148, 2149; BGH ZInsO 2013, 2434, 2435.

gezogen werden, wenn sich ein redlich Denkender aufgrund der ihm bekannten Tatsachen der Einsicht nicht verschließen kann, der Schuldner sei zahlungsunfähig.[158] Je mehr ein Gläubiger also über die wirtschaftliche und finanzielle Situation seines Schuldners weiß, umso eher wird er Kenntnisse über Umstände im Sinne von § 130 Abs. 2 InsO haben. Ein Indiz kann etwa sein, dass der Gläubiger weiß, dass der Schuldner auch anderen Gläubigern gegenüber säumig ist.[159]

Die oben aufgeführten Indizien[160], aus denen sich die Zahlungseinstellung im Sinne von § 17 Abs. 2 S. 2 InsO ergibt, sind vielfach gewöhnliche Vorgänge im Wirtschaftsverkehr. So sind z.B. die Bitte um Ratenzahlung oder Stundung[161], dauerhaft schleppende Zahlungsweisen[162] oder eine Ratenzahlungsvereinbarung, die erst unter dem Druck von Zwangsvollstreckungsmaßnahmen geschlossen werden[163], keine ungewöhnlichen Vorgänge und kommen in der täglichen Praxis wirtschaftlichen Handelns häufig vor. Hieran zeigt sich, dass es für Lieferanten im täglichen Geschäft sehr schwierig ist, das Insolvenzanfechtungsrisiko richtig zu bewerten. Bewertet der Gläubiger das ihm vollständig bekannte Tatsachenbild falsch, kann er sich nicht mit Erfolg darauf berufen, den Schluss auf die Zahlungsunfähigkeit nicht gezogen zu haben.[164] Das bedeutet, das Risiko der Bewertung von bekannten Tatsachen in Bezug auf die Zahlungs(un)fähigkeit eines Abnehmers geht zu Lasten des Lieferanten.

e. Zurechnung der Kenntnis

Der Lieferant muss sich die Kenntnis aller Personen zurechnen lassen, die für ihn tätig sind und eine Informationspflicht haben. Die Zurechnung ist demgemäß nicht auf Vertreter im Sinne des § 166 Abs. 1 BGB beschränkt. Die Rechtsprechung wendet die Vorschrift des § 166 BGB in den Fällen analog an, in denen jemand mit der eigenverantwortlichen Erledigung bestimmter Angelegenheiten betraut ist, ohne Vertreter zu sein, dabei dem Geschäftspartner gegenüber aber als für den Geschäftsherrn handelnd auftritt.[165] Innerhalb von Unternehmen und selbst innerhalb von Konzernstrukturen ist daher ggf. die Kenntnis

---

158 BGH ZInsO 2009, 515, 516; BGH ZInsO 2009, 2244, 2245.

159 BGH ZInsO 2002, 29 f.; BGH ZInsO 2009, 515, 516 f.; BGH ZInsO 2013, 2434, 2436.

160 Siehe Erster Teil, B.VI.1.b.bb.aaa.

161 BGH ZIP 2008, 420, 422; BGH ZIP 2013, 228, 230; BGH ZIP 2016, 1388, 1390.

162 BGH ZIP 2013, 2015, 2017; BGH ZIP 2015, 585, 587.

163 BGH ZIP 2016, 481, 482.

164 BGH ZInsO 2009, 515, 517; BGH ZInsO 2009, 2148, 2150.

165 BGH NJW 1993, 2112, 2113; BGH NJW-RR 2005, 1421, 1422; BGH NJW 2007, 1584, 1587; Uhlenbruck/*Borries/Hirte*, § 130, Rn. 87; Palandt/*Ellenberger*, § 166, Rn. 6.

einzelner Mitarbeiter bzgl. der Zahlungsunfähigkeit von Abnehmern über § 166 Abs. 1 BGB analog zurechenbar.

aa. Wissensvertreter

Auch beauftragte Dritte können Wissensvertreter sein, z.B. der Vertrauensmann, der die Kontrollpflicht beim Schuldner ausübt und insbesondere die Aufgabe hat, über die Bonitätsentwicklung zu informieren oder das Inkassounternehmen, dass im Rahmen einer treuhänderischen Inkassozession für den Anfechtungsgegner handelt.[166]

bb. Kreditversicherer als Wissensvertreter

Im vorliegenden Zusammenhang ist fraglich, ob Kreditversicherer Wissensvertreter ihrer Versicherungsnehmer, also der Lieferanten sein können. Kreditversicherer führen eine eingehende und fortlaufende Bonitätsprüfung der Abnehmer des Versicherungsnehmers durch und ziehen hierfür eine Vielzahl an Informationen heran und werten diese aus.[167] Es ist daher im vorliegenden Zusammenhang denkbar, dass sich der Versicherungsnehmer entsprechende Kenntnisse des Kreditversicherers als Kenntnis im Sinne von § 130 Abs. 1 Nr. 1 InsO zurechnen lassen muss, wenn der Kreditversicherer Wissensvertreter des Versicherungsnehmers wäre. Die potentielle Gefahr einer Insolvenzanfechtung wäre somit durch Abschluss einer Kreditversicherung erhöht, da Kreditversicherer entsprechend ihres Geschäftsmodells regelmäßig bessere Erkenntnisse bzgl. der Kreditrisiken der Abnehmer des Versicherungsnehmers haben als der Versicherungsnehmer selbst.[168]

Fraglich ist allerdings, inwieweit Kreditversicherer bezogen auf die Bonitätsprüfung in eigener oder fremder Angelegenheit handeln. Die Bonitätsprüfung findet in aller erster Linie im eigenen Interesse des Kreditversicherers statt, um eine Entscheidung bzgl. der Übernahme des Versicherungsschutzes zu treffen. Die Kreditprüfung durch den Versicherer dient der eigenen Risikoeinschätzung und begründet grundsätzlich keine Schutzpflicht gegenüber dem Versicherungsnehmer.[169] Daher handeln Kreditversicherer bzgl. der Bonitätsprüfung nicht im Auftrag des Versicherungsnehmers und sind somit diesbezüglich keine Wissensvertreter. Im Ergebnis muss sich der Versicherungsnehmer daher die Kenntnisse

---

166 BGH NJW 1964, 1277, 1278 f.; BGH ZInsO 2014, 1004, 1008.

167 Siehe Zweiter Teil, A.II.2.a.bb.aaa.(I.).

168 Siehe Zweiter Teil, A.II.2.a.bb.aaa.

169 OLG Hamburg, BeckRS 1998, 16197, Rn. 30.

des Kreditversicherers bzgl. der Zahlungsunfähigkeit seiner (versicherten) Abnehmer im Sinne von § 130 Abs. 1 Nr. 1 InsO nicht zurechnen lassen.

f. Anfechtungszeitraum gem. § 130 Abs. 1 InsO

Unter den Voraussetzungen des § 130 InsO ist eine Rechtshandlung gem. § 130 Abs. 1 Nr. 1 InsO anfechtbar, wenn sie in den letzten drei Monaten vor Antrag auf Eröffnung des Insolvenzverfahrens vorgenommen worden ist. Bei mehreren Insolvenzanträgen bleibt der erste Antrag maßgeblich, wenn es sich um eine einheitliche Insolvenz handelt. Das gilt auch dann, wenn zwischen dem Erstantrag und dem verfahrenseröffnenden Antrag ein längerer Zeitraum liegt.[170]

Zur Ermittlung der potentiellen Höhe von Anfechtungsansprüchen ist daher im vorliegenden Zusammenhang auf alle Zahlungen eines Abnehmers abzustellen, die in den letzten drei Monaten vor Antrag auf Eröffnung des Insolvenzverfahrens über dessen Vermögen beim Lieferanten eingegangen sind. Ist das Insolvenzverfahren bereits eröffnet, lässt sich der drohende Schaden aus Insolvenzanfechtung gem. §§ 129 Abs. 1, 130 Abs. 1 und 2, 143 Abs. 1 InsO somit im Einzelfall konkret beziffern.

2. Inkongruente Deckung gem. § 131 InsO

Gem. § 131 Abs. 1 InsO ist eine Rechtshandlung unter den weiteren Voraussetzungen der § 131 Abs. 1 Nr. 1 bis Nr. 3 InsO anfechtbar, die einem Insolvenzgläubiger eine Sicherung oder Befriedigung gewährt oder ermöglicht hat, die er nicht oder nicht in der Art oder nicht zu der Zeit zu beanspruchen hatte.

§ 131 InsO verschärft die Anfechtbarkeit von Rechtshandlungen zu Lasten des Gläubigers, wenn die Rechtshandlung inkongruent ist.[171] Ein Gläubiger, der eine inkongruente Deckung erhält ist weniger schutzwürdig als ein Gläubiger, der eine kongruente Deckung erhält. Die Anfechtbarkeit inkongruenter Deckungen beruht darauf, dass diese im Hinblick auf die nahe bevorstehende Insolvenz besonders verdächtig sind.[172] Daher hat der Gesetzgeber die Anfechtbarkeit inkongruenter Leistungen dadurch erleichtert, dass im Rahmen des § 131 Abs. 1 Nr. 1 InsO innerhalb des letzten Monats vor Antrag auf Insolvenzeröffnung die Krise des Schuldners und die Kenntnis des Gläubigers unwiderleglich vermutet wird.[173]

---

170 BGH ZIP 2008, 235, 236; BGH ZInsO 2009, 870, 871.
171 BT-Drucks. 12/2443, S. 158.
172 BGH ZIP 2010, 1188.
173 BT-Drucks. 12/2443, S. 158.

Auch im zweiten und dritten Monat vor Antrag auf Insolvenzeröffnung ist die Anfechtbarkeit von inkongruenten Rechtshandlungen deutlich erleichtert. Ist der Schuldner nach den Voraussetzungen des § 131 Abs. 1 Nr. 2 InsO im Sinne von § 17 Abs. 2 InsO bei Vornahme der Rechtshandlung zahlungsunfähig, wird die Kenntnis des Gläubigers aufgrund der besonderen Verdächtigkeit des inkongruenten Erwerbs unwiderleglich vermutet.[174]

Im Gegensatz zur Anfechtung nach § 130 InsO spielt also für die Anfechtbarkeit nach § 131 Abs. 1 Nr. 1 und Nr. 2 InsO die Kenntnis des Gläubigers von bonitätsrelevanten Informationen über den Schuldner keine Rolle. Für die Beurteilung des Insolvenzanfechtungsrisikos gem. § 131 Abs. 1 Nr. 1 und Nr. 2 InsO ist somit von erheblicher Bedeutung, in welchen Fällen die Begleichung von Forderungen aus Lieferung und Leistungen inkongruent ist. Fraglich ist demnach, wann eine Leistung inkongruent ist.

a. Inkongruenz

Bei der Feststellung der Inkongruenz ist ein Vergleich zwischen dem rechtlich geschuldeten und dem tatsächlichen Vorgehen anzustellen. Es kommt dabei allein auf die materielle Rechtslage, also den Anspruch des Gläubigers zum Zeitpunkt der Leistung an.[175] Das Recht des Gläubigers, die Leistung einzufordern, unterscheidet kongruente von inkongruenten Rechtshandlungen.[176] So sind z.B. Teilzahlungen trotz der Regelung des § 266 BGB grundsätzlich nicht inkongruent, da der Gläubiger zur Entgegennahme von Teilleistungen berechtigt ist.[177] Auch verkehrsübliche aber nicht vereinbarte Zahlungsweisen, wie etwa Scheckausstellung, Überweisung oder Lastschriftverfahren sind nicht inkongruent.[178]

Inkongruent ist eine Deckung, die von der vereinbarten Zahlungsweise abweicht. Das ist der Fall, wenn der Gläubiger anstelle dessen, was er fordern kann, etwas anderes erfüllungshalber oder an Erfüllung statt erhält; z.B. Ware statt Geld. Auch auf die Abtretung einer Forderung erfüllungshalber hat der Gläubiger regelmäßig keinen Anspruch.[179] Zudem ist eine Deckung im Sinne von § 131 Abs. 1 InsO nicht zu beanspruchen, wenn unvollkommene, verjährte,

---

174 BT-Drucks. 12/2443, S. 158.

175 BGH ZInsO 2014, 195, 197; *Bork/Gehrlein*, Rn. 368.

176 BGH ZInsO 1999, 467, 468; BGH ZInsO 2005, 766, 767.

177 OLG Saarbrücken ZIP 2008, 2430.

178 BGH ZInsO 2003, 178, 179; BGH ZInsO 2006, 322, 326; Uhlenbruck/*Borries/Hirte*, § 131, Rn. 9.

179 HK-InsO/*Thole*, § 131, Rn. 7; KPB/*Schoppmeyer*, § 131, Rn. 30; *Bork/Gehrlein*, Rn. 360.

durch Irrtum, Täuschung oder Drohung anfechtbar im Sinne der §§ 129, 123 BGB begründete Verbindlichkeiten oder Verbindlichkeiten beglichen werden, bei denen ein Formmangel durch Leistungsbewirkung geheilt wird.[180]

Im vorliegenden Zusammenhang sind vor allem Leistungen des Schuldners relevant, die im Rahmen der Forderungsbeitreibung gewährt werden. Lieferanten haben grundsätzlich ein Debitorenmanagement, das unterschiedliche Prozesse für das Nachhalten und die Beitreibung von Außenständen vorsieht. Naturgemäß werden Lieferanten gerade dann auf vielen Wegen versuchen, Außenstände beizutreiben, wenn sich der Abnehmer in der Krise befindet. Zahlungen können inkongruent sein, wenn der Abnehmer nicht in erste Linie auf die Forderung leistet, sondern um weitere für ihn nachteilige Folgen abzuwenden. Leistet der Abnehmer z.B. auf einen durch den Lieferanten angedrohten oder gestellten Insolvenzantrag, bewirkt dies regelmäßig eine inkongruente Deckung.[181] Deckungen, die in den letzten drei Monaten vor dem Eröffnungsantrag durch Zwangsvollstreckung oder durch Androhung der Zwangsvollstreckung erlangt wurden, sind ebenfalls grundsätzlich inkongruent.[182]

b. Gläubigerbenachteiligung gem. § 131 Abs. 1 Nr. 3 InsO

Gem. § 131 Abs. 1 Nr. 3 InsO sind Rechtshandlungen im zweiten und dritten Monat vor Eröffnungsantrag auch dann anfechtbar, wenn zum Zeitpunkt der Vornahme der Rechtshandlung (§ 140 InsO) keine Zahlungsunfähigkeit vorlag. Voraussetzung ist, dass dem durch Rechtshandlung begünstigten Insolvenzgläubiger die Benachteiligung der übrigen Insolvenzgläubiger zum Zeitpunkt der Vornahme der anfechtbaren Rechtshandlung bekannt war.[183]

aa. Kenntnis der Gläubigerbenachteiligung gem. § 131 Abs. 1 Nr. 3 InsO

Kenntnis der Gläubigerbenachteiligung im Sinne des § 131 Abs. 1 Nr. 3 InsO hat der Gläubiger, der weiß, dass der Schuldner wegen seiner finanziellen Lage in absehbarer Zeit nicht mehr fähig ist, sämtliche Insolvenzgläubiger zu befriedigen.[184]

---

180 BGH NZI 2012, 177, 178.

181 BGH ZInsO 2004, 145, 146; BGH ZInsO 2012, 2244, 2245; BGH ZInsO 2013, 778, 779.

182 BGH ZInsO 2003, 611, 612; BGH ZInsO 2004, 385 f.; BGH ZInsO 2006, 553, 554; HK-InsO/*Thole*, § 131, Rn. 13.; LSZ/*Zeuner*, § 131, Rn. 17; KPB/*Schoppmeyer*, § 131, Rn. 123; *Bork/Gehrlein,* Rn. 445.

183 Uhlenbruck/*Borries/Hirte*, § 131, Rn. 19.

184 BGH NJW 2004, 1385, 1387; MüKo-InsO/*Kayser*, § 131, Rn. 53.

bb. Kenntnis von Umständen, die zwingend auf die Gläubigerbenachteiligung schließen lassen gem. § 131 Abs. 2 S. 1 InsO

Neben der Kenntnis der Gläubigerbenachteiligung genügt gem. § 131 Abs. 2 S. 1 InsO auch die Kenntnis von Umständen, die zwingend auf die benachteiligende Wirkung der Rechtshandlung schließen lassen. Der Gläubiger muss tatsächliche Umstände kennen, aus denen sich bei zutreffender rechtlicher Beurteilung zweifelsfrei ergibt, dass der Schuldner infolge seiner Liquiditäts- und Vermögenslage in absehbarer Zeit seine Zahlungspflichten nicht mehr in vollem Umfang erfüllen kann und dass dann Insolvenzgläubiger wenigstens teilweise „leer ausgehen".[185] Weiß der Gläubiger, dass der Schuldner mit überwiegender Wahrscheinlichkeit absehbar nicht mehr alle seine Gläubiger befriedigen kann, und wirkt er dennoch dabei mit, das den übrigen Gläubigern haftende Vermögen weiter zu verkürzen, muss er zweifelsfrei mit der Gläubigerbenachteiligung rechnen.[186]

Eine inkongruente Deckung bildet ein starkes Beweisanzeichen für die Benachteiligungsabsicht des Schuldners und für die Kenntnis des Gläubigers von der Benachteiligungsabsicht. Voraussetzung ist, dass die Wirkung der Rechtshandlung zu einem Zeitpunkt eintrat, als aus Sicht des Empfängers Anlass bestand, an der Liquidität des Schuldners zu zweifeln.[187] Für § 131 Abs. 1 Nr. 3 InsO folgt daraus, dass der Inkongruenz dann ein gem. § 286 ZPO zu berücksichtigendes Beweisanzeichen für die Kenntnis des Anfechtungsgegners von der Gläubigerbenachteiligung zu entnehmen ist, wenn der Anfechtungsgegner bei Vornahme der Handlung wusste, dass sich der Schuldner in einer finanziell beengten Lage befand.[188] Das Beweisanzeichen greift insbesondere ein, wenn der Gläubiger Sicherheiten anstelle Erfüllung annimmt, über Monate lediglich unvollständige Zahlungen erhält, wenn der Gläubiger mit Insolvenzantrag droht oder trotz umfänglicher Beitreibungsmaßnahmen die Forderungen sich nicht verringern.[189]

c. Anfechtungszeitraum gem. § 131 Abs. 1 InsO

Um im konkreten Einzelfall zu bewerten, ob mit Eröffnung des Insolvenzverfahrens das verschärfte Risiko der Insolvenzanfechtung gem. § 131 InsO einhergeht,

---

185 BGH NJW 2004, 1385, 1387; MüKo-InsO/*Kayser*, § 131, Rn. 54.

186 MüKo-InsO/*Kayser*, § 131, Rn. 55.

187 BGH NJW 2004, 1385, 1387; BGH ZIP 2013, 2113, 2114.

188 BGH NJW 2004, 1385, 1387; BGH ZInsO 2004, 967, 969; MüKo-InsO/*Kayser*, § 131, Rn. 63; *Bork/Gehrlein*, Rn. 475.

189 BGH NJW 2004, 1385, 1387; MüKo-InsO/*Kayser*, § 131, Rn. 63.

sind alle Deckungshandlungen in den letzten drei Monaten vor Eröffnungsantrag dahingehend zu prüfen, ob sie inkongruent im Sinne des § 131 InsO erfolgt sind. Insbesondere ist das Vorliegen inkongruenter Deckungen im letzten Monat vor Antrag auf Eröffnung des Insolvenzverfahrens zu prüfen, da gem. § 131 Abs. 1 Nr. 1 InsO in diesem Zeitraum alle inkongruenten Deckungen ohne weitere Voraussetzungen anfechtbar sind.

3. *Vorsätzliche Benachteiligung gem. § 133 InsO*

a. *Vorbemerkung*

Die Vorsatzanfechtung gem. § 133 InsO hat in der Praxis große Bedeutung.[190] Aufgrund des langen Anfechtungszeitraums von vier Jahren gem. § 133 Abs. 2 InsO, kann der Insolvenzverwalter auch länger zurückliegende Deckungshandlungen anfechten. Vermehrt sind auch Erfüllungsleistungen der Anfechtung nach § 133 InsO unterworfen, die von ihrer „äußeren Erscheinungsform" nicht ohne Weiteres den Verdacht begründen, anderen Gläubigern werde in ungebührlicher Weise die Haftungsgrundlage entzogen.[191] Daher können Vorgänge zur Insolvenzanfechtung führen, die im wirtschaftlichen Verkehr der täglichen Praxis entsprechen. Lieferanten sehen sich z.B. vor die Frage gestellt, ob und unter welchen Voraussetzungen Abnehmern Zahlungserleichterungen gewährt werden können, da zu den Beweisanzeichen, die für einen Gläubigerbenachteiligungsvorsatz des Schuldners sprechen, auch die Bitte bzw. Vereinbarung von Stundung und Ratenzahlung gehören können, wenn der Schuldner zugleich einräumt, seine fälligen Verbindlichkeiten nicht begleichen zu können.[192] Gerade für Lieferanten ergeben sich aus der Vorsatzanfechtung daher „unverhältnismäßige und unkalkulierbare Risiken" für Vermögensschäden.[193]

Nach Rechtsprechung des BGH ist die Auslegung der gesetzlichen Anfechtungstatbestände nach spezifischen insolvenzrechtlichen Grundsätzen auszurichten, für die das besondere Ziel einer gleichmäßigen Befriedigung der Gläubiger im Sinne von § 1 S. 1 InsO maßgeblich ist.[194] Die Rechtsprechung des BGH hat jedoch zu einer „überbordenden Ausdifferenzierung" der Rechtsmaterie geführt, die die Instanzgerichte teilweise überfordert. Die Rechtsunsicherheit für Lieferanten folgt daher auch daraus, dass sich weder die Wirksamkeit von

190 *Gehrlein*, ZInsO 2018, 2557; siehe Einleitung.
191 BT-Drucks. 18/7054, S. 10 f.; *Gehrlein*, ZInsO 2018, 2557.
192 BT-Drucks. 18/7054, S. 11; *Gehrlein*, ZInsO 2018, 2565; *Zivkovic*, ZVI 2017, 369, 374.
193 BT-Drucks. 18/7054, S. 10 f.; siehe Einleitung.
194 BGH ZIP 2010, 1702, 1704; BGH ZIP 2009, 825.

Maßnahmen zur Vermeidung der Anfechtung noch der Ausgang anfechtungsrechtlicher Streitigkeiten hinreichend sicher prognostizieren lassen.[195]

Die Rechtsprechung des BGH zu § 133 InsO a.F. hat dem Insolvenzanfechtungsrecht zudem nicht nur zu größerer Bedeutung verholfen, sondern ist in der Regel massefreundlich, d.h., sie begünstigt die Durchsetzung von Insolvenzanfechtungsansprüchen. Das gilt insbesondere bzgl. der Anwendbarkeit von § 133 InsO aufgrund der geänderten Haltung zum prozessualen Nachweis der subjektiven Tatbestandsmerkmale.[196] Es gehört zu den Sorgfaltspflichten jedes Insolvenzverwalters, sämtliche Zahlungen außerhalb der Krise daraufhin zu überprüfen, ob sie nach § 133 InsO anfechtbar sind, insbesondere ob unter dem Druck einer unmittelbar bevorstehenden Zwangsvollstreckung geleistet worden ist.[197]

Der anfechtungsfreundlichen Tendenz der Rechtsprechung wird erkennbar dem Grunde nach nicht widersprochen. Entgegengehalten wird jedoch, die Rechtsprechung werde ihrem Auftrag auf dem Boden des geltenden Rechts im Wesentlichen gerecht, bei der Insolvenzanfechtung für angemessene Ergebnisse zu sorgen. Dies geschehe allerdings unter der Prämisse, dass das Insolvenzanfechtungsrecht ein scharfes Schwert bleiben müsse.[198]

Ein Kernpunkt der am 5. April 2017 in Kraft getretenen Reform des Anfechtungsrechts ist die Einschränkung der Vorsatzanfechtung für (die vorliegend relevanten) Deckungsgeschäfte. § 133 InsO n.F. ist hierzu um Abs. 2 und Abs. 3 mit dem Ziel ergänzt worden, die Praxis der Vorsatzanfechtung für den Geschäftsverkehr kalkulier- und planbarer zu machen.[199]

b. Voraussetzungen gem. § 133 Abs. 1 S. 1 InsO

Gem. § 133 Abs. 1 S. 1 InsO ist eine Rechtshandlung anfechtbar, die der Schuldner in den letzten zehn Jahren vor dem Antrag auf Eröffnung des Insolvenzverfahrens oder nach diesem Antrag mit dem Vorsatz, seine Gläubiger zu

---

195 BT-Drucks. 18/7054, S. 10; *Bork*, ZIP 2008, 1041, 1049; *Roth*, DZWIR 2016, 113.

196 *Bork*, ZIP 2008, 1041, 1049; Uhlenbruck/*Hirte/Borries*, vor § 129, Rn. 9; vgl. HambKomm/*A. Schmidt*, § 1, Rn. 28; *Klusmeier*, DStR 2014, 2056; *Paschen*, ZInsO 2014, 2485; *Fawzy/Köchling*, ZInsO 2014, 1073; *Roth*, DZWIR 2016, 113; *Kayser*, NJW 2014, 422; *Marotzke*, ZInsO 2014, 417; *Köper/Pfoser*, ZInsO 2014, 2341; *Borsch/Matzen*, ZInsO 2018, 2685, 2690.

197 *Bork*, ZIP 2004, 1684, 1693.

198 *Kayser*, ZIP 2014, 1966.

199 Gesetz vom 29.3.2017, BGBl I 654; RegE BT-Drucks. 18/7054; Uhlenbruck/*Borries/Hirte*, § 133, Rn. 1.

benachteiligen, vorgenommen hat, wenn der andere Teil zur Zeit der Handlung den Vorsatz des Schuldners kannte.

Für die vorliegend relevanten (kongruenten und inkongruenten) Deckungshandlungen in Form von Zahlungen auf Forderungen aus Lieferung und Leistung beträgt der Anfechtungszeitraum nach § 133 Abs. 1 S. 1 InsO gem. § 133 Abs. 2 InsO vier Jahre.[200]

aa. Benachteiligungsvorsatz des Schuldners

Nach der Rechtsprechung des BGH ist der Benachteiligungsvorsatz des Schuldners gegeben, wenn er bei Vornahme der Rechtshandlung (§ 140 InsO) die Benachteiligung der Gläubiger im Allgemeinen als Erfolg seiner Rechtshandlung gewollt oder als mutmaßliche Folge – sei es auch als unvermeidliche Nebenfolge eines an sich erstrebten anderen Vorteils – erkannt und gebilligt hat. Bedingter Benachteiligungsvorsatz des Schuldners genügt.[201]

Die subjektiven Voraussetzungen der Vorsatzanfechtung hat der Tatrichter gem. § 286 ZPO unter Würdigung aller maßgeblichen Umstände des Einzelfalls auf der Grundlage des Gesamtergebnisses der Verhandlung und einer etwaigen Beweisaufnahme zu prüfen.[202] Ein Schuldner, der zahlungsunfähig ist und seine Zahlungsunfähigkeit kennt, handelt in aller Regel mit Benachteiligungsvorsatz; denn in diesem Fall weiß der Schuldner, dass sein Vermögen nicht ausreicht, um sämtliche Gläubiger zu befriedigen. Es muss nicht das Ziel oder der Beweggrund des Schuldners sein, die Gläubiger im Allgemeinen zu benachteiligen.[203] Das gilt auch, wenn eine kongruente Leistung angefochten wird.[204]

bb. Kenntnis des Gläubigers vom Benachteiligungsvorsatz

Gem. § 133 Abs. 1 S. 1, 2. HS. InsO muss der andere Teil zum Zeitpunkt der Rechtshandlung (§ 140 InsO) positive Kenntnis vom Vorsatz der

---

200 Vgl. BT-Drucks. 18/7054, S. 13.

201 BGH ZIP 2006, 1261, 1263; BGH ZIP 2009, 922, 923; BGH ZIP 2016, 173, 174; BGH ZIP 2016, 874; BGH ZInsO 2017, 2612, 2613.

202 BGH ZIP 2019, 1624, 1626; BGH ZInsO 2016, 1616, 1617; BGH ZInsO 2016, 1749, 1750; BGH ZInsO 2013, 2434, 2435; BGH ZInsO 2012, 976, 977; BGH ZIP 2010, 1702, 1704; *Gehrlein*, ZInsO 2018, 2557, 2559.

203 BGH ZIP 2019, 1624, 1626; BGH ZIP 2006, 1261, 1263; BGH ZIP 2009, 922, 923; BGH ZInsO 2012, 138, 139; BGH ZIP 2016, 173, 174; BGH ZIP 2016, 874; BGH ZInsO 2016, 1616, 1617; KPB/*Bork*, § 133, Rn. 24; LSZ/*Zeuner*, § 133, Rn. 17; *Kayser*, NJW 2014, 422, 425; *Gehrlein*, ZInsO 2018, 2557, 2564.

204 BGH ZInsO 2016, 1616, 1617; BGH ZInsO 2017, 2612, 2613.

Gläubigerbenachteiligung gehabt haben.[205] Im Sinne von § 133 InsO bezeichnet „der andere Teil“ denjenigen, der zum Nachteil der anderen Gläubiger durch Rechtshandlung des Schuldners etwas erworben hat. Der andere Teil muss tatbestandlich kein Insolvenzgläubiger sein. Von Vorsatzanfechtung gem. § 133 InsO kann jeder Leistungsempfänger betroffen sein.[206] Im vorliegenden Zusammenhang ist der andere Teil regelmäßig der Lieferant, der von seinem Abnehmer Zahlungen auf Forderungen aus Lieferung und Leistung erhält.

Die Kenntnis von Einzelheiten ist nicht notwendig, es genügt die Kenntnis des Benachteiligungsvorsatzes im Allgemeinen.[207] „Kennenmüssen“, auch im Sinne grober Fahrlässigkeit, genügt jedoch nicht.[208] Benachteiligungsvorsatz und Kenntnis knüpfen an die gläubigerbenachteiligende Rechtshandlung an, weshalb der andere Teil grundsätzlich auch Kenntnis der Rechtshandlung haben muss.[209] Der andere Teil muss erkannt haben, dass die Rechtshandlung des Schuldners dessen Gläubiger benachteiligt und dass der Schuldner das auch wollte.[210]

Empfängt der Lieferant demnach Zahlungen seines Abnehmers im Wissen, dass das Vermögen des Abnehmers nicht ausreicht, um andere Gläubiger zu befriedigen, hat der Lieferant Kenntnis vom Gläubigerbenachteiligungsvorsatzes seines Abnehmers.[211] Auf die Benachteiligung der übrigen Gläubiger muss es dem anderen Teil selbst hierbei nicht ankommen, ebenso wenig muss kollusives Zusammenwirken vorliegen.[212]

aaa. Vermutung der Kenntnis gem. § 133 Abs. 1 S. 2 InsO

Gem. § 133 Abs. 1 S. 2 InsO wird die Kenntnis des Benachteiligungsvorsatzes vermutet, wenn der andere Teil wusste, dass die Zahlungsunfähigkeit des Schuldners drohte und dass die Handlung die Gläubiger benachteiligte. Gem. § 18 Abs. 2 InsO droht der Schuldner zahlungsunfähig zu werden, wenn er

---

205 BGH ZInsO 2012, 138, 139; BGH ZInsO 2013, 179, 183; BGH ZIP 2013, 2262, 2264.
206 BGH ZInsO 2012, 138, 139.
207 BGH ZInsO 2013, 2213, 2214; BGH ZInsO 2013, 2378, 2380.
208 BGH ZInsO 2011, 1454, 1456.
209 BGH ZInsO 2011, 1454, 1457; BGH ZIP 2013, 2113, 2114.
210 BGH ZIP 2013, 2113, 2115.
211 Vgl. *Gehrlein*, ZInsO 2018, 2557, 2564.
212 BGH ZInsO 2008, 738, 739; BGH ZIP 2008, 420, 421; BGH ZIP 1997, 423, 427; BGH ZInsO 2011, 1454, 1457; *Bork/Gehrlein*, Rn. 626; LSZ/*Zeuner*, § 133, Rn. 18; KPB/*Bork*, § 133, Rn. 43.

voraussichtlich nicht in der Lage sein wird, die bestehenden Zahlungspflichten im Zeitpunkt der Fälligkeit zu erfüllen.

Es genügt für die Annahme der Kenntnis der drohenden Zahlungsunfähigkeit, wenn der andere Teil die tatsächlichen Umstände kennt, aus denen bei zutreffender rechtlicher Würdigung die drohende Zahlungsunfähigkeit zweifelsfrei folgt. Ist der Schuldner gewerblich tätig, muss der andere Teil, wenn er die drohende Zahlungsunfähigkeit des Schuldners kennt, davon ausgehen, dass es weitere Gläubiger mit ungedeckten Forderungen gibt. Der Gläubiger weiß also, dass Leistungen aus dem Vermögen des Schuldners an ihn die Befriedigungsmöglichkeit anderer Gläubiger erschweren oder verzögern.[213]

bbb. Vermutung der (Un)Kenntnis gem. § 133 Abs. 3 InsO

Gem. § 133 Abs. 3 S. 1 InsO tritt bei kongruenten Deckungshandlungen an Stelle der Kenntnis der drohenden Zahlungsunfähigkeit nach § 133 Abs. 1 S. 2 InsO die Kenntnis der eingetretenen Zahlungsunfähigkeit. Hat der andere Teil also bei Vornahme der Rechtshandlung des Schuldners Kenntnis von dessen Zahlungsunfähigkeit gem. § 17 Abs. 2 InsO, hat er grundsätzlich auch Kenntnis bzgl. des Benachteiligungsvorsatzes des Schuldners.[214] Zur Kenntnis des anderen Teils der Zahlungsunfähigkeit kann nach oben verwiesen werden.[215]

In § 133 Abs. 3 S. 2 InsO ist jedoch eine „Gegenvermutung" geregelt.[216] Hiernach wird vermutet, dass bei Abschluss einer Zahlungsvereinbarung oder in sonstiger Weise gewährten Zahlungserleichterung der andere Teil zur Zeit der Handlung die Zahlungsunfähigkeit des Schuldners nicht kannte. Nach der Begründung zum „Gesetz zur Verbesserung der Rechtssicherheit bei Anfechtungen nach der Insolvenzordnung und nach dem Anfechtungsgesetz" handelt es sich hierbei um eine „wichtige" Klarstellung. Hiernach soll durch die Regelung gewährleistet sein, dass Unternehmen sich bei der Überbrückung von vorübergehenden Liquiditätsengpässen unterstützen können und dass Gläubiger Rechtssicherheit haben bei der Durchsetzung von Forderungen, wenn sie mit

---

213 BGH ZInsO 2017, 1616, 1619; BGH ZIP 2015, 2083, 2086; BGH ZInsO 2010, 807, 809; BGH ZInsO 2009, 1966; *Bork*, ZIP 2004, 1684, 1692.

214 BGH ZInsO 2017, 2212, 2214; BGH ZInsO 2017, 2110, 2113; BGH ZInsO 1616, 1618; Uhlenbruck/*Borries/Hirte*, § 133, Rn. 67.

215 Siehe Erster Teil, B.VI.1.c.

216 *Kayser*, ZIP 2018, 1153, 1159; *Zivkovic*, ZVI 2017, 369, 371.

dem Schuldner zu diesem Zweck Zahlungsvereinbarungen treffen oder in anderer Weise Zahlungserleichterungen gewähren.[217]

Bei § 133 Abs. 3 S. 2 InsO handelt es sich um eine widerlegliche gesetzliche Tatsachenvermutung.[218] In der Literatur wird der Vorschrift bislang keine größere Bedeutung zugemessen.[219] Nach Rechtsprechung des BGH zu § 133 InsO a. F. ist allein die Bitte um Ratenzahlung oder eine entsprechende Vereinbarung kein Indiz für die Zahlungseinstellung und damit ggf. für die Kenntnis des Gläubigerbenachteiligungsvorsatzes des anderen Teils. Nur wenn weitere Umstände hinzutreten, kann die Gewährung von Zahlungserleichterungen zum Nachweis der Kenntnis des Gläubigerbenachteiligungsvorsatzes herangezogen werden.[220] Auch nach der Neuregelung des § 133 InsO kann der Insolvenzverwalter die gesetzliche Vermutung gem. § 133 Abs. 3 S. 2 InsO widerlegen, wenn der Schuldner z.B. die geschlossene Ratenzahlungsvereinbarung nicht einhält, dem Gläubiger gegenüber mit neu entstandenen Forderungen erneut in erheblichen Zahlungsrückstand gerät oder wenn sich aus den Umständen ergibt, dass der Schuldner gegenüber anderen Gläubigern erhebliche fällige Verbindlichkeiten hat, die er auch nicht ratenweise bedienen kann.[221] Für Lieferanten stellt demnach die Gewährung von Zahlungserleichterungen nach wie vor ein Anfechtungsrisiko dar, wenn weitere Umstände hinzutreten, die dem Insolvenzverwalter ermöglichen, die Vermutung des § 133 Abs. 3 S. 2 InsO zu widerlegen.

c. *Anfechtungszeitraum gem. § 133 Abs. 1 i.V.m. Abs. 2 InsO*

Zur Beurteilung des Anfechtungsrisikos der Höhe nach müssen Lieferanten bzgl. der vorliegend relevanten Deckungshandlungen gem. § 133 Abs. 1 S. 1 i.V.m. § 133 Abs. 2 InsO hinsichtlich des Anfechtungszeitraums prüfen, welcher Umsatz mit dem Abnehmer in den letzten vier Jahren vor Insolvenzantrag getätigt wurde.

---

217 *Kayser*, ZIP 2018, 1153, 1159; *Schädlich*, NWB 2017, 563, 567; *Thole*, ZIP 2017, 401, 405; *Gehrlein*, ZInsO 2018, 2557, 2564; *Pape*, ZInsO 2018, 296, 301; *Zivkovic*, ZVI 2017, 369, 371.

218 BT-Drucks. 18/7054, S. 18; *Kayser*, ZIP 2018, 1153, 1159; *Zivkovic*, ZVI 2017, 369, 371.

219 *Kayser*, ZIP 2018, 1153, 1159; *Schädlich*, NWB 2017, 563, 567; *Thole*, ZIP 2017, 401; *Gehrlein*, ZInsO 2018, 2557, 2564; *Pape*, ZInsO 2018, 296, 301; *Zivkovic*, ZVI 2017, 369, 371; *Borsch/Matzen*, ZInsO 2018, 2685; Uhlenbruck/*Borries/Hirte*, § 133, Rn. 82b; Kayser/Thole/*Thole*, § 133, Rn. 44.

220 BGH ZInsO 2015, 898; BGH ZInsO 2015, 1441, 1442; *Kayser*, ZIP 2018, 1153, 1159.

221 BT-Drucks. 18/7054, S. 18; *Pape*, ZInsO 2018, 296, 301; *Zivkovic*, ZVI 2017, 369, 371; *Gehrlein*, ZInsO 2018, 2557, 2565.

Sodann ist zu prüfen, ab wann ggf. anhand der aufgezeigten Indizien auf die Kenntnis der (drohenden) Zahlungsunfähigkeit des Gläubigers geschlossen werden kann.[222] Die Praxis zeigt, dass selbst Anfechtungen aufgrund von § 133 InsO, die „nur" einige Monate zurückreichen, teils massive Schäden beim Anfechtungsgegner verursachen.

d. Zwischenergebnis zu 3.

Die Vorsatzanfechtung gem. § 133 InsO bleibt auch nach der Reform des Anfechtungsrechts ein sehr komplexer Tatbestand.[223] Für Lieferanten stellt § 133 InsO die größte Unwägbarkeit dar, da sich sowohl aus den tatbestandlichen Voraussetzungen als auch bzgl. des Anfechtungszeitraums erhebliche Risiken ergeben. Vorgänge aus der täglichen kaufmännischen Praxis können zur Anfechtbarkeit von Zahlungen auf Forderungen aus Lieferung und Leistung führen. Grund hierfür ist die Vermutung der Kenntnis des Lieferanten vom Benachteiligungsvorsatzes des Abnehmers gem. § 133 Abs. 1 S. 2, Abs. 3 S. 1 InsO, wenn der Lieferant die (drohende) Zahlungsunfähigkeit bei Vornahme der Zahlung kennt. Die Kenntnis der Zahlungsunfähigkeit wird gem. § 17 Abs. 2 S. 2 InsO bei Zahlungseinstellung wiederum vermutet. Die Zahlungseinstellung wird anhand von Indizien festgestellt, die häufig im kaufmännischen Alltag vorkommen. Der Umgang mit kriselnden Abnehmern ist daher auch nach der Reform des Anfechtungsrechts erheblichen Unsicherheiten ausgesetzt.

Darüber hinaus wird in der Praxis selbst bei Kenntnis der Zahlungsunfähigkeit regelmäßig die Beitreibung bereits fälliger Forderungen nicht unterbleiben, selbst wenn der Lieferant das Anfechtungsrisiko zutreffend erkannt hat.[224]

4. Unentgeltliche Leistung gem. § 134 InsO

Im Wirtschaftsverkehr kommt es vor, dass Forderungen aus Lieferungen und Leistung nicht durch den vertraglichen Schuldner, sondern durch Dritte beglichen werden. Die Gründe hierfür können vielfältig sein. Nicht selten sind jedoch Konstellationen in Konzernstrukturen, in denen eine Konzerngesellschaft Forderungen einer anderen Konzerngesellschaft begleicht.[225] Es gibt zudem auch Konstellationen in denen ein nicht gesellschaftsrechtlich verbundener Dritter ein

---

222 Siehe Erster Teil, B.VI.1.b.bb.aaa.
223 *Gehrlein*, ZInsO 2018, 2557, 2569.
224 Siehe Zweiter Teil, C.I.1.c.
225 Vgl. BGH ZIP 2016, 581, 582; *Kayser*, ZIP 2019, 293, 298.

Interesse daran hat, dass der Gläubiger befriedigt wird.[226] In derartigen „Drei-Personenverhältnissen“ kann die Insolvenzanfechtung nach § 134 Abs. 1 InsO demnach auch im Zusammenhang mit Forderungen aus Lieferung und Leistung Bedeutung haben. Wie sich zeigen wird, spielt die Anfechtung unentgeltlicher Leistungen daher auch in der Insolvenzanfechtungsversicherung eine Rolle.[227]

Tatbestandlich setzt § 134 Abs. 1 InsO lediglich eine unentgeltliche Leistung voraus, sofern sie nicht früher als vier Jahre vor Antrag auf Eröffnung des Insolvenzverfahrens vorgenommen wurde. Das Vertrauen des Empfängers darauf, dass er die empfangene Leistung behalten kann, ist mangels Gegenleistung weniger schutzwürdig als die optimale Masserealisierung.[228]

a. Unentgeltliche Leistung

Im „Zwei-Personen-Verhältnis“ ist eine Verfügung unentgeltlich, wenn ihr nach dem Inhalt des Rechtsgeschäfts keine Leistung gegenübersteht, dem Leistenden also keine dem von ihm aufgegebenen Vermögenswert entsprechende Gegenleistung zufließen soll.[229]

Wird eine dritte Partei in den Zuwendungsvorgang eingeschaltet, kommt es nach Rechtsprechung des BGH nicht entscheidend darauf an, ob der Verfügende selbst einen Ausgleich für seine Verfügung erhalten hat; maßgeblich ist vielmehr, ob der Zuwendungsempfänger seinerseits eine Gegenleistung zu erbringen hat.[230] Vorliegend ist die Konstellation zu betrachten, dass der Lieferant nicht durch seinen vertraglichen Schuldner, sondern durch einen Dritten bezahlt wird. Fraglich ist daher, welche Gegenleistung im vorliegenden „Drei-Personen-Verhältnis“ relevant ist.

b. Gegenleistung im „Drei-Personen-Verhältnis“

Regelmäßig verliert der Gläubiger durch Zahlung des Dritten seinen Anspruch gegen den Schuldner, worin die Gegenleistung des Gläubigers zu sehen ist.[231] Verliert der Gläubiger durch Zahlung des Dritten seinen Anspruch gegen den

---

226 Kayser/Thole/*Thole*, § 134, Rn. 10.

227 Siehe Dritter Teil, D.IV.6.

228 *Bork*, NZI 2018, 1, 2; *Kayser*, ZIP 2019, 293, 294.

229 BGH NZI 2005, 323; *Bork*, NZI 2018, 1, 3; *Kayser*, ZIP 2019, 293, 296.

230 BGH ZIP 2010, 36, 37; BGH ZIP 2008, 125, 126; BGH ZIP 2016, 581, 582; *Gehrlein*, ZInsO 2018, 2280, 2281; *Kayser*, ZIP 2019, 293, 299.

231 BGH ZIP 2016, 581, 582; BGH ZIP 2010, 36, 37; BGH ZIP 2008, 125, 126; HWS/*Schmittmann/Zeeck*, § 134, Rn. 12; KPB/*Bork*, § 134, Rn. 60; LSZ/*Zeuner*, § 134, Rn. 15.

Schuldner, ist die Zahlung durch den Dritten demnach keine unentgeltliche Leistung im Sinne des § 134 Abs. 1 InsO. Im Fall der Insolvenz des Verfügenden kommt eine Anfechtung nicht gegen den Gläubiger als Leistungsempfänger, sondern ggf. gegen dessen Schuldner in Betracht, da der Schuldner durch die Befreiung von seiner Schuld eine unentgeltliche Zuwendung erlangt hat.[232]

War der Anspruch des Gläubigers gegen den Schuldner indes wertlos, weil der Schuldner zum Zeitpunkt der Bewirkung der Leistung bereits insolvenzreif war, hat der Gläubiger durch Begleichung der Schuld durch den Dritten nichts verloren, also keine Gegenleistung erbracht. In diesem Fall kommt eine Anfechtung nach § 134 Abs. 1 InsO gegen den Zuwendungsempfänger in Betracht, sofern nicht nur der Schuldner, sondern auch der leistende Dritte insolvent ist und ein Insolvenzverfahren über dessen Vermögen eröffnet wird.[233] Der Zuwendungsempfänger ist gegenüber den Insolvenzgläubigern des Verfügenden nicht schutzwürdig, da er ohne die Leistung des Zuwendenden, auf die er keinen Anspruch hatte, seine Forderung nicht durchsetzen kann.[234]

c. *Anfechtungszeitraum gem. § 134 Abs. 1 InsO*

Der Anfechtungszeitraum bei unentgeltlichen Leistungen beträgt gem. § 134 Abs. 1 InsO vier Jahre. Zur Bewertung des Anfechtungsrisikos aus Unternehmenssicht bei Eröffnung eines Insolvenzverfahrens über das Vermögen eines Abnehmers sind daher die oben genannten Voraussetzungen der Anfechtung nach § 134 Abs. 1 InsO in diesem Zeitraum zu prüfen. In der Praxis bestehen diesbezüglich häufig Schwierigkeiten, da Buchhaltungen größerer Unternehmen in vielen Fällen nicht ohne Weiteres feststellen können, wer auf eine Forderung geleistet hat.

VII. Rechtstellung des Anfechtungsgegners gem. § 144 InsO

§ 144 InsO regelt die rechtliche Stellung des Anfechtungsgegners. Der nachträgliche insolvenzrechtliche Eingriff in eine wirksame Rechtshandlung muss im Interesse des Anfechtungsgegners in gebotenem Maße begrenzt sein.[235] Der

232 BGH ZIP 2004, 917, 918; BGH ZIP 2010, 36, 37; KSW/*Schäfer*, Rn. G57; *Bork/Gehrlein*, Rn. 847.

233 BGH ZIP 2016, 581, 582; BGH ZInsO 2016, 36,37; *Gehrlein*, ZInsO 2018, 2280, 2286; *Kayser*, ZIP 2019, 293, 299.

234 BGH ZIP 2008, 125, 126; BGH ZIP 2008, 1385, 1386 f.; BGH ZIP 2006, 957; BGH NZI 2012, 177, 181; KSW/*Schäfer*, Rn. G58; *Bork/Gehrlein*, Rn. 847.

235 HWS/*Schmittmann/Zeeck*, § 144, Rn. 5.

Anfechtungsgegner wird vor allem dadurch geschützt, dass gem. § 144 Abs. 1 InsO seine anfechtbar erfüllte Forderung wiederauflebt, sobald er den Anfechtungsanspruch erfüllt hat.[236]

1. Wiederaufleben der Forderung gem. § 144 Abs. 1 InsO

Durch das Wiederaufleben der Forderung gem. § 144 Abs. 1 InsO bei Rückgewähr des Erlangten soll möglichst der Zustand wiederhergestellt werden, der ohne die anfechtbare Rechtshandlung bestand. Das Wiederaufleben der Forderung erfolgt rückwirkend[237] auf die Zeit unmittelbar vor Insolvenzeröffnung.[238]

Die Forderung wird als nicht erloschen angesehen. Sie lebt daher in der Form wieder auf, in der sie bei Erlöschen gem. § 362 Abs. 1 BGB bestanden hat, also ggf. bedingt, befristet, verjährt etc.[239] Bedeutung hat das rückwirkende Wiederaufleben der Forderung vor allem bzgl. der Verzinsung, ggf. der Verjährung und Aufrechnungslage.[240] Voraussetzung für das Wiederaufleben der Forderung ist gem. § 144 Abs. 1 InsO, dass das in anfechtbarer Weise Erlangte auch tatsächlich zurückgewährt wurde.[241] Für den Anfechtungsgegner wird mit Wiederaufleben der Forderung gem. § 144 Abs. 1 InsO eine Insolvenzforderung begründet, die er zur Insolvenztabelle anmelden kann.[242]

Wie sich zeigen wird, spielt das rückwirkende Wiederaufleben von Forderungen aber gerade auch im Rahmen der Warenkreditversicherung eine zentrale Rolle bei der Frage nach dem Umfang des Versicherungsschutzes.[243]

2. Anspruch auf die Gegenleistung gem. § 144 Abs. 2 InsO

§ 144 Abs. 2 InsO regelt den Anspruch des Anfechtungsgegners auf Rückgewähr der durch ihn erbrachten Leistung. Die Masse soll nicht ungerechtfertigt

---

236 *Bork/Gehrlein*, Rn. 1080.

237 BT-Drucks 12/2443, S. 168.

238 OLG Brandenburg ZInsO 2004, 504, 506; OLG Frankfurt a.M. NZI 2004, 267; OLG Karlsruhe NZI 2008, 188, 190; Uhlenbruck/*Borries/Hirte*, § 144, Rn. 3a; MüKo-InsO/*Kirchhof*, § 144, Rn. 8; *Ganter*, WM 2011, 245.

239 *Smid*, § 23, Rn. 13; HK-InsO/*Kreft*, § 144, Rn. 3; LSZ/*Zeuner*, § 144, Rn. 1.

240 MüKo-InsO/*Kirchhof*, § 144, Rn. 8; Uhlenbruck/*Borries/Hirte*, § 144, Rn. 3 ff.; KSW/*Kummer*, Rn. Q7.

241 BGH ZIP 2015, 485, 486; BGH ZIP 2016, 478, 480.

242 MüKo-InsO/*Kirchhof*, § 144, Rn. 9; KPB/*Jacoby*, § 144, Rn. 13; Uhlenbruck/*Borries/Hirte*, § 144, Rn. 3.

243 Siehe Zweiter Teil, A.II.6.

bereichert sein, daher ist dem Anfechtungsgegner die von ihm erbrachte Leistung zu erstatten, sofern sie noch unterscheidbar vorhanden ist.[244] § 144 Abs. 2 InsO findet lediglich Anwendung, wenn schuldrechtliche gegenseitige Rechtsgeschäfte angefochten werden. Bei isolierter Anfechtung der Erfüllungshandlung trifft § 144 Abs. 1 InsO eine abschließende Regelung. Insoweit schließen sich die beiden Absätze des § 144 InsO gegenseitig aus.[245]

Vorliegend ist die Rechtsfolge gem. § 144 Abs. 1 InsO relevant, da der Fokus auf empfangenen Geldleistungen zur Befriedigung von Forderungen aus Lieferung und Leistung liegt. Der jeweils zugrundliegende Vertrag wird regelmäßig nicht gem. §§ 129 ff. InsO anfechtbar sein. Daher ist im Weiteren davon auszugehen, dass die konkreten Forderungen aus Lieferung und Leistung mit Rückerstattung des wertmäßigen Betrags der vormals erhaltenen Zahlungen gem. § 144 Abs. 1 InsO wiederaufleben. Schlussendlich realisiert sich demnach mit Rückgewährung der erlangten Zahlung das Forderungsausfallrisiko aus der Vorleistung des Gläubigers mit Lieferung oder Leistung im Rahmen des Lieferantenkredits.[246]

3. *Wiederaufleben von Sicherheiten*

Sicherungs- und Nebenrechte, die mit der Forderung verbunden waren, leben mit der Forderung ebenfalls wieder auf. Das ergibt sich zwar nicht aus dem Wortlaut des § 144 InsO, in der Gesetzesbegründung heißt es jedoch, dass

> *mit der Forderung rückwirkend und kraft Gesetzes auch deren Sicherungen wiederaufleben, sofern sie unanfechtbar begründet worden sind; dies entspricht der einhelligen Auffassung in Rechtsprechung und Literatur.*[247]

Das Wiederaufleben gilt grundsätzlich sowohl für akzessorische als auch für nicht akzessorische Sicherungsrechte.[248] Für nicht akzessorische Sicherheiten ist umstritten, ob auch sie ohne weiteres wiederaufleben oder ob ein

---

244 Uhlenbruck/*Borries/Hirte,* § 144, Rn. 8.

245 MüKo-InsO/*Kirchhof,* § 144, Rn. 3; Uhlenbruck/*Borries/Hirte,* § 144, Rn. 9; KSW/*Kummer*, Rn. Q4.

246 KSW/*Kummer*, Rn. Q2; siehe Erster Teil, A.I.

247 BT-Drucks. 12/2443, S. 168; *Heidbrink*, NZI 2005, 363; vgl. FK-InsO/*Dauernheim*, § 144 Rn. 3.

248 BGH ZIP 2017, 337, 338; OLG Brandenburg ZInsO 2004, 5004, 506; OLG Frankfurt a.M. NZI 2004, 267; OLG Frankfurt Naumburg, NZI 2009, 558 f.; MüKo-InsO/*Kirchhof*, § 144, Rn. 9; Uhlenbruck/*Borries/Hirte,* § 144, Rn. 7; LSZ/*Zeuner*, § 144, Rn. 3; *Ganter*, WM 2011, 245, 247.

Anspruch auf Neubegründung besteht. Bei dinglichen Sicherheiten ist zu prüfen, wie sich Verfügungen über den Sicherungsgegenstand zwischen dem Zeitpunkt des Erlöschens und des Wiederauflebens auf die Rechtsstellung des Gläubigers auswirken.[249] Diese Fragen sollen vorliegend jedoch nicht weiter vertieft werden.

Im Ergebnis besteht kein Unterschied zwischen akzessorischen und nicht akzessorischen Sicherheiten dahingehend, dass sie grundsätzlich gem. § 144 Abs. 1 InsO ebenfalls wiederaufleben. Es wird sich zeigen, dass dieser Umstand eine zentrale Bedeutung für den Versicherungsschutz wiederauflebender Forderungen im Rahmen der Warenkreditversicherung hat.

C. Grenzüberschreitende Insolvenzanfechtung

Das Rechtsinstitut der Insolvenzanfechtung findet sich nicht nur im deutschen Insolvenzrecht, sondern in zahlreichen Jurisdiktionen weltweit[250]; freilich in unterschiedlicher rechtlicher Ausgestaltung, was die Anfechtungsvoraussetzungen und Anfechtungszeiträume angeht. Dennoch ist das Insolvenzanfechtungsrisiko bei grenzüberschreitender Lieferung und Leistung grundsätzlich ebenso gegeben, wie bei Geschäften mit reinem Inlandsbezug. Die Internationalität des Sachverhalts bei einer Krise des Schuldners kann sich durch die Verfahrensbeteiligten ergeben, wenn einer der Beteiligten seinen Sitz im Ausland hat oder sich das Schuldnervermögen im Ausland befindet oder dadurch, dass auf die Rechtsverhältnisse zwischen den Parteien ausländisches Recht anwendbar ist.[251]

Zur Feststellung des Insolvenzanfechtungsrisikos bei Exportgeschäften ist zu klären, nach welchen Vorschriften und in welchem Gerichtsstand ein Insolvenzverwalter Ansprüche aus Insolvenzanfechtung geltend machen kann, wenn das Insolvenzverfahren über das Vermögen des Schuldners im Ausland eröffnet wird. Wie sich zeigen wird, sind Insolvenzanfechtungsansprüche, die von einem Insolvenzverwalter gegen einen Anfechtungsgegner mit Sitz in einem anderen Staat geltend gemacht werden, ebenfalls Gegenstand des Versicherungsschutzes in der Warenkredit- und Insolvenzanfechtungsversicherung.

---

249 OLG Brandenburg ZInsO 2004, 5004, 506; OLG Frankfurt a.M. NZI 2004, 267; MüKo-InsO/*Kirchhof*, § 144, Rn. 10 f.; *Ganter*, WM 2011, 245, 247.

250 Uhlenbruck/*Lüer/Knof*, § 335, Rn. 1.

251 Kayser/Thole/*Swierczok*, Vor §§ 335 ff., Rn. 2.

I. Gerichtsstand

Zunächst ist festzustellen, vor welchem Gericht der Insolvenzverwalter bei grenzüberschreitenden Verfahren Ansprüche aus Insolvenzanfechtung geltend machen muss. Der Insolvenzverwalter ist nicht an etwaige vertragliche Vereinbarungen des späteren Insolvenzschuldners zum Gerichtsstand im Sinne von § 38 ZPO gebunden, da sich der Rückgewähranspruch gem. § 143 Abs. 1 InsO aus einem selbständigen, der Verfügungsgewalt des Schuldners entzogenen Recht des Insolvenzverwalters ergibt.[252] Der Gerichtsstand für die Insolvenzanfechtung muss demnach nach den einschlägigen gesetzlichen Regelungen ermittelt werden.

1. Ort der Verfahrenseröffnung in einem Drittstaat

Wird ein Insolvenzverfahren über das Vermögen eines Schuldners in einem Drittstaat eröffnet, richtet sich die gerichtliche Zuständigkeit nach der lex fori des Staates, in dem der Anfechtungsgegner seinen Sitz hat.[253]

Deshalb bestimmt sich die Zuständigkeit deutscher Gerichte nach den allgemeinen Regeln der ZPO, wenn ein Insolvenzverwalter aufgrund eines in einem Drittstaat eröffneten Insolvenzverfahrens Ansprüche aus Insolvenzanfechtung gegen ein Unternehmen geltend macht, das seinen Sitz in Deutschland hat.

2. Ort der Verfahrenseröffnung innerhalb der EU

Auf der Grundlage der Rechtsprechung des EuGH hatte der BGH bereits entschieden, dass im Anwendungsbereich der EuInsVO der Art. 3 Abs. 1 EuInsVO a.F. dahingehend auszulegen ist, dass die Gerichte des Mitgliedsstaats, in dessen Gebiet das Insolvenzverfahren eröffnet worden ist, auch bei Insolvenzanfechtungsklagen gegen einen Anfechtungsgegner mit Sitz in einem anderen Mitgliedsstaat zuständig sind.[254] Nach in Kraft treten der Reform der EuInsVO am 26. Juni 2015 regelt Art. 6 Abs. 1 EuInsVO[255] ausdrücklich, dass für Anfechtungsklagen die Gerichte des Mitgliedsstaats zuständig

---

252 BGH Beschl. vom 20.11.2003 – III ZB 24/03; vgl. *Heidbrink/ v.d. Groeben*, ZIP 2006, 265, 266; MüKo-InsO/*Kirchhof*, § 146, Rn. 37; HambKomm/*Rogge/Leptien*, § 143, Rn. 135.

253 HHS/*Schmittmann*, Teil VI, Rn. 38.

254 EuGH NJW 2009, 2189 f.; BGH NJW 2009, 2215, 2216; MüKo-InsO/*Kirchhof*, § 146, Rn. 30b.

255 Verordnung (EU) 2015/848 vom 20. Mai 2015 über Insolvenzverfahren.

sind, in dessen Hoheitsgebiet das Insolvenzverfahren eröffnet worden ist. Hieraus folgt für Anfechtungsgegner mit Sitz innerhalb eines Mitgliedstaates, dass sie vor einem Gericht eines anderen Mitgliedstaats aus Insolvenzanfechtung verklagt werden können.

II. Anwendbares Recht

Die Frage des anwendbaren Insolvenz(verfahrens)rechts bei grenzüberschreitenden Insolvenzanfechtungen ist in den §§ 335 ff. InsO geregelt. Nach § 335 InsO unterliegt das Insolvenzverfahren und seine Wirkungen, soweit nichts anderes bestimmt ist, dem Recht des Staates, in dem das Verfahren eröffnet worden ist.

1. Ort der Verfahrenseröffnung in einem Drittstaat

In Fälle, in denen ein Insolvenzverfahren im Ausland eröffnet worden ist, folgt aus § 335 InsO zunächst, dass ein zuständiges deutsches Gericht ggf. ausländisches Insolvenzrecht anwenden muss.

§ 339 InsO stellt dies mit einer Einschränkung auch für die Insolvenzanfechtung klar. Hiernach kann eine Rechtshandlung angefochten werden, wenn die Voraussetzungen der Insolvenzanfechtung nach dem Recht des Staats der Verfahrenseröffnung erfüllt sind, es sei denn, der Anfechtungsgegner weist nach, dass für die Rechtshandlung das Recht eines anderen Staats maßgebend und die Rechtshandlung nach diesem Recht in keiner Weise angreifbar ist.

2. Ort der Verfahrenseröffnung innerhalb der EU

Bei grenzüberschreitenden Sachverhalten innerhalb der Europäischen Union ergibt sich das anwendbare Recht im Sinne des § 335 InsO vorrangig aus der EuInsVO.

Gem. Art. 7 Abs. 1 EuInsVO gilt, dass das Recht des Staates, in dem das Insolvenzverfahren eröffnet wurde, für das Insolvenzverfahren und seine Wirkungen anwendbar ist. Dies gilt gem. Art. 7 Abs. 2 Buchst. m EuInsVO auch für die Anfechtbarkeit von Rechtshandlungen.[256]

Hieraus und aus Art. 6 EuInsVO folgt, dass etwa ein Anfechtungsgegner in Frankreich von einem deutschen Insolvenzverwalter vor einem deutschen Gericht nach den Vorschriften der § 129 ff. InsO in Anspruch genommen werden kann. Umgekehrt gilt, das deutsche Unternehmen von Insolvenzverwaltern

---

256 HambKomm/*Rogge/Leptien*, Vorb. zu §§ 129 ff., Rn. 21; HHS/*Schmittmann*, Teil VI, Rn. 18.

aus dem EU Ausland grundsätzlich nach dem jeweiligen nationalen Recht vor Gerichten im jeweiligen Land verklagt werden können.

Eine Einschränkung erfährt dieser Grundsatz gem. Art. 16 EuInsVO (Art. 13 EuInsVO a.F.)[257]. Hiernach gilt das Insolvenzanfechtungsrecht des Staates, in dem das Insolvenzverfahren eröffnet wurde nicht, wenn der Anfechtungsgegner nachweist, dass für die benachteiligende Rechtshandlung das Recht eines anderen Mitgliedstaates maßgeblich ist und dass die in Rede stehende Rechtshandlung nach dem Recht dieses Staates in keiner Weise anfechtbar ist.[258] Diese Regelung entspricht dem § 339 InsO. Art. 16 EuInsVO ist eine Einrede, die vom Anfechtungsgegner erhoben und bewiesen werden muss.[259]

III. Zwischenergebnis zu C.

Auch aus grenzüberschreitenden Lieferungen und Leistungen kann sich ein Risiko der Insolvenzanfechtung ergeben. Bei Geschäften innerhalb der EU ist hierbei zu beachten, dass die Insolvenzverwalter ihre Ansprüche grundsätzlich am Ort der Eröffnung des Insolvenzverfahrens nach dem dort einschlägigen Recht geltend machen können. Sind die Abnehmer aus Drittstaaten, können Gerichtsstand und anwendbares Recht auseinanderfallen. In beiden Konstellationen kann die in vielen Fällen ohnehin komplexe Abwehr von Insolvenzanfechtungsansprüchen also zusätzlich erschwert sein.

Für exportierende Lieferanten bedeutet das, dass sie ebenfalls die rechtlichen Voraussetzungen der Insolvenzanfechtung im Land des Sitzes ihrer Abnehmer prüfen und beachten müssen.

D. Zwischenergebnis zu Teil 1

Für Lieferanten stellt die Inanspruchnahme aus Insolvenzanfechtung durch (rückwirkenden) Forderungsausfall ein schwer kalkulierbares Vermögensschadenrisiko dar, das zu erheblichen wirtschaftlichen Schäden, bis hin zur Insolvenz des Lieferanten führen kann. Insbesondere die Vorsatzanfechtung gem. § 133 InsO hat in der Praxis große Bedeutung, da sich aufgrund des langen Anfechtungszeitraums von vier Jahren gem. § 133 Abs. 2 InsO im Einzelfall erhebliches Schadenpotential ergeben kann. Wirtschaftlicher Schaden entsteht zudem

---

257 Verordnung (EU) 2015/848 vom 20. Mai 2015 über Insolvenzverfahren.

258 HambKomm/*Rogge/Leptien*, Vorb. zu §§ 129 ff., Rn. 21; Uhlenbruck/*Borries/Hirte*, § 129, Rn. 84.

259 EuGH NZI 2015, 954 f.

nicht nur für den Lieferanten als Anfechtungsgegner, sondern bereits durch eine präventive Verhaltensänderung der Lieferanten im Hinblick auf das potentielle Anfechtungsrisiko. Die Bereitschaft, kriselnde Abnehmer weiterhin durch Lieferung und Leistung oder durch Gewährung von Zahlungserleichterungen zu unterstützen, nimmt ab.

Schwierigkeiten bereiten den Lieferanten insbesondere die gesetzlichen Vermutungen im Anfechtungsrecht, aus denen sich bei Kenntnis bestimmter Anzeichen und Indizien der (drohenden) Zahlungsunfähigkeit eines Abnehmers, die Kenntnis der Zahlungsunfähigkeit selbst herleiten lässt. Für Lieferanten, die selbst absatzgetrieben sind, ist in der täglichen Praxis im konkreten Einzelfall die Beurteilung schwierig, ob sich ein Abnehmer bei erkennbaren Anzeichen bereits in der wirtschaftlichen Krise befindet und ob die Krise das Stadium der Zahlungsunfähigkeit erreicht hat.

Noch schwerer fällt Lieferanten in vielen Fällen die Beurteilung der Handlungsoptionen bei den ersten Anzeichen einer möglichen Krise des Abnehmers. Die sofortige Liefereinstellung kommt in den seltensten Fällen unter wirtschaftlichen Gesichtspunkten in Betracht. Auch die vorsorgliche Umstellung auf Bargeschäfte im Sinne des § 142 InsO ist in der Praxis oft schwierig oder unmöglich und schlussendlich auch kein Garant dafür, jegliches Anfechtungsrisiko auszuschließen. Bestehen Forderungen gegen einen Abnehmer in der Krise, gibt es für Lieferanten kaum Vermeidungsstrategien gegen Insolvenzanfechtung. Außenstände müssen mit den gesetzlichen Mitteln, ggf. auch durch Zwangsvollstreckung, grundsätzlich beigetrieben werden, selbst wenn der Lieferant das Anfechtungsrisiko bereits erkannt hat.

Weitere Schwierigkeiten ergeben sich bei der Einschätzung von Anfechtungsrisiken in der Praxis daraus, dass viele Lieferanten die Anfechtungsthematik rechtlich nicht beherrschen. Bereits der grobe Überblick über die §§ 129 ff. InsO zeigt, wie vielschichtig und komplex die Ausgestaltung des Insolvenzanfechtungsrechts ist. Teilweise sind jedoch auch die Instanzgerichte mit dem Anfechtungsrecht und der diesbezüglichen Rechtsprechung des BGH überfordert, sodass auch ein hohes Maß an Rechtsunsicherheit für gerichtliche Verfahren besteht.

Bei allem darf indes nicht übersehen werden, dass der Gesetzgeber das Rechtsinstitut der Insolvenzanfechtung grundsätzlich für richtig und unverzichtbar hält und der Vertrauensverlust in Bezug auf den Rechtsbestand der anfechtbaren Rechtshandlung bewusst im Interesse des gesamtheitlichen Gläubigerschutzes in Kauf genommen wird. Das am 5. April 2017 in Kraft getretenen „Gesetz zur Verbesserung der Rechtssicherheit bei Anfechtungen nach der Insolvenzordnung und nach dem Anfechtungsgesetz“ ist daher lediglich eine „punktuelle Neujustierung“ der einschlägigen Vorschriften der Insolvenzordnung. Es wird sich allerdings erst in Zukunft zeigen, ob die erstrebte Rechtssicherheit für die betroffenen Verkehrskreise mit der Reform des Anfechtungsrechts erreicht wird.

Da sich das Vermögensschadenrisiko aus Insolvenzanfechtung für Lieferanten aus vorgenannten Gründen nicht mit ausreichender Sicherheit steuern lässt, besteht ein Bedarf, das Risiko der Inanspruchnahme aus den §§ 129 ff. InsO durch Abschluss einer geeigneten Versicherung zu minimieren.

Zweiter Teil: Versicherungsschutz gegen Insolvenzanfechtung in der Kredit-, Vertrauensschaden- und D&O-Versicherung

Nachdem im ersten Teil der Bearbeitung die Insolvenzanfechtung als Vermögensschadenrisiko für Lieferanten beschrieben wurde, ist Gegenstand des zweiten Teils die Frage, ob und inwieweit die Warenkreditversicherung, Vertrauensschadenversicherung sowie die D&O-Versicherung Schutz bieten gegen die nachteiligen Folgen einer Insolvenzanfechtung.

A. Deckungsschutz für Schäden infolge Insolvenzanfechtung in der Kreditversicherung

I. Begriff der Kreditversicherung

Die Kreditversicherung wird zunächst in den Blick genommen, da sie Lieferanten Schutz vor Forderungsausfällen bietet.[260] Die Rückzahlung gem. §§ 129 ff. InsO angefochtener Zahlungen auf Forderungen aus Lieferung und Leistung kommt wirtschaftlich betrachtet für Lieferanten einem (nachträglichen) Forderungsausfall gleich. Es wird sich zeigen, dass in der Kreditversicherung die Inanspruchnahme aus Insolvenzanfechtung gem. §§ 129 ff. InsO grundsätzlich nicht ausdrücklich geregelt ist. Es stellt sich mithin die Frage, ob im Rahmen der Kreditversicherung der rückwirkende Forderungsfall durch Insolvenzanfechtung auch ohne ausdrückliche Regelung entsprechend dem unmittelbaren Forderungsausfall durch Zahlungsunfähigkeit des Schuldners versichert ist.

Die Kreditversicherung ist nicht legal definiert. In Nr. 14 der Anlage 1 zum VAG ist sie als Sparte aufgeführt. Die von der Kreditversicherung umfassten Risiken sind dort wie folgt beschrieben: Allgemeine Zahlungsunfähigkeit, Ausfuhrkredit, Abzahlungsgeschäfte, Hypothekendarlehen sowie landwirtschaftliche Darlehen. Der Begriff Kreditversicherung dient als Oberbegriff verschiedenartig ausgestalteter Forderungsausfall- bzw. Delkredereversicherungen.[261] Hierzu

---

260 Vgl. *Wittchen*, S. 11; *Grauschopf* in: Handbuch Versicherungsprozess, § 22, Rn. 5.

261 *Grauschopf* in: Handbuch Versicherungsprozess, § 22, Rn. 9; *Herrmann* in: Beckmann/Matusche-Beckmann, § 39, Rn. 5; *Wittchen*, S. 11; zum Begriff „Delkredere“ siehe Erster Teil, A.I.

gehören die Warenkreditversicherung, die Investitionsgüterversicherung, die Ausfuhrkreditversicherung sowie der Konsumentenkredit.

Gegenstand der Kreditversicherung in der Delkrederesparte ist die Absicherung des Ausfalls kreditierter Forderungen aus gewerblicher Lieferung und Leistung aufgrund Zahlungsunfähigkeit des Abnehmers. Die Kreditversicherung umfasst demnach Versicherungsverträge, mit denen Kreditrisiken, nicht jedoch die Ursprungsforderung selbst, vom Gläubiger auf den Versicherer transferiert werden.[262]

Unter Forderungen aus Lieferung und Leistung versteht man in diesem Zusammenhang Forderungen aus gegenseitigen Verträgen, die die Haupttätigkeit des Unternehmens betreffen und die bisher nur von dem liefernden oder leistenden Unternehmen erfüllt sind. Im Rahmen von Kreditversicherungsverträgen wird insofern auch die Formulierung „Forderungen, die aus dem regelmäßigen Geschäftsbetrieb resultieren" verwendet.[263] Das Risiko der Fehleinschätzung bzgl. des Kreditrisikos wird vom Gläubiger als Versicherungsnehmer auf den Kreditversicherer verlagert.[264] Gedeckt wird somit das Forderungsausfallrisiko, das aus der Gewährung von freiwilligen Lieferantenkrediten resultiert.[265]

Im Folgenden wird ausschließlich die Warenkreditversicherung im Zusammenhang mit Insolvenzanfechtung untersucht. Zum besseren Verständnis werden zunächst deren Grundzüge dargestellt. Die Investitionsgüter- und Ausfuhrkreditversicherungen sind in ihrer rechtlichen Ausgestaltung der Warenkreditversicherung ähnlich, auf eine entsprechende Darstellung wird daher verzichtet. Die Konsumentenkreditversicherung spielt vorliegend keine Rolle. Im Anschluss wird die sogenannte „Top-Up" Versicherung sowie die Insolvenzanfechtungszusatzversicherung als Deckungserweiterung der Warenkreditversicherung in den Blick genommen.

II. Warenkreditversicherung

1. *Einführung*

Die Basis der Warenkreditversicherung ist der Lieferantenkredit. Vom Versicherungsschutz umfasst sind daher in der Regel revolvierende Geldforderungen

---

262 *Horsch/Rathmann*, S. 53; *Hoß* in: Handbuch Versicherungsrecht, 36. Kp., Rn. 1; *Meyer*, S. 25.

263 *Herrmann* in: Beckmann/Matusche-Beckmann, § 39, Rn. 23.

264 *Gützlaff*, S. 20.

265 *Hoß* in: Handbuch Versicherungsrecht, 36. Kp., Rn. 2; siehe Erster Teil, A.I.

gegen die jeweiligen Abnehmer des Versicherungsnehmers aus Kauf-, Dienst- und Werkverträgen, die erst nach Ablauf des (regelmäßig) gewährten Zahlungsziels fällig werden. Gegenstand der Versicherung ist nicht die Einzelforderung, sondern die Summe der Gesamtheit der Forderungen des Versicherungsnehmers gegen seinen jeweiligen Abnehmer.[266]

Nach Rechtsprechung des BGH ist das versicherte Interesse allgemein definiert als ein von den Parteien des Versicherungsvertrags bei Vertragsschluss für möglich gehaltener Vermögensnachteil, der im Falle seines Eintritts durch die Versicherungsleistung ausgeglichen werden soll.[267] Das versicherte Interesse in der Warenkreditversicherung ist demnach der für möglich gehaltene Vermögensnachteil durch Forderungsausfall; anders ausgedrückt die Beziehung des Warenlieferanten oder Dienstleisters in seiner Eigenschaft als Versicherungsnehmer zu seiner Forderung gegen den jeweiligen Abnehmer, also das Forderungsinteresse.[268]

Grundsätzlich kompensieren Schadenversicherungen lediglich entstandene Schäden. Die Warenkreditversicherung kombiniert hingegen die Funktionen Schadenverhütung, Schadenminderung und Schadenvergütung, wobei, wie sich zeigen wird, besonderes Augenmerk auf der Schadenverhütung liegt.[269]

a. Keine Musterbedingungen des GDV

Die Warenkreditversicherung wird in Deutschland im Wesentlichen von den Versicherern Euler Hermes Deutschland Niederlassung der Euler Hermes SA (Euler Hermes), Atradius Kreditversicherung, Niederlassung der Atradius Crédito y Caución S.A. de Seguros y Reaseguros (Atradius), Coface Deutschland Niederlassung Compagnie Francaise d'Assurance pour le Commerce Extérieur SA (Coface) sowie der R+V Allgemeine Versichersicherung AG (R+V) angeboten.[270] Für die Warenkreditversicherung gibt es keine Musterbedingungen des Gesamtverbandes der Deutschen Versicherungswirtschaft (GDV). Gleichwohl haben sich weitgehend einheitliche Marktstandards herausgebildet; Unterschiede gibt es jedoch im Detail. Vorliegend werden die vom Marktführer Euler Hermes verwendeten Allgemeinen Versicherungsbedingungen für die

---

266 *Grauschopf* in: Handbuch Versicherungsprozess, § 22, Rn. 10; *Wittchen*, S. 1.

267 BGH NJW-RR 1988, 727; vgl. Prölls/Martin/*Armbrüster*, Vor § 74, Rn. 28.

268 *Wittchen*, S. 40, 65.

269 *Wittchen*, S. 6; *Grauschopf* in: Handbuch Versicherungsprozess, § 22, Rn. 6.

270 Vgl. *Herrmann* in: Beckmann/Matusche-Beckmann, § 39, Rn. 5a; *Horsch/Rathmann*, S. 66.

Warenkreditversicherung 1999 (Version 2008), Stand 2010 zum Ausgangspunkt gemacht (im Folgenden „AVB-WKV“, Anlage 1).

Ergänzend werden die Atradius Vertragsbedingungen zur Kreditversicherung Modula Standard (Stand 2008) sowie die Coface Allgemeine Bedingungen für die Warenkreditversicherung 2008, Fassung 01/2008 und die R+V Allgemeine Versicherungsbedingungen für die R+V-ProfiPolice WKV plus (Fassung 07/2011) einbezogen, soweit diese von AVB-WKV abweichen.

b. Versicherungsvertragliche Einordnung

Die Warenkreditversicherung ist eine Aktivenversicherung, da die Forderungen des Versicherungsnehmers zu dessen Aktiva gehören.[271] Es handelt sich um eine Eigenschadenversicherung, da der Schaden am Vermögen des Versicherungsnehmers ersetzt wird, der durch die Zahlungsunfähigkeit des versicherten Abnehmers entsteht.[272] Die Warenkreditversicherung ist im VVG nicht als eigenständiger Versicherungsvertrag geregelt. Insoweit finden nur die Vorschriften Anwendung, die für alle Versicherungszweige gelten (§§ 1 bis 73 VVG und §§ 209 bis 216 VVG) und die Vorschriften zur Schadenversicherung (§§ 74 bis 87 VVG). Der Gesetzbegeber hat die Kreditversicherung der laufenden Versicherung gem. § 53 ff. VVG zugeordnet.[273]

Bei der Warenkreditversicherung handelt es sich um ein Großrisiko im Sinne des § 210 Abs. 2 Nr. 2 VVG. Die Beschränkungen der Vertragsfreiheit durch das VVG sind daher dispositiv. Zwingende Bestimmungen anderer Gesetze bleiben jedoch anwendbar, sodass in Bezug auf die AVB der Versicherer eine Einbeziehungs- und Inhaltskontrolle gem. §§ 305c, 307 BGB stattfindet.[274] Da es sich bei den Versicherungsunternehmen um Unternehmer i.S.v. § 14 BGB handelt, findet § 307 Abs. 1 und 2 BGB gem. § 310 Abs. 1 S. 2 BGB insoweit Anwendung, als dies zur Unwirksamkeit von in §§ 308, 309 BGB genannten Vertragsbestimmungen führt; auf die im Handelsverkehr geltenden Gewohnheiten und Gebräuche ist angemessen Rücksicht zu nehmen.

---

271 *Wittchen*, S. 11.

272 Staudinger/Halm/Wendt/*Eichelberg*, WKV Rn. 25; *Wittchen* S. 11; *Herrmann* in: Beckmann/Matusche-Beckmann, § 39, Rn. 4.

273 Begründung zu § 54 VVG-RegE, BT-Drucks. 16/3945, S. 76.

274 BGH NJW 1993, 590, 591; BGH VersR 1987, 68, 69.

2. *Gegenstand der Warenkreditversicherung (§ 1 AVB-WKV)*

§ 1 AVB-WKV legt den Gegenstand der Warenkreditversicherung fest.[275] Hiernach ersetzt der Versicherer

> *dem Versicherungsnehmer Ausfälle an Forderungen aus Warenlieferungen sowie Werk- und Dienstleistungen. Der Versicherungsschutz erstreckt sich auf Forderungen, die während der Laufzeit des Versicherungsvertrages entstehen und die wegen eines ebenfalls während der Laufzeit des Versicherungsvertrages bei einem versicherten Kunden eingetretenen Versicherungsfalles ausfallen.*

Nach § 2 Abs. 1 AVB-WKV besteht Versicherungsschutz nur

> *für vertraglich begründete Forderungen, die frei von Gegenrechten des Kunden sind und die im Rahmen des regelmäßigen Geschäftsbetriebes des Versicherungsnehmers entstanden sind, sofern sie entweder im Rahmen der Selbstprüfung liegen (§ 3 AVB) oder der Versicherer eine Versicherungssumme für den jeweiligen Kunden in der Kreditmitteilung festgesetzt hat (§ 4 AVB).*[276]

Versichert ist demnach ausschließlich das Bonitäts-, nicht aber das Veritätsrisiko bzgl. des Forderungsausfalls. Die Kreditversicherung hat nicht den Zweck, das Risiko der Durchsetzung bestrittener Forderungen abzusichern. Sie gewährt daher von vornherein keinen allumfassenden Schutz gegen den Ausfall von Forderungen des Versicherungsnehmers, sondern nur Schutz gegen Zahlungsunfähigkeit des Schuldners bei einredefreien und unstreitigen Forderungen.[277]

Das zwischen Lieferant und Abnehmer vereinbarte Zahlungsziel muss zudem innerhalb des im Versicherungsvertrag vereinbarten maximalen Kreditziels liegen. Das bedeutet, die vom Versicherungsnehmer gewährten Lieferantenkredite dürfen das mit dem Versicherer vereinbarte maximale Zahlungsziel nicht überschreiten.[278]

Gem. § 2 Abs. 1 AVB-WKV gewährt der Versicherer Versicherungsschutz entweder im Rahmen der „Selbstprüfung" gem. § 3 AVB-WKV oder durch Festsetzung einer „Versicherungssumme" gem. § 4 AVB-WKV. Es wird insoweit zwischen der sogenannten „unbenannten" Versicherung gem. § 3 Ziff. 1 AVB-WKV und der „benannten" Versicherung" gem. § 3 Ziff. 2 AVB-WKV unterschieden.[279]

---

275 *Wittchen*, S. 40.

276 Vgl. auch Coface AVB Warenkredit 2008 Fassung 01/2008, § 2 Ziff. 2.1; R+V AVB-WKV plus, Ziff. A § 1.

277 BGH VersR 2017, 948, 950.

278 AVB-WKV, § 2 Ziff. 4; vgl. Bruck/Möller/*Renger*, § 53, Rn. 28; vgl. *Martin*, VersR 1977, 1082, 1084.

279 *Wittchen*, S. 54; *Langen* in: Handbuch Versicherungsrecht § 20, Rn. 47.

Die Abgrenzung zwischen benannter und unbenannter Versicherung erfolgt über die im Versicherungsschein summenmäßig festgelegte Antragsgrenze. Übersteigen die Gesamtforderungen an einen Kunden die Antragsgrenze, gelten die Regeln zur benannten Versicherung gem. § 3 Ziff. 2 AVB-WKV. Bleiben die Gesamtforderungen unterhalb der Antragsgrenze, findet § 3 Ziff. 1 AVB-WKV Anwendung.[280]

In der Kreditversicherung wird anstelle des Begriffs „Versicherungssumme" im Sinne von §§ 3 und 4 AVB-WKV der Begriff „Kreditlimit" synonym verwendet.[281] Zur Vermeidung von Missverständnisses in der Begrifflichkeit zwischen dem Begriff „Versicherungssumme" im Sinne der AVB-WKV und Versicherungssumme im Sinne der §§ 74 ff. VVG wird nachfolgend der Begriff Kreditlimit verwendet. Die benannte Versicherung bildet den Schwerpunkt der Warenkreditversicherung[282] und ist insbesondere durch das Element der Kreditprüfung[283] im vorliegenden Zusammenhang mit der Insolvenzanfechtung bedeutsam. Daher wird im Folgenden die benannte Versicherung eingehender dargestellt.

a. Benannte Versicherung (§ 3 Ziff. 2 AVB-WKV)

aa. Antragspflicht (§ 4 AVB-WKV)

Nach § 4 Ziff. 1 AVB-WKV ist der Versicherungsnehmer verpflichtet,

> *für alle Forderungen gegen seine gegenwärtigen und künftigen Kunden in den versicherten Ländern binnen 30 Kalendertagen ausreichende Versicherungssummen zu beantragen, sobald die Gesamtforderung an einen Kunden die im Versicherungsschein genannte Antragsgrenze übersteigt.*

Durch die Antragspflicht soll verhindert werden, dass der Versicherungsnehmer sich nur gegen den Zahlungsausfall solcher Abnehmer versichert, bei denen eine erhöhte Wahrscheinlichkeit für einen Zahlungsausfall besteht. Anderenfalls könnte der Versicherungsnehmer eine negative Risikoselektion durchführen, um Versicherungsprämie zu sparen.[284]

---

280 Siehe Zweiter Teil, A.II.2.b.

281 Vgl. AVB-WKV, § 4; Coface AVB Warenkredit 2008 Fassung 01/2008, § 2, Ziff. 2.2; anders: Atradius Modula Standard, Modul 01700.00, in dem der Begriff Kreditlimit verwendet wird; vgl. *Wittchen*, S. 55, S. 120.

282 Vgl. *Wittchen*, S. 54 f.

283 Siehe Zweiter Teil, A.II.2.a.bb.aaa.

284 OLG Zweibrücken NZG 1999, 507; *Herrmann* in: Beckmann/Matusche-Beckmann, § 39, Rn. 55.; *Wittchen*, VersR 1993, 530, 532.

Die Höhe des Antrags bemisst sich regelmäßig an der Höchstsumme der Außenstände des Versicherungsnehmers gegenüber seinem Abnehmer.[285] Gemeint sind die sich regelmäßig aus der Gewährung von Lieferantenkrediten ergebenden revolvierenden Außenstände. Die Kreditversicherer haben kein Interesse daran, überhöhte, nicht benötigte Kreditlimite zu gewähren, denn die Höhe der Prämie richtet sich nicht nach der Höhe des festgesetzten Kreditlimits, sondern nach der Höhe der offenen Salden am Monatsende (Saldovertrag) oder nach dem getätigten Umsatz (Umsatzvertrag).[286] Dennoch müssen die Versicherer in Höhe ihres Gesamtrisikos, also der Summe aller festgesetzten Kreditlimite, sowohl für ausreichend Rückversicherungsschutz sorgen als auch die Solvabilitäts- und Eigenmittelvorschriften beachten.[287] Die Versicherungsnehmer sollen demnach regelmäßig prüfen, ob die Kreditlimite in der beantragten und festgesetzten Höhe wirklich benötigt werden.

Wie sich zeigen wird, können Forderungsausfälle aus Insolvenzanfechtung die Höhe des festgesetzten Kreditlimits bei weitem übersteigen.[288] Die vorsorgliche Beantragung von deutlich überhöhten Kreditlimiten zum Schutz vor Schäden aus Insolvenzanfechtung kommt jedoch aus vorgenannten Gründen nicht in Betracht.

bb. Übernahme des Versicherungsschutzes (§ 2 Ziff. 1, § 4 AVB-WKV)

Der Versicherer prüft den Antrag des Versicherungsnehmers auf Festsetzung eines Kreditlimits und teilt dem Versicherungsnehmer per sogenannter „Kreditmitteilung“ mit, in welcher Höhe und ggf. mit welchen Auflagen dem Antrag des Versicherungsnehmers entsprochen wird.[289] Aus der Verwendung des Wortes „sofern“ in § 2 Ziff. 1 AVB-WKV folgt im Umkehrschluss, dass der Versicherer den Antrag auf Festsetzung eines Kreditlimits auch gänzlich ablehnen kann.

Der Versicherer kann zudem ein lediglich geringeres als das beantragte Kreditlimit gewähren. Für diesen Fall bestimmt § 4 Ziff. 2 S. 2 AVB-WKV, dass der Versicherungsnehmer innerhalb von 12 Monaten ab Zugang der entsprechenden Kreditmitteilung einen erneuten Antrag in der benötigten Höhe stellen muss.

---

285 *Grauschopf* in: Handbuch des Versicherungsprozesses, § 22, Rn. 149.

286 *Langen* in: Handbuch Versicherungsrecht § 20, Rn. 74.

287 *Horsch/Rathmann*, S. 174.

288 Siehe Zweiter Teil, A.II.7.

289 *Herrmann* in: Beckmann/Matusche-Beckmann, § 39, Rn. 57; *Wittchen*, S. 49; *Herrmann*, VersR 2015, 275, 276.

aaa. Festsetzung des Kreditlimits

Zur Festsetzung des Kreditlimits führt der Versicherer umfangreiche Kreditprüfungen durch, um das Ausfallrisiko des ihm vom Versicherungsnehmer benannten Abnehmers einschätzen zu können.

(I.) Kriterien der Kreditprüfung

Kriterien der Kreditprüfung sind im Wesentlichen die Bonität des Abnehmers sowie die allgemeine Situation der Branche. Als Informationsquellen dienen vor allem Bilanzen, Geschäftsberichte, Selbstauskünfte, Auskunfteiberichte, Bankauskünfte sowie ggf. Presseberichte, aber auch Marktanalysen und bei Auslandsforderungen die Länderrisiken.[290] Die Versicherer haben hierzu den Einsatz von Informationstechnologie und Risikomodellen verstärkt, um besseren Einblick in die Kreditportefeuilles ihrer Versicherungsnehmer und ggf. Kumulrisiken zu haben.[291]

(II.) Anzeige- und Auskunftsobliegenheiten

Weitere bonitätsrelevante Informationen zur Entscheidung über die Festsetzung des Kreditlimits erhält der Versicherer von seinen Versicherungsnehmern, die gem. § 7 Ziff. 1, §§ 8, 9, 10 AVB-WKV verschiedene Anzeige- und Auskunftsobliegenheiten treffen. Hierzu gehört insbesondere die Überfälligkeitsmeldung für jede unbezahlte versicherte Forderung gegen einen Abnehmer, zu der der Versicherungsnehmer nach § 7 Ziff. 1 AVB-WKV verpflichtet ist, sobald die in dem Versicherungsschein angegebene Überfälligkeitsfrist überschritten ist.

Regelmäßig beliefert eine Vielzahl von Versicherungsnehmern denselben Abnehmer, sodass aufgrund des permanenten Informationsaustauschs zwischen Versicherungsnehmer und Versicherer eine fundierte und aktuelle Beurteilung des Abnehmers möglich ist.[292] Aus den Einzelinformationen zieht der Versicherer Rückschlüsse für alle Versicherungsnehmer, die z.B. zur Aufhebung des Kreditlimits für einen bestimmten Abnehmer führen können. Die Aufhebung oder Reduzierung des Kreditlimits für einen bestimmten Abnehmer dient somit auch dem Schutz der Gesamtheit der Versicherungsnehmer, da hierdurch eine Verschlechterung der Bonität und somit ein erhöhtes Forderungsausfallrisiko angezeigt wird.[293] Die Verwertung der Zahlungserfahrungen anderer

---

290 *Langen* in: Handbuch Versicherungsrecht § 20, Rn. 15; *Wittchen*, S. 46.

291 *Ciupke*, S. 24.

292 *Langen* in: Handbuch Versicherungsrecht § 20, Rn. 4; *Martin*, VersR 1977, 1082, 1084; *Herrmann*, VersR 2015, 275, 278.

293 *Wittchen*, S. 7.

Versicherungsnehmer durch den Versicherer kann demnach dazu führen, dass ein Versicherungsnehmer das Kreditlimit auf einen bestimmten Abnehmer verliert, ohne dass er selbst Anzeichen einer sich verschlechternden Bonität seines Abnehmers oder gar Zahlungsausfälle festgestellt hat.

Gem. § 9 Ziff. 1 i.V.m. § 10 Ziff. 9, § 18 AVB-WKV muss der Versicherungsnehmer zudem Maßnahmen zur Abwehr von Zahlungsausfällen, z.B. Stundungs- oder Ratenzahlungsvereinbarungen mit seinen Abnehmern, vor Abschluss mit dem Versicherer abstimmen. Anderenfalls riskiert der Versicherungsnehmer seinen Versicherungsschutz.[294] Ziel ist es, Schadenfällen nach Möglichkeit durch frühzeitiges Erkennen von Risiken vorzubeugen. Die Warenkreditversicherung erfüllt demnach neben der Funktion der Schadenvergütung insbesondere auch die Funktionen der Schadenverhütung und -minderung. Hierin unterscheidet sich die Kreditversicherung maßgeblich von anderen Versicherungssparten.[295]

(III.) Abänderung des festgesetzten Kreditlimits

Übersteigt der getätigte Umsatz des Versicherungsnehmers mit einem bestimmten Abnehmer das festgesetzte Kreditlimit, so muss der Versicherungsnehmer gem. § 4 Ziff. 2 AVB-WKV die Erhöhung des Kreditlimits beantragen.[296]

Entspricht der Versicherer dem Antrag des Versicherungsnehmers, ändert sich das Kreditlimit ab dem Zeitpunkt des Zugangs der Kreditmitteilung. Ab dem Zeitpunkt der Wirksamkeit des neuen Kreditlimits erhält der Versicherungsnehmer für alle Forderungen, die nach Erhöhung des Kreditlimits entstehen, Versicherungsschutz bis zur Höhe des neuen Kreditlimits.

Aufgrund der steten Überwachung der Bonität der Abnehmer durch den Versicherer, kann es während der Laufzeit des Warenkreditversicherungsvertrags jedoch auch ohne Antrag des Versicherungsnehmers zu Abänderungen des Kreditlimits hinsichtlich einzelner Abnehmer kommen.[297] Gem. § 6 Ziff. 2

---

294 *Gützlaff*, S. 20; *Martin*, VersR 1977, 1082, 1084.

295 Staudinger/Halm/Wendt/*Eichelberg*, WKV Rn. 16; *Wittchen*, S. 6; *Herrmann*, VersR 2015, 275, 276.

296 *Langen* in: Handbuch Versicherungsrecht § 20, Rn. 73. Etwas kann anderes kann sich in der Vertragsform der sogenannten „Umsatzpolice" im Gegensatz zur „Saldenpolice" ergeben, bei der sich die Berechnung der Versicherungsprämie nach dem getätigten Umsatz und nicht nach gemeldeten Salden bemisst. Im Rahmen der Umsatzpolice ist ein Erhöhungsantrag bzgl. des Kreditlimits gem. den AVB einiger Versicherer zum Teil entbehrlich, vgl. AVB Coface Globalliance Contract Gemeinsame Bestimmungen, Fassung1/2008.

297 Siehe Zweiter Teil, A.II.2.a.bb.aaa.(III).

AVB-WKB kann der Versicherer den Versicherungsschutz für einen Abnehmer bei Gefahrerhöhung oder aus sonstigen wichtigen Gründen mit Wirkung ab Zugang der Mitteilung für alle künftigen Forderungen aus Lieferung und Leistung aufheben oder abändern. Eine Gefahrerhöhung liegt in der Regel vor, wenn der Versicherer Informationen erhält, die den Schluss auf eine verschlechterte Bonität des Abnehmers zulassen.[298]

Reduziert der Versicherer das Kreditlimit lediglich, rücken gem. § 5 Ziff. 2 AVB-WKV unversicherte Forderungen oder Forderungsteile in den Versicherungsschutz nach, sobald wieder entsprechende Kapazität im Kreditlimit frei ist.[299] Hebt der Versicherer das Kreditlimit gem. § 6 Ziff 2 AVB-WKV vollständig auf, besteht gem. § 5 Ziff. 2 AVB-WKV für künftige Forderungen aus Lieferung und Leistung kein Versicherungsschutz mehr; bereits bestehende unversicherte Forderungen können nicht mehr in den Versicherungsschutz nachrücken.

(IV.) Ablehnung oder Aufhebung des Kreditlimits als Indiz der Kenntnis der (drohenden) Zahlungsunfähigkeit

Aus der Entscheidung zur Festsetzung, Ablehnung, Abänderung oder Aufhebung des Kreditlimits für einen bestimmten Abnehmer wird man noch nicht auf die im Zusammenhang mit der Insolvenzanfechtung bedeutsame Kenntnis des Versicherungsnehmers über die (drohende) Zahlungsunfähigkeit des Abnehmers schließen dürfen. Nach Ansicht des OLG Frankfurt/M. reicht selbst das Erlöschen des Warenkreditversicherungsschutzes ohne weitere Begründung für den Nachweis der Kenntnis der drohenden Zahlungsunfähigkeit nicht aus.[300] Bei der Beurteilung der Kreditversicherer, ob ein Kreditlimit gewährt, abgeändert oder aufgehoben wird, können viele Gründe eine Rolle spielen.

Die Festsetzung oder Aufhebung von Kreditlimiten wird in aller Regel nicht eingehend begründet, sodass die Entscheidung auf nicht nachvollziehbaren Erwägungen beruht. Wird ein Kreditlimit z.B. nur deswegen nicht gewährt, da der Versicherer bereits ein zu großes Kumulrisiko auf einen Abnehmer hat oder der Versicherer Abnehmer in bestimmten Branchen nicht mehr versichern will, spielen bonitätsrelevante Informationen u.U. gar keine Rolle. Liegen den Bewertungen Dritter bzgl. der Bonität anderer keine nachvollziehbaren Kriterien zu Grunde, so muss nach Ansicht des Landgerichts Fulda von Meinungsäußerungen

298 LG Köln VersR 2005, 269; *Grauschopf* in: Handbuch des Versicherungsprozesses, § 22, Rn. 104.

299 Siehe Zweiter Teil, A.II.2.a.bb.bbb.

300 OLG Frankfurt a.M. ZIP 2015, 1994, 1995.

ausgegangen werden, die insoweit nicht als Beweisanzeichen herangezogen werden können.[301] Das Bestehen oder Nichtbestehen eines Kreditlimits eines Warenkreditversicherers wird erkennbar bislang nicht als Indiz herangezogen, aus dem die Kenntnis des Versicherungsnehmers von der (drohenden) Zahlungsunfähigkeit des Abnehmers hergeleitet werden könnte.

bbb. Nachrücken von Forderungen in den Versicherungsschutz (§ 5 Ziff. 2 AVB-WKV)

Gem. § 5 AVB-WKV können nur Forderungen oder Forderungsteile unter den Versicherungsschutz fallen, die der Höhe nach das für einen Abnehmer festgesetzte Kreditlimit nicht überschreiten.[302] Versicherungsschutz wird daher gem. § 5 Ziff. 1 AVB-WKV in der Reihenfolge des Entstehens der Forderungen gewährt. Hierbei werden neue Forderungen versichert, die durch „Nachrücken" Platz im Kreditlimit finden.[303] Das ist gem. § 5 Ziff. 2 AVB-WKV der Fall, wenn ältere Forderungen durch Zahlung gem. § 362 Abs. 1 BGB erlöschen.

b. Unbenannte Versicherung (§ 3 Ziff. 1 AVB-WKV)

Gem. § 3 Ziff. 1 AVB-WKV sind Forderungen, die der Versicherungsnehmer unter Einhaltung des in der Vordeklaration oder in einer sonstigen Vereinbarung mit dem Versicherer beschriebenen Debitorenmanagements, begründet und für die er kein längeres als das im Versicherungsschein festgelegte Zahlungsziel vereinbart, bis zur Höhe der im Versicherungsschein genannten Selbstprüfungsgrenze versichert, ohne dass es hierfür der Festsetzung eines Kreditlimits gemäß § 4 AVB bedarf.

Die Antragspflicht gem. § 4 AVB-WKV entfällt demnach. Der Versicherer verlagert auf diese Weise die Kreditprüfung im Rahmen der unbenannten Versicherung auf den Versicherungsnehmer („Selbstprüfung").

Gem. § 3 Ziff. 4 AVB-WKV besteht der Versicherungsschutz im Rahmen der Selbstprüfung nicht, wenn in den letzten 12 Monaten vor Lieferung oder Leistung in Bezug auf den Abnehmer Wechsel abweichend von der ursprünglichen Zahlungsvereinbarung nachträglich prolongiert wurden oder Schecks, Wechsel oder Lastschriften mangels Deckung nicht eingelöst oder ungünstige Informationen über die Vermögenslage oder die Zahlweise des Abnehmers bekannt

---

301 LG Fulda ZIP 2014, 2205, 2207.

302 *Wittchen*, S. 71.

303 *Grauschopf* in: Handbuch Versicherungsprozess, § 22, Rn. 74.

wurden (§ 10 Ziff. 3 a) bis c) AVB-WKV) oder bei dem Abnehmer Zahlungsunfähigkeit im Sinne von § 12 AVB-WKV vorliegt.

3. *Versicherungsfall „Zahlungsunfähigkeit" (§ 12 Ziff. 1 AVB-WKV)*

Der Versicherungsfall der Warenkreditversicherung ist in § 12 AVB-WKV geregelt. Nach § 12 Ziff. 1 AVB-WKV tritt der Versicherungsfall grundsätzlich ein,

> *[…] wenn spätestens zum Ablauf der im Versicherungsschein festgelegten Frist nach Fälligkeit einer versicherten Forderung die Euler Hermes Collections GmbH mit dem Inkasso beauftragt wurde und die Zahlungsunfähigkeit des Kunden vorliegt.*

Zahlungsunfähigkeit gem. § 12 Ziff. 1 lit. a) bis f) AVB-WKV liegt abweichend von § 17 Abs. 2 InsO nur vor, wenn

> *a) es der Euler Hermes Collections GmbH innerhalb der im Versicherungsschein festgelegten Frist nach Auftragserteilung durch den Versicherungsnehmer nicht gelungen ist, die versicherte Forderung vollständig einzuziehen (Nichtzahlungstatbestand) oder*
> *b) das gerichtliche Insolvenzverfahren eröffnet oder dessen Eröffnung vom Gericht mangels Masse abgewiesen worden ist oder*
> *c) die Annahme eines Schuldenbereinigungsplanes vom Insolvenzgericht festgestellt worden ist oder*
> *d) mit sämtlichen Gläubigern ein außergerichtlicher Liquidations- oder Quotenvergleich zustande gekommen ist oder*
> *e) eine vom Versicherungsnehmer vorgenommene Zwangsvollstreckung in das Vermögen des Kunden nicht zur vollen Befriedigung geführt hat oder*
> *f) bei einem Kunden mit Sitz im Ausland ein Tatbestand eingetreten ist, der nach dem Rechtssystem des jeweiligen Landes einem der vorgenannten Tatbestände entspricht.*[304]

Gem. § 12 Ziff. 2 a) und b) ist die Beauftragung des Inkassodienstleisters des Versicherers für den Eintritt des Versicherungsfalles entbehrlich, wenn bereits ein gerichtliches Insolvenzverfahren beantragt oder die Zahlungsunfähigkeit eines Kunden im Sinne von Nr. 1 b) bis f) bereits vor Ablauf der in Nr. 1 vereinbarten Frist zur Abgabe zum Inkasso eingetreten ist.

Die Auflistung in § 12 Ziff. 1 AVB-WKV ist abschließend, andere Gründe der Zahlungsunfähigkeit als Versicherungsfall der Warenkreditversicherung können nicht herangezogen werden.[305] Die Zahlungsunfähigkeit etwa aufgrund

---

304 Vgl. Coface AVB Warenkredit 2008 Fassung 01/2008, § 9, Ziff. 9.1; Atradius Modula Standard, Modul 00300.00.

305 *Grauschopf* in: Handbuch Versicherungsprozess, § 22, Rn. 115; *Herrmann* in: Beckmann/Matusche-Beckmann, § 39, Rn. 26; *Langen* in: Handbuch Versicherungsrecht, § 20, Rn. 102.

„politischer Risiken" (hoheitliche Maßnahmen, z.B. Beschlagnahme, Ausfuhrverbote, Konvertierungs-, Transfer- und Zahlungsverbote etc.) oder z.B. durch Löschung von Amts wegen aufgrund von Vermögenslosigkeit gem. § 394 Abs. 1 FamFG sind grundsätzlich keine Versicherungsfälle der klassischen Warenkreditversicherung.[306] Wenn weitere Versicherungsfälle aufgenommen werden sollen, bedarf es daher der ausdrücklichen vertraglichen Regelung.

4. *Entschädigungsleistung/Ausfallberechnung (§ 13 AVB-WKV)*

In der Warenkreditversicherung werden nach Eintritt des Versicherungsfalls gem. § 13 Ziff. 1 AVB-WKV nur Forderungen entschädigt, die zum versicherten Ausfall gem. § 13 AVB-WKV gehören:

> *1. Der Versicherer zahlt die Entschädigung nach Eintritt des Versicherungsfalls innerhalb der im Versicherungsschein angegebenen Frist, vorausgesetzt, die erforderlichen Unterlagen wurden eingereicht und der endgültige versicherte Ausfall wurde nachgewiesen. […]*

Der versicherte Ausfall wird gem. § 13 Ziff. 2 AVB-WKV wie folgt ermittelt:

> *2. Zur Berechnung des versicherten Ausfalls werden in nachstehender Reihenfolge von den bei Eintritt des Versicherungsfalles bestehenden Forderungen*
> *abgesetzt:*
>
> *a) nicht versicherte Forderungen oder Forderungsteile,*
> *b) folgende Forderungsminderungen:*
>
> - *aufrechenbare Forderungen,*
> - *Rücklieferungen und Erlöse aus Eigentumsvorbehalten,*
> - *Erlöse aus sonstigen Rechten und Sicherheiten,*
> - *Quotenzahlungen,*
>
> *soweit sie jeweils die versicherten Forderungen betreffen.*

Entschädigt werden demnach grundsätzlich alle bei Eintritt des Versicherungsfalls bestehenden, versicherten Forderungen gegen den insolventen Abnehmer. Dass es sich um versicherte Forderungen handeln muss, ergibt sich aus dem Umkehrschluss zu § 13 Ziff. 2 a) AVB-WKV, da hiernach von den „bei Eintritt des Versicherungsfalls bestehenden Forderungen" nicht versicherte Forderungen oder Forderungsteile abgezogen werden. § 13 Ziff. 2 a) AVB-WKV stellt demnach auf bei Eintritt des Versicherungsfalls unbezahlte Forderungen ab,

306 *Grauschopf* in: Handbuch Versicherungsprozess, § 22, Rn. 139. Sogenannte „politischen Risiken" können aber Bestandteil von Sonderdeckungen sein.

die bereits gem. § 5 Ziff. 1 und 2 AVB-WKV unter den Versicherungsschutz gefallen sind.

5. *Höchstentschädigung (§ 15 AVB-WKV)*

Gem. § 15 AVB-WKV ist die Entschädigungsleistung des Versicherers für die in einem Versicherungsjahr eingetretenen Versicherungsfälle durch eine vertraglich vereinbarte Höchstentschädigung beschränkt. Hiernach gilt:

> *Die Entschädigungsleistungen des Versicherers für die in einem Versichsicherungsjahr eingetretenen Versicherungsfälle betragen höchstens das im Versicherungsschein genannte Vielfache der für dieses Jahr gezahlten Prämie.*

Die Vereinbarung der Höchstentschädigung gem. § 15 AVB-WKV dient dem Schutz der Versicherer vor übermäßiger Inanspruchnahme.[307] Sie steht dem Versicherungsnehmer nur einmal im Jahr in voller Höhe zu und verringert sich somit mit jeder geleisteten Entschädigung. Die jährliche Höchstentschädigung gem. § 15 AVB-WKV berechnet sich üblicherweise aus einem vertraglich vereinbarten Vielfachen der gezahlten Jahresprämie.[308]

6. *Entschädigungsleistung bei Insolvenzanfechtung*

Bei der Insolvenzanfechtung geht es aus Lieferantensicht – wie aufgezeigt – um den nachträglichen Ausfall von Forderungen. Für diesen Fall sehen die AVB-WKV keine ausdrücklichen Regelungen vor. Es ist daher zu prüfen, ob für die gem. § 144 Abs. 1 InsO wiederauflebenden Forderungen Versicherungsschutz in der Warenkreditversicherung besteht.

a. *Eintritt des Versicherungsfalls gem. § 12 Ziff. 1 b) AVB-WKV*

Voraussetzung einer Entschädigungsleistung bei Insolvenzanfechtung wäre zunächst der Eintritt des Versicherungsfalls gem. § 12 Ziff. 1 AVB-WKV. Mangels ausdrücklicher Regelung kommt als Anknüpfungspunkt nur der Versicherungsfall „Zahlungsunfähigkeit durch Eröffnung des Insolvenzverfahrens" gem. § 12 Ziff. 1 b) AVB-WKV in Betracht. Forderungsausfälle infolge Insolvenzanfechtung resultieren jedoch nicht unmittelbar aus der Eröffnung des Insolvenzverfahrens, sondern aus der zeitlich nachgelagerten Entscheidung des

---

307 *Wittchen*, S. 134.

308 *Wittchen*, S. 133; *Herrmann* in: Beckmann/Matusche-Beckmann, § 39, Rn. 67; *Langen* in: Handbuch Versicherungsrecht, § 20, Rn. 80.

Insolvenzverwalters, die in anfechtbarer Weise geleisteten Zahlungen zurückzufordern. Fraglich ist daher, ob der Versicherungsfall gem. § 12 Ziff. 1 AVB-WKV auch dann eintritt, wenn bei Eröffnung des Insolvenzverfahrens (noch) kein Schaden in Form unbezahlter Forderungen besteht.

Ausweislich § 12 Ziff. 1 und 2 AVB-WKV setzt der Eintritt des Versicherungsfalls lediglich die Zahlungsunfähigkeit im Sinne von § 12 Ziff. 1 a) – f) voraus; keine Voraussetzung ist, dass bei Eintritt der Zahlungsunfähigkeit auch offene Forderungen gegen den Abnehmer bestehen oder es aufgrund Forderungsausfalls zu einem Schaden kommt.

Der Versicherungsfall ist das Ereignis, dessen Eintritt, ggf. mit weiteren dadurch hervorgerufenen Umständen, notwendige und hinreichende Bedingung für die Leistungspflicht des Versicherers ist. Das Ereignis kann, muss aber nicht mit dem Eintritt der negativen Folgen zusammenfallen, die durch die Versicherung abgedeckt sind. Beim Versicherungsfall kann es sich um ein vorausgehendes Ereignis handeln, das als Beginn der Gefahrverwirklichung zu sehen ist.[309] Der versicherte Schaden ist demnach kein Element des Versicherungsfalls, sondern lediglich eine weitere Voraussetzung für die Leistungspflicht des Versicherers.[310] Grundsätzlich kann sich der Versicherungsfall über einen längeren Zeitraum erstrecken, entscheidend ist die Fortdauer eines eingetretenen Zustands;[311] bezogen auf die Warenkreditversicherung also die Zahlungsunfähigkeit aufgrund Eröffnung des Insolvenzverfahrens gem. § 12 Ziff. 1 b) AVB-WKV.

An der Definition des Versicherungsfalls „Nichtzahlungstatbestand" gem. § 12 Ziff. 1 a) AVB-WKV zeigt sich ebenfalls, dass der Versicherungsfall unabhängig von einem Schaden eintreten kann. Hiernach kommt es für den Eintritt des Versicherungsfalls lediglich auf das Verstreichen „der im Versicherungsschein festgelegten Frist [...]" an. Ob der Versicherer im Wege des Inkassos die Forderung schlussendlich beitreiben kann oder nicht, sich also ein Schaden realisiert, ist für den Eintritt des Versicherungsfalls „Nichtzahlungstatbestand" ebenfalls unerheblich.

Der Versicherungsfall Zahlungsunfähigkeit tritt demnach auch dann bereits mit Eröffnung des Insolvenzverfahrens § 12 Ziff. 1 b) AVB-WKV ein, wenn der Forderungsausfall erst im Nachhinein durch Insolvenzanfechtung und

---

309 Prölls/Martin/*Armbrüster*, § 1, Rn. 166; Bruck/Möller/*Baumann*, § 81, Rn. 35.

310 Vgl. BGH VersR 1952, 179, 180; BGH VersR 1955, 100, 101; Bruck/Möller/*Baumann*, § 81, Rn. 35.

311 Prölls/Martin/*Armbrüster*, § 1, Rn. 167 f.

Rückerstattung der erhaltenen Zahlungen gem. § 143 Abs. 1 InsO entsteht. Schäden aus Insolvenzanfechtung fallen daher grundsätzlich unter den Versicherungsfall Zahlungsunfähigkeit im Sinne von § 12 Ziff. 1 b) AVB-WKV.

b. Versicherungsschutz für wiederauflebende Forderungen

Eine Entschädigungsleistung für gem. § 144 Abs. 1 InsO wiederauflebende Forderungen kommt nur in Betracht, wenn sie zum versicherten Ausfall im Sinne von § 13 Ziff. 1 und 2 AVB-WKV gehören. Das bedeutet, die wiederauflebenden Forderungen müssen bei Eintritt des Versicherungsfalls versicherte Forderungen sein.[312]

Ein erstmaliger oder erneuter Einschluss der wiederauflebenden Forderungen in den Versicherungsschutz zum Zeitpunkt des Wiederauflebens gem. § 144 Abs. 1 InsO ist ausgeschlossen. Zum einen ist bei Wiederaufleben der Forderungen der Versicherungsfall aufgrund der notwendigerweise vorangegangenen Eröffnung des Insolvenzverfahrens bereits eingetreten, sodass kein neuer Versicherungsschutz mehr begründet werden kann. Zudem ist stets auch das Kreditlimit auf den insolventen Abnehmer mit Eintritt des Versicherungsfalls aufgehoben. Ein Nachrücken unversicherter Forderungen ist nach Aufhebung des Kreditlimits gem. § 5 Ziff. 2 AVB-WKV nicht mehr möglich.[313]

Die gem. § 144 Abs. 1 InsO wiederauflebenden Forderungen müssen demnach bereits vor Erlöschen durch Zahlung gem. § 362 Abs. 1 BGB gem. § 2 Ziff. 1, § 5 Ziff. 1 und 2 AVB-WKV versichert gewesen sein. Mit Erlöschen der Forderung gem. § 362 Abs. 1 BGB erlischt aber auch deren Versicherungsschutz.[314] Es stellt sich also die Frage, ob der vormalig gewährte Versicherungsschutz mit den wiederauflebenden Forderungen ebenfalls wiederauflebt; genauer, ob die Forderungen als versicherte Forderungen wiederaufleben.

Da die AVB-WKV hierauf keine Antwort geben, ist zu prüfen, ob die Frage nach dem Wiederaufleben des Versicherungsschutzes für die gem. § 144 Abs. 1 InsO wiederauflebenden Forderungen im Wege der ergänzenden Vertragsauslegung gem. §§ 133, 157 BGB gelöst werden kann.

---

312 Siehe Zweiter Teil, A.II.4.

313 Siehe Zweiter Teil, A.II.2.a.bb.bbb.

314 *Hoß* in: Handbuch Versicherungsrecht, 36. Kp., Rn. 26; *Wittchen*, S. 89; *Grauschopf* in: Handbuch Versicherungsprozess § 22, Rn. 79.

aa. Ergänzende Vertragsauslegung gem. §§ 133, 157 BGB

Die ergänzende Vertragsauslegung gem. §§ 133, 157 BGB kommt dann in Betracht, wenn ein Vertrag innerhalb des durch ihn gesteckten Rahmens oder innerhalb der objektiv gewollten Vereinbarung ergänzungsbedürftig ist, weil eine Vereinbarung in einem regelungsbedürftigen Punkt fehlt; der Vertrag mithin eine planwidrige Regelungslücke aufweist.[315] Das gilt grundsätzlich auch bei planwidrigen Regelungslücken, die sich aus der Verwendung Allgemeiner Geschäftsbedingungen ergeben.[316]

aaa. Planwidrige Regelungslücke

Eine planwidrige Regelungslücke liegt nach ständiger Rechtsprechung des BGH vor, wenn „die Parteien einen Punkt übersehen oder wenn sie ihn bewusst offengelassen haben, weil sie ihn im Zeitpunkt des Vertragsschlusses für nicht regelungsbedürftig gehalten haben, und wenn sich diese Annahme nachträglich als unzutreffend herausstellt. Dabei kann von einer planwidrigen Regelungslücke nur gesprochen werden, wenn der Vertrag eine Bestimmung vermissen lässt, die erforderlich ist, um den ihm zugrunde liegenden Regelungsplan der Parteien zu verwirklichen, mithin ohne Vervollständigung des Vertrags eine angemessene, interessengerechte Lösung nicht zu erzielen ist.“[317]

Es ist davon auszugehen, dass bei der Abfassung der AVB-WKV die Thematik der Insolvenzanfechtung mit der Folge, dass es bei Rückerstattung angefochtener Zahlungen gem. § 143 Abs. 1 InsO zu einem nachträglichen Forderungsausfall kommt, nicht bedacht wurde. Hierfür spricht, dass die Warenkreditversicherung seit der ersten Hälfte des 20. Jahrhunderts konzeptionell kaum wesentliche Änderungen erfahren hat. Die AVB-WKV basieren nach wie vor auf den Grundprinzipien der ersten Kreditversicherungen.[318] Wie gezeigt hat das Anfechtungsrecht in der Insolvenzpraxis vor allem in den letzten Jahren an Bedeutung gewonnen. Diese Entwicklung und die damit einhergehenden Fragstellungen im Zusammenhang mit der Warenkreditversicherung sind in die AVB-WKV bei

---

315 BGH ZIP 2015, 1297, 1298; BGH NJW 2013, 678, 677.

316 BGH NJW-RR 2007, 1697, 1701; BGH NJW 2012, 1865, 1866; PWW-*Brinkmann*, § 157, Rn. 23; Palandt-*Ellenberger*, § 305c, Rn. 17.

317 BGH NJW 2018, 2469, 2470; vgl. BGH VersR 2017, 1474, 1475; BGH ZIP 2015, 1297, 1298; NJW-RR 2013, 494, 495; BGH NJW-RR 1991, 176, 177.

318 Zur historischen Entwicklung der Warenkreditversicherung siehe *Wittchen*, S. 3 ff. *Horsch/Rathmann*, S. 57 ff.

Abfassung nicht berücksichtigt worden und haben auch bislang keinen Eingang gefunden.

Die Regelungslücke in den AVB-WKV ist planwidrig. Durch Abschluss eines Warenkreditversicherungsvertrags soll das Forderungsausfallsrisiko aufgrund Zahlungsunfähigkeit für alle Forderungen, für die der Versicherer Versicherungsschutz übernimmt, vom Versicherungsnehmer auf den Versicherer verlagert werden (§ 1 AVB-WKV). Die Parteien des Warenkreditversicherungsvertrags gehen also davon aus, dass grundsätzlich für alle versicherten Forderungen eine Entschädigungsleistung gezahlt wird, die nach Eintritt des Versicherungsfalls noch nicht durch Erfüllung erloschen sind. Auf dieser Vertragsgrundlage basiert die Entscheidung des Versicherungsnehmers, sein Forderungsausfallrisiko aus Lieferung und Leistung zu versichern sowie die entsprechende Prämienkalkulation des Versicherers.

Der Zweck des Warenkreditversicherungsvertrags wird jedoch nicht erreicht, wenn ungeregelt ist, ob der Versicherungsschutz für gem. § 144 Abs. 1 InsO wiederauflebende Forderungen ebenfalls wiederauflebt, da offen ist, ob wiederauflebende Forderungen zum versicherten Ausfall gem. § 13 Ziff. 2 AVB-WKV gehören. Die Frage betrifft also die Berechnung der Höhe der Entschädigungsleistung; mithin den Umfang des Versicherungsschutzes als Gegenleistung für die gezahlte Prämie. Die fehlende Regelung zum Forderungsausfall durch Insolvenzanfechtung ist eine planwidrige Unvollständigkeit der AVB-WKV. Ohne Vervollständigung des Vertrags ist eine angemessene, interessengerechte Lösung bzgl. des (rückwirkenden) Forderungsfalls durch Insolvenzanfechtung nicht zu erzielen.

bbb. Keine Lückenschließung mittels dispositiven Rechts

Die Schließung der planwidrigen Regelungslücke im Wege der ergänzenden Vertragsauslegung scheidet aus, wenn die Vertragslücke durch Heranziehung des dispositiven Rechts sachgerecht geschlossen werden kann.[319] Gesetzliche Regelungen zum Wiederaufleben des Versicherungsschutzes der Warenkreditversicherung gibt es nicht. Allerdings leben Sicherungsrechte, wie z.B. Bürgschaften, die mit der wiederauflebenden Forderung verbunden waren, ausweislich der gesetzlichen Begründung zu § 144 Abs. 1 InsO ebenfalls wieder auf.[320] Ob der Versicherungsschutz der Warenkreditversicherung ein mit der Forderung verbundenes Sicherungsrecht ist, lässt sich aber wiederum nicht aus

319 BGH NJW 1982, 2190, 2191; BGH NJW 1980, 2347.

320 BT-Drucks. 12/2443, S. 168; siehe Erster Teil, B.VII.3.

den gesetzlichen Regelungen entnehmen. Die Heranziehung des dispositiven Rechts zur Schließung der planwidrigen Regelungslücke scheidet daher aus.

ccc. Hypothetischer Parteiwille

Liegt eine ausfüllungsbedürftige vertragliche Regelungslücke vor, ist nach ständiger Rechtsprechung des BGH der hypothetische Parteiwille Grundlage für die Ergänzung des Vertragsinhalts, sodass darauf abzustellen ist, was die Vertragsparteien bei angemessener Abwägung ihrer Interessen nach Treu und Glauben als redliche Vertragspartner vereinbart hätten, wenn sie den nicht geregelten Fall bedacht hätten. Hierbei geht es nicht in erster Linie um die Ermittlung des tatsächlichen Parteiwillens, sondern um einen objektiv-generalisierenden Maßstab, der sich am Willen und Interesse der typischerweise an Geschäften dieser Art beteiligter Verkehrskreise orientiert.[321] Ausgangspunkt der Vertragsergänzung sind hierbei die im Vertrag enthaltenen Regelungen und Wertungen sowie der Sinn und Zweck des Vertrags.[322] Allerdings findet die ergänzende Vertragsauslegung an dem im Vertrag zum Ausdruck kommenden Parteiwillen auch ihre Grenze. Die Ausfüllung der Vertragslücke darf nicht zu einer Abänderung oder Erweiterung des Vertragsgegenstands führen und sie muss in dem Vertrag eine Stütze finden.[323]

Die Parteien des Kreditversicherungsvertrags hätten bei angemessener Abwägung ihrer Interessen nach Treu und Glauben als redliche Vertragspartner vereinbart, dass der vormals gewährte Versicherungsschutz für gem. § 144 Abs. 1 InsO wiederauflebende Forderungen ebenfalls wiederauflebt. Hierfür spricht bereits der Sinn und Zweck der Warenkreditversicherung.

(I.) Sinn und Zweck der Warenkreditversicherung

Die Warenkreditversicherung schützt den Versicherungsnehmer vor Vermögenschäden durch Forderungsausfälle (§ 1 AVB-WKV). Da die Insolvenzanfechtung schlussendlich zu einem Forderungsausfall führt, spricht bereits der Sinn und Zweck der Warenkreditversicherung dafür, dass der Versicherer und dessen Versicherungsnehmer in Kenntnis der Insolvenzanfechtungsrisiken vereinbart hätten, dass bei Inanspruchnahme aus Insolvenzanfechtung der

321 BGH NJW 2018, 2469, 2471; BGH NJW 2013, 494, 495; BGH NJW-RR 2004, 262; BGH NJW 1993, 57, 61; BGH NJW 1989, 3010, 3012; BGH NJW 1984, 1177, 1179 m.w.N.

322 BGH NJW 2018, 2469, 2471; BGH ZIP 2015, 1297, 1298; BGH NJW-RR 2013, 494, 495; BGH NJW 2013, 678, 679; BGH NJW-RR 1991 176, 177.

323 BGH NJW-RR 2013, 494, 495; BGH NJW 1982, 2190, 2191; BGH NJW 1980, 2347.

Versicherungsschutz für gem. § 144 Abs. 1 InsO wiederauflebende Forderungen ebenfalls wiederauflebt.

Das versicherte Interesse in der Warenkreditversicherung, der für möglich gehaltene Vermögensnachteil durch Forderungsausfall, ist durch die Inanspruchnahme des Lieferanten nach § 129 ff. InsO unmittelbar betroffen.[324] Die Anfechtbarkeit der auf die gesicherte Forderung erbrachten Leistung kann den Versicherer nicht entlasten, da die Insolvenzanfechtung auf der Zahlungsunfähigkeit des Schuldners beruht und der Zweck der Kreditversicherung gerade der Schutz des Versicherungsnehmers vor Zahlungsunfähigkeit seiner Abnehmer ist.[325] Die Unsicherheit einer lediglich anfechtbar geleisteten Zahlung auf eine versicherte Forderung trifft daher (auch) den Versicherer. Der Versicherungsnehmer möchte naturgemäß einen möglichst umfassenden Deckungsschutz haben. Es ist daher in seinem Interesse, dass der Versicherungsschutz für gem. § 144 Abs. 1 InsO wiederauflebende Forderungen ebenfalls wiederauflebt.

Dem stehen Interessen des Versicherers grundsätzlich nicht entgegen, da sich der Umfang des Deckungsschutzes durch das Wiederaufleben des Versicherungsschutzes für gem. § 144 Abs. 1 InsO wiederauflebende Forderungen nicht erweitert. Ist eine Forderung gem. § 5 Ziff. 1, 2 AVB-WKV einmal in den Versicherungsschutz eingeschlossen, wird der Versicherer im Fall der Insolvenzanfechtung als Rechtsfolge des § 144 Abs. 1 InsO lediglich so gestellt, als sei die versicherte Forderung nicht durch Zahlung gem. § 362 Abs. 1 BGB erloschen. Durch das Wiederaufleben des Versicherungsschutzes wird also lediglich der Deckungsumfang wiederhergestellt, den der Versicherer bereits übernommen hatte.

Die Versagung des Wiederauflebens des Versicherungsschutzes würde hingegen den Deckungsumfang verkürzen, da somit die wiederauflebenden Forderungen nicht zum versicherten Ausfall gem. § 13 Ziff. 2 AVB gehörten, obwohl der Versicherer zuvor Versicherungsschutz gewährt hatte. Das wäre ein Umstand, der die Warenkreditversicherung für Versicherungsnehmer deutlich unattraktiver machen würde, was dem Interesse beider Parteien widerspräche.

(II.) Warenkreditversicherung als Forderungssicherheit

Ein weiterer Anhaltspunkt für die Interessenabwägung könnte die Begründung des Gesetzgebers zu § 144 InsO sein, wonach Sicherheiten, die mit der Forderung verbunden waren, ebenfalls wiederaufleben.[326] Messen die Vertragsparteien des

---

324 Siehe Zweiter Teil, A.II.1.

325 Vgl. *Ganter*, WM 2011, 245, 247.

326 BT-Drucks. 12/2443, S. 168.

Kreditversicherungsvertrags dem Versicherungsschutz aus der Warenkreditversicherung anderen Forderungssicherheiten vergleichbaren Sicherungscharakter bei, könnte es auch aus diesem Grund im Interesse der Parteien sein, ein der Gesetzesbegründung zu § 144 InsO entsprechendes Wiederaufleben des Versicherungsschutzes für gem. § 144 Abs. 1 InsO wiederauflebende Forderungen zu vereinbaren.

(1.) Vergleich von Warenkreditversicherung und Bürgschaft

Mittels Warenkreditversicherung und Bürgschaften können Lieferantkredite abgesichert werden. Rechtlich sind Kreditversicherung und Bürgschaft jedoch nicht gleichzusetzen. Bei der Kreditversicherung handelt es sich um einen entgeltlichen zweiseitigen Vertrag. Hingegen ist ein Bürgschaftsvertrag kein auf eine entgeltliche Leistung gerichteter Vertrag, sondern eine eigene einseitig den Bürgen verpflichtenden Verbindlichkeit.[327] Auch der Umstand, dass es sich bei einer Kautionsversicherung oder bei einer entgeltlichen Bürgschaftsübernahme im Rahmen eines Avalkreditvertrages um einen zweiseitigen Vertrag handelt, ändert nichts daran, dass durch diesen Vertrag lediglich die Verpflichtung zur Stellung einer Bürgschaft begründet wird, die eine entsprechende Rechtshandlung des Bürgen erfordert.[328]

Dennoch weist die Bürgschaft zur Absicherung von Lieferantenkrediten die für die Versicherung wesentlichen Merkmale des § 1 VVG auf.[329] Funktionell bestehen zwischen Bürgschaft und Kreditversicherung keine Unterschiede bzgl. der Deckung eines Schadens, Bedarfs oder Plandefizits.[330] Bürgschaft und Kreditversicherung dienen dem Kreditrisikotransfer auf Dritte. Der Sicherungscharakter beider Konstrukte steht klar im Vordergrund und ist in seiner Wirkung vergleichbar, wenn auch nicht konzeptionell gleich.[331] Insoweit messen die Vertragsparteien dem Versicherungsschutz der Warenkreditversicherung grundsätzlich dem der Bürgschaft vergleichbaren Sicherungscharakter bei.

---

327 BGH NJW 1991, 975, 976; BGH NJW 1989, 1605, 1606; MüKo-VVG/*Looschelders*, § 1, Rn. 101; Palandt/*Sprau*, § 765, Rn. 1

328 *Wittchen*, S. 251 m.w.N.

329 MüKo-VVG/*Looschelders*, § 1, Rn. 102; Prölls/Martin/*Prölls* § 1, Rn. 6.

330 BGH VersR 1962, 974, 975; Prölls/Martin/*Armbrüster* § 1, Rn. 6.

331 *Horsch/Rathmann*, S. 50; *Herrmann*, VersR 2015, 275, 277.

(2.) Verbesserung der Kreditwürdigkeit des Lieferanten
Das Vorliegen einer Kreditversicherung ist nicht nur ein Bonitätsmerkmal, sondern grundsätzlich eine verlässliche Grundlage für Kredit. Die Sicherheit von Forderungen gegen Abnehmer steigert die Bonität des Versicherungsnehmers und insoweit seine eigene Kreditwürdigkeit.[332] Aus der Tatsache, dass der Kreditversicherer das Forderungsausfallrisiko aus Lieferantenkrediten absichert, ergibt sich die Bonitätsverbesserung des Versicherungsnehmers, der sein eigenes Kreditausfallrisiko aus Sicht der kreditgebenden Banken verringert.[333] Die Kreditversicherung ist insoweit unter die Personalsicherheiten als Fremdversicherung durch Dritte zu subsumieren.[334]

Lieferantenforderungen können von Kreditinstituten zudem beliehen werden, um dem Lieferanten Liquidität zu verschaffen. Die Absicherung der Forderungen durch Kreditversicherung ist wesentlicher Bestandteil dieses Verfahrens.[335] Hieran zeigt sich bereits das Interesse des Versicherungsnehmers sowie des ihn finanzierenden Kreditinstituts an der Verlässlichkeit der Sicherheit. Auch wenn vertreten wird, die Kreditversicherung sei keine Eigenschaft der Forderung selbst, sondern lediglich mittelbare Sicherung[336], so dient die Kreditversicherung im Verhältnis zum finanzierenden Kreditinstitut gerade doch als der Forderung zugeordnete Sicherheit.

(3.) Forderungskauf
Forderungen aus Lieferung und Leistung können im Wege des Forderungsverkaufs zur Unternehmensfinanzierung genutzt werden (Factoring).[337] Im sogenannten „Zwei-Vertrags-Modell“ muss der Forderungsverkäufer eine Warenkreditversicherung zugunsten des Factors abschließen. Die Rechte und Pflichten des Versicherungsvertrags verbleiben beim Versicherungsnehmer, die Entschädigungsansprüche werden aber an den Factor abgetreten.[338] Der Factor kauft regelmäßig nur versicherte Forderungen an. Obwohl die Forderungen abgetreten werden, bleibt der Versicherungsschutz gem. Sondervereinbarung mit dem Versicherer bestehen. Im sogenannten „Ein-Vertrags-Modell“ schließt

---

332 *Meyer*, S. 21; *Isern*, S. 13; vgl. *Herrmann*, VersR 2015, 275, 276 f.
333 *Isern*, S. 34; siehe Erster Teil, A.I.
334 Vgl. *Isern*, S. 47; *Wöltje*, S. 299.
335 *Meyer*, S. 21; vgl. *Herrmann*, VersR 2015, 275, 277.
336 *Wittchen*, S. 248 m.w.N.
337 *Horsch/Rathmann*, S. 107.
338 *Langen* in: Handbuch Versicherungsrecht § 20, Rn. 137.

der Factor selbst eine Warenkreditversicherung ab, um das Bonitätsrisiko der Schuldner seiner angekauften Forderungen auf den Versicherer zu verlagern. Die Versicherung dient hier, ähnlich wie bei einer einzelnen Finanzierung durch ein Kreditinstitut, der Sicherung der angekauften Forderungen.[339]

Wenn ausgewiesene Forderungen durch eine Kreditversicherung abgesichert sind, sind sie grundsätzlich lediglich in Höhe der Selbstbeteiligung dem Ausfallrisiko ausgesetzt.[340] Auf diesen Schutz muss sich der Versicherungsnehmer sowie Dritte auch im Fall der Insolvenzanfechtung verlassen können. Daher wird der Versicherungsschutz der Warenkreditversicherung sowohl von den Vertragsparteien der Kreditversicherung als auch von den beteiligten Verkehrskreisen wie dargestellt als Sicherheit im Sinne anderer Forderungssicherheiten verstanden. Aus vorstehenden Gründen hat Atradius Klarstellungen formuliert und als AVB zur Atradius Warenkreditversicherung aufgenommen; hiernach gilt:

> *Hat der Versicherungsnehmer gemäß gesetzlicher Vorschriften aufgrund rechtmäßiger Insolvenzanfechtung oder aufgrund gerichtlicher Entscheidung Zahlungen, die er vom Abnehmer vor dessen Insolvenz erhalten hat, zurückerstattet, kann er den daraus resultierenden Forderungsausfall als Schaden geltend machen. Voraussetzung hierfür ist, dass sich die Forderungsausfälle auf versicherte Forderungen beziehen und die Bestimmungen und Bedingungen des Versicherungsvertrages eingehalten wurden […]*[341]

Die Regelung von Atradius zeigt, dass das Wiederaufleben des Versicherungsschutzes bei Wiederaufleben versicherter Forderungen gem. § 144 Abs. 1 InsO von den Vertragsparteien als interessengerecht empfunden und vereinbart wird. In der Praxis besteht grundsätzlich Einigkeit, dass vormals versicherte Forderungen infolge der Inanspruchnahme aus §§ 129 ff. InsO als versicherte Forderungen wiederaufleben und somit zum versicherten Ausfall gem. § 13 AVB-WKV gehören. Soweit ersichtlich, werden generell ablehnende Auffassungen von den Warenkreditversicherern nicht mehr vertreten.

bb. Zwischenergebnis zu b.

Es ist davon auszugehen, dass die Vertragsparteien der Warenkreditversicherung auf Grundlage der AVB-WKV bei angemessener Abwägung ihrer Interessen nach Treu und Glauben als redliche Vertragspartner das Wiederaufleben des vormals gewährten Versicherungsschutzes vereinbart hätten, wenn sie die Folgen aus Insolvenzanfechtung bedacht hätten. Hierfür spricht bereits der Sinn

---

339 *Langen* in: Handbuch Versicherungsrecht § 20, Rn. 136; *Horsch/Rathmann*, S. 112.
340 *Meyer*, S. 21.
341 Atradius Modula Standard, Modul 22900.01.

und Zweck der Warenkreditversicherung als auch der Umstand, dass die Vertragsparteien sowie beteiligte Verkehrskreise den Versicherungsschutz einer Warenkreditversicherung als anderen Forderungssicherheiten vergleichbare Sicherheit bewerten.

In diesem Sinne ist die planwidrige Vertragslücke in den AVB-WKV dahingehend zu schließen, dass mit den gem. § 144 Abs. 1 InsO wiederauflebenden Forderungen auch deren vormalig gewährter Versicherungsschutz wiederauflebt.

Die Schließung der Vertragslücke im Wege der ergänzenden Vertragsauslegung führt nicht zur Abänderung oder Erweiterung des Vertragsgegenstands, denn das Wiederaufleben des Versicherungsschutzes entspricht dem in § 1 AVB-WKV zum Ausdruck gebrachten Willen der Parteien, den Ausfall von Forderungen aus Lieferung und Leistung nach Eintritt des Versicherungsfalls während der Vertragslaufzeit zu entschädigen. Zudem wird der Deckungsumfang mit Wiederaufleben des Versicherungsschutzes für gem. § 144 Abs. 1 InsO wiederauflebende vormals bereits versicherte Forderungen nicht erweitert.

c. Bestimmung versicherter Forderungen

Als Voraussetzung einer Entschädigungsleistung muss bestimmbar sein, welche konkreten Forderungen durch Insolvenzanfechtung gem. § 144 Abs. 1 InsO wiederaufleben, da anderenfalls die Schadenermittlung und -berechnung gem. § 13 AVB-WKV nicht durchgeführt werden kann.

Der Insolvenzverwalter ficht konkrete Zahlungsvorgänge an,[342] die wiederum den zugrundliegenden Forderungen zugeordnet werden müssen. Nur wenn feststeht, welche Zahlung auf welche Forderung geleistet wurde, kann ermittelt werden, welche Forderungen wiederaufleben und ob sie zum versicherten Ausfall gem. § 13 Ziff. 1 und 2 AVB-WKV gehören.

aa. Anrechnung eingehender Zahlungen

Da im Rahmen der Warenkreditversicherung revolvierend Forderungen versichert werden, rücken gem. § 5 Ziff. 2 AVB-WKV neue Forderungen immer dann in den Versicherungsschutz nach, wenn ältere, bereits versicherte Forderungen durch Zahlung erlöschen.[343] Um dieses Nachrücken zu ermöglichen und um den übernommenen Versicherungsschutz für bestehende Forderungen aus Sicht des Versicherers konsequent abzubauen, bestimmt § 5 Ziff. 3 a) AVB-WKV, dass

342 BGH ZIP 2008, 125, 127; siehe Erster Teil, B.I.

343 Siehe Zweiter Teil, A.II.2.a.bb.bbb.

> *[j]ede Zahlung, die vor Eintritt des Versicherungsfalles oder vor Beendigung des Versicherungsvertrages beim Versicherungsnehmer eingeht, [.] grundsätzlich auf die jeweils älteste fällige Forderung angerechnet [wird] und dies unabhängig von der Tilgungsbestimmung, die der Versicherungsnehmer mit seinen Kunden vereinbart hat, [gilt].*

Durch diese Anrechnungsbestimmung schützen sich die Warenkreditversicherer gegen Manipulation dadurch, dass der Versicherungsnehmer zulasten des Versicherers mit dem Abnehmer vereinbart, dass zunächst auf unversicherte Forderungen gezahlt werden soll, um den Versicherungsschutz für bereits bestehenden Außenstand nicht zu verlieren.[344]

bb. Wiederauflebende Forderungen bei Vergleichen

Schwierigkeiten bereitet die Bestimmung versicherter Forderungen bei außergerichtlichen oder gerichtlichen Vergleichen über Ansprüche aus den §§ 129 ff. InsO zwischen dem Versicherungsnehmer als Anfechtungsgegner und dem Insolvenzverwalter.

Gem. Legaldefinition in § 779 Abs. 1 BGB ist der Vergleich ein Vertrag, durch den der Streit oder die Ungewissheit der Parteien über ein Rechtsverhältnis im Wege gegenseitigen Nachgebens beseitigt wird. Einigen sich der Insolvenzverwalter und der Anfechtungsgegner über die Zahlung eines Teilbetrags zum Ausgleich der gem. §§ 129 ff. InsO geltend gemachten Forderungen, liegt demnach ein Vergleich im Sinne von § 779 Abs. 1 BGB vor. Der Insolvenzverwalter verzichtet auf einen Teil der Ansprüche, der Anfechtungsgegner erfüllt einen Teil der Ansprüche zur Beseitigung der Ungewissheit über die rechtliche Durchsetzbarkeit. Umschaffend wirkt der Vergleich in der Regel nicht.[345] Vielmehr verändert der Vergleich das ursprüngliche Rechtsverhältnis nur insoweit er streitige oder ungewisse Punkte regelt. Im Übrigen bleibt das Rechtsverhältnis dem Inhalt und der Rechtsnatur nach bestehen. Das ist insbesondere bedeutsam in Bezug auf Sicherheiten, die anderenfalls erlöschen würden[346], vorliegend also der Versicherungsschutz aus der Warenkreditversicherung.

Häufig werden in Vergleichen über Insolvenzanfechtungsansprüche Formulierungen verwendet wie z.B.: „Mit der Zahlung des Vergleichsbetrags sind sämtliche insolvenzrechtlichen Ansprüche des Insolvenzverwalters erledigt. Von der Erledigung umfasst sind damit u.a. die Hauptforderung sowie sämtliche Nebenforderungen (Zinsen, Nutzungsentschädigung, Verzugs- oder sonstige

---

344 BGH VersR 2014, 371, 373; *Wittchen*, S. 56.

345 BGH NJW 2003, 3345, 3346.

346 BGH NJW 2010, 2652, 2653; Palandt-*Sprau*, § 779, Rn. 11.

Schadensersatzansprüche), auch soweit diese bislang nicht ausdrücklich geltend gemacht wurden.“

Aus derartigen Vereinbarungen lässt sich nicht ohne Weiteres ermitteln, welche Forderungen nach Zahlung des Vergleichsbetrags gem. § 144 Abs. 1 InsO wiederaufleben, da dem pauschal vereinbarten Vergleichsbetrag eine konkrete Zuweisung zu den angefochtenen Zahlungsvorgängen fehlt. Bedeutung im vorliegenden Zusammenhang kommt der Problematik vor allem dann zu, wenn Zahlungen auf Forderungen angefochten werden, die zum Teil im Rahmen der Warenkreditversicherung versichert waren und zum Teil nicht.

Um eine Entschädigungsleistung aus der Warenkreditversicherung zu erhalten, muss der Versicherungsnehmer in diesen Fällen im Sinne von § 13 AVB-WKV nachweisen, dass durch die Zahlung des Vergleichsbetrags (auch) versicherte Forderungen wiederaufgelebt sind. Fraglich ist daher, welche Forderungen wiederaufleben, wenn der Vergleich lediglich die pauschale Zahlung eines Vergleichsbetrags zur Abgeltung der Ansprüche aus den §§ 129 ff. InsO regelt.

Folgendes Beispiel soll die Problematik verdeutlichen: Der Insolvenzverwalter macht eine Rückforderung anfechtbarer Zahlungen gem. §§ 129 ff. InsO in Gesamthöhe von 100.000 EUR zzgl. Zinsen gem. § 143 Abs. 1 S. 3 InsO in Höhe von 5.000 EUR geltend. Die den Zahlungen zugrundeliegenden Forderungen waren in Gesamthöhe von 70.000 EUR versichert, in Gesamthöhe von 30.000 EUR unversichert. Der Anfechtungsgegner und der Insolvenzverwalter einigen sich im Rahmen eines Vergleichs auf Zahlung eines Betrags in Höhe von 40.000 EUR zum Ausgleich aller geltend gemachten Forderungen aus §§ 129 ff. InsO. Fraglich ist nun, in welcher Höhe versicherte Forderungen wiederaufleben.

aaa. Anteiliges Wiederaufleben aller Forderungen

Regelmäßig kann der Anfechtungsgegner den Vergleichsbetrag zur Insolvenztabelle anmelden, in vorstehendem Beispiel also 40.000 EUR. Der Insolvenzverwalter akzeptiert demnach, dass grundsätzlich Forderungen in Höhe des Vergleichsbetrags gem. § 144 Abs. 1 InsO wiederaufleben, ohne jedoch, dass die wiederauflebenden Forderungen konkretisiert sind.

Da der Insolvenzverwalter im Rahmen des Vergleichs regelmäßig pauschal auf einen Teil seiner Gesamtforderung gem. § 143 Abs. 1 InsO verzichtet, liegt im Umkehrschluss nahe, dass gem. konkludenter Tilgungsbestimmung aus dem Vergleich gem. § 366 Abs. 1 BGB der gezahlte Vergleichsbetrag anteilig auf alle gem. §§ 129 ff. InsO geltend gemachten Ansprüche verrechnet wird, sodass entsprechend die den angefochtenen Zahlungen zugrundeliegenden Forderungen zwar alle, aber lediglich anteilig gem. § 144 Abs. 1 InsO wiederaufleben. Selbst wenn sich aus der Vergleichsvereinbarung keine konkludente Tilgungsbestimmung entnehmen lässt, führt die Anwendung des § 366 Abs. 2 BGB zum gleichen Ergebnis. Die Ansprüche aus § 143 Abs. 1 InsO entstehen wie gezeigt mit Eröffnung des Verfahrens und sind sofort fällig. Ein Rangverhältnis im Sinne von § 366 Abs. 2 BGB lässt sich daher grundsätzlich nicht erkennen. Ist das Rangverhältnis der Forderungen nach den Kriterien des § 366 Abs. 2 BGB ungewiss, erfolgt eine verhältnismäßige Verrechnung.[347]

Im Verhältnis zwischen Insolvenzgläubiger und Insolvenzverwalter spielt es im Ergebnis grundsätzlich keine Rolle, welche konkreten Forderungen wiederaufleben. Bedeutung erlangt die Frage lediglich im Zusammenhang mit den der Forderungen verbundenen Sicherungsrechten. Bezogen auf das Beispiel bedeutet dies, dass die den angefochtenen Zahlungen zugrundeliegenden Forderungen zu 40 %, also versicherte Forderungen in Höhe von 28.000 EUR wiederaufleben.

bbb. Erledigung der Zinsforderung

Eine weitere Fragestellung im Zusammenhang mit Vergleichsvereinbarungen bzgl. Ansprüchen aus den §§ 129 ff. InsO ergibt sich vorliegend aus der Erledigung der Zinsforderung des Insolvenzverwalters gem. § 143 Abs. 1 S. 3 InsO. Wird ein Vergleichsbetrag zur Erledigung aller Forderungen einschließlich der geltend gemachten Zinsen gezahlt, stellt sich die Frage, ob der Versicherer zur Berechnung der Entschädigungsleistung bzgl. der Zinsen einen anteiligen Abschlag von dem gezahlten Vergleichsbetrag vornehmen muss, da in Höhe des Zinsanteils keine Forderungen gem. § 144 Abs. 1 InsO wiederaufleben, die ggf. Gegenstand einer Entschädigungsleistung sein können.

Grundsätzlich ist davon auszugehen, dass der Vergleichsbetrag auch die Zinsforderung erledigt und somit ein entsprechender prozentualer Abschlag von der Vergleichszahlung vorzunehmen ist. Der verbleibende Betrag ist sodann allen den angefochtenen Zahlungen zugrundliegenden Forderungen zuzuordnen, die in entsprechend anteiliger Höhe wiederaufleben. Bzgl. des o.g. Beispiels folgt daraus, dass 5 % des Vergleichsbetrags, also 2.000 EUR, auf die Zinsforderung entfallen. Forderungen können daher nur in Höhe von 38.000 EUR anteilig wiederaufleben.

Enthält der Vergleich keine ausdrückliche Regelung bzgl. der Zinsforderung könnte gegen die Berücksichtigung der Zinsen in der Vergleichszahlung sprechen, dass Insolvenzverwalter regelmäßig die Anmeldung des Vergleichsbetrags zur Tabelle in voller Höhe, also ohne Abschlag bzgl. der Zinsforderung,

347 BGH Urteil vom 19.11.2008, Az.: XII ZR 123/07.

akzeptieren. Die Zahlung auf Zinsen führt nicht zu einer Tabellenforderung des Anfechtungsgegners. Entfällt ein Anteil des Vergleichsbetrags auch auf die Zinsforderung, müsste dieser Anteil bei der Anmeldung des Vergleichsbetrags zur Tabelle konsequenterweise herausgerechnet werden. Ggf. muss der Vergleichsvertrag bzgl. der Erledigung der Zinsen ausgelegt werden.

Um Unklarheiten bzgl. des Versicherungsschutzes für wiederauflebende Forderungen bei Vergleichen über die Ansprüche aus den §§ 129 ff. InsO zu vermeiden, ist es ratsam, im Vergleich den Verzicht auf die Zinsforderung zu vereinbaren und zudem festzulegen, welche konkreten Forderungen durch die Zahlung des Vergleichsbetrags wiederaufleben. Auf diese Weise ist sichergestellt, dass der Versicherungsnehmer die wiederauflebenden Forderungen eindeutig als versicherte oder unversicherte Forderungen identifiziert und der Versicherer bei der Berechnung der Entschädigungsleistung keinen anteiligen Abzug bzgl. der erledigten Zinsforderung vornehmen kann.

d. Zwischenergebnis zu 6.

Die Inanspruchnahme aus Insolvenzanfechtung kann im Rahmen der Warenkreditversicherung zu einer Entschädigungsleistung für gem. § 144 Abs. 1 InsO wiederauflebende Forderungen führen. Voraussetzung ist, dass die wiederauflebenden Forderungen zum Zeitpunkt des Erlöschens gem. § 362 Abs. 1 BGB bereits unter der Warenkreditversicherung versichert waren.

Leben die vormals versicherten Forderungen wieder auf, so lebt als Ergebnis der ergänzenden Vertragsauslegung der AVB-WKV gem. §§ 133, 157 BGB auch der Versicherungsschutz wieder auf. Die somit wiederauflebenden versicherten Forderungen sind daher dem versicherten Ausfall gem. § 13 Ziff. 2 AVB-WKV zuzurechnen und der Versicherungsnehmer ist zu entschädigen.

7. Begrenzung der Entschädigung auf die Höhe des Kreditlimits

Die Einstandspflicht des Versicherers für den gem. § 13 Ziff. 2 AVB-WKV festgestellten versicherten Ausfall ist maximal auf die Höhe des jeweiligen Kreditlimits pro Abnehmer des Versicherungsnehmers begrenzt.[348] Die Begrenzung der Entschädigungsleistung auf die Höhe des Kreditlimits ergibt sich nicht aus § 13 Ziff. 2 AVB-WKV, in der Regelung wird auf das Kreditlimit gar kein Bezug

348 *Grauschopf* in: Handbuch Versicherungsprozess, § 22, Rn. 75; *Hoß* in: Handbuch Versicherungsrecht, 36. Kp., Rn. 16; *Wittchen*, S. 118 ff.; Beckmann-Matusche/*Herrmann*, § 39, Rn. 65.

genommen, sondern folgt aus § 5 Ziff. 2 AVB-WKV. Gem. § 5 Ziff. 2 AVB-WKV rücken Forderungen wie gezeigt erst dann in den Versicherungsschutz nach, wenn durch Bezahlung bereits versicherter Forderungen wieder Kapazität im Kreditlimit frei wird.[349] Aufgrund § 5 Ziff. 2 AVB-WKV sind somit bezogen auf den jeweiligen Abnehmer des Versicherungsnehmers zeitgleich nie mehr Forderungen versichert als das auf den Abnehmer gezeichnete Kreditlimit an Kapazität aufweist.

Hat der Versicherer z.B. ein Kreditlimit auf einen Abnehmer in Höhe von 100.000 EUR gewährt, kann aufgrund § 5 Ziff. 2 AVB-WKV der versicherte Ausfall gem. § 13 Ziff. 2 AVB-WKV maximal 100.000 EUR betragen, da Forderungen, die das Kreditlimit übersteigen, nicht mehr versichert werden, solange bereits versicherte Forderungen nicht durch Erfüllung gem. § 362 Abs. 1 BGB erlöschen. Daher kann grundsätzlich aufgrund § 5 Ziff. 2 AVB-WKV der versicherte Ausfall gem. § 13 Ziff. 2 AVB-WKV nicht höher sein als das vom Versicherer auf den Abnehmer gewährte Kreditlimit.

a. Regelungslücke für wiederauflebende Forderungen

Die Begrenzung der Höhe des Versicherungsschutzes auf die Höhe des Kreditlimits gem. § 5 Ziff. 2 AVB-WKV greift jedoch nicht bei Insolvenzanfechtung. Wie gezeigt gehören gem. § 144 Abs. 1 InsO wiederauflebende versicherte Forderungen zum versicherten Ausfall gem. § 13 Ziff. 2 AVB-WKV, ohne dass hierbei die Regelung des § 5 Ziff. 2 AVB-WKV Berücksichtigung findet.[350]

Das bedeutet, dass unabhängig von der Regelung des § 5 Ziff. 2 AVB-WKV der versicherte Ausfall höher sein kann, als das auf den Abnehmer gewährte Kreditlimit, weil es auf das „Nachrücken“ von (wiederauflebenden) Forderungen in den Versicherungsschutz nicht mehr ankommt. Die den Versicherungsschutz begrenzende Funktion von § 5 Ziff. 2 AVB-WKV erfasst wiederauflebende versicherte Forderungen demnach nicht.

Bezogen auf obenstehendes Beispiel könnten wiederauflebenden Forderungen in Höhe von 40.000 EUR den versicherten Ausfall daher auf 140.000 EUR erhöhen, obwohl das Kreditlimit lediglich in Höhe von 100.000 EUR gewährt wurde. Fraglich ist also, ob auch in Fällen, in denen der versicherte Ausfall durch gem. § 144 Abs. 1 InsO wiederauflebende versicherte Forderungen die Höhe des vormalig gewährten Kreditlimits übersteigt, die Entschädigungsleistung auf die

---

349 *Grauschopf* in: Handbuch Versicherungsprozess, § 22, Rn. 86 f.; Beckmann-Matusche/*Herrmann*, § 39, Rn. 66.

350 Siehe Zweiter Teil, A.II.6.d.

Höhe des Kreditlimits beschränkt ist. Hierzu enthalten die AVB-WKV ebenfalls keine Regelungen, sodass wiederum eine Regelungslücke besteht.[351]

b. Ergänzende Vertragsauslegung gem. §§ 133, 157 BGB

Die Regelungslücke bzgl. der Höhe der Entschädigungsleistung für wiederauflebende Forderungen könnte wiederum im Wege der ergänzenden Vertragsauslegung gem. §§ 133, 157 BGB zu schließen sein. Voraussetzung ist zunächst, dass die Regelungslücke planwidrig ist.[352]

aa. Planwidrige Regelungslücke

Planwidrig ist die Regelungslücke, wenn ohne Regelung zur Begrenzung der Entschädigungsleistung auf die Höhe des Kreditlimits für den Fall, dass durch wiederauflebende Forderungen die Höhe des versicherten Ausfalls das Kreditlimit übersteigt, der Regelungsplan der Parteien der Kreditversicherung nicht verwirklich werden kann, mithin ohne Vervollständigung des Vertrags eine angemessene, interessengerechte Lösung nicht zu erzielen ist.[353]

Es ist nicht im Interesse des Versicherers, eine das Kreditlimit übersteigende Entschädigungsleistung zu erbringen. Die Vergabe des Kreditlimits ist eine Kreditentscheidung im Sinne der Schadenprävention, mit der Forderungsausfälle über die Höhe des Kreditlimits hinaus vermieden werden sollen. Anderenfalls könnten sich die Kreditversicherer darauf beschränken, eine jährliche Höchstentschädigung festzulegen und ohne weitere Risikosteuerung alle Forderungsausfälle bei Vorliegen der übrigen Voraussetzungen zu entschädigen. Warenkreditversicherer übernehmen demnach nur das Risiko des Ausfalls solcher Forderungen, die bei wirtschaftlich vernünftiger Betrachtung des Kreditrisikos in Abhängigkeit der Bonität des Abnehmers kreditiert werden. Das zeigt sich bereits daran, dass gem. § 2 Ziff. 4 AVB-WKV der Versicherungsschutz

---

351 Siehe Zweiter Teil, A.II.6.b.aa.aaa; Die Module 10000.00 und 09600.00 zur Salden und Umsatzpolice der Atradius Modula Police enthalten hingegen klarstellende Hinweise zur Funktion der Kreditlimite: *Kreditlimite legen den Höchstbetrag und die Bedingungen fest, zu denen der Versicherer eine Haftung für einen Abnehmer, auf den der Versicherungsvertrag Anwendung findet, übernimmt.* Ebenfalls deutlicher ist die Funktion der Versicherungssumme in den R+V AVB-WKV Plus (Fassung 07/2011), unter A § 2, Ziff. 2.1 a) ist geregelt: *R+V hat auf Antrag des Versicherungsnehmers eine Versicherungssumme für den Kunden festgesetzt. Diese Versicherungssumme stellt die Obergrenze für den Versicherungsschutz dar […].*

352 Siehe Zweiter Teil, A.II.6.b.aa.aaa.

353 BGH NJW 2018, 2469, 2470.

ausgeschlossenen ist, wenn der Versicherungsnehmer längere Lieferantenkredite gewährt als der Versicherer zulässt. Der Versicherer will daher erkennbar gerade nur ein auf die Höhe des Kreditlimits beschränktes Forderungsausfallrisiko eingehen. Die Entscheidung des Versicherers über die Vergabe von Kreditlimiten dient im Wesentlichen der Risikosteuerung.[354]

Dem stehen die Interessen des Versicherungsnehmers gegenüber, der bei Forderungsausfällen einen möglichst vollständigen Versicherungsschutz und somit eine vollständige Entschädigung des versicherten Ausfalls gem. § 13 Ziff. 2 AVB-WKV erwartet. Der Versicherungsnehmer verlagert die Entscheidung, bis zu welcher Höhe wirtschaftlich vertretbar Lieferantenkredite im Einzelfall vergeben werden können, bewusst auf den Kreditversicherer.[355] Insoweit vertraut der Versicherungsnehmer darauf, dass der Versicherer bei einer Fehleinschätzung, also bei einem Forderungsausfall trotz fortlaufender Bonitätsüberwachung, den Ausfall entschädigt. Kommt es zu Schäden aus Insolvenzanfechtung, spricht aus Sicht des Versicherungsnehmers daher einiges dafür, dass der Versicherer für die Fehleinschätzung des Forderungsausfallrisikos auch entsprechend durch Entschädigung des nachträglichen Forderungsausfalls eintreten muss.[356]

Da unter Berücksichtigung der angemessenen Interessen der Parteien des Kreditversicherungsvertrags ohne Regelung zur Bedeutung des Kreditlimits für die Höhe der Entschädigungsleistung für wiederauflebende versicherte Forderungen keine angemessene Lösung gefunden werden kann, liegt eine planwidrige Regelungslücke vor.

bb. Keine Lückenschließung mittels dispositiven Rechts

Die Bedeutung des Kreditlimits in der Warenkreditversicherung ist im VVG nicht geregelt. Die Heranziehung des dispositiven Rechts zur Schließung der planwidrigen Regelungslücke scheidet daher aus.

cc. Hypothetischer Parteiwille

Ist somit eine planwidrige Regelungslücke zu bejahen, gilt es zu klären, was die Vertragsparteien bei angemessener Abwägung ihrer Interessen nach Treu und Glauben als redliche Vertragspartner vereinbart hätten, wenn sie bedacht hätten, dass der versicherte Ausfall gem. § 13 Ziff. 2 AVB-WKV die Höhe des

---

354 Siehe Zweiter Teil, A.II.2.a.bb.

355 Siehe Zweiter Teil, A.II.2.

356 *Herrmann*, VersR 2015, 275, 284.

Kreditlimits durch gem. § 144 Abs. 1 InsO wiederauflebende versicherte Forderungen übersteigen kann.

Das Interesse des Versicherungsnehmers an einem vollständigen Ausgleich des Schadens aus Insolvenzanfechtung überwiegt nicht das Interesse des Warenkreditversicherers an einer Begrenzung der Einstandspflicht auf die Höhe des Kreditlimits. Eine Entschädigungsleistung, die das Kreditlimit übersteigt, entspricht nicht dem Sinn und Zweck der Warenkreditversicherung. Die Warenkreditversicherung schützt den Versicherungsnehmer zwar vor dem Forderungsausfallrisiko aus den in § 12 Ziff. 1 AVB-WKV genannten Gründen der Zahlungsunfähigkeit seiner Abnehmer. Der Schutz für den rückwirkenden Forderungsausfall aufgrund Insolvenzanfechtung ist aber lediglich ein Teilaspekt und nicht derart wesentlicher Bestandteil der Warenkreditversicherung, dass dem Versicherer eine unbeschränkte Einstandspflicht im Rahmen des § 13 Ziff. 2 AVB-WKV im Interesse der Versicherungsnehmer aufgebürdet werden kann.

Die Entschädigung aller gem. § 144 Abs. 1 InsO wiederauflebenden Forderungen über die Höhe des Kreditlimits hinaus würde für die Kreditversicherung bedeuten, dass sowohl die Grundlagen zur Steuerung des übernommenen Kreditrisikos sowie zur Kalkulation der Prämie angepasst werden müssten. Entfiele bei Insolvenzanfechtung die Begrenzung der Entschädigungsleistung auf die Höhe des Kreditlimits, würde sich das Kreditrisiko der Versicherer sowohl der Höhe nach als auch hinsichtlich des Haftungszeitraums deutlich erweitern. Das dürfte zu erheblich steigenden Prämienkosten bei gleichzeitig vorsichtigerer Kreditlimitvergabe führen.[357] Beides ist im Hinblick auf den wesentlichen Zweck der Warenkreditversicherung gem. § 1 AVB-WKV nicht im Interesse des Versicherungsnehmers.

Die Inanspruchnahme aus den §§ 129 ff. InsO setzt wie gezeigt in den wesentlichen Fällen die Kenntnis von der Zahlungsunfähigkeit oder darauf hindeutender Umstände beim Versicherungsnehmer voraus.[358] Bezüglich der Kenntnis des Versicherungsnehmers über die Zahlungsunfähigkeit dessen Abnehmer hat der Warenkreditversicherer trotz der Anzeigepflichten gem. §§ 7 Ziff. 1, 9 Ziff. 1 und 10 Ziff. 2 AVB-WKV in aller Regel nicht genügend Einblick, sodass es bereits aus diesem Grund nicht interessengerecht wäre, den Versicherer für den gesamten Schaden aus Insolvenzanfechtung in Anspruch zu nehmen. Der Versicherungsnehmer hat es selbst in der Hand, die Geschäftsbeziehung mit seinem Abnehmer zu beenden oder z.B. durch Umstellung auf Bargeschäfte gem. § 142 Abs. 1 InsO

357 Vgl. Zweiter Teil, A.II.2.a.bb.aaa.
358 Siehe ErsterTeil, B.VI.3.d.

anzupassen, wenn es Anzeichen für Zahlungsunfähigkeit gibt. Lediglich aufgrund des Versicherungsschutzes aus der Warenkreditversicherung darf sich der Versicherungsnehmer nicht riskanter verhalten als ohne Versicherungsschutz. Auch aus diesem Grund überwiegen die Interessen des Versicherungsnehmers an einer vollständigen Entschädigungsleistung für wiederauflebende versicherte Forderungen gem. § 144 Abs. 1 InsO nicht die Interessen der Kreditversicherer an der Risikosteuerung durch Beschränkung der Entschädigungsleistung auf die Höhe des festgesetzten Kreditlimits. Diese Auffassung wird von den Warenkreditversicherern in der Praxis vertreten.

c. Zwischenergebnis zu 7.

Im Ergebnis führt die angemessene Abwägung der Interessen der Parteien des Warenkreditversicherungsvertrags nach Treu und Glauben als redliche Vertragspartner dazu, dass aufgrund eines hypothetischen Parteiwillens davon auszugehen ist, dass die Parteien des Warenkreditversicherungsvertrags bei Kenntnis der planwidrigen Vertragslücke vereinbart hätten, dass die Entschädigungsleistung auch dann auf die Höhe des Kreditlimits beschränkt ist, wenn der versicherte Ausfall durch gem. § 144 Abs. 1 InsO wiederauflebende versicherte Forderungen das Kreditlimit übersteigt.

8. Ermittlung der Höhe der Entschädigungsleistung

Dieser Befund gibt Anlass zu Folgefragen: Unter welchem Kreditlimit lebt die konkrete versicherte Forderung wieder auf und wie ist sodann die Höhe der Entschädigungsleistung anhand des Kreditlimits zu berechnen? Da die AVB-WKV hierauf keine Antwort geben, gilt es wiederum zu klären, ob die Grundsätze der ergänzenden Vertragsauslegung gem. §§ 133, 157 BGB weiterhelfen. Fraglich ist also, wie die Vertragsparteien des Warenkreditversicherungsvertrags bei angemessener Abwägung ihrer Interessen nach Treu und Glauben als redliche Vertragspartner die Berechnung der Höhe der Entschädigungsleistung für gem. § 144 Abs. 1 InsO wiederauflebende versicherte Forderungen anhand des Kreditlimits geregelt hätten.

Wie sich nachfolgend zeigen wird, sind für die Berechnung der Entschädigungsleistung für gem. § 144 Abs. 1 InsO wiederauflebende Forderungen unterschiedliche Ansätze denkbar. Bei Schließung von Lücken in AVB kommt nach h.M. – anders aber teilweise der IV. Zivilsenat[359] – nur eine

---

359 BGH Urteil vom 12.10.2005, Az.: IV ZR 245/03.

Gestaltungsmöglichkeit in Betracht. Ebenso wie bei der Auslegung und Inhaltskontrolle formularmäßiger Abreden ist bei der Lückenschließung ein objektiv generalisierender Maßstab anzulegen. Die Vertragsergänzung muss deshalb für den betroffenen Vertragstyp als allgemeine Lösung eines stets wiederkehrenden Interessengegensatzes angemessen sein. Sie scheitert, anders als bei Verträgen zwischen einzelnen Personen, nicht daran, dass mehrere Gestaltungsmöglichkeiten zur Ausfüllung der Regelungslücke in Betracht kommen. Vielmehr ist die Ergänzung auf einer höheren Abstraktionsebene und damit ohne Rücksicht auf Anhaltspunkte für eine bestimmte Lösungsvariante vorzunehmen.[360]

Nachfolgend werden zunächst die möglichen Ansätze zur Berechnung der Entschädigungsleistung dargestellt, um anschließend festzustellen, welche Gestaltungsmöglichkeit die Parteien unter Anlegung eines objektiv generalisierenden Maßstabs gewählt hätten.[361]

a. Ermittlung des zugrunde zulegenden Kreditlimits

Ausgangspunkt für die Berechnung der Höhe der Entschädigungsleistung für gem. § 144 Abs. 1 InsO wiederauflebenden Forderungen anhand des Kreditlimits ist die Frage, welches Kreditlimit zugrunde zu legen ist. Hierfür kommen Kreditlimite zu verschiedenen Zeitpunkten in Betracht.

aa. Kreditlimit zum Zeitpunkt der Eröffnung des Insolvenzverfahrens

In Betracht kommt zunächst, das Kreditlimit zum Zeitpunkt des Eintritts des Versicherungsfalls, also der Eröffnung des Insolvenzverfahrens heranzuziehen. Bei Eröffnung des Insolvenzverfahrens ist das Kreditlimit für den Kunden regelmäßig aufgehoben. Das folgt aus der stetigen Überwachung der Kreditlimite durch die Kreditversicherer. Bereits bei Anzeichen von Bonitätsverschlechterung, jedenfalls mit deren Eintritt, werden die Kreditlimite gekürzt, ggf. sogar ganz aufgehoben. Bei Antrag auf Eröffnung des Insolvenzverfahrens ist dies regelmäßig der Fall.[362] Stellt man also auf das Kreditlimit zu diesem Zeitpunkt ab, kommt eine Entschädigung der gem. § 144 Abs. 1 InsO wiederauflebenden Forderungen nie in Betracht, da gar kein Kreditlimit mehr vorhanden ist, das zur Berechnung der Entschädigungsleistung herangezogen werden kann.

---

360 Vgl. BGH VersR 2005, 1565, 1570; NJW-RR 2005, 1040, 1041; BGH NJW 1989, 3010; *Koch*, VersR 2011, 295, 301.

361 BGH NJW 1984, 1177, 1179; BGH NJW-RR 2004, 262; BGH NJW 1993, 57, 61; BGH NJW 1989, 3010, 3012.

362 *Wittchen*, S. 46.

Bei Forderungsausfällen durch Zahlungsunfähigkeit gem. § 12 Ziff. 1 b) AVB-WKV, die bei Eröffnung des Insolvenzverfahrens bereits bestehen, wird nicht auf das Kreditlimit zum Zeitpunkt der Eröffnung abgestellt, denn dann käme auch in diesen Fällen keine Entschädigung in Betracht. Abzustellen ist gem. § 13 Ziff. 2 AVB-WKV darauf, ob die ausgefallenen Forderungen bei Eintritt des Versicherungsfalls versichert sind, also vormalig gem. § 5 AVB-WKV in den Versicherungsschutz eingeschlossen wurden. Gleiches muss für wiederauflebende Forderungen gelten. Auf das Kreditlimit zum Zeitpunkt der Eröffnung des Insolvenzverfahrens kann es daher nicht ankommen.

bb. Kreditlimit zum Zeitpunkt der Vornahme der anfechtbaren Rechtshandlung

Der Zeitpunkt der Vornahme der anfechtbaren Rechtshandlung gem. § 140 Abs. 1 InsO ist vorliegend der Zeitpunkt der Befriedigung der Forderung des Versicherungsnehmers durch seinen Abnehmer. Aus der Tatsache, dass aufgrund des Lieferantenkredits zwischen Entstehung der Forderung und deren Ausgleich ein gewisser Zeitraum liegt, folgt, dass sich die Bonität des Abnehmers zwischen beiden Ereignissen verschlechtern kann. Diesem Umstand liegt die gesamte Kreditversicherung zugrunde. Auch bei vollständiger Befriedigung der Forderung kann das Kreditlimit zum Zeitpunkt der Vornahme der Befriedigung bereits aufgehoben sein. Das ist z.B. der Fall, wenn der Versicherer das Kreditlimit nach Kreditzielüberschreitung aufhebt, die Forderung aber durch Inkassomaßnahmen dennoch beigetrieben werden kann. Zum Zeitpunkt der Vornahme der später angefochtenen Rechtshandlung kann das Kreditlimit daher bereits gekürzt oder sogar ganz aufgehoben sein.

Die Anknüpfung an die Höhe des Kreditlimits zum Zeitpunkt der Vornahme der anfechtbaren Rechtshandlung führt daher ebenfalls nicht zu interessengerechten Ergebnissen. Das gleiche muss auch für gem. § 144 Abs. 1 InsO wiederauflebende Forderungen gelten. Das Abstellen auf den Zeitpunkt der Vornahme der anfechtbaren Rechtshandlung führt zu willkürlichen und zufälligen Ergebnissen hinsichtlich des Versicherungsschutzes, da lediglich maßgeblich wäre, wann der Schuldner zahlt und wie hoch zu diesem Zeitpunkt das Kreditlimit ist. Es widerspricht der Systematik der Kreditversicherung, den einmal gewährten Versicherungsschutz von der nachträglichen Veränderung des Kreditlimits abhängig zu machen. Denn wie gezeigt gilt, dass bei Eintritt des Versicherungsfalls offene versicherte Forderungen zum versicherten Ausfall gem. § 13 Ziff. 2

AVB-WKV gehören, ungeachtet eines Kreditlimits zu diesem Zeitpunkt.[363] Eine Bezugnahme auf den Zeitpunkt der Vornahme der anfechtbaren Rechtshandlung scheidet daher ebenfalls aus.

cc. Kreditlimit zum Zeitpunkt des Einschlusses der Forderung in den Versicherungsschutz

In Betracht kommt schließlich, das Kreditlimit anzuwenden, unter dem die wiederauflebenden Forderungen gem. § 5 AVB-WKV vormals in den Versicherungsschutz eingeschlossen wurden. Dieser Zeitpunkt muss nicht zwingend mit der Entstehung der Forderung oder der entsprechenden Rechnungstellung zusammenfallen, da zwischen der Entstehung der Forderung, der Rechnungstellung und dem Einschluss in den Versicherungsschutz aufgrund des Prinzips des Nachrückens von Forderungen gem. § 5 Ziff. 2 AVB-WKV eine zeitliche Differenz bestehen kann. Es ist durchaus denkbar, dass bei Entstehung einer Forderung ein Kreditlimit noch besteht, dass es jedoch vom Versicherer aufgehoben wird, bevor die Forderung in den Versicherungsschutz nachrücken kann. In diesem Fall kann die Forderung gem. § 5 Ziff. 2 AVB-WKV nicht mehr in den Versicherungsschutz nachrücken.

Ist die Forderung jedoch einmal in den Versicherungsschutz eingeschlossen, ändert sich der Versicherungsschutz nicht durch nachträgliche Änderung oder Wegfall des Kreditlimits.[364] Soweit gem. § 144 Abs. 1 InsO auf den Zustand der Forderung abzustellen ist, den sie zum Zeitpunkt ihres Erlöschens gem. § 362 Abs. 1 BGB hatte, ist auch bzgl. des Versicherungsschutzes auf diesen Zustand abzustellen. Lebt die Forderung gem. § 144 Abs. 1 InsO demnach als versicherte Forderung wieder auf, ist auf das Kreditlimit zum Zeitpunkt des Einschlusses der Forderung in den Versicherungsschutz abzustellen.

Unter Abwägung der Interessen der Parteien und unter Berücksichtigung des Sinn und Zwecks der Regelung gem. § 5 Ziff. 2 AVB-WKV ist zur Berechnung der Höhe der Entschädigungsleistung für gem. § 144 Abs. 1 InsO wiederauflebende Forderungen demnach das Kreditlimit zum Zeitpunkt des Einschlusses der wiederauflebenden Forderungen in den Versicherungsschutz gem. § 5 Ziff. 2 AVB-WKV zugrunde zu legen.

b. Berechnung der Entschädigungsleistung

Ausgehend von vorstehendem Ergebnis, stellt sich die Frage nach der Berechnung der Höhe der Entschädigungsleistung für gem. § 144 Abs. 1 InsO

363 Siehe Zweiter Teil, A.II.4.

364 *Meyer*, S. 65.

wiederauflebende Forderungen. Ist ermittelt, auf welches Kreditlimit im konkreten Fall abzustellen ist, muss sodann festgestellt werden, in welcher Höhe Kapazität für eine Entschädigungsleistung für die wiederauflebenden Forderungen in dem Kreditlimit (noch) vorhanden ist.

aa. Konstantes Kreditlimit

Zunächst ist der Fall zu betrachten, dass das Kreditlimit vom Zeitpunkt der Festsetzung bis zu dessen Aufhebung konstant geblieben ist. In diesem Fall ist das Kreditlimit bei Einschluss der jeweiligen Forderungen unter den Versicherungsschutz immer gleich hoch, sodass sich bzgl. der Entschädigungspflicht bis zur Höhe des Kreditlimits beispielhaft folgende Situationen ergeben können:[365]

aaa. Vollständige Entschädigung

Für die gem. § 144 Abs. 1 InsO wiederauflebenden versicherten Forderungen besteht für die Entschädigungsleistung zum Zeitpunkt des Eintritts des Versicherungsfalls gem. § 12 Ziff. 1 b) AVB-WKV ausreichende Kapazität im Kreditlimit. In diesem Fall kommt eine vollständige Entschädigung des Ausfalls durch Insolvenzanfechtung in Betracht, wie folgendes Beispiel verdeutlicht.

• Kreditlimit:	100.000 EUR
• Versicherter Ausfall gem. § 13 Ziff. 2 AVB-WKV bei Eintritt des Versicherungsfalls:	0 EUR
• Gem. § 144 Abs. 1 InsO wiederauflebende versicherte Forderungen in Gesamthöhe von:	100.000 EUR
• Entschädigung aus Insolvenzanfechtung:	100.000 EUR
• Entschädigung gesamt:	100.000 EUR

bbb. Anteilige Entschädigung

Für die wiederauflebenden Forderungen besteht nur noch anteilig Kapazität im Kreditlimit, da das Kreditlimit durch Entschädigung von bei Eintritt des Versicherungsfalls bereits bestehendem Forderungsausfall teilweise verbraucht ist. In diesem Fall kommt lediglich eine entsprechende anteilige Entschädigung des Ausfalls durch Insolvenzanfechtung in Betracht.

365 Etwaige Abzüge aus Selbstbeteiligung etc. bleiben zur Vereinfachung unberücksichtigt.

• Kreditlimit:	100.000 EUR
• Versicherter Ausfall gem. § 13 Ziff. 2 AVB-WKV bei Eintritt des Versicherungsfalls:	50.000 EUR
• Gem. § 144 Abs. 1 InsO wiederauflebende versicherte Forderungen in Gesamthöhe von:	100.000 EUR
• Entschädigung des Ausfalls durch Insolvenzanfechtung:	50.000 EUR
• Entschädigung gesamt:	100.000 EUR

ccc. Keine Entschädigung

Ist das Kreditlimit durch Entschädigung von bei Eintritt des Versicherungsfalls bereits bestehendem Forderungsausfall vollständig ausgeschöpft, kommt eine weitere Entschädigungsleistung bzgl. der wiederaufgelebten Forderungen nicht mehr in Betracht.

• Kreditlimit:	100.000 EUR
• Versicherter Ausfall gem. § 13 Ziff. 2 AVB-WKV bei Eintritt des Versicherungsfalls:	100.000 EUR
• Gem. § 144 Abs. 1 InsO wiederauflebende versicherte Forderungen in Gesamthöhe von:	100.000 EUR
• Entschädigung des Ausfalls durch Insolvenzanfechtung:	0 EUR
• Entschädigung gesamt:	100.000 EUR

ddd. Nicht ausreichendes Kreditlimit

Übersteigt die Summe der wiederauflebenden versicherten Forderungen die Höhe des Kreditlimits, kommt unabhängig davon, wie viel Kapazität im Kreditlimit noch vorhanden ist, eine vollständige Entschädigungsleitung bzgl. der wiederaufgelebten Forderung nicht in Betracht.

• Kreditlimit:	100.000 EUR
• Versicherter Ausfall gem. § 13 Ziff. 2 AVB-WKV bei Eintritt des Versicherungsfalls:	0 EUR
• Gem. § 144 Abs. 1 InsO	

wiederauflebende versicherte Forderungen in Gesamthöhe von: 500.000 EUR
- Entschädigung des Ausfalls durch Insolvenzanfechtung: 100.000 EUR
- Entschädigung gesamt: 100.000 EUR

Die Beispiele verdeutlichen, dass die Entschädigungsleistung für gem. § 144 Abs. 1 InsO wiederauflebende Forderungen bei einem konstanten Kreditlimit erheblich unterschiedlich ausfallen kann. Die Entschädigungsleistung ist abhängig davon, wieviel Kapazität das Kreditlimit für weitere Schäden aus Insolvenzanfechtung (noch) hat.

bb. Änderungen im Kreditlimit

In der Warenkreditversicherung unterliegen Kreditlimite häufig Änderungen durch die Risikoanpassung seitens des Versicherers oder durch veränderte Anträge seitens des Versicherungsnehmers. Abänderungen des Kreditlimits sind üblich und systembedingt.[366] Hieraus folgt, dass Forderungen, die durch Insolvenzanfechtung aufleben, verschiedene Kreditlimite zugrunde liegen können. Die Auswirkungen auf die Berechnung der Entschädigungsleistung für gem. § 144 Abs. 1 InsO widerauflebende Forderungen in Abhängigkeit vom Kreditlimit zeigt sich anhand nachfolgender Beispiele, in denen sich das Kreditlimit für einen Abnehmer innerhalb eines Versicherungsjahres dreimal verändert:[367]

- Kreditlimit Zeitraum 1: 100.000 EUR
- Kreditlimit Zeitraum 2: 50.000 EUR
- Kreditlimit Zeitraum 3: 0 EUR
- Versicherter Ausfall gem. § 13 Ziff. 2 AVB-WKV bei Eintritt des Versicherungsfalls: 0 EUR
- Gem. § 144 Abs. 1 InsO wiederauflebende versicherte Forderungen
  aus Zeitraum 1 in Gesamthöhe von: 300.000 EUR
  aus Zeitraum 2 in Gesamthöhe von: 200.000 EUR

366 BGH VersR 1987, 68, 69; *Wittchen*, S. 46; siehe Zweiter Teil, A.II.2.a.bb.aaa.(III.).
367 Etwaige Abzüge aus Selbstbeteiligung etc. bleiben zur Vereinfachung unberücksichtigt.

Ein versicherter Ausfall gem. § 13 Ziff. 2 AVB-WKV besteht bei Eintritt des Versicherungsfalls nicht, sodass diesbezüglich auch keine Entschädigungsleistung berücksichtigt werden muss.

Fraglich ist also, bis zu welcher Höhe die gem. § 144 Abs. 1 InsO wiederauflebenden Forderungen zu entschädigen sind, wenn einige der Forderungen zu einem Zeitpunkt versichert wurden, als das Kreditlimit in Höhe von 100.000 EUR festgesetzt war, weitere Forderungen jedoch unter dem gekürzten Kreditlimit in Höhe von 50.000 EUR versichert wurden. Denkbar sind folgende Berechnungsmethoden:

aaa. Addition der Kreditlimite

In Betracht kommt, die Forderungen, die unter dem Kreditlimit in Höhe von 100.000 EUR versichert wurden, innerhalb dieses Rahmens zu entschädigen. Die Forderungen, die unter dem gekürzten Kreditlimit in Höhe von 50.000 EUR versichert wurden, sind sodann in diesem Rahmen, also bis maximal 50.000 EUR zu entschädigen.

Dies würde im Beispielsfall für die Entschädigung bzgl. der Forderungen aus Zeitraum 1 bedeuten, dass der Versicherer 100.000 EUR auszahlt. Für die Forderungen aus Zeitraum 2 fiele eine Entschädigungsleistung in Höhe von 50.000 EUR an, insgesamt würden demnach also 150.000 EUR entschädigt. Dieser Berechnungsmethode liegt die Überlegung zugrunde, dass der Warenkreditversicherer für bestimmte Zeiträume Kreditlimite gewährt, in deren Rahmen er maximal offene Forderungen versichert. Wenn der Versicherungsschutz zu den Bedingungen wiederauflebt, zu denen er begründet wurde, so muss dies auch in Bezug auf die Höhe des Kreditlimits gelten.[368]

Die Addition der Kreditlimite führt jedoch dazu, dass zum einen eine wesentlich höhere Entschädigungsleistung anfallen kann, als der Versicherer über die Festsetzung der Kreditlimite maximal gewähren wollte. Zum anderen wäre der Versicherungsnehmer privilegiert, bei dem das Kreditlimit häufigen Änderungen unterliegt. Im Vergleich zum konstanten Kreditlimit käme im Beispielsfall eine um 50.000 EUR höhere Entschädigung in Betracht. Es ist jedoch widersprüchlich, die Kürzung eines Kreditlimits für die Zukunft rückwirkend als Argument für eine höhere Entschädigungsleistung heranzuziehen. Durch die Absenkung des Kreditlimits bringt der Warenkreditversicherer gerade zum Ausdruck, dass er weniger Risiko in Bezug auf den betreffenden Abnehmer übernehmen will. Die Addition der verschiedenen Kreditlimite zur Berechnung der

368 Siehe Zweiter Teil, A.II.8.a.cc.

Höhe der Entschädigungsleistung führt demnach nicht zu einem interessengerechten Ergebnis.

bbb. Konsumption der Kreditlimite

Als Gegenstück zu vorgenannter Berechnungsmethode könnte darauf abzustellen sein, welches Kreditlimit der Versicherer zuletzt festgesetzt hat, bevor er das Kreditlimit gänzlich aufhebt. Hiernach würde sich bzgl. oben genanntem Beispiel lediglich eine Entschädigungsleistung in Höhe von 50.000 EUR ergeben. Das Kreditlimit in Höhe von 100.000 EUR aus Zeitraum 1 bliebe außer Betracht. Für jegliche Entschädigungsleistung wäre lediglich das Kreditlimit aus Zeitraum 2 in Höhe von 50.000 EUR heranzuziehen, da dies vor Aufhebung zuletzt gezeichnet wurde.

Dieser Berechnungsmethode liegt die Überlegung zugrunde, dass die Höhe des Kreditlimits das maximale Versicherungsversprechen des Versicherers darstellt. Die Entscheidung, das Kreditlimit zu senken, geht einher mit der Aussage, weitergehenden Versicherungsschutz für den entsprechenden Abnehmer nicht mehr zu übernehmen. Daher kann auf vormalige Versicherungsversprechen in Form älterer Kreditlimite nicht mehr zurückgegriffen werden.

Gegen die Konsumption der Kreditlimite spricht jedoch, dass einmal versicherte Forderungen versichert bleiben und eine Kreditlimitänderung keine Rückwirkung entfaltet. Auch ohne Insolvenzanfechtung kann sich die Situation ergeben, dass Forderungen zu einem Zeitpunkt versichert werden, zu dem das Kreditlimit noch in ursprünglich gewährter Höhe besteht. Das Herabsenken des Kreditlimits führt nicht dazu, dass diese Forderungen mit Eintritt des Versicherungsfalls nicht vollständig zu entschädigen sind. Vielmehr entfaltet der einmal gewährte Versicherungsschutz bei Eintritt des Versicherungsfalls für die zu dieser Zeit versicherten Forderungen volle Wirkung.[369] Gleiches muss also auch für wiederauflebende Forderungen aus Insolvenzanfechtung gelten. Zudem könnten die Versicherer ein ganz niedriges Kreditlimit vor endgültiger Aufhebung festsetzen, um so weitere Entschädigungsleistungen aus Insolvenzanfechtung erheblich einzuschränken. Diese Berechnungsmethode ist daher abzulehnen.

ccc. Begrenzte Addition der Kreditlimite

Denkbar ist weiterhin, dass das höchste Kreditlimit, unter dem Forderungen in den Versicherungsschutz eingeschlossen wurden, die Grenze der Höhe der maximalen Entschädigungsleistung bei Insolvenzanfechtung bildet.

---

369 Siehe Zweiter Teil, A.II.4.

In obigem Beispiel hätte dies zur Folge, dass auf das Kreditlimit in Höhe von 100.000 EUR aus Zeitraum 1 abzustellen ist, da Forderungen wiederaufleben, die unter diesem Kreditlimit versichert waren. Entschädigt werden nun alle wiederauflebenden Forderungen, die unter dem Kreditlimit bis 100.000 EUR versichert waren und sodann, soweit der Betrag in Höhe von 100.000 EUR noch nicht erreicht ist, die Forderungen, die unter dem Kreditlimit in Höhe von 50.000 EUR in Zeitraum 2 versichert waren. Zur Veranschaulichung dienen folgende Beispiele:[370]

(I.) Erstes Berechnungsbeispiel

• Kreditlimit Zeitraum 1:	100.000 EUR
• Kreditlimit Zeitraum 2:	50.000 EUR
• Kreditlimit Zeitraum 3:	0 EUR
• Versicherter Ausfall gem. § 13 Ziff. 2 AVB-WKV bei Eintritt des Versicherungsfalls:	0 EUR
• Gem. § 144 Abs. 1 InsO wiederauflebende versicherte Forderungen	
aus Zeitraum 1 in Gesamthöhe von:	300.000 EUR
aus Zeitraum 2 in Gesamthöhe von:	200.000 EUR

In diesem Beispiel wäre eine Entschädigungsleistung für die wiederaufgelebten Forderungen aus Zeitraum 1 in Höhe von 100.000 EUR zu leisten. Für die übrigen Forderungen aus Zeitraum 1 sowie für alle Forderungen aus Zeitraum 2, die unter dem Kreditlimit bis 50.000 EUR versichert waren, wäre darüber hinaus kein Platz im Kreditlimit. Es bleibt bei einer Entschädigungsleistung in Höhe von 100.000 EUR.

(II.) Zweites Berechnungsbeispiel

• Kreditlimit Zeitraum 1:	100.000 EUR
• Kreditlimit Zeitraum 2:	50.000 EUR
• Kreditlimit Zeitraum 3:	0 EUR
• Versicherter Ausfall gem. § 13 Ziff. 2 AVB-WKV bei Eintritt des Versicherungsfalls:	0 EUR

370 Etwaige Abzüge aus Selbstbeteiligung etc. bleiben zur Vereinfachung unberücksichtigt.

- durch Insolvenzanfechtung wiederauflebende versicherte Forderungen

aus Zeitraum 1 in Gesamthöhe von:	20.000 EUR
aus Zeitraum 2 in Gesamthöhe von:	100.000 EUR

In diesem Beispiel liegt der Gesamtbetrag der wiederauflebenden Forderungen in Zeitraum 1 deutlich innerhalb des Kreditlimits. In Höhe von 20.000 EUR werden demnach alle Forderungen aus Zeitraum 1 entschädigt. Es verleibt Kapazität in Höhe von 80.000 EUR im Kreditlimit aus Zeitraum 1 für weitere Forderungen aus Zeitraum 2. Da das Kreditlimit in Zeitraum 2 jedoch lediglich 50.000 EUR betrug, kommen für eine Entschädigungsleistung aus Zeitraum 2 maximal 50.000 EUR in Betracht. Nach dieser Berechnungsmethode können nun lediglich weitere 50.000 EUR aus Zeitraum 2 entschädigt werden, für die die verbleibende Kapazität aus Zeitraum 1 ausreichend hoch ist. Hieraus folgt, dass insgesamt 70.000 EUR entschädigt werden (20.000 EUR aus Zeitraum 1 und 50.000 EUR aus Zeitraum 2). In Höhe von 50.000 EUR aus Zeitraum 2 kann keine weitere Entschädigung geleistet werden, obwohl in Höhe von 30.000 EUR noch Kapazität wäre im Kreditlimit aus Zeitraum 1. Maßgeblich ist hiernach das Kreditlimit aus Zeitraum 2, dass eine Entschädigungsleistung aus diesem Zeitraum auf Höhe von maximal 50.000 EUR begrenzt.

Was zunächst nach einem gangbaren Weg zur Berechnung des zu entschädigenden Ausfalls aussieht, unterliegt indes den gleichen Bedenken, die zu einer Ablehnung der vollen Addition der Kreditlimite führen. Auch bei begrenzter Addition der Kreditlimite würde der Versicherungsnehmer von Änderungen im Kreditlimit profitieren. Deutlich wird dies, wenn der Versicherer im oben aufgeführten Beispiel das Kreditlimit noch einmal von 50.000 EUR auf 20.000 EUR herabgesenkt hätte. Wäre auch dieser Zeitraum von Insolvenzanfechtung betroffen, so käme eine weitere Entschädigungsleistung in Höhe von 20.000 EUR in Betracht, obwohl der Versicherer sein Risiko weiter minimieren wollte. Wiederauflebende Forderungen, die unter dem Kreditlimit in Höhe von 20.000 EUR versichert wurden, wären bis zu dieser Höhe zu entschädigen, da im Kreditlimit aus Zeitraum 1 noch Kapazität in Höhe von 30.000 EUR verfügbar wäre.

Es ist jedoch auch hier nicht ersichtlich, weshalb der Warenkreditversicherer durch eine Absenkung des Kreditlimits im Endeffekt eine höhere Entschädigungsleistung schulden sollte. Selbst der Umstand, dass die maximale Grenze des höchsten Kreditlimits, hier 100.000 EUR, in keinem Fall überschritten werden könnte, lässt diese Berechnungsmethode nicht als interessengerecht erscheinen.

ddd. Verrechnung auf das höchste Kreditlimit

Die Beantwortung der Frage, welche Berechnungsmethode im Interesse der Parteien ist, könnte darin liegen, das höchste Kreditlimit zugrunde zu legen, unter dem gem. § 144 Abs. 1 InsO wiederauflebende Forderungen in den Versicherungsschutz eingeschlossen wurden, ohne im Weiteren auf die Entwicklung des Kreditlimits abzustellen.

Bis zur Grenze dieses höchsten Kreditlimits würden alle wiederauflebenden Forderungen entschädigt, ungeachtet etwaiger Änderungen im Kreditlimit. Zur Veranschaulichung dient folgendes Beispiel:[371]

- Kreditlimit Zeitraum 1: 100.000 EUR
- Kreditlimit Zeitraum 2: 50.000 EUR
- Kreditlimit Zeitraum 3: 0 EUR
- Versicherter Ausfall gem. § 13 Ziff. 2 AVB-WKV bei Eintritt des Versicherungsfalls: 0 EUR
- Gem. § 144 Abs. 1 InsO wiederauflebende versicherte Forderungen
  aus Zeitraum 1 in Gesamthöhe von: 20.000 EUR
  aus Zeitraum 2 in Gesamthöhe von: 100.000 EUR

Das höchste betroffene Kreditlimit aus Zeitraum 1 beträgt 100.000 EUR. Es werden demnach wiederauflebende Forderungen aus Zeitraum 1 in Höhe von 20.000 EUR entschädigt. Darüber hinaus werden aus Zeitraum 2 wiederauflebende Forderungen in Höhe der verbleibenden 80.000 EUR entschädigt, insgesamt also maximal 100.000 EUR.

Diese Verrechnungsmethode führt zu interessengerechten Ergebnissen, da Änderungen im Kreditlimit keinen Einfluss auf die Höhe der Entschädigungsleistung haben. Die Entschädigungsleistung richtet sich nach dem höchsten Kreditlimit, unter dem versicherte Forderungen durch Insolvenzanfechtung wiederaufleben. Der Versicherungsnehmer profitiert nicht von weiteren Änderungen des Kreditlimits, er hat aber auch keine Nachteile dadurch, sodass weder die Versicherer noch der Versicherungsnehmer im Vorfeld fürchten müssen, häufiger das Kreditlimit anzupassen. Insbesondere führt diese Berechnungsmethode zum gleichen Ergebnis, wie bei konstantem Kreditlimit, was im Ergebnis konsequent ist. Bei Anlegung eines objektiv-generalisierenden Maßstabs zur

371 Etwaige Abzüge aus Selbstbeteiligung etc. bleiben zur Vereinfachung unberücksichtigt.

Herleitung der Methode zur Berechnung der Entschädigungsleistung für gem. § 144 Abs. I InsO wiederauflebende Forderungen ist somit davon auszugehen, dass die Verrechnung auf das höchste Kreditlimit dem hypothetischen Willen und Interesse der Vertragsparteien und der typischerweise an Geschäften dieser Art beteiligter Verkehrskreise entspricht.[372]

Die Berechnung der Entschädigungsleistung durch Verrechnung auf das höchste Kreditlimit bietet dem Versicherungsnehmer und dem Versicherer einen soweit als möglich gerecht werdenden Ausgleich. Die ergänzende Vertragsauslegung mit dem genannten Ergebnis für die Frage der Berechnung der Entschädigungsleistung ist zulässig, da die anderen Varianten aus den aufgezeigten Erwägungen von redlichen Parteien nicht als gerechter Interessenausgleich akzeptiert worden wären.[373]

cc. Zwischenergebnis zu b.

Zur Berechnung der Höhe der Entschädigungsleistung für gem. § 144 Abs. 1 InsO wiederauflebende versicherte Forderungen führt die ergänzende Vertragsauslegung der AVB-WKV gem. §§ 133, 157 BGB dazu, dass das Kreditlimit heranzuziehen ist, das bei Einschluss der wiederauflebenden Forderungen in den Versicherungsschutz festgesetzt war.

Leben gem. § 144 Abs. 1 InsO versicherte Forderungen auf, bei deren Einschluss in den Versicherungsschutz Kreditlimite für einen Abnehmer in unterschiedlicher Höhe festgesetzt waren, bemisst sich die Höhe der Entschädigungsleistung nach dem höchsten festgesetzten Kreditlimit, auf das alle wiederauflebenden versicherten Forderungen verrechnet werden. Zuvor sind jedoch bereits entschädigte Ausfälle zu berücksichtigen und von dem vorgenannten Kreditlimit in Abzug zu bringen.

Dieses Ergebnis ist ein angemessener Interessenausgleich zwischen den Parteien des Warenkreditversicherungsvertrags. Das Kreditlimit als zentrales Risikosteuerungselement verhindert im Rahmen der Warenkreditversicherung grundsätzlich eine übermäßige Inanspruchnahme des Versicherers, da bei Vorliegen negativer Risikoeinschätzung der Versicherungsschutz für zukünftige Forderungen regelmäßig aufgehoben wird.[374] Das Wiederaufleben versicherter Forderungen gem. § 144 Abs. 1 InsO führt dazu, dass sich die

372 BGH NJW 1984, 1177, 1179; BGH NJW-RR 2004, 262; BGH NJW 1993, 57, 61; BGH NJW 1989, 3010, 3012.

373 BGH NJW 1984, 1177, 1179.

374 *Grauschopf* in: Handbuch Versicherungsprozess, § 22, Rn. 6.

Entschädigungspflicht des Versicherers am höchsten für den jeweiligen Abnehmer gezeichneten Kreditlimit bemisst, unter dem wiederauflebende Forderungen in den Versicherungsschutz eingeschlossen wurden. Dennoch führt die Verrechnung auf das höchste Kreditlimit nicht zu einer Abänderung oder Erweiterung des Vertragsgegenstands, da der Versicherer auch in Bezug auf wiederauflebende versicherte Forderungen an seine eigene Risikoprüfung und Festsetzung von Kreditlimiten gebunden bleibt; also keinen darüber hinaus gehenden Versicherungsschutz gewährt.

c. *Entschädigungsleistung bei unbenannter Versicherung*

Sofern die Summe der Forderungen des Versicherungsnehmers gegen einen Abnehmer die Antragsgrenze gem. § 4 Ziff. 1 AVB-WKV nicht überschreitet und die Voraussetzungen für den Versicherungsschutz gem. § 3 Ziff. 1, 3 und 4 AVB-WKV vorliegen, sind alle Forderungen gegen den Abnehmer ohne Festsetzung eines Kreditlimits durch den Versicherers versichert.[375] Fraglich ist daher, ob die Höhe der Selbstprüfungsgrenze, vergleichbar einem Kreditlimit, als maximale Höhe einer in Betracht kommenden Entschädigungsleistung heranzuziehen ist, wenn durch Insolvenzanfechtung im Rahmen der unbenannten Versicherung versicherte Forderungen gem. § 144 Abs. 1 InsO wiederaufleben.

Die AVB-WKV geben auf diese Frage wiederum keine Antwort. Allerdings sind die Ausführungen zur ergänzenden Vertragsauslegung gem. §§ 133, 157 BGB der AVB-WKV zur Berechnung der Höhe der Entschädigungsleistung im Rahmen der benannten Versicherung bei Festsetzung eines kontanten Kreditlimits entsprechend heranzuziehen.[376] Die Selbstprüfungsgrenze ist mit einem konstanten Kreditlimit vergleichbar, da Forderungen nur in den Versicherungsschutz eingeschlossen werden, solange sie die Selbstprüfungsgrenze nicht überschreiten. Insoweit erfüllen sowohl die Selbstprüfungsgrenze als auch die Festsetzung eines Kreditlimits die gleiche Funktion zur Risikosteuerung.

9. *Entschädigungsleistung bei „Einhaftung" und „Aushaftung"*

Der Versicherungsschutz der Warenkreditversicherung entfällt gem. § 6 Ziff. 3 AVB-WKV grundsätzlich mit Beendigung des Kreditversicherungsvertrages. Das gilt auch für bis zu diesem Zeitpunkt bereits versicherte Forderungen

---

375 *Grauschopf* in: Handbuch Versicherungsprozess, § 22, Rn. 78; siehe Zweiter Teil, A.II.2.b.

376 Siehe Zweiter Teil, A.II.8.b.aa.

und selbst dann, wenn Prämie über das Vertragsende hinaus bezahlt wurde.[377] Tritt der Versicherungsfall erst nach Beendigung des Versicherungsvertrags ein, scheidet die Einstandspflicht des Kreditversicherers daher grundsätzlich aus.

Nach Rechtsprechung des BGH sind formularmäßige Regelungen bzgl. des Erlöschens des Versicherungsschutzes nach Beendigung der Vertragslaufzeit rechtmäßig; sie verstoßen nicht gegen AGB-Recht. Ein wesentliches Argument für die inhaltliche Angemessenheit der Regelung zum Wegfall des Versicherungsschutzes nach Beendigung des Versicherungsvertrags ist die Möglichkeit der „Einhaftung" eines anderen Versicherers, sodass Deckungslücken vermieden werden können.[378] Der Begriff Einhaftung bedeutet im Zusammenhang mit der Warenkreditversicherung, dass der Versicherungsschutz auch für diejenigen Forderungen übernommen wird, die zum Zeitpunkt des Beginns des Versicherungsvertrags oder der Übernahme des Versicherungsschutzes für einen Abnehmer bereits bestehen und die Kriterien ihrer Versicherbarkeit erfüllen.[379]

Voraussetzung für die Entschädigung des versicherten Ausfalls gem. § 13 Ziff. 2 AVB-WKV ist demnach, dass der Versicherungsfall, im vorliegenden Zusammenhang also die Eröffnung des Insolvenzverfahrens, in die Vertragslaufzeit des Kreditversicherungsvertrags fällt. Da die gem. § 144 Abs. 1 InsO wiederauflebenden versicherten Forderungen wie gezeigt dem versicherten Ausfall hinzugerechnet werden, spielt es keine Rolle, wann die Inanspruchnahme aus §§ 129 ff. InsO erfolgt. Ggf. kann die Insolvenzanfechtung auch Jahre nach Beendigung des Versicherungsvertrags erfolgen und dennoch die Einstandspflicht des Versicherers auslösen, wenn der Versicherungsfall noch in die Vertragslaufzeit gefallen ist. Erst mit Ablauf der Verjährungsfrist gem. § 146 Abs. 1 InsO i.V.m. §§ 195, 199 Abs. 1 Nr. 1 BGB für Ansprüche aus §§ 129 ff. InsO haben der Versicherungsnehmer und der Versicherer daher Gewissheit, ob noch (ggf. weitere) Ausfälle drohen.

Das bedeutet, dass sich ein Schaden, der eine Einstandspflicht des Warenkreditversicherers begründet, aufgrund der o.g. Verjährungsfrist bis zu drei Jahre nach Beendigung des Versicherungsvertrags realisieren kann, wenn der Versicherungsfall gem. § 12 Ziff. 1 b) AVB-WKV, also die Eröffnung des Insolvenzverfahrens, noch im letzten Jahr der Vertragslaufzeit eingetreten ist.

---

377 *Herrmann* in: Beckmann/Matusche-Beckmann, § 39, Rn. 31.

378 BGH VersR 1987, 68, 69; vgl. *Wittchen*, S. 95 ff.

379 *Grauschopf* in: Handbuch Versicherungsprozess, § 22, Rn. 92.

a. Einhaftung

Grundsätzlich besteht Versicherungsschutz nur für während der Vertragslaufzeit entstandene Forderungen (§ 1 AVB-WKV). Durch gesonderte vertragliche Abrede können jedoch auch Forderungen, die bereits vor Abschluss des Versicherungsvertrags entstanden sind, in den Versicherungsschutz eingeschlossen werden. Im Rahmen der Einhaftung sind alle gegen den Kunden des Versicherungsnehmers bereits bestehenden Forderungen mit Erteilung des Kreditlimits in den Versicherungsschutz einbezogen. Häufig wird allerdings eine zeitliche Befristung bzgl. des Alters der Forderungen vereinbart.[380]

Haben die Parteien des Kreditversicherungsvertrags die Einhaftung vereinbart, kann auch ein Anspruch des Versicherungsnehmers auf Entschädigungsleistung für gem. § 144 Abs. 1 InsO wiederauflebende Forderungen aus dem Zeitraum vor Vertragsbeginn entstehen. Dieser Umstand ist jedoch zu vernachlässigen. Zum einen hat der Versicherer durch die Vereinbarung der Einhaftung zum Ausdruck gebracht, dass er das Ausfallrisiko für Forderungen vor Beginn des Vertragsschlusses übernehmen will; zum anderen dürfte er durch die Bonitätsprüfung zur Entscheidung der Festsetzung eines Kreditlimits sicherstellen, dass sich der Abnehmer zum Zeitpunkt des Einschlusses in die Versicherung nicht in der Krise befindet. Die tatbestandlichen Voraussetzungen für die Insolvenzanfechtung dürften somit jedenfalls für den Einhaftungszeitraum grundsätzlich nicht vorliegen.

b. Aushaftung

Der Begriff „Aushaftung“ bezeichnet im Zusammenhang mit der Warenkreditversicherung die Übernahme von Versicherungsschutz auch nach Vertragsbeendigung bis zum endgültigen Wegfall des Risikos oder dem Eintritt des Versicherungsfalls. Die Aushaftung ist grundsätzlich nicht Gegenstand der Warenkreditversicherung; sie kann aber vertraglich mit dem Versicherer vereinbart und in den Versicherungsvertrag eingeschlossen werden.[381] Ist die Aushaftung vereinbart, haftet der Kreditversicherer für während der Vertragslaufzeit entstandene und versicherte Forderungen auch dann, wenn der Versicherungsfall gem. § 12 Ziff. 1 AVB-WKV erst nach Ablauf des Versicherungsvertrages eintritt. Der Versicherungsschutz bleibt also für versicherte Forderungen auch

---

380 *Hoß* in: Handbuch Versicherungsrecht, 36. Kp., Rn. 25; *Langen* in: Handbuch Versicherungsrecht § 20, Rn. 58.

381 Staudinger/Halm/Wendt/*Eichelberg*, WKV, Rn. 58; *Herrmann* in: Beckmann/Matusche-Beckmann, § 39, Rn. 30.

nach Ablauf des Versicherungsvertrags bis zu deren Erlöschen durch Erfüllung gem. § 362 Abs. 1 BGB oder bis zum Eintritt des Versicherungsfalls bestehen.[382]

Durch die Aushaftung verlängert sich der Risikozeitraum für den Versicherer unter Berücksichtigung des Insolvenzanfechtungsrisikos signifikant, da die Bedingung für das Ende des Versicherungsschutzes bei Aushaftung, das Erlöschen der versicherten Forderungen gem. § 362 Abs. 1 BGB, mit deren Wiederaufleben gem. § 144 Abs. 1 InsO rückwirkend entfällt.

Bei Vorsatzanfechtung gem. § 133 Abs. 1 i.V.m. Abs. 2 InsO kann die Aushaftung dazu führen, dass der Versicherer bis zu maximal acht Jahre nach Beendigung des Versicherungsvertrags einstandspflichtig bleibt. Die Forderungen, die noch während der Vertragslaufzeit des Versicherungsvertrags entstanden sind können gem. § 133 Abs. 1 i.V.m. Abs. 2 InsO ab Antrag auf Eröffnung des Insolvenzverfahrens vier Jahre rückwirkend angefochten werden. Das Anfechtungsrecht des Insolvenzverwalters verjährt wie gezeigt drei Jahre nach dem Jahr der Eröffnung des Insolvenzverfahrens.[383] Das bedeutet, der Versicherer hat bei Vereinbarung der Aushaftung erst dann Gewissheit, dass die Einstandspflicht aus dem beendeten Versicherungsvertrag ebenfalls endet, wenn nach Ablauf von vier Jahren kein die versicherten Forderungen betreffendes Insolvenzverfahren eröffnet wurde. Wird ein entsprechendes Insolvenzverfahren eröffnet, verlängert sich das Risiko des Schadenseintritts um die allgemeine Verjährungsfrist für die Ansprüche aus den §§ 129 ff. InsO.

c. *Deckungslücken bei fehlender Ein- oder Aushaftung*

Eine Deckungslücke kann bei Umdeckung des Warenkreditversicherungsvertrags von einem auf einen anderen Versicherer entstehen, wenn weder eine Einhaftung noch eine Aushaftung vereinbart wird. Leben durch Insolvenzanfechtung Forderungen gem. § 144 Abs. 1 InsO wieder auf, die unter dem alten Versicherungsvertrag ohne Aushaftung versichert waren, wird der Versicherer nach oben dargestellten Grundsätzen die Einstandspflicht ablehnen, wenn der Versicherungsfall nicht mehr in seine Vertragslaufzeit gefallen ist.

Der übernehmende Versicherer ist mangels Einhaftung ebenfalls nicht einstandspflichtig, wenn zwar der Versicherungsfall in die Laufzeit seines Vertrages fällt, die gem. § 144 Abs. 1 InsO auflebenden Forderungen aber nicht unter seinem Vertrag versichert waren. In dieser Konstellation ist also bezogen auf die

---

382 *Hoß*, in: Handbuch Versicherungsrecht 36. Kp., Rn. 26; *Wittchen*, S. 95; *Grauschopf* in: Handbuch Versicherungsprozess, § 22, Rn. 111.

383 Siehe Zweiter Teil, A.II.9.

wiederauflebenden versicherten Forderungen der Versicherungsfall weder unter dem alten noch unter dem neuen Versicherungsvertrag eingetreten, sodass keiner der Versicherer einstandspflichtig ist.

Zur Vermeidung von Deckungslücken hinsichtlich des Insolvenzanfechtungsrisikos bei Umdeckung der Warenkreditversicherung von einem auf einen anderen Versicherer ist daher darauf zu achten, dass nach Möglichkeit eine Aushaftung vereinbart wird.

10. Zwischenergebnis zu II.

Die Warenkreditversicherung regelt den Schutz vor Schäden aus Insolvenzanfechtung nicht ausdrücklich, bietet aber mit Einschränkungen grundsätzlich auch dann Versicherungsschutz, wenn gem. § 144 Abs. 1 InsO wiederauflebende Forderungen zum versicherten Ausfall gem. § 13 Ziff. 2 AVB-WKV gehören.

Eine Entschädigungsleistung für wiederauflebende Forderungen setzt voraus, dass die betreffenden Forderungen zum Zeitpunkt ihres vormaligen Erlöschens gem. § 362 Abs. 1 BGB unter dem Versicherungsschutz der Warenkreditversicherung versichert waren. Aus der ergänzenden Vertragsauslegung der AVB-WKV gem. §§ 133, 157 BGB ergibt sich, dass mit dem Wiederaufleben der Forderungen gem. § 144 Abs. 1 InsO auch deren vormals gewährter Versicherungsschutz unter der Warenkreditversicherung wiederauflebt. In diesem Fall gehören die versicherten Forderungen gem. § 13 Ziff. 2 AVB WVK mit Wiederaufleben gem. § 144 Abs. 1 InsO zum versicherten Ausfall und sind grundsätzlich zu entschädigen.

Aufgrund der Regelungen gem. § 2 Ziff. 1, § 4 und § 5 Ziff. 2 AVB-WKV übersteigt die Höhe des zu entschädigenden versicherten Ausfalls gem. § 13 Ziff. 2 AVB-WKV grundsätzlich nicht das auf den jeweiligen Abnehmer festgesetzte Kreditlimit. Eine Regelung für den Fall, dass durch Insolvenzanfechtung wiederauflebende Forderungen ebenfalls zum versicherten Ausfall gehören, sodass der versicherte Ausfall die Höhe des festgesetzten Kreditlimits überschreiten kann, sehen die AVB-WKV nicht vor. Im Wege der ergänzenden Vertragsauslegung gem. §§ 133, 157 BGB ergibt sich die Begrenzung der Entschädigungsleistung auf die Höhe des Kreditlimits jedoch auch für Schäden aus gem. § 144 Abs. 1 InsO wiederauflebenden Forderungen.

Aus der ergänzenden Vertragsauslegung AVB-WKV ergibt sich weiter, dass für die Berechnung der Höhe der Entschädigungsleistung auf die Methode der Verrechnung auf das höchste Kreditlimit abzustellen ist, da mittels dieser Berechnungsmethode auch bei Änderungen des Kreditlimits eine interessengerechte Entschädigungsleistung ermittelt werden kann. Die Begrenzung der

Entschädigungsleistung auf das höchste je gewährte und von wiederauflebenden Forderungen betroffene Kreditlimit wird dem Versicherungsschutzinteresse des Versicherungsnehmers gerecht, ohne jedoch dem Versicherer ein außerhalb seiner Versicherungszusage liegendes Risiko aufzubürden. Das gilt insbesondere auch im Hinblick auf das Verhältnis der gezahlten Prämie zum Umfang des Versicherungsschutzes.

Im Ergebnis bietet die Warenkreditversicherung keinen geeigneten Schutz, das Insolvenzanfechtungsrisiko für Lieferanten aus der Gewährung von Lieferantenkrediten vollständig abzusichern. Zum einen sind ggf. nicht alle wiederauflebenden Forderungen vormals versichert gewesen, zum anderen stellt die Begrenzung der Entschädigungsleistung auf die Höhe des maximalen Kreditlimits gerade im Hinblick auf den Anfechtungszeitraum aus § 133 Abs. 1 i.V.m. mit Abs. 2 InsO von bis zu vier Jahren eine erhebliche Einschränkung des Versicherungsschutzes dar. Ficht der Insolvenzverwalter Zahlungen über einen längeren Zeitraum an, wird auch das höchste Kreditlimit regelmäßig nicht ausreichen, um den Schaden vollständig zu decken; zudem sind bereits geleistete Entschädigungen aus demselben Versicherungsfall ebenfalls zu berücksichtigen.

III. „Top-Up" Versicherung

Durch den Abschluss einer sogenannten „Top-Up Versicherung" kann der Versicherungsschutz bzgl. des Forderungsausfallrisikos über den Versicherungsschutz der Warenkreditversicherung hinaus erweitert werden. Dem Versicherungsnehmer stehen aus der Addition der Kreditlimite des Hauptversicherers sowie des Top-Up Versicherers insgesamt höhere Kreditlimite zur Verfügung. Nachfolgend wird untersucht, inwieweit durch Erweiterung des Versicherungsschutzes der Warenkreditversicherung durch Abschluss einer Top-Up Versicherung auch ein verbesserter Schutz gegen Forderungsausfälle durch Insolvenzanfechtung gegeben ist.

1. Einführung

Setzt der Warenkreditversicherer das Kreditlimit für einen Abnehmer nicht in der vom Versicherungsnehmer beantragten Höhe fest, sondern lediglich in geringerer Höhe, handelt es sich um sogenannte „Teilzeichnungen".[384] Für den Versicherungsnehmer folgt daraus, dass er entweder seinen Umsatz mit dem Abnehmer auf die Höhe der Teilzeichnung anpasst oder hinnehmen muss, dass

384 *Grauschopf* in: Handbuch Versicherungsprozess, § 22, Rn. 77.

es einen unversicherten Teil der Gesamtforderungen gibt, der erst bei Erlöschen bereits versicherter Forderungen in den Versicherungsschutz gem. § 5 Ziff. 2 AVB-WKV nachrückt.[385]

Es ist Geschäftspolitik vieler Lieferanten, ihre Abnehmer nur unter Versicherungsschutz zu beliefern, was unmittelbar aus der unternehmensinternen Risikosteuerung herrührt.[386] Der Kreditversicherungsmarkt hat daher erkannt, dass es notwendig sein kann, Deckungslücken aufgrund Teilzeichnungen auf andere Weise zu schließen. Daher wurde die Top-Up Versicherung entwickelt. Die Top-Up Versicherung ist eine Warenkreditversicherungszusatzversicherung in deren Rahmen die Teilzeichnung des Hauptversicherers durch Festsetzung eines zweiten Kreditlimits durch den Top-Up Versicherer aufgestockt wird.[387] Zur rechtlichen Einordnung der Top-Up Versicherung kann auf die Ausführungen zur Warenkreditversicherung entsprechend verwiesen werden.[388]

Da es bzgl. der Top-Up Versicherung keine GDV Musterbedingungen gibt, wird nachfolgend Bezug genommen auf die im Markt häufig verwendeten Chubb European Group SE Direktion für Deutschland (vormalig „ACE“) Allgemeinen Bedingungen für die Zusatzversicherung zur Kreditversicherung (AVB Limit-Plus – Version 2011/1) (im Folgenden „AVB Top-Up“, Anlage 2).

2. *Vorbemerkung (§ 1 AVB Top-Up)*

Die Top-Up Versicherung setzt das Bestehen eines Warenkreditversicherungsvertrags voraus. Der Versicherungsschutz des Hauptversicherungsvertrags wird durch die Zusatzversicherung erweitert, klargestellt in der Vorbemerkung gem. § 1 AVB Top-Up:

> *Mit der Zusatzversicherung (nachstehend Limit-Plus genannt) wird der Versicherungsschutz der Kreditversicherung erweitert. Der Zusatzversicherer (nachstehend ACE genannt) übernimmt zusätzlich Risiken, die der Hauptversicherer nicht deckt. Limit-Plus setzt daher das Bestehen eines Kreditversicherungsvertrags zwischen dem Versicherungsnehmer und dem Hauptversicherer voraus.*

385 Siehe Zweiter Teil, A.II.2.a.bb.bbb.

386 *Horsch/Rathmann*, S. 50.

387 *Grauschopf* in: Handbuch Versicherungsprozess, § 22, Rn. 77.

388 Siehe Zweiter Teil, A.II.1.b.

3. *Gegenstand der Top-Up Versicherung (§ 2 AVB Top-Up)*

Gegenstand der Top-Up Versicherung ist gem. § 2 AVB Top-Up der Ersatz von Ausfällen von Forderungen des Versicherungsnehmers gegen dessen Abnehmer aus Warenlieferungen und Dienstleistungen, soweit der Ausfall auf Zahlungsunfähigkeit beruht und entspricht somit weitgehend dem Gegenstand der Warenkreditversicherung gem. § 1 AVB-WKV.

Der Versicherungsschutz ist aber im Vergleich zur Warenkreditversicherung weiter eingeschränkt. Der Top-Up Versicherer gewährt Deckungsschutz gem. § 2.4 AVB Top-Up lediglich bei Teilzeichnungen des Hauptversicherers. Die Top-Up Versicherung weist Parallelen auf zur Exzedentenversicherung in anderen Versicherungssparten.

4. *Umfang des Versicherungsschutzes (§ 3 AVB Top-Up)*

Der Umfang des Versicherungsschutzes ist in § 3 AVB Top-Up geregelt. Hiernach setzt der Versicherungsschutz der Top-Up Versicherung voraus, dass die Forderungen nach den Bedingungen des Hauptversicherungsvertrags versichert sind (§ 3.1 AVB Top-Up). Die Regelung bezieht sich auf den Umfang des Versicherungsschutzes im Hauptversicherungsvertrag gem. § 2 AVB-WKV.

a. *Übernahme des Versicherungsschutzes (§ 3.2 AVB Top-Up)*

Gem. § 3.2 AVB Top-Up setzt der Versicherungsschutz die Festsetzung eines zusätzlichen Kreditlimits voraus. Der Top-Up Versicherer übernimmt Versicherungsschutz in Höhe der Differenz zwischen dem in der Hauptversicherung beantragten und vom Hauptversicherer festgesetzten Kreditlimit. Der Top-Up Versicherer setzt regelmäßig kein höheres Kreditlimit als der Hauptversicherer fest. Das bedeutet, es kommt maximal die Verdopplung des Kreditlimits des Hauptversicherers in Betracht. Beide Kreditlimite zusammen können aber unterhalb des beantragten Kreditlimits bleiben. Reduziert der Hauptversicherer das Kreditlimit, so reduziert sich das Kreditlimit des Top-Up Versicherers gem. § 4 AVB Top-Up automatisch im gleichen Verhältnis.

Wie der Hauptversicherer muss auch der Top-Up Versicherer nicht jeden Abnehmer des Versicherungsnehmers in den Deckungsschutz einschließen. Insoweit ist die Top-Up Versicherung für den Versicherer ebenfalls fakultativ. Der Top-Up Versicherer legt seiner Kreditlimitentscheidung eine eigene Kreditprüfung zugrunde. Der Top-Up Versicherer kann die Übernahme des Versicherungsschutzes daher auch vollständig ablehnen.

b. „Nachrücken“ und „Ausrücken“ von Forderungen in den Versicherungsschutz (§ 3.3 AVB Top-Up)

Die Forderungen werden in der Reihenfolge ihres Entstehens im Rahmen des Kreditlimits des Top-Up Versicherers in den Versicherungsschutz des Top-Up Versicherers aufgenommen. Entsprechend der Regelung gem. § 5 Ziff. 2 AVB-WKV des Hauptversicherungsvertrags können gem. § 3.3 AVB Top-Up neuere Forderungen erst in das Kreditlimit des Top-Up Versicherers nachrücken, wenn ältere Forderungen herausrücken und somit wieder Kapazität im Kreditlimit frei wird.

Ein wesentlicher Unterschied zum Hauptversicherungsvertrag besteht jedoch darin, dass Forderungen nicht nur durch Erlöschen gem. § 362 Abs. 1 BGB, sondern auch dann aus dem Versicherungsschutz des Top-Up Versicherers herausrücken, wenn wiederum ausreichend Kapazität im Kreditlimit des Hauptversicherers besteht. § 3.3 AVB Top-Up regelt hierzu:

> *Soweit Forderungen nach den Bedingungen des Hauptversicherungsvertrags in den durch die Hauptversicherungssumme des Hauptversicherers bestimmten Versicherungsschutz des Hauptversicherers nachrücken, rücken sie aus dem Versicherungsschutz von Limit-Plus aus. Soweit Forderungen aus dem Versicherungsschutz von Limit-Plus ausrücken, rücken unversicherte Forderungen in den durch die Zusatz-Versicherungssumme bestimmten Versicherungsschutz von Limit-Plus nach.*

In der Top-Up Versicherung verlieren versicherte Forderungen also ihren Versicherungsschutz durch das Herausrücken gem. § 3.3 AVB Top-Up und begründen neuen Versicherungsschutz durch das Nachrücken beim Hauptversicherer gem. § 5 Ziff. 2 AVB-WKV.[389] Auf diese Weise ist auch sichergestellt, dass der Versicherungsnehmer nicht gegen seine Antragspflicht aus dem Hauptversicherungsvertrag gem. § 4 AVB-WKV verstößt, denn schlussendlich kann der Hauptversicherer auch mit Top-Up Versicherung noch alle Forderungen versichern, soweit ausreichende Kapazität im vom Hauptversicherer festgesetzten Kreditlimit vorhanden ist. Aus Sicht des Hauptversicherers besteht zwischen unversicherten Forderungen und Forderungen, die unter der Top-Up Versicherung versichert sind, daher kein Unterschied.

5. Berechnung des versicherten Ausfalls (§ 9 AVB Top-Up)

Zur Berechnung des versicherten Ausfalls in der Top-Up Versicherung werden von der Summe der bei Eintritt des Versicherungsfalls offenen Forderungen

---

389 Siehe Zweiter Teil, A.II.2.a.bb.bbb.

gegen den Abnehmer die unversicherten Forderungen abgezogen (§ 9.1 AVB Top-Up).

Zudem werden die vom Hauptversicherer in der Hauptversicherung versicherten Forderungen und Forderungsteile abgezogen (§ 9.2 AVB Top-Up) sowie grundsätzlich aufrechenbare Gegenforderungen, Rücklieferungen, Zahlungen und Erlöse auf versicherte Forderungen und Forderungsteile (9.3 AVB Top-Up).

6. *Entschädigungsleistung bei Insolvenzanfechtung*

Die AVB Top-Up enthalten wie die AVB-WKV keine Regelungen für rückwirkende Forderungsausfälle durch Insolvenzanfechtung. Aus den gleichen Erwägungen wie zur Warenkreditversicherung ist jedoch auch der Top-Up Versicherer bis zur Höhe des in der Top-Up Versicherung gewährten zusätzlichen Kreditlimits verpflichtet, Forderungsausfälle durch Insolvenzanfechtung zu entschädigen.[390] Fraglich ist jedoch, ob durch zusätzlichen Abschluss einer Top-Up Versicherung die Deckungslücke in der Warenkreditversicherung für Forderungsausfälle durch Insolvenzanfechtung geschlossen werden kann.

Die Addition der Kreditlimite aus dem Hauptversicherungsvertrag und dem Top-Up Vertrag könnte zunächst dafürsprechen, dass eine Kombination aus Warenkreditversicherung und Top-Up Versicherung einen ausreichenden Versicherungsschutz für das Insolvenzanfechtungsrisiko bietet. Voraussetzung wäre, dass die gem. § 144 Abs. 1 InsO wiederauflebenden Forderungen, die im Rahmen der Warenkreditversicherung aufgrund nicht ausreichend hohem Kreditlimit nicht entschädigt werden, vom Top-Up Versicherer entschädigt werden. Hierzu müssten die wiederauflebenden Forderungen zunächst nach den bereits dargestellten Grundsätzen zum versicherten Ausfall gem. § 9 AVB Top-Up gehören. Das ist indes wie sich zeigen wird in aller Regel nicht der Fall.

a. *Wegfall des Versicherungsschutzes gem. § 3.3. AVB Top-Up*

Wie dargestellt lebt mit der Forderung gem. § 144 Abs. 1 InsO auch der Versicherungsschutz wieder auf, der vor Erlöschen der Forderung gem. § 362 Abs. 1 BGB bestanden hat.[391] Der Versicherungsschutz aus der Top-Up Versicherung kann mit der Forderung gem. § 144 Abs. 1 InsO nur dann wiederaufleben, wenn die Forderung zum Zeitpunkt ihres Erlöschens gem. § 362 Abs. 1 BGB unter der Top-Up Versicherung versichert war. Aus § 3.3 AVB Top-Up folgt jedoch, dass

390 Siehe Zweiter Teil, A.II.7.c.
391 Siehe Zweiter Teil, A.II.6.d.

der Versicherungsschutz für solche Forderungen endet, die gem. § 5 Ziff. 2 AVB-WKV in das Kreditlimit des Hauptversicherers nachrücken.

Aufgrund der Regelungen gem. § 5 Ziff. 3 a) AVB-WKV im Hauptversicherungsvertrag zur Anrechnung eingehender Zahlungen auf die jeweils älteste offene Forderung[392], ist in aller Regel davon auszugehen, dass die Forderungen zum Zeitpunkt ihres Erlöschens bereits in den Versicherungsschutz des Hauptversicherungsvertrag nachgerückt und somit gem. § 3.3 AVB Top-Up nicht mehr unter dem Top-Up Vertrag versichert sind.[393]

Da die Forderungen also zum Zeitpunkt ihres Erlöschens gem. § 362 Abs. 1 BGB regelmäßig unter dem Hauptversicherungsvertrag versichert waren, leben die Forderungen nach oben dargestellten Grundsätzen gem. § 144 Abs. 1 InsO auch mit dem Versicherungsschutz des Hauptversicherers – und nicht mit dem Versicherungsschutz des Top-Up Versicherers – wieder auf. Aus diesem Grund gehören gem. § 144 Abs. 1 InsO wiederauflebende Forderungen in aller Regel nicht zum versicherten Ausfall gem. § 9 AVB Top-Up, sondern zum versicherten Ausfall gem. § 13 Ziff. 2 AVB-WKV. Der Versicherungsnehmer hat daher regelmäßig keinen Anspruch auf Entschädigungsleistung des Top-Up Versicherer für den Ausfall gem. § 144 Abs. 1 InsO wiederaufgelebter Forderungen.

Lediglich in Fällen, in denen Forderungen in anfechtbarer Weise bezahlt werden, die zum Zeitpunkt ihres Erlöschens gem. § 362 Abs. 1 BGB unter dem Top-Up Vertrag versichert waren, kommt eine Einstandspflicht des Top-Up Versicherer nach oben dargestellter Maßgabe in Betracht. Zur Veranschaulichung soll folgendes Beispiel dienen:

b. *Beispielsfall*

Das Kreditlimit des Hauptversicherers sowie des Top-Up Versicherers beträgt jeweils 100.000 EUR. Der Versicherungsnehmer hat gegen seinen Abnehmer Forderungen in Höhe von 150.000 EUR begründet, die in Höhe von 100.000 EUR beim Hauptversicherer und in Höhe von 50.000 EUR beim Top-Up Versicherer in der Reihenfolge ihres Entstehens versichert sind (§ 5 Ziff. 1 AVB-WKV, § 3.3 AVB Top-Up).

Vereinbarungsgemäß zahlt der Abnehmer des Versicherungsnehmers monatlich jeweils einen Betrag in Höhe von 50.000 EUR, der gem. § 5 Ziff. 3 a) AVB-WKV auf die jeweils ältesten offenen Forderungen angerechnet wird. Durch Erlöschen der Forderungen in Höhe von 50.000 EUR ist bereits nach Ablauf

392 Siehe Zweiter Teil, A.II.6.c.aa.
393 *Wittchen*, S. 56.

des ersten Monats wieder Kapazität in gleicher Höhe im Kreditlimit des Hauptversicherers frei, sodass gem. § 5 Ziff. 2 AVB-WKV Forderungen in gleicher Höhe in den Versicherungsschutz des Hauptversicherers nachrücken und daher gem. § 3.3 AVB Top-Up aus dem Versicherungsschutz des Top-Up Versicherers herausrücken. Mit zwei weiteren Zahlungen in Höhe von jeweils 50.000 EUR erlischt sodann auch der Versicherungsschutz des Hauptversicherers für Forderungen in Gesamthöhe von 100.000 EUR.

Ficht der Insolvenzverwalter nach Eröffnung des Insolvenzverfahrens alle geleisteten Zahlungen in Gesamthöhe von 150.000 EUR an, leben alle Forderungen gem. § 144 Abs. 1 InsO lediglich mit dem Versicherungsschutz des Hauptversicherers auf, da aufgrund § 5 Ziff. 2 AVB-WKV und § 3.3 AVB Top-Up alle Forderungen zum Zeitpunkt ihres Erlöschens unter dem Hauptversicherungsvertrag versichert waren.

Im Ergebnis kann der Versicherungsnehmer wie gezeigt vom Hauptversicherer eine Entschädigungsleistung in Höhe von 100.000 EUR verlangen.[394] In Höhe von 50.000 EUR ist jedoch nach vorstehenden Erwägungen weder der Hauptversicherer noch der Top-Up Versicherer einstandspflichtig, da die Forderungen das Kreditlimit des Hauptversicherers in Höhe von 50.000 EUR übersteigen, also vom Hauptversicherer nicht zu entschädigen sind. Gem. § 3.3, § 9.2 AVB Top-Up gehören die wiederauflebenden Forderungen aber auch nicht zum versicherten Ausfall des Top-Up Versicherers, da der Versicherungsschutz mit Einschluss in den Versicherungsschutz gem. § 5 Ziff. 2 AVB-WKV beim Top-Up Versicherer erloschen ist.

7. Zwischenergebnis zu III.

Durch Abschluss einer Top-Up Versicherung kann die Deckungslücke in der Warenkreditversicherung für Forderungsausfälle durch Insolvenzanfechtung nicht geschlossen werden. Regelmäßig ist die Top-Up Versicherung für gem. § 144 Abs. 1 InsO wiederauflebende Forderungen nicht einstandspflichtig.

Gem. § 144 Abs. 1 InsO wiederauflebende Forderungen gehören gem. § 9 AVB Top-Up grundsätzlich nicht zum versicherten Ausfall des Top-Up Versicherers, da die Forderungen zum Zeitpunkt ihres Erlöschens gem. § 362 Abs. 1 BGB regelmäßig gem. § 3.3 AVB Top-Up, § 5 Ziff. 2 AVB-WKV nicht mehr unter dem Top-Up Vertrag versichert waren. Der Versicherungsschutz für wiederauflebende Forderungen besteht daher auch bei Abschluss einer Top-Up

394 Siehe Zweiter Teil, A.II.8.b.cc.

Versicherung regelmäßig nur bis zur Höhe des Kreditlimits beim Hauptversicherer.

Lediglich in Ausnahmefällen, in denen durch eine anfechtbare Zahlung des Abnehmers Forderungen erlöschen, die in diesem Zeitpunkt in der Top-Up Versicherung versichert sind, ist der Top-Up Versicherer nach den für die Warenkreditversicherung getroffenen Feststellungen ebenfalls für die gem. § 144 Abs. 1 InsO wiederauflebenden versicherten Forderungen einstandspflichtig. Die Top-Up Versicherung bietet daher keinen ausreichenden Schutz vor Insolvenzanfechtungsrisiken für Lieferanten.

IV. Insolvenzanfechtungszusatzversicherung

Zur Schließung der Deckungslücke in der Warenkreditversicherung betreffend gem. § 144 Abs. 1 InsO wiederauflebende versicherte Forderungen haben einige Kreditversicherer beginnend im Jahr 2014 einen ergänzenden Versicherungsschutz zur Kreditversicherung eingeführt (Insolvenzanfechtungszusatzversicherung). Sinn und Zweck der Insolvenzanfechtungszusatzversicherung ist, eine Entschädigungsleistung für den gesamten versicherten Ausfall bieten zu können, auch für den Fall, dass der versicherte Ausfall durch gem. § 144 Abs. 1 InsO wiederauflebende Forderungen die Höhe des Kreditlimits übersteigt.[395]

Da sich bzgl. der Insolvenzanfechtungszusatzversicherung bislang im Markt kein einheitlicher Standard entwickelt hat, wird nachfolgend überblickartig der Deckungsschutz gem. der vom Marktführer Euler Hermes verwendeten AVB für die Anfechtungsversicherung als Ergänzung zur Kreditversicherung, Stand 2019, (im Folgenden „AVB-AFV-K", Anlage 3) dargestellt. Wesentliche Unterschiede zu abweichenden Deckungskonzepten der Versicherer Atradius und Coface werden aufgezeigt.

1. Gegenstand der Insolvenzanfechtungszusatzversicherung (Ziff. A 1. AVB-AFV-K)

Gem. Ziff. A 1. AVB-AFV-K ist der Gegenstand der Insolvenzanfechtungszusatzversicherung wie folgt definiert:

> *Wir, die Euler Hermes Deutschland Niederlassung der Euler Hermes SA, haben den vorliegenden Versicherungsvertrag ausgestellt, um für Sie, den im Versicherungsschein genannten Versicherungsnehmer, Versicherungsschutz im Rahmen einer Anfechtungsversicherungssumme zu übernehmen und Ihnen gemäß den Bedingungen dieses Versicherungsvertrages*

395 Siehe Zweiter Teil, A.II.7.c.

Forderungsausfälle aus Insolvenzanfechtung zu ersetzen, wenn Ihre Ursprungsversicherungssummen in diesem Falle nicht ausreichen.
Dies setzt voraus, dass über das Vermögen des Kunden das Insolvenzverfahren eröffnet wurde, nachdem Sie eine Warenlieferung, Werk- oder Dienstleistung (im Folgenden „Lieferung/Leistung") vertragsgemäß an den Kunden erbracht haben.
Weitere Voraussetzung ist, dass der bestellte Insolvenzverwalter oder mit vergleichbaren Rechten ausgestattete Amtsträger (im Folgenden „Insolvenzverwalter") eine vor Eröffnung des Insolvenzverfahrens geleistete Zahlung des Kunden nach den gesetzlichen Bestimmungen über die Insolvenzanfechtung wirksam angefochten hat und die Forderung aus der Lieferung/Leistung wiederauflebt. Dafür zahlen Sie als Gegenleistung bei Fälligkeit die vereinbarte Prämie.

2. *Akzessorietät zum Hauptversicherungsvertrag (Ziff. D 1. AVB-AFV-K)*

Die Insolvenzanfechtungszusatzversicherung ist akzessorisch zum Warenkreditversicherungsvertrag. Aus Ziff. A 1. AVB-AFV-K ergibt sich bereits, dass zusätzlicher Versicherungsschutz nur gewährt wird, wenn die Versicherungssumme des Warenkreditversicherungsvertrags („*Ursprungsversicherungssumme*") nicht ausreicht. Die genannte Regelung setzt also das Bestehen eines Warenkreditversicherungsvertrags voraus. Gem. Ziff. D 1. AVB-AFV-K gilt darüber hinaus:

Die vorliegende Anfechtungsversicherung erlischt bei Beendigung des Primärversicherungsvertrages mit sofortiger Wirkung. Im Übrigen richten sich die Kündigungsregelungen der Anfechtungsversicherung nach den entsprechenden Regelungen im Primärversicherungsvertrag.[396]

Atradius und Coface schließen den Zusatzversicherungsschutz über Klauseln in den mit ihnen abgeschlossenen Warenkreditversicherungsvertrag ein, sodass auch in diesen Fällen der zusätzliche Versicherungsschutz vom Bestand des Warenkreditversicherungsvertrags abhängig ist.[397]

---

396 Gem. Abschnitt *E Definitionen* der AVB-AFV-K ist mit „Primärversicherungsvertrag" der im Versicherungsschein genannte Warenkreditversicherungsvertrag gemeint.

397 Coface GAC Ergänzender Versicherungsschutz für Insolvenzanfechtungen; Atradius Modul 22904.00 Rückerstattung von Zahlungen zur Insolvenzmasse (Insolvenzanfechtung).

3. Umfang des Versicherungsschutzes (Ziff. A 1., A 3. AVB-AFV-K)

a. Einschluss der Bedingungen des Hauptversicherungsvertrags

Da die AVB-AFV-K lediglich eine akzessorische Zusatzdeckung zur Warenkreditversicherung regeln, finden die Bestimmungen des Warenkreditversicherungsvertrags auch im Rahmen der Insolvenzanfechtungszusatzversicherung Anwendung, sofern die AVB-AFV-K keine ausdrücklich abweichende oder zusätzliche Regelung treffen. Das folgt aus Ziff. A 1. Abs. 4 AVB-AFV-K:

> *Der vorliegende Versicherungsvertrag enthält alle Bedingungen Ihres Primärversicherungsvertrages (einschließlich etwaiger Sonderbedingungen, die in einer Kreditmitteilung enthalten sind), die gegebenenfalls durch ausdrückliche Bestimmungen dieses Versicherungsvertrages angepasst werden. Sie haben in Fällen (ungeachtet der Höhe der Ursprungsversicherungssumme oder der Anfechtungsversicherungssumme), die gemäß den Bedingungen Ihres Primärversicherungsvertrages vom Versicherungsschutz ausgeschlossen worden wären, auch im Rahmen des vorliegenden Versicherungsvertrages keinen Versicherungsschutz.*

Gem. Ziff. A 3. c) AVB-AFV-K besteht Versicherungsschutz für gem. § 144 Abs. 1 InsO wiederaufgelebte Forderungen nur, wenn

> *der Primärversicherungsvertrag und dieser Versicherungsvertrag durchgehend bestanden haben, von dem Zeitpunkt, zu dem die Zahlung für die Lieferung/ Leistung geleistet wurde bis zu dem Zeitpunkt, zu dem die Insolvenzanfechtung erklärt wurde.*

Aus Ziff. A 3. c) AVB-AFV-K folgt eine erhebliche Einschränkung des Versicherungsschutzes, da zwischen Vornahme der anfechtbaren Rechtshandlung und darauf gerichteter Insolvenzanfechtung etliche Jahre vergehen können, während denen ununterbrochen der Versicherungsvertrag bestehen muss.

b. Einhaftung

Gem. *Gesonderte Bedingungen zur Deckungserweiterung* der AVB-AFK-K kann der Versicherer gegen Zahlung einer zusätzlichen Prämie auf Antrag des Versicherungsnehmers Versicherungsschutz für nach erfolgter Insolvenzanfechtung wiederaufgelebte Forderungen aus Lieferung oder Leistung vor Beginn der Anfechtungsversicherung gewähren. Ziff. I Gesonderte Bedingungen zur Deckungserweiterung AVB-AFK-K regelt:

> *In Erweiterung der Bestimmungen in Abschnitt 3. c) dieser AVB sind auch solche Forderungen im Rahmen der von uns bei Inkrafttreten dieser Vereinbarung übernommenen Anfechtungsversicherungssumme versichert, deren Bezahlung bis zu dem im Versicherungsschein genannten Zeitpunkt vor Beginn dieses Versicherungsvertrages erfolgte (Einhaftung), sofern die weiteren Voraussetzungen erfüllt sind.*

Durch die in Ziff. I Gesonderte Bedingungen zur Deckungserweiterung AVB-AFK-K geregelte Einhaftung wird die Einschränkung des Versicherungsschutzes gem. Ziff. A 3. c) AVB-AFK-K aufgehoben. In abweichenden Deckungskonzepten findet sich die Einhaftung ebenfalls.[398] Die Coface begrenzt die Entschädigungsleistung für Forderungen, die vor Einschluss der Insolvenzanfechtungszusatzversicherung entstanden sind jedoch auf ein Drittel der Höchstversicherungssumme pro Versicherungsjahr.[399]

4. *Versicherungsfall (Ziff. A 2. AVB-AFV-K)*

Die Versicherungsfalldefinition gem. Ziff. A 2. AVB-AFV-K setzt die Inanspruchnahme des Versicherungsnehmers durch den Insolvenzverwalter (Anspruchserhebungs-/Claims-made-Prinzip) während der Vertragslaufzeit voraus:

> *Der Versicherungsfall tritt ein mit Zugang der wirksamen schriftlichen Insolvenzanfechtungserklärung des Insolvenzverwalters und Aufforderung zur Rückzahlung der erhaltenen Zahlung. Werden vom Insolvenzverwalter eines Kunden nacheinander mehrere geleistete Zahlungen angefochten, gilt der Versicherungsfall bereits mit Zugang der ersten Insolvenzanfechtungserklärung als eingetreten, später erfolgte weitere Insolvenzanfechtungen werden diesem Versicherungsfall zugerechnet. Insolvenzanfechtungen, die nach der Beendigung des Versicherungsvertrages erfolgen, sind nicht versichert.*

Fraglich ist, ob der Versicherungsnehmer durch das Claims-made-Prinzip unangemessen benachteiligt wird. Die Vornahme der anfechtbaren Rechtshandlung kann zeitlich deutlich vor der Inanspruchnahme durch den Insolvenzverwalter gem. §§ 129 ff. InsO liegen. Der Versicherungsnehmer verliert mit Beendigung des Versicherungsvertrags den Versicherungsschutz für Schäden aus Insolvenzanfechtung, obwohl die Vornahme der anfechtbaren Rechtshandlung ggf. im versicherten Zeitraum stattgefunden hat.

Eine unangemessene Benachteiligung des Versicherungsnehmers durch das Claims-made-Prinzip könnte dazu führen, dass Ziff. A 2. AVB-AFV-K der Inhaltskontrolle gem. § 307 Abs. 1 S. 1 BGB nicht standhält und somit unwirksam wäre. Ob das Claims-made-Prinzip im Sinne von Ziff. A 2. AVB-AFV-K den Versicherungsnehmer unangemessen benachteiligt, ist Gegenstand der Darstellung der gleichlautenden Versicherungsfalldefinition der

---

398 Vgl. Atradius Modul 22904.00 Ergänzender Versicherungsschutz Ziff. b); Coface GAC Ergänzender Versicherungsschutz für Insolvenzanfechtungen, Ziff. 2 e).

399 Coface GAC Ergänzender Versicherungsschutz für Insolvenzanfechtungen, Ziff. 2 e.

Insolvenzanfechtungsversicherung im dritten Teil dieser Arbeit, sodass auf die untenstehenden Ausführungen zu dieser Frage verwiesen wird.[400]

Bislang ist erkennbar das Claims-made-Prinzip gem. Ziff. A 2. AVB-AFV-K nicht in Frage gestellt worden. Die Nachteile des Claims-made-Prinzips werden durch die oben dargestellte Einhaftung zudem kompensiert, wobei zu bedenken ist, dass die Einhaftung gegen Zahlung weiterer Prämie gesondert vereinbart werden muss. Jedoch gibt es in der Insolvenzanfechtungszusatzversicherung keine Nachhaftung, was unter Berücksichtigung der Interessen des Versicherungsnehmers zur Kompensation der Nachteile des Claims-made-Prinzips erforderlich sein könnte. Diese Thematik wird ebenfalls im dritten Teil der Arbeit untersucht.[401]

5. Entschädigungsleistung (Ziff. C 10. AVB-AFV-K)

Die Berechnung des versicherten Gesamtausfalls sowie die Berechnung der Entschädigungsleistung sind in Ziff. C 10. AVB-AFV-K geregelt.

a. Berechnung des versicherten Gesamtausfalls

Bzgl. der Berechnung des versicherten Gesamtausfalls gilt gem. Ziff. C 10.1 AVB-AFV-K:

> *Zunächst berechnen wir Ihren versicherten Gesamtausfall bezüglich des Kunden auf Basis der Bedingungen Ihres Primärversicherungsvertrages, ohne zunächst etwaige Eigenbehalte, die Selbstbeteiligung des Primärversicherungsvertrags sowie die Ursprungsversicherungssumme zu berücksichtigen.*

Das bedeutet, für die Berechnung der Entschädigungsleistung wird zunächst ermittelt, wie hoch der versicherte Ausfall unter Berücksichtigung des Insolvenzanfechtungsschadens ist.[402] Hierfür werden die Bedingungen des Warenkreditversicherungsvertrags zugrunde gelegt. Forderungen, die nicht im Rahmen der Warenkreditversicherung versichert waren, können demnach in keinem Fall unter den zusätzlichen Versicherungsschutz der Insolvenzanfechtungszusatzversicherung fallen.

---

400 Siehe Dritter Teil, D.II.2.

401 Siehe Dritter Teil, D.II.2.b.bb.bbb.

402 Siehe Zweiter Teil, A.II.6.b.

b. Berechnung der Entschädigungsleistung

Steht die Höhe des versicherten Ausfalls fest, wird sodann ermittelt, ob Versicherungsschutz unter der Insolvenzanfechtungszusatzversicherung besteht. Ist das der Fall, wird der versicherte Ausfall zunächst nach den Bedingungen des Warenkreditversicherungsvertrags im Rahmen des Kreditlimits entschädigt. Das ergibt sich aus Ziff. C 10.2 AVB-AFV-K:

> *Besteht Versicherungsschutz im Rahmen dieses Versicherungsvertrages, wird der versicherte Gesamtausfall bis zur Höhe der Ursprungsversicherungssumme auf Ihren Primärversicherungsvertrag bedingungsgemäß angerechnet. Wir zahlen Ihnen hierbei den Teil der Entschädigungsleistung aus, der Ihnen gemäß den Bedingungen des Primärversicherungsvertrages zusteht. Der Betrag, um den der versicherte Gesamtausfall die Ursprungsversicherungssumme übersteigt, wird daraufhin auf die vorliegende Anfechtungsversicherungssumme angerechnet. Ist dieser Betrag gleich oder geringer als der verbleibende Versicherungsschutz in der Anfechtungsversicherung, zahlen wir den Betrag abzüglich der Selbstbeteiligung des Primärversicherungsvertrags aus. Ist der Betrag größer als der verbleibende Versicherungsschutz in der Anfechtungsversicherung, zahlen wir eine Entschädigungsleistung in Höhe des verbleibenden Versicherungsschutzes in der Anfechtungsversicherung abzüglich der Selbstbeteiligung des Primärversicherungsvertrags aus. […]*

Zur Veranschaulichung soll folgendes Berechnungsbeispiel dienen, wobei unterstellt wird, dass das Kreditlimit aus der Warenkreditversicherung für Schäden aus Insolvenzanfechtung noch in voller Höhe zur Verfügung steht.[403]

• Festgestellter versicherter Ausfall durch gem. § 144 Abs. 1 InsO wiederauflebende versicherte Forderungen gem. Ziff. C 10.1 AVB-AFV-K):	500.000 EUR
• Kreditlimit in der WKV:	300.000 EUR
• Entschädigungsleistung aus der WKV:	300.000 EUR
• Verbleibender versicherter Ausfall:	200.000 EUR
• Entschädigungsleistung aus Insolvenzan fechtungszusatzversicherung gem. Ziff. C 10.2 AVB-AFV-K:[404]	200.000 EUR

---

403 Siehe Zweiter Teil A.II.8.b.aa.aaa.; etwaige Abzüge aus Selbstbeteiligung etc. bleiben zur Vereinfachung unberücksichtigt.

404 Voraussetzung ist, dass die Versicherungssumme der Insolvenzanfechtungszusatzversicherung ausreichend hoch ist, siehe Zweiter Teil, A.IV.6.a.

c. Eintritt des Versicherungsfalls nach Vertragsende

Aufgrund der unterschiedlichen Versicherungsfalldefinition der Warenkreditversicherung und gem. Ziff. A 2. AVB-AFV-K der Insolvenzanfechtungszusatzversicherung fällt der Eintritt beider Versicherungsfälle zeitlich immer auseinander. Da die Insolvenzanfechtungszusatzversicherung gem. Ziff. D 1. AVB-AFV-K mit Beendigung des Warenkreditversicherungsvertrags mit sofortiger Wirkung ebenfalls erlischt, können sich bei Inanspruchnahme aus Insolvenzanfechtung nach Vertragsende Deckungslücken ergeben.

Macht der Insolvenzverwalter erst nach Beendigung des Warenkreditversicherungsvertrags Ansprüche aus Insolvenzanfechtung geltend, kommt aus dem Warenkreditversicherungsvertrag wie zuvor dargestellt grundsätzlich dennoch eine Entschädigungsleistung für gem. § 144 Abs. 1 InsO wiederauflebende Forderung in Betracht.[405] Gem. Ziff. A 2. S. 3 AVB-AFV-K scheidet eine Entschädigungsleistung nach Beendigung der Insolvenzanfechtungszusatzversicherung jedoch aus.

Der mit Abschluss der Insolvenzanfechtungszusatzversicherung verfolgte Zweck, die Deckungslücke der Warenkreditversicherung bei Insolvenzanfechtung zu schließen, tritt also bei Insolvenzanfechtung nach Beendigung des Warenkreditversicherungsvertrags nicht ein. Auch dieser Umstand spricht dafür, dass bei Anwendung des Claims-made-Prinzips eine angemessene Nachhaftung vereinbart werden muss. Wie eine geeignete Nachhaftung ausgestaltet sein könnte, ist im dritten Teil dieser Arbeit dargestellt.[406]

d. Abweichende Deckungskonzepte

Zur Vermeidung der vorgenannten Deckungslücke regelt die Coface ausdrücklich eine Nachhaftung. Gem. Coface GAC Ergänzender Versicherungsschutz für Insolvenzanfechtungen, Ziff. 2 g) gilt:

> *Bei Beendigung dieses ergänzenden Versicherungsschutzes bleiben bis dahin entstandene und zu den Bedingungen dieses Vertrages versicherte Forderungen weiterhin zu den Bedingungen und im Rahmen dieses ergänzenden Versicherungsschutzes versichert. […]*

Soweit die Zusatzdeckung, wie bei Atradius, auf den Versicherungsfall der Warekreditversicherung (Eröffnung des Insolvenzverfahrens) abstellt und nicht das Claims-made-Prinzip zur Anwendung bringt, steht der zusätzliche Versicherungsschutz für Insolvenzanfechtungsschäden nach Beendigung des Warenkreditversicherungsvertrages weiterhin zur Verfügung, wenn die Eröffnung des

405 Siehe Zweiter Teil, A.II.9.
406 Siehe Dritter Teil. D.II.2.b.bbb.

Insolvenzverfahrens noch während der Laufzeit des Warenkreditversicherungsvertrags eingetreten ist.[407] Die vorgenannte Deckungslücke aus Ziff. A 2. S. 3 AVB-AFV-K besteht daher nicht.

6. *Höchstentschädigung (Ziff. C 11. AVB-AFV-K)*

In Ziff. C 11. Abs. 1 AVB-AFV-K ist die Höchstentschädigung für die Insolvenzanfechtungszusatzversicherung geregelt. Hiernach gilt:

> *Wir sind nicht zur Erbringung weiterer Entschädigungsleistungen für ein Versicherungsjahr im Rahmen des Versicherungsvertrags verpflichtet, sobald der Gesamtbetrag aller an Sie bezüglich dieses Versicherungsjahres im Rahmen des Versicherungsvertrags gezahlten Entschädigungsleistungen die im Versicherungsschein festgelegt Höchstentschädigung erstmalig erreicht.*

a. *Begrenzung auf die Höchstentschädigung des WKV-Vertrags*

Aufgrund der Regelung gem. Ziff. C 11. AVB-AFV-K gilt grundsätzlich die Höchstentschädigung gem. § 15 AVB-WKV auch in der Insolvenzanfechtungszusatzversicherung. Die Regelung zur Höchstentschädigung gem. Ziff. C 11. AVB-AFV-K ergänzt § 15 AVB-WKV lediglich dahingehend, dass eine niedrigere Höchstentschädigung aus der Zusatzversicherung beachtlich ist, eine höhere hingegen nicht. Das ergibt sich aus der Formulierung gem. Ziff. C 11. Abs. 2 AVB-AFV-K:

> *Die Höchstentschädigung des Versicherungsvertrags ist nicht mit der des Primärversicherungsvertrags kumulativ gekoppelt.*

Ist die Höchstentschädigungssumme des Hauptversicherungsvertrags erreicht, kommt eine weitere Entschädigung für Insolvenzanfechtungsschäden aus der Insolvenzanfechtungszusatzversicherung nicht in Betracht, sodass die für die Insolvenzanfechtungszusatzversicherung gewählte Versicherungssumme nicht höher sein sollte, als die jährliche Höchstentschädigung des Warenkreditversicherungsvertrags. Folgendes Beispiel soll das verdeutlichen:

Bei einem derzeit marktüblichen Faktor von 30 und einer Jahresprämie in Höhe von 30.000 EUR beträgt die jährliche Höchstentschädigung 900.000 EUR.[408] Jede zusätzliche Versicherungssumme für den Schutz gegen Forderungsausfälle durch Insolvenzanfechtung größer als 900.000 EUR käme daher gem. Ziff. A 1. Abs. 4 AVB-AFV-K i.V.m. Ziff. C 11. Abs. 2 AVB-AFV-K in voller Höhe

---

407 Siehe Zweiter Teil, A.II.9.

408 Siehe Zweiter Teil, A.II.5.

nie zur Anwendung, da die Entschädigungsleistung durch die Höchstentschädigung gem. § 15 AVB-WKV immer auf maximal 900.000 EUR begrenzt wäre.

Bei der Wahl der zusätzlichen Versicherungssumme ist daher die jährliche Höchstentschädigung zu beachten. Die Begrenzung der Entschädigungsleistung der Insolvenzanfechtungszusatzversicherung auf die Höchstentschädigung des Warenkreditversicherungsvertrags schränkt den zusätzlichen Deckungsschutz somit erheblich ein.

b. Abweichende Deckungskonzepte

Da in den abweichenden Deckungskonzepten kein eigenständiger Vertrag zur Insolvenzanfechtungszusatzversicherung geschlossen wird, richtet sich die jährlichen Höchstentschädigung hier ebenfalls ausschließlich nach dem Warenkreditversicherungsvertrag, in den die Zusatzdeckung als ergänzende Vereinbarung aufgenommen wird.[409] Die vorstehenden Ausführungen zur Höchstentschädigung gelten folglich auch hier.

7. Zwischenergebnis zu IV.

Die Insolvenzanfechtungszusatzversicherung zum Schutz vor Schäden aus Insolvenzanfechtung ist nur im Rahmen einer Warenkreditversicherung relevant. Der Abschluss einer Warenkreditversicherung kommt für viele Lieferanten aus verschiedenen Gründen jedoch nicht in Betracht. Das können wirtschaftliche Gründe sein oder auch der Umstand, dass die entsprechenden Versicherungsprodukte nach Art und Umfang für bestimmte Lieferanten (z.B. Vermieter) nicht verfügbar oder attraktiv sind.

Bei Abschluss einer Insolvenzanfechtungszusatzversicherung zeigen sich erhebliche Deckungslücken, da nur solche Forderungen unter der Zusatzdeckung versichert sind, die auch unter der Warenkreditversicherung versichert sind. Forderungen, die nicht im Rahmen eines Kreditlimits versichert waren, scheiden von vornherein für den Versicherungsschutz bei Insolvenzanfechtung aus. Weiterhin können Obliegenheitsverletzungen im Rahmen des Warenkreditversicherungsvertrags ebenfalls zum Ausschluss des Versicherungsschutzes aus der Insolvenzanfechtungszusatzversicherung führen.

Im Schadenfall richtet sich die Entschädigungsleistung nach den Regelungen des Warenkreditversicherungsvertrags. Nur in den Fällen, in denen eine

---

409 Atradius Modula Standard, Modul 22904.00, Ergänzender Versicherungsschutz a); Coface GAC Ergänzender Versicherungsschutz für Insolvenzanfechtungen, Ziff. 2 e).

Entschädigung für gem. § 144 Abs. 1 InsO wiederauflebende Forderungen aufgrund mangelnder Kapazität im Kreditlimit zunächst ausscheidet, kommt der Deckungsschutz aus der Insolvenzanfechtungszusatzversicherung zum Tragen.

Kritisch zu sehen ist das Claims-made-Prinzip für den Eintritt des Versicherungsfalls gem. Ziff. A 2. AVB-AFV-K. Der Versicherungsnehmer läuft Gefahr, trotz Prämienzahlung für den versicherten Zeitraum bei Eintritt des Versicherungsfalls nach Beendigung des Versicherungsvertrags keinen Deckungsschutz zu erhalten. Zum Ausgleich der sich daraus ergebenden Nachteile für den Versicherungsnehmer sollte eine angemessene Nachhaftung vereinbart werden.

V. Zwischenergebnis zu A.

Die vorstehenden Ausführungen haben gezeigt, dass die Kreditversicherung keinen ausreichenden Schutz vor Vermögensschäden aus Insolvenzanfechtung bietet.

Im Rahmen der Warenkreditversicherung lebt als Ergebnis der ergänzenden Vertragsauslegung gem. §§ 133, 157 BGB mit den gem. § 144 Abs. 1 InsO wiederauflebenden Forderungen auch deren vormals gewährter Versicherungsschutz wieder auf. Die wiederauflebenden versicherten Forderungen gehören daher zum versicherten Ausfall gem. § 13 Ziff. 2 AVB-WKV, der grundsätzlich Gegenstand der Entschädigungsleistung ist. Die Höhe der Entschädigungsleistung richtet sich auch für wiederauflebende versicherten Forderungen nach der Höhe des vormals festgesetzten Kreditlimits auf den konkreten Abnehmer. In Bezug auf die Frage, welches Kreditlimit bei der Berechnung für die Höhe der Entschädigungsleistung heranzuziehen ist, wird auf die Methode der Verrechnung auf das höchste Kreditlimit abgestellt. Die Entschädigungsleistung ist daher insgesamt auf das höchste auf den konkreten Abnehmer je vergebene Kreditlimit beschränkt, unter dem mindestens eine der wiederauflebenden versicherten Forderungen in den Versicherungsschutz eingeschlossen wurde.

Zur Vermeidung der dargestellten komplexen ergänzenden Vertragsauslegung der AVB-WKV sowie Unklarheiten in der Praxis, wäre es sinnvoll, wenn die Warenkreditversicherer die Thematik der Inanspruchnahme aus Insolvenzanfechtung in den AVB-WKV ausdrücklich regelten.

Die Insolvenzanfechtungszusatzversicherung ist akzessorisch zum Warenkreditversicherungsvertrag, setzt also das Bestehen einer Warenkreditversicherung voraus. Die Insolvenzanfechtungszusatzversicherung bietet demnach nur dann hinreichenden Schutz vor Schäden aus Insolvenzanfechtung, wenn der Versicherungsnehmer alle Forderungen aus Lieferung und Leistung im Rahmen der Warenkreditversicherung versichert und den Versicherungsschutz nicht durch Obliegenheitsverletzungen gefährdet. Zudem ist zu beachten, dass aufgrund des Claims-made-Prinzips in der Insolvenzanfechtungszusatzversicherung der Versicherungsschutz mit Beendigung des Versicherungsvertrages ebenfalls endet.

Die Top-UP Versicherung bietet in aller Regel keinen Versicherungsschutz bei Insolvenzanfechtung, da die gem. § 144 Abs. 1 InsO wiederauflebenden Forderungen regelmäßig mit dem Versicherungsschutz aus dem Hauptversicherungsvertrag und nicht mit dem Versicherungsschutz unter dem Top-Up Vertrag wiederaufleben. Der Abschluss einer Top-Up Versicherung schützt daher grundsätzlich nicht vor Schäden aus Insolvenzanfechtung.

B. Deckungsschutz für Schäden infolge Insolvenzanfechtung in der Vertrauensschadenversicherung

Nachfolgend wird untersucht, ob und inwieweit die Vertrauensschadenversicherung gegen Schäden schützt, die dem Lieferanten durch Insolvenzanfechtung entstehen.

Mittels Vertrauensschadenversicherung schützen sich Unternehmen vor Schäden aus unerlaubten Handlungen, die durch sogenannte Vertrauenspersonen vorsätzlich begangen werden. Zu den Vertrauenspersonen zählen u.a. die Mitarbeiter eines Unternehmens. Schutz durch die Vertrauensschadenversicherung kommt im vorliegenden Zusammenhang in Betracht, wenn eine Vertrauensperson einen Schaden infolge Insolvenzanfechtung durch unerlaubte Handlung verursacht hat.

Da es keine Musterbedingungen des GDV zur Vertrauensschadenversicherung gibt, werden bei der nachstehenden Untersuchung die Bedingungen des Marktführers Euler Hermes, Allgemeine Bedingungen für die Vertrauensschadenversicherung-Premium, Stand 2016 (im Folgenden „AVB-VSV", Anlage 4) zugrunde gelegt.

I. Gegenstand der Vertrauensschadenversicherung (§ 1 AVB-VSV)

Gem. § 1 AVB-VSV besteht Versicherungsschutz für

> *Schäden, die einem versicherten Unternehmen von einer identifizierten Vertrauensperson durch vorsätzliche unerlaubte Handlung, die nach den gesetzlichen Bestimmungen zum Schadenersatz verpflichten, unmittelbar zugeführt werden (Versicherungsfall).*

Zu den Vertrauenspersonen zählen gem. § 34 Ziff. 1 bis 3 AVB-VSV alle Mitarbeiter einschließlich der Organmitglieder.

Zunächst ist zu prüfen, ob die Handlung oder Unterlassung eines Mitarbeiters des Versicherungsnehmers, die den Insolvenzverwalter zur Insolvenzanfechtung berechtigt, eine vorsätzliche unerlaubte Handlung im Sinne von § 1 AVB-VSV sein kann.

1. Unerlaubte Handlung

Der Begriff der unerlaubten Handlung in § 1 AVB-VSV umfasst die Vorschriften der §§ 823 ff. BGB, aber auch Ansprüche außerhalb des 27. Titels des BGB, z.B. aus §§ 228, 231 BGB, aus Verletzung von Wettbewerbs- oder Immaterialgüterrechten und gewerblichen Schutzrechten.[410] Der durchschnittliche

410 *Koch/Sommer* in: Handbuch Versicherungsrecht, § 19, Rn. 46.

Versicherungsnehmer einer Vertrauensschadenversicherung erkennt, dass es sich bei „unerlaubter Handlung“ um einen Begriff der Rechtssprache handelt und legt deshalb die juristische Bedeutung zugrunde.[411] Vorliegend relevant sind unerlaubte Handlungen gem. §§ 823 ff. BGB.

a. Unerlaubte Handlung gem. § 823 Abs. 1 BGB

Gem. § 823 Abs. 1 BGB ist derjenige, der vorsätzlich oder fahrlässig, das Leben, den Körper, die Gesundheit, die Freiheit, das Eigentum oder ein sonstiges Recht eines anderen widerrechtlich verletzt, dem anderen zum Ersatz des daraus entstehenden Schadens verpflichtet. Vorliegend geht es um unerlaubte Handlungen einer Vertrauensperson, die zur Inanspruchnahme des Versicherungsnehmers aus den §§ 129 ff. InsO führen. In Betracht kommt demnach allenfalls die Verletzung des Vermögens des Versicherungsnehmers. Das Vermögen ist jedoch kein „sonstiges Recht“ im Sinne von § 823 Abs. 1 BGB.[412] Eine unerlaubte Handlung gem. § 823 Abs. 1 BGB scheidet vorliegend somit aus.

b. Unerlaubte Handlung gem. § 823 Abs. 2 BGB

Gem. § 823 Abs. 2 BGB trifft die gleiche Schadensersatzpflicht wie in § 823 Abs. 1 BGB denjenigen, der gegen ein den Schutz eines anderen bezweckendes Gesetz verstößt. Es ist daher im vorliegenden Zusammenhang zu untersuchen, ob Handlungen der Vertrauensperson, die zur Insolvenzanfechtung führen, unter dem Gesichtspunkt der Verletzung eines Schutzgesetzes i.S.v. § 823 Abs. 2 BGB als unerlaubte Handlung i.S.v. § 1 AVB-VSV zu qualifizieren sind.

Allein die Entgegennahme einer anfechtbaren Zahlung eines Abnehmers, die dieser tätigt, um den fälligen Kaufpreisanspruch des Lieferanten zum Erlöschen zu bringen, ist grundsätzlich keine unerlaubte Handlung i.S.v. § 823 Abs. 2 BGB, da die §§ 129 ff. InsO keinen Schutzgesetzcharakter im Sinne des § 823 Abs. 2 BGB haben.[413]

aa. Insolvenzverschleppung gem. § 15a InsO

In vielen Fällen geht die Insolvenz juristischer Personen mit der zum Teil erheblich verspäteten Antragstellung gem. § 15a InsO und somit einer

---

411 Vgl. zweiter Teil, B.II.1., S. 128.

412 BGH NJW 1958, 1041, 1042; BGH NJW 1964, 720, 722; BGH NJW 1983, 2313, 2314.

413 MüKo-InsO/*Kirchhof*, Vor §§ 129-147, Rn. 87; Uhlenbruck/*Borries/Hirte*, § 129, Rn. 34; FK-InsO/*Dauernheim* § 129, Rn. 13.

Insolvenzverschleppung gem. § 15a Abs. 4 InsO einher.[414] Je länger die Insolvenzverschleppung andauert, umso größer ist bei fortgesetzter Geschäftstätigkeit das potentielle Anfechtungsrisiko. Wie gezeigt ist regelmäßig in den Fällen der Anfechtung nach den §§ 130, 131 Abs. 1 Nr. 3, Abs. 2, 133 InsO die Kenntnis des Lieferanten bzw. dessen Mitarbeitern von der Zahlungsunfähigkeit des Abnehmers gegeben; ggf. also auch Kenntnis von der Insolvenzverschleppung.

Leisten Mitarbeiter des Lieferanten einen Tatbeitrag zur Insolvenzverschleppung, könnte das eine unerlaubte Handlung gem. § 823 Abs. 2 BGB i.V.m. § 15a InsO sein. Voraussetzung ist, dass § 15a InsO ein Schutzgesetz im Sinne von § 823 Abs. 2 BGB ist.

bb. Schutzgesetzcharakter des § 15a InsO

Ein Schutzgesetz ist eine Rechtsnorm, die zumindest auch dazu dienen soll, den Einzelnen oder einzelne Personenkreise gegen die Verletzung eines bestimmten Rechtsguts zu schützen.[415] § 15a InsO ist ein Schutzgesetz zugunsten der Gläubiger der insolventen Gesellschaft.[416] Grundsätzliches Ziel der Vorschrift ist die rechtzeitige Einleitung des Insolvenzverfahrens.[417] Der objektive Schutzzweck des § 15a InsO erstreckt sich darauf, Insolvenzverschleppungsschäden zu verhindern.

Unter den persönlichen Schutzbereich fallen alle Gläubiger der Gesellschaft, das gilt sowohl für Alt- und Neugläubiger.[418] Die zur Stellung des Eröffnungsantrags verpflichteten Personen sind den Alt- und Neugläubigern der Gesellschaft zum Schadensersatz gem. § 823 Abs. 2 BGB i.V.m. § 15a InsO verpflichtet, wenn sie ihre Antragspflicht schuldhaft verletzen.[419] Der Begriff Altgläubiger bezeichnet in diesem Zusammenhang Gläubiger, deren Ansprüche bereits vor Zahlungsunfähigkeit oder Überschuldung entstanden sind. Der Begriff Neugläubiger bezeichnet entsprechend Gläubiger, deren Ansprüche nach dem Zeitpunkt entstanden sind, nach dem Insolvenzantrag hätte gestellt werden müssen.[420]

---

414 HHS/*Haarmeyer*, Teil I, Rn. 12; *Kirstein*, ZInsO 2006, 966, 967.

415 BGH NJW 2010, 3651, 3652.

416 BGH ZIP 2012, 1455, 1456; MüKo-InsO/*Klöhn*, § 15a, Rn. 140.

417 BT-Drucks. 16/6140, S. 55.

418 BGH ZIP 1994, 1103, 1107 f.; BGH NJW 1995, 398, 399; BGH ZIP 2003, 1713, 1714; BGH ZInsO 2011, 970, 972; BGH ZIP 2012, 1455, 1456; HambKomm/*Linker*, § 15a, Rn. 1; MüKo-InsO/*Klöhn*, § 15a, Rn. 140; Schmidt/*Schmidt/Herchen*, § 15a, Rn. 4; Uhlenbruck/*Hirte*, § 15a, Rn. 39; *Froehner*, ZInsO 2011, 1617.

419 BGH NJW 2010, 3651, 3652.

420 Kayser/Thole/*Kleindiek*, § 15a, Rn. 31 ff.

Aufgrund des Schutzgesetzcharakters des § 15a InsO kommt die Insolvenzverschleppung gem. § 15a InsO i.V.m. § 823 Abs. 2 BGB demnach als unerlaubte Handlung im Sinne von § 1 AVB-VSV in Betracht.

cc. Verstoß gegen § 15a InsO

Die Haftung nach §§ 823 Abs. 2 BGB i.V.m § 15a InsO setzt zunächst den Verstoß gegen § 15a InsO voraus.[421] Der Verstoß liegt vor, wenn der Eröffnungsantrag trotz Zahlungsunfähigkeit oder Überschuldung nicht, nicht richtig oder nicht unverzüglich, spätestens innerhalb von drei Wochen gestellt wird. Die Insolvenzverschleppung gem. § 15a InsO ist ein Sonderdelikt, d.h., die Tat kann nur durch gem. § 15a Abs. 1 bis 3 InsO antragspflichtige Personen begangen werden.[422]

Vorliegend soll die Konstellation untersucht werden, dass der Lieferant Versicherungsnehmer in der Vertrauensschadenversicherung ist und die Insolvenzverschleppung durch einen seiner Abnehmer begangen wird. Um den Versicherungsschutz aus der Vertrauensschadenversicherung zu erhalten, müsste gem. § 1 AVB-VSV die unerlaubte Handlung der Insolvenzverschleppung durch eine Vertrauensperson des Liefertanten begangen worden sein. Das ist erkennbar ausgeschlossen, da die gem. § 34 Ziff. 1 bis 3 AVB-VSV relevanten Vertrauenspersonen im Rahmen der Vertrauensschadenversicherung grundsätzlich Mitarbeiter des Versicherungsnehmers sind und daher nicht zu den antragspflichtigen Personen gem. § 15a Abs. 1 bis 3 InsO gehören. Eine Täterschaft einer Vertrauensperson gem. § 15a InsO kommt daher in der vorliegend betrachteten Konstellation nicht in Betracht.

dd. Beihilfe gem. §§ 830 Abs. 2, 823 Abs. 2 BGB i.V.m. § 15a InsO

Eine Vertrauensperson des Versicherungsnehmers kann wegen Beihilfe zur Insolvenzverschleppung gem. §§ 830 Abs. 2, 823 Abs. 2 i.V.m. § 15a InsO haften.[423] Beihilfe ist die vorsätzliche Hilfeleistung zur Vorsatztat eines anderen. Es genügt jedes Verhalten, durch das die Haupttat gefördert oder erleichtert wird.[424]

Die Beihilfe zur Insolvenzverschleppung kommt in Betracht, wenn die Geschäftsbeziehung trotz positiv erkannter Zahlungsunfähigkeit des Abnehmers

---

421 *Pape*, NWB 2018, 961, 962.

422 BGH NStZ 2000, 34, 35; BGH ZIP 2005, 1734, 1736.

423 Vgl. BGH ZIP 2005, 1734, 1736; BGH ZInsO 2005, 260, 263; *Büchler*, InsVZ 2010, 68, 73; MüKo-InsO/*Klöhn*, § 15a, Rn. 275; *Froehner*, ZInsO 2011, 1617, 1621.

424 BGH ZIP 2005, 1734, 1736.

durch eine Vertrauensperson des Lieferanten fortgesetzt wird und somit trotz erkannter Insolvenzantragspflicht des Abnehmers neue Verbindlichkeiten begründet werden. Das kann z.B. in Konstellationen der Fall sein, in denen das zahlungsunfähige Unternehmen dringend auf die Weiterbelieferung durch den Lieferanten angewiesen ist, um den Geschäftsbetrieb aufrechtzuerhalten. Verabreden der Abnehmer und die Vertrauensperson des Lieferanten in Kenntnis der konkreten Insolvenzantragspflicht gem. § 15a InsO, dass die Geschäftsbeziehung dennoch bis auf weiteres fortgesetzt wird, kommt demnach nicht nur Insolvenzverschleppung durch den Abnehmer, sondern auch Beihilfe durch die Vertrauensperson in Betracht. Psychische Beihilfe zur Insolvenzverschleppung ist ausreichend.[425]

Die psychische Beihilfe bestärkt den Haupttäter in seinem Tatentschluss und Tatausführungswillen. Die Unterstützungsleistung kann insbesondere auch dadurch erbracht werden, dass sie dem Haupttäter ein erhöhtes Sicherheitsgefühl vermittelt.[426] Eine Beihilfehandlung kommt hiernach in Betracht, wenn fortgesetzt Leistungen an den Abnehmer erbracht werden, die den Abnehmer von der Stellung des Insolvenzantrags abhalten. Durch einen laufenden Geschäftsbetrieb wird die antragspflichtige Person einer insolvenzreifen Gesellschaft in ihrem Entschluss gestärkt, keinen Insolvenzantrag zu stellen.[427]

Die Insolvenzverschleppung ist ein Dauerdelikt, dass mit dem erstmaligen Verstoß gegen die Antragspflicht vollendet und erst beendet ist, wenn die Antragspflicht erfüllt wird oder entfällt.[428] Bei einem Dauerdelikt kann die Beihilfe solange geleistet werden, bis der rechtswidrige Zustand beendet ist.[429]

2. Vorsatz bzgl. der unerlaubten Handlung

Eine Deckung im Rahmen der Vertrauensschadenversicherung kommt gem. § 1 AVB-VSV nur dann in Betracht, wenn die Vertrauensperson die unerlaubte Handlung vorsätzlich begangen hat.

---

425 BGH NStZ 2000, 34; *Froehner*, ZInsO 2011, 1617, 1621.

426 BGH NStZ 1993, 233; BGH NJW 2009, 2690, 2694; Schönke/Schröder/*Heine/Weißer*, § 27, Rn. 15; *Wagner*, ZInsO 2009, 449, 452; *Froehner*, ZInsO 2011, 1617, 1621.

427 *Froehner*, ZInsO 2011, 1617, 1621; *Büchler*, InsVZ 2010, 68, 73; *Wagner*, ZInsO 2009, 449, 453; *Pape*, ZInsO 2018, 296, 304.

428 BGH ZInsO 2011, 970, 971; BGH ZInsO 2005, 1043, 1044; MüKo-InsO/*Klöhn*, § 15a, Rn. 323.

429 BGH NStZ 2004, 44, 45; Schönke/Schröder/*Heine/Weißer*, § 27, Rn. 21.

Unter Vorsatz ist das Wissen und Wollen des rechtswidrigen Erfolgs zu verstehen, wobei sich das das Element des Wollens bei § 823 Abs. 2 BGB auf das betroffene Schutzgesetz, nicht aber auf den Schaden beziehen muss.[430] In Bezug auf den Gehilfen muss sich der Vorsatz sowohl auf die Vollendung der Haupttat als auch auf die Beihilfehandlung beziehen.[431] Vorliegend müsste sich der Vorsatz der Vertrauensperson also sowohl auf die Insolvenzverschleppung des Schuldners gem. § 15a InsO als auch auf die eigene Beihilfehandlung zur Insolvenzverschleppung richten.

Verabreden die Vertrauensperson und der Schuldner bewusst, die Geschäftsbeziehung in Kenntnis der Antragspflicht des Schuldners gem. § 15a InsO fortzusetzen, ist der doppelte Vorsatz bei der Vertrauensperson gegeben, zumal bedingter Vorsatz genügt.[432] Für den Vorsatz des Gehilfen reicht aus, wenn der Gehilfe erkennt, dass der Geschäftsführer den Insolvenzantrag trotz Antragspflicht gem. § 15a InsO pflichtwidrig nicht stellt und der Gehilfe den Entschluss des Geschäftsführers, den Insolvenzantrag auch weiterhin nicht zu stellen, durch Rat und Tat fördert.[433] Ob die Hilfeleistung der einzige Beweggrund des Gehilfen ist oder ob er andere Ziele als der Haupttäter verfolgt oder dessen Handeln möglicherweise sogar ablehnt, ist im Hinblick auf seine Haftung unerheblich.[434]

Wie gezeigt, kommt es im Rahmen des § 15a InsO nicht auf den Vorsatz bzgl. der Gläubigerschädigung an, sondern lediglich auf den Vorsatz, der Insolvenzantragspflicht nicht nachzukommen. Entscheidend ist demnach ausschließlich, dass durch die Verabredung, die Geschäftsbeziehung in Kenntnis der Antragspflicht des Abnehmers fortzuführen, der Insolvenzantrag nicht gestellt wird. Eine vorsätzliche Beihilfe zur vorsätzlichen Insolvenzverschleppung liegt demnach auch in Fällen vor, in denen in Kenntnis der Zahlungsunfähigkeit die Geschäftsbeziehung fortgeführt wird, in der Annahme, das insolvente Unternehmen werde sich wieder erholen; weder der Schuldner noch die Vertrauensperson also Vorsatz bzgl. der Gläubigerschädigung haben.

Im Ergebnis lässt sich also feststellen, dass eine Beihilfe zur Insolvenzverschleppung jedenfalls in Fällen möglich ist, in denen sich die Vertrauensperson

---

430 BGH NStZ 1988 175; BGH NJW 1989, 781, 783; *Koch/Sommer* in: Handbuch Versicherungsrecht, § 19, Rn. 47; Staudinger/Halm/Wendt/*Eichelberg*, VSV, Rn. 30; *Koch*, VersR 2005, 1192, 1193.

431 MüKo-StGB/*Joecks*, § 27, Rn. 103 f. m.w.N.

432 Staudinger/Halm/Wendt/*Eichelberg*, VSV, Rn. 30; *Koch*, VersR 2005, 1192, 1199.

433 BGH NJW 1960, 1677, 1678; BGH ZInsO 2005, 1043, 1045; *Wagner*, ZInsO 2009, 449, 454.

434 BGH NJW 2004, 3423, 3425; *Froehner*, ZInsO 2011, 1617, 1622.

des Lieferanten und der Abnehmer zur Fortsetzung der Geschäftsbeziehung in Kenntnis der bereits bestehenden Antragspflicht gem. § 15a InsO verabreden und der Abnehmer deshalb seiner Antragspflicht nicht nachkommt. Hat eine Vertrauensperson Beihilfe zur Insolvenzverschleppung geleistet, hat sie somit eine unerlaubte Handlung gem. §§ 830 Abs. 2, 823 Abs. 2 BGB i.V.m. § 15a InsO im Sinne von § 1 AVB-VSV begangen.

II. Ersatzfähiger Schaden

Die unerlaubte Handlung gem. §§ 830 Abs. 2, 823 Abs. 2 BGB i.V.m. § 15a InsO müsste zu einem ersatzfähigen Schaden im Sinne von § 1 AVB-VSV führen.

1. Vermögensschaden

In vorliegender Konstellation entsteht ein Schaden für den Versicherungsnehmer dadurch, dass die Vertrauensperson in Beihilfe zur Insolvenzverschleppung des Abnehmers die weitere Lieferung oder Leistung des Versicherungsnehmers veranlasst und dieser nach Inanspruchnahme aus §§ 129 ff. InsO die Gegenleistung wieder herausgeben muss. Es handelt sich demnach um einen Vermögensschaden für den Versicherungsnehmer.

Der reine Vermögensschaden ist grundsätzlich in der Vertrauensschadenversicherung versichert.[435] Zwar ist der Begriff des Vermögenschadens im Sinne des § 1 AVB-VSV in den AVB-VSV nicht definiert. Entsprechend der für die Auslegung von Versicherungsbedingungen geltenden Regel, wonach Worte, mit denen die Rechtssprache feststehende Begriffe verbindet, in diesem Sinne zu verstehen sind[436], ist der Begriff Vermögensschaden im Sinne der im allgemeinen Schadensrecht geltenden Differenzhypothese auszulegen.[437] Danach liegt ein Vermögensschaden vor, wenn der tatsächliche Wert des Vermögens geringer ist als der Wert, den das Vermögen ohne das die Ersatzpflicht begründende Ereignis haben würde.[438]

---

435 *Koch/Sommer* in: Handbuch Versicherungsrecht, § 19, Rn. 19; *Koch*, VersR 2005, 1192, 1193; *Ihlas*, VersR 1994, 898, 900; Staudinger/Halm/Wendt/*Eichelberg*, VSV, Rn. 24 f.

436 BGH NJW 2003, 236, 237; BGH NJW 2000, 1194, 1196; *Koch*, VersR 2015, 133, 141; *Koch*, ZIP 2018, 301, 303.

437 *Koch*, VersR 2005, 1192, 1193; *Ihlas*, VersR 1994, 898, 900; *Seitz*, S. 130; Staudinger/Halm/Wendt/*Eichelberg*, VSV, Rn. 25; MüKo-VVG/*Grote*, VertrauensschadenV, Rn. 35 ff.

438 BGH NJW 1964, 542 f.; BGH NJW 1983, 444, 445; Palandt/*Grüneberg*, Vor § 249, Rn. 10; *Koch*, VersR 2005, 1192, 1193; *Ihlas*, VersR 1994, 898, 900.

2. Ersatzanspruch gegen die Vertrauensperson

Nach obenstehender Begriffsdefinition ist das versicherte Unternehmen in vorliegender Konstellation bei fortgesetzter Lieferung oder Leistung trotz eingetretener Zahlungsunfähigkeit des Abnehmers gem. § 17 Abs. 2 InsO Neugläubiger.[439] Neugläubiger sind wegen Verletzung der Insolvenzantragspflicht von den verantwortlichen Personen so zu stellen, wie sie bei rechtzeitigem Insolvenzantrag gestanden hätten. Der zu ersetzende Schaden richtet sich daher nicht nach dem wegen Insolvenz „entwerteten" Erfüllungsanspruch, sondern nach dem negativen Interesse, also dem Ersatz der Waren- und Lohnkosten, die der Neugläubiger aufgrund des Vertragsschlusses mit dem insolventen Unternehmen erbracht hat. Lediglich in Fällen, in denen der Neugläubiger wegen des Vertragsschlusses mit der insolventen Gesellschaft ein Gewinn entgangen ist, den er ohne den Vertragsschluss anderweitig hätte erzielen können, kommt ein Ersatz des entgangenen Gewinns in Betracht.[440] Eine solche Konstellation liegt vor, wenn aufgrund der Lieferung oder Leistung an das insolvente Unternehmen eine in gleicher Höhe gewinnbringende entsprechende Lieferung oder Leistung an einen Dritten nicht möglich war.[441]

Je nach Fallkonstellation kann es demnach sein, dass sich der Schadensersatzanspruch des Lieferanten aus §§ 830 Abs. 2, 823 Abs. 2 BGB i.V.m § 15a InsO gegen die Vertrauensperson lediglich auf das negative Interesse beschränkt. Der Umstand, dass es eine (arbeits-)vertragliche Beziehung zwischen der schadenverursachenden Person und dem versicherten Unternehmen gibt, ändert daran nichts. Schadensersatzansprüche aus einer unerlaubten Handlung richten sich selbst dann in der Regel nur auf den Ersatz des negativen oder Erhaltungsinteresses, wenn zwischen dem Geschädigten und dem Schädiger vertragliche Beziehungen bestanden haben.[442]

Der Vermögensschaden durch Insolvenzanfechtung betrifft regelmäßig das positive Interesse, da der Insolvenzverwalter gem. §§ 129 ff. InsO stets den vollständigen in anfechtbarer Weise geleisteten Zahlbetrag anficht.[443] Ist gem. §§ 830 Abs. 2, 823 Abs. 2 BGB i.V.m § 15a InsO lediglich das negative Interesse gegenüber der Vertrauensperson erstattungsfähig, tritt die Vertrauensschadenversicherung gem. § 1 AVB-VSV auch lediglich in dieser Höhe ein. Im

439 Siehe Zweiter Teil, B.I.1.b.bb.

440 BGH ZIP 2012, 1455, 1457; BGH ZIP 2009, 1220, 1221.

441 BGH ZIP 2009, 1220, 1221.

442 BGH ZIP 2007, 676, 679, BGH ZIP 2011, 1007, 1009; BGH ZIP 2012, 1455, 1457.

443 Siehe Erster Teil, B.III.

letztgenannten Fall wäre damit eine vollständige Entschädigungsleistung für Schäden aus Insolvenzanfechtung im Rahmen der Vertrauensschadenversicherung ausgeschlossen.

III. Ausschluss mittelbarer Schäden

Der Schadenbegriff gem. § 1 AVB-VSV ist wie gezeigt sehr weit gefasst. In § 51 AVB-VSV sind verschiedene Ausschlüsse geregelt, die den Umfang der Ersatzpflicht daher wieder einschränken. Fraglich ist, ob vorliegend Ausschlüsse in Betracht kommen, die die Ersatzpflicht für Schäden aus Insolvenzanfechtung durch Beihilfe zur Insolvenzverschleppung ausschließen.

Zu denken ist an den Ausschluss mittelbarer Schäden gem. § 51 Ziff. 1 AVB-VSV. Wie bereits gezeigt tritt der Schaden aus Insolvenzanfechtung in zeitlicher Hinsicht regelmäßig erst lange nach Vornahme der anfechtbaren Rechtshandlung ein. Zudem sind mit Eröffnung des Insolvenzverfahrens und Vornahme der Insolvenzanfechtung weitere Zwischenschritte erforderlich. Fraglich ist daher, ob der Vermögensschaden durch Insolvenzanfechtung im vorliegenden Zusammenhang noch unmittelbar im Sinne der AVB-VSV auf der Beihilfe zur Insolvenzverschleppung beruht.

1. Auslegung des Begriffs „mittelbarer Schaden"

Die AVB-VSV definieren weder den Begriff des unmittelbaren Schadens noch den des mittelbaren Schadens. In § 51 Ziff. 1 AVB-VSV sind als mittelbare Schäden lediglich beispielhaft genannt:

> *entgangener Gewinn, Zinsen, Geldstrafen, Bußgelder und sonstige staatliche Zahlungsanordnungen, öffentliche Abgaben, Löse-, Erpressungs- und Schmerzensgelder, Schäden im Zusammenhang mit Diskriminierung und Betriebsunterbrechung, Reputationsschäden.*

Eine gesetzliche, von der Rechtsprechung entwickelte oder in der Literatur anerkannte Definition des Begriffs „mittelbarer Schaden" gibt es ebenfalls nicht, sodass dessen Inhalt im Wege der Auslegung aus dem jeweiligen Vertrag, insbesondere der Haftungsbegrenzungsklausel selbst zu ermitteln ist.[444]

Allgemeine Versicherungsbedingungen sind nach dem Verständnis eines durchschnittlichen Versicherungsnehmers bei verständiger Würdigung, aufmerksamer Durchsicht und Berücksichtigung des erkennbaren

444 BGH VersR 2011, 1392, 1394; BGH VersR 2003, 236, 237; BGH VersR 1994, 1360, 1361; *Koch/Sommer* in: Handbuch Versicherungsrecht, § 19, Rn. 27; Staudinger/Halm/Wendt/*Eichelberg*, VSV, Rn. 62.

Sinnzusammenhangs auszulegen. Dabei kommt es auf die Verständnismöglichkeiten eines Versicherungsnehmers ohne versicherungsrechtliche Spezialkenntnisse und damit auch auf seine Interessen an.[445]

Bei Risikoausschlussklauseln geht das Interesse des Versicherungsnehmers in der Regel dahin, dass der Versicherungsschutz nicht weiter verkürzt wird als der erkennbare Zweck der Klausel es erfordert. Sinn und Zweck von § 51 Ziff. 1 AVB-VSV besteht darin, die ersatzfähigen Schadenpositionen in Höhe und Umfang auf das kalkulatorisch erforderliche Minimum einzugrenzen. Risikoausschlussklauseln sind eng auszulegen; der durchschnittliche Versicherungsnehmer braucht nicht damit zu rechnen, dass er Lücken um Versicherungsschutz hat, ohne dass die Klausel ihm dies hinreichend verdeutlicht.[446]

Ausgehend von der beispielhaften Aufzählung in § 51 Ziff. 1 AVB-VSV erkennt der durchschnittliche Versicherungsnehmer, dass der Versicherer Schäden, die erst nach weiteren Zwischenschritten eintreten oder auf bereits eingetretenen Schäden beruhen, vom Versicherungsschutz ausschließen will, um eine zu weitgehende Einstandspflicht zu vermeiden. Ein unmittelbarer Schaden liegt demnach grundsätzlich nur dann vor, wenn die schadenstiftende Handlung direkt, d.h. ohne weitere Zwischenschritte, zu einem Schaden des versicherten Unternehmens führt.[447] Fraglich ist daher, ob die Beihilfe zur Insolvenzverschleppung trotz der zunächst erforderlichen Eröffnung des Insolvenzverfahrens und der Geltendmachung der Anfechtungsansprüche durch den Insolvenzverwalter sowie dem damit einhergehenden zeitlichen Verzug dennoch zu einem unmittelbaren Schaden im Sinne der AVB-VSV führt.

2. Unmittelbarkeit des Vermögensschadens durch Anfechtung

Durch die oben beschriebene Beihilfe zur Insolvenzverschleppung werden Forderungen gegen einen insolventen Abnehmer begründet, die – wenn überhaupt – lediglich in anfechtbarer Weise befriedigt werden können. Der Schadengrund und die potentielle Schadenhöhe stehen demnach bereits bei Begründung der Forderung gegen den insolventen Abnehmer fest.

---

445 BGH VersR 1993, 957, 958; BGH VersR 2012, 1149, 1153; BGH VersR 2014, 371, 372; BGH VersR 2017, 948, 949, *Koch*, VersR 2015, 133, 134; *Koch*, ZIP 2018, 301, 303.

446 BGH VersR 2011, 1392, 1395; BGH VersR 2003, 236, 237; *Koch/Sommer* in: Handbuch Versicherungsrecht, § 19, Rn. 27.

447 BGH NJW 2011, 1392, 1395; vgl. *Koch/Sommer* in: Handbuch Versicherungsrecht, § 19, Rn. 28.

Werden die durch die Beihilfe zur Insolvenzverschleppung neu begründeten Forderungen durch den insolventen Schuldner von vornherein nicht beglichen, liegt ein unmittelbarer Schaden vor, da zwischen schadenstiftender Handlung und Schaden keine weiteren zeitlichen, faktische oder rechtliche Zwischenschritte liegen. Wenn der Forderungsausfall durch Nichtzahlung eines insolventen Schuldners einen unmittelbaren Vermögensschaden darstellt, dann muss das auch für Forderungsausfälle gelten, die erst durch die Inanspruchnahme aus den §§ 129 ff. InsO resultieren. Es ist nicht ersichtlich, weshalb der Versicherungsnehmer bei Forderungsausfall durch Nichtzahlung bessergestellt sein sollte, als bei Forderungsausfall durch Insolvenzanfechtung. Beide Varianten des Ausfalls beruhen auf derselben unerlaubten Handlung und führen zum gleichen Schaden. Es realisieren sich durch den Forderungsausfall aus Insolvenzanfechtung keine anderen Schadenpositionen als bei einem Forderungsausfall durch Nichtzahlung bei fortgesetzter Lieferung und Leistung.

Eine Eingrenzung der Schadensposition im Sinne des § 51 AVB-VSV auf den unmittelbaren Forderungsausfall durch Nichtzahlung im Gegensatz zum Forderungsausfall durch Insolvenzanfechtung ist somit im Interesse des Versicherers nicht erforderlich. Der rückwirkende Forderungsausfall aufgrund Insolvenzanfechtung ist daher kein mittelbarer Schaden im Sinne von § 51 Ziff. 1 AVB-VSV. Der Ausschluss des § 51 Ziff. 1 AVB-VSV greift somit nicht.

IV. Zwischenergebnis zu B.

Der Anwendungsbereich der Vertrauensschadenversicherung bei Schäden aus Insolvenzanfechtung ist sehr klein, daher bietet die Vertrauensschadenversicherung Lieferanten keinen ausreichenden Schutz vor Schäden aus der Inanspruchnahme aus den §§ 129 ff. InsO.

Die Fortsetzung der Geschäftsbeziehung mit einem erkannt insolventen Unternehmen kann eine unerlaubte Handlung einer Vertrauensperson des Versicherungsnehmers sein, wenn sie dadurch Beihilfe zur vorsätzlichen Insolvenzverschleppung leistet. In diesem Fall ist der Ersatzanspruch gegen die Vertrauensperson gem. §§ 830 Abs. 2, 823 Abs. 2 BGB i.V.m. § 15a InsO für den Forderungsausfall durch Insolvenzanfechtung ein ersatzfähiger Schaden im Rahmen der Vertrauensschadenversicherung, der sich allerdings grundsätzlich lediglich auf das negative Interesse beschränkt.

Zudem ist zu beachten, dass der Anspruch aus §§ 830 Abs. 2, 823 Abs. 2 BGB i.V.m. § 15a InsO des Versicherungsnehmers gegen die Vertrauensperson gem. § 58 AVB-VSV auf den Versicherer übergeht, der es regelmäßig unternimmt, Regress bei der schadenstiftenden Vertrauensperson zu nehmen. Das kann dazu führen, dass durch die Inanspruchnahme der Entschädigungsleistung durch den Versicherungsnehmer, Vertrauenspersonen, die zwar vorsätzlich, aber nicht mit Schädigungsabsicht, sondern vermeintlich im Interesse des Versicherungsnehmers gehandelt haben, mit massiven Regressansprüchen des Versicherers konfrontiert sind.

C. Deckungsschutz für Schäden infolge Insolvenzanfechtung in der D&O-Versicherung

Nachstehend wird untersucht, ob die D&O-Versicherung Schutz vor Schäden infolge Insolvenzanfechtung bietet.

In der D&O-Versicherung sind zwar nicht die Interessen des Unternehmens, sondern nur die seiner Organe vor der Inanspruchnahme seitens des Unternehmens oder außenstehender Dritter versichert. Die D&O-Versicherung ist daher eine Fremdversicherung.[448] Mittelbar kommt der Versicherungsschutz jedoch auch dem Unternehmen zugute, da die D&O-Versicherung bei Haftpflichtansprüchen des Unternehmens gegen dessen Organe (Innenhaftung) sicherstellt, dass ein Regress gegen die Organe erfolgreich ist.[449]

Gesetzlich ist die D&O-Versicherung nicht ausdrücklich geregelt, auch gibt es keine am Markt vorherrschenden AVB.[450] Die einzelnen Deckungskonzepte sind teilweise recht unterschiedlich ausgestaltet. Vorliegend werden daher die Musterbedingungen des GDV Allgemeine Versicherungsbedingungen für die Vermögensschaden-Haftpflichtversicherung von Aufsichtsräten, Vorständen und Geschäftsführern (AVB D&O), Stand Mai 2019 (im Folgenden „AVB-AVG“, Anlage 5) zugrunde gelegt.[451]

I. Gegenstand der D&O-Versicherung (Ziff. A-1 AVB-AVG)

Gem. Ziff. A-1 AVB-AVG ist der Gegenstand der D&O-Versicherung wie folgt definiert:

Der Versicherer gewährt Versicherungsschutz für den Fall, dass ein gegenwärtiges oder ehemaliges Mitglied des Aufsichtsrates, des Vorstandes oder der Geschäftsführung der Versicherungsnehmerin oder einer Tochtergesellschaft (versicherte Personen) wegen

---

448 OLG Nürnberg-Fürth VersR 2005, 541; *Koch*, GmbHR 2004, 18; *Lange*, § 1, Rn. 8; Seitz/Finkel/Klimke/*Finkel/Seitz*, Einf. Rn. 85; Bruck/Möller/*Baumann*, Einf. AVB-AVG 2011/2013, Rn. 11.

449 OLG Nürnberg-Fürth VersR 2005, 541; *Koch*, GmbHR 2004, 18, 23; Bruck/Möller/*Baumann*, Einf. AVB-AVG 2011/2013, Rn. 13 f.; Seitz/Finkel/Klimke/*Finkel/Seitz*, Einf. Rn. 86.

450 *Mitterlechner/Wax/Witsch*, § 1, Rn. 3 ff.; MüKo-VVG/*Ihlas*, D&O, Rn. 12; Staudinger/Halm/Wendt/*Staudinger/Friesen*, D&O-Versicherung, Rn. 1.

451 Unverbindliche Bekanntgabe des Gesamtverbandes der Deutschen Versicherungswirtschaft e.V.(GDV). Zur fakultativen Verwendung. Abweichende Vereinbarungen sind möglich. Die jeweils aktuellen Muster-AVB können kostenfrei auf der Homepage des Verbandes (www.gdv.de) abgerufen werden.

einer bei Ausübung dieser Tätigkeit begangenen Pflichtverletzung aufgrund gesetzlicher Haftpflichtbestimmungen für einen Vermögensschaden auf Schadenersatz in Anspruch genommen wird.

Im vorliegenden Zusammenhang kommen gem. Ziff. A-1 AVB-AVG ersatzfähige Vermögensschäden in Betracht, wenn aufgrund einer Pflichtverletzung einer versicherten Person Ansprüche aus Insolvenzanfechtung gegen das Unternehmen der versicherten Person geltend gemacht werden und die versicherte Person dem Unternehmen nach gesetzlichen Haftpflichtbestimmungen für den daraus entstehenden Schaden haftet.[452]

1. *Pflichtverletzung*

Zunächst ist zu prüfen, ob die Handlung oder Unterlassung einer versicherten Person des Versicherungsnehmers, die den Insolvenzverwalter zur Insolvenzanfechtung berechtigt, eine Pflichtverletzung im Sinne von Ziff. A-1 AVB-AVG sein kann.

a. Organhaftung

Grundlage der Organhaftung bilden die allgemeinen Haftungsgrundlagen für Vorstandsmitglieder von Aktiengesellschaften und Geschäftsführer einer GmbH gem. § 93 Abs. 2 S. 1. AktG bzw. § 43 Abs. 2 GmbHG. Der Haftungsmaßstab ergibt sich aus § 93 Abs. 1 AktG und § 43 Abs. 1 GmbHG.[453] Hiernach haben Vorstände und Geschäftsführer die Sorgfalt eines ordentlichen und gewissenhaften Geschäftsleiters bzw. eines ordentlichen Geschäftsleiters anzuwenden. Das unternehmerische Handeln muss von Verantwortungsbewusstsein getragen und ausschließlich am Unternehmenswohl orientiert sein sowie auf sorgfältiger Ermittlung der Entscheidungsgrundlagen beruhen.[454]

b. Vermögensbetreuungspflicht

Der Maßstab eines ordentlichen und gewissenhaften Geschäftsleiters im Sinne der o.g. Haftungsvorschriften ist der objektivierte Maßstab eines ordentlichen, fremden Vermögensinteressen verpflichteten Geschäftsleiters in einem

452 In aller Regel sind in im Markt verwendeten Bedingungswerken zur D&O-Versicherung auch sogenannte „Officers" mitversichert.

453 Brück/Möller/*Baumann*, AVB-AVG 2011/2013 Ziff. 1, Rn. 30; Seitz/Finkel/Klimke/*Klimke*, Einf. Rn. 136, 455.

454 BGH NJW 1997, 1926, 1928.

gleichartigen Unternehmen in verantwortlich leitender Position. Oberstes Gebot einer ordentlichen Geschäftsführung ist es, den Vorteil der Gesellschaft zu wahren und Schaden von ihr abzuwenden.[455] Anerkannte betriebswirtschaftliche Regeln sind bei der Geschäftsführung zu beachten.[456] Hierzu gehören im Rahmen der Finanzverantwortung ein funktionales Kredit- und Debitorenmanagement, da beide Bereiche Teil der Liquiditätssicherung sind.[457]

Aus diesem Maßstab folgt ohne weiteres die Verpflichtung, die Vermögensinteressen der Gesellschaft zu schützen, also insbesondere auch Vermögensschäden durch Forderungsausfälle zu vermeiden.[458] Es kann hierbei kein Unterschied sein, ob Forderungen unmittelbar durch Nichtzahlung wegen Insolvenz ausfallen oder aufgrund Inanspruchnahme aus den §§ 129 ff. InsO wieder herausverlangt werden. In beiden Fällen realisiert sich ein Forderungsausfall. Aus der Vermögensbetreuungspflicht folgt daher auch die Verpflichtung, Schäden aus Insolvenzanfechtung zu vermeiden.

Die Pflicht zum Schutz des Unternehmensvermögens kann durch eigene Tätigkeit der Organe oder durch eine zweckmäßige und effektive Organisation des Unternehmens gewährleistet sein.[459]

c. *Entgegennahme anfechtbarer Zahlungen*

Die Entgegennahme anfechtbarer Zahlungen ist grundsätzliche keine Pflichtverletzung im Sinne der § 93 Abs. 2 S. 1. AktG bzw. § 43 Abs. 2 GmbHG. Im Gegenteil gehört es gerade zur Sorgfalt eines ordentlichen Kaufmanns, ausstehende Zahlungen konsequent beizutreiben.[460]

Das gilt selbst dann, wenn die Beitreibung in dem Bewusstsein erfolgt, dass die Zahlungen möglicherweise in anfechtbarer Weise geleistet werden, weil der Lieferant bereits Kenntnis der Zahlungsunfähigkeit des Schuldners hat.[461] Von

---

455 OLG Zweibrücken NZG 1999, 506; *Graef*, GmbHR 2004, 327, 330; MüKo-AktG/*Spindler*, § 93, Rn. 25; MüKo-GmbHG/*Fleischer*, § 43, Rn. 87 f.; *Bork*, ZIP 2011, 101, 101; *Lutter*, ZIP 2007, 841, 843 ff.

456 Seitz/Finkel/Klimke/*Klimke*, Einf. Rn. 166; KölnerKommAktG/*Mertens/Cahn*, § 93, Rn. 83; MüKo-GmbHG/*Fleischer*, § 43, Rn. 55.

457 MüKo-GmbHG/*Fleischer*, § 43, Rn. 62.

458 BGH WM 1981, 440, 441; OLG Zweibrücken NZG 1999, 506; *Graef*, GmbHR 2004, 327, 330; MüKo-GmbHG/*Fleischer*, § 43, Rn. 62.

459 Seitz/Finkel/Klimke/*Klimke*, Einf. Rn. 166; KölnerKommAktG/*Mertens/Cahn*, § 93, Rn. 84; MüKo-GmbHG/*Fleischer*, § 43, Rn. 59.

460 Seitz/Finkel/Klimke/*Klimke*, Einf. Rn. 172; MüKo-GmbHG/*Fleischer*, § 43, Rn. 101.

461 Siehe Erster Teil, D.

vornherein auf die Zahlung zu verzichten, da das Risiko einer späteren Inanspruchnahme aus den §§ 129 ff. InsO droht, kann keine pflichtgemäße Alternative sein. Das Risiko der Inanspruchnahme gem. §§ 129 ff. InsO ist aufgrund der weiteren notwendigen Zwischenschritte, Eröffnung des Insolvenzverfahrens über das Vermögen des Schuldners sowie Geltendmachung der Insolvenzanfechtungsansprüche, bei Vornahme der anfechtbaren Rechtshandlung, in aller Regel noch recht ungewiss. Dass eine Zahlung in anfechtbarer Weise vorgenommen wurde, bedeutet noch nicht, dass sie auch zwingend angefochten wird. Der Vermögenszufluss ist also solange werthaltig, bis die Ansprüche aus Insolvenzanfechtung geltend gemacht sind.[462] Ein Forderungsverzicht ist nur in engen Grenzen zulässig, wenn es dafür vernünftige Gründe gibt, da der Vorstand bzw. der Geschäftsführer ausschließlich dem Unternehmensinteresse verpflichtet sind.[463] Aus vorstehenden Erwägungen kommt daher ein vorsorglicher Verzicht auf die Forderung nicht in Betracht.

Fraglich ist, ob anstelle der Entgegennahme anfechtbarer Zahlungen etwaige Sicherheiten geltend gemacht werden müssten. Die Geltendmachung von Sicherungsrechten scheitert aber regelmäßig daran, dass die Zahlung auf die besicherte Forderung zunächst gerade nicht ausfällt, sondern geleistet wird, der Sicherungsfall also nicht eintritt. Damit scheitert auch das Verlangen nach Rücklieferung der Ware aus Eigentumsvorbehaltsrechten, sofern die Ware nach Ablauf des Lieferantenkredits bei Fälligkeit der Forderung überhaupt noch vorhanden ist. Wenn der Schuldner Zahlung auf die Forderung aus Lieferung und Leistung leistet, verhält er sich vertragskonform. Das gilt grundsätzlich auch dann, wenn die Zahlung in anfechtbarer Weise geleistet wird.[464]

d. Lieferantenkredit bei Kenntnis der Zahlungsunfähigkeit

Die Verletzung der Vermögensbetreuungspflicht könnte in der (fortgesetzten) Gewährung von Lieferantenkrediten an einen erkennbar insolventen Abnehmer liegen, wenn es infolgedessen zu Schäden aus Insolvenzanfechtung kommt.

Das Eingehen geschäftlicher Risiken, also auch die Gewährung von Lieferantenkrediten an Abnehmer mit schwächerer Bonität, stellt nicht generell eine Verletzung der Sorgfaltspflichten dar. Der Vorstand bzw. der Geschäftsführer hat einen Ermessenspielraum, der auch riskantes Verhalten ermöglicht, denn

---

462 Siehe Erster Teil, B.I.

463 BGH WM 1982, 532 f.; Seitz/Finkel/Klimke/*Klimke*, Einf., Rn. 173; Hopt/Wiedemann/*Hopt*, § 93, Rn. 112; MüKo-GmbHG/*Fleischer*, § 43, Rn. 101 m.w.N.

464 Siehe Erster Teil, B.I.

vorrangig ist die Pflicht, Geschäfte für das Unternehmen zu tätigen (Business Judgement Rule). Die Grenze ist jedoch u.a. überschritten, wenn die Bereitschaft, unternehmerische Risiken einzugehen, in unverantwortlicher Weise überspannt wird. Es muss stets naheliegender sein, dass sich das Geschäft für das Unternehmen als vorteilhaft erweist, als dass es zu einer Schädigung führt.[465] Anknüpfungspunkt für die Haftung der Organmitglieder ist mithin die unterlassene bzw. unzureichende Kreditprüfung vor Gewährung von Lieferantenkrediten.

Unternehmen dürfen Kredite nur gewähren, wenn das Kreditrisiko hinreichend geprüft und der Kredit entsprechend abgesichert ist. Angeschlagenen Unternehmen dürfen keine ungesicherten Kredite gewährt werden.[466] Ebenso stellt die leichtfertige Gewährung von Lieferantenkrediten eine Pflichtverletzung dar, wenn die Bonitätslage des Abnehmers zumindest unklar ist.[467] Dann scheidet auch die Berufung auf § 93 Abs. 1 S. 2 AktG aus, da eine Ermessensentscheidung im Sinne der Business Judgement Rule gerade auf der Grundlage angemessener Informationen und zum Wohle der Gesellschaft getroffen werden muss.[468]

Im vorliegenden Zusammenhang sind mit erfolgreicher Inanspruchnahme aus Insolvenzanfechtung in den Fällen gem. §§ 130 Abs. 1, 131 Abs. 1 Nr. 3, Abs. 2, 133 Abs. 1 InsO regelmäßig zwei Dinge festgestellt: Erstens, der Schuldner war bei Vornahme der Zahlung bereits zahlungsunfähig im Sinne des § 17 Abs. 2 InsO und zweitens, der Gläubiger hatte zu diesem Zeitpunkt zumindest Kenntnis von Umständen, die auf die Zahlungsunfähigkeit hindeuteten. Wird demnach eine Geschäftsbeziehung geführt, in deren Rahmen Lieferantenkredite gewährt werden, deren Ausgleich schlussendlich durch Insolvenzanfechtung ausfällt, spricht viel dafür, dass vorstehende Anforderungen an die Gewährung von Lieferantenkrediten nicht eingehalten wurden, sodass eine Verletzung der Vermögensbetreuungspflichten im Sinne von § 93 Abs. 2 S. 1 AktG bzw. § 43 Abs. 2 GmbHG in Betracht kommt.

---

465 BGH NJW 1997, 1926 1928; OLG Zweibrücken NZG 1999, 507; Seitz/Finkel/Klimke/*Klimke*, Einf., Rn. 168; Hopt/Wiedemann/*Hopt*, § 93, Rn. 81; MüKo-GmbHG/*Fleischer*, § 43, Rn. 71.

466 LG Hagen BB 1976, 1093; LG Bochum ZIP 1989, 1557, 1561; *Reese*, DStR 1995, 532; Hopt/Wiedemann/*Hopt*, § 93, Rn. 113; *Graef*, GmbHR 2004, 327, 331; MüKo-GmbHG/*Fleischer*, § 43, Rn. 99 m.w.N.

467 BGH WM 1981, 440, 441; *Lenz* in: Handbuch Versicherungsrecht, § 25, Rn. 77.

468 Vgl. *Lutter*, ZIP 2007, 841, 843 ff.; *Bork*, ZIP 2011, 101, 102; MüKo-AktG/*Spindler*, § 93, Rn. 82; MüKo-GmbHG/*Fleischer*, § 43, Rn. 71 ff.

e. Verstoß gegen die Organisationspflicht

Soweit die versicherte Person nicht selbst unmittelbar handelt, kann sich eine Pflichtverletzung aus mangelnder Organisation des Unternehmens ergeben. Für Vorstände einer Aktiengesellschaft ergeben sich aus § 93 Abs. 1 AktG umfassende Organisations- und Überwachungspflichten, die sowohl die vertikale als auch die horizontale Arbeitsteilung erfassen.[469] Bei Aufgaben, die der Vorstand auf Mitarbeiter delegieren kann, besteht für den Vorstand entsprechend den für § 831 BGB entwickelten Kriterien die Pflicht zur sorgfältigen Auswahl, Einweisung und Überwachung.[470] Die ausgewählten Personen müssen über die Aufgaben, zu beachtende Rechtsnormen sowie besondere Risikomomente unterrichtet und ggf. laufend geschult werden. Den Vorstand trifft sodann eine laufende Pflicht zur Überwachung und Kontrolle im Unternehmen.[471] Entsprechende Pflichten treffen den Geschäftsführer einer GmbH gem. § 43 Abs. 1 GmbHG.[472]

Bezogen auf das Insolvenzanfechtungsrecht lassen sich aus genannten Organisationspflichten verschiedene Anforderungen ableiten. Dem zuständigen Organ obliegt die Pflicht, die Mitarbeiter, an die entsprechende Aufgaben delegiert werden, über die Hintergründe und Voraussetzungen des Insolvenzanfechtungsrechts aufzuklären und Prozesse zu etablieren, die das Insolvenzanfechtungsrisiko weitestgehend minimieren.

aa. Kreditmanagement

Das zuständige Organ muss Prozesse definieren und auf deren Einhaltung achten, mit denen sich die Bonität der Abnehmer prüfen lässt, um unter Würdigung des Forderungsausfallrisikos eine Entscheidungsgrundlage für die Eingehung oder Fortsetzung der Geschäftsbeziehung zu haben. Die Entscheidung, unter welchen Voraussetzungen Lieferantenkredite gewährt werden, muss neben dem unmittelbaren Forderungsausfallrisiko auch das Insolvenzanfechtungsrisiko berücksichtigen.

Es obliegt dem zuständigen Organ im Rahmen seiner Organisationsverantwortung sicherzustellen, dass die Mitarbeiter des Unternehmens die Bonität der Schuldner in ausreichendem Maße prüfen und bei begründeter Annahme von Zahlungsunfähigkeit entweder die Geschäftsbeziehung beenden oder zumindest

---

469 Bruck/Möller/*Henzler*, AVB-AVG 2011/2013, Anh. Ziff. 1, Rn. 17; MüKo-AktG/*Spindler*, § 93 Rn. 114; Seitz/Finkel/Klimke/*Finkel/Seitz*, Ziff. 1 AVB-AVG, Rn. 96.

470 BGH NJW 2015, 326, 329; MüKo-AktG/*Spindler*, § 91 Rn. 19.

471 MüKo-AktG/*Spindler*, § 91 Rn. 19 m.w.N.

472 MüKo-GmbHG/*Fleischer*, § 43 Rn. 133 f.

soweit möglich das Forderungsausfall- und Insolvenzanfechtungsrisiko minimieren, z.B. durch Vereinbarung von Lieferung gegen Vorkasse unter den Voraussetzungen des Bargeschäfts gem. § 142 InsO. Voraussetzung dafür ist, das Risiko Insolvenzanfechtung und die wesentlichen rechtlichen Hintergründe zu kennen und den entsprechenden Mitarbeitern zu vermitteln.

bb. Debitorenmanagement

In Bezug auf das Debitorenmanagement ist im Rahmen der Forderungsbeitreibung sicherzustellen, dass keine Tatbestände geschaffen oder dokumentiert werden, die dem Insolvenzverwalter den Nachweis der Kenntnis des Zahlungsempfängers von der Zahlungsunfähigkeit im Sinne der §§ 130 Abs. 1, 131 Abs. 1 Nr. 3, Abs. 2, 133 Abs. 1 InsO ermöglichen oder erleichtern. Wie gezeigt weist der Insolvenzverwalter in der Regel anhand von Indizien die Kenntnis von Umständen nach, die zwingend auf die Zahlungsunfähigkeit hinweisen. Die Förderung einer entsprechenden Indizienlage kann in gewissem Rahmen vermieden werden.

Bei Verschlechterung der Zahlungsmoral ist etwa im Rahmen des Mahnverfahrens darauf zu achten, dass keine dokumentierten Vermutungen über die Zahlungsunfähigkeit geäußert werden; keinesfalls ist mit Insolvenzantrag zu drohen. Ohne zwingende Umstände sollten keine inkongruenten Leistungen als Ersatz für kongruente Leitungen akzeptiert werden etc. Im Rahmen der Anmeldung von Tabellenforderungen sollten dem Insolvenzverwalter nur die unbedingt notwendigen Informationen zur Verfügung gestellt werden, um nicht Grund oder Höhe einer potentiellen Insolvenzanfechtung zu dokumentieren. Ggf. ist zu prüfen, ob das Interesse an der potentiellen Befriedigung aus der Masse höher wiegt, als das Insolvenzanfechtungsrisiko bei Forderungsanmeldung, da das Risiko besteht, dass der Insolvenzverwalter erst durch die Informationen im Rahmen der Forderungsanmeldung Kenntnis von Anfechtungstatbeständen erhält.[473]

Es obliegt demnach dem zuständigen Organ im Rahmen seiner Organisationsverantwortung sicherzustellen, dass die betreffenden Mitarbeiter des Unternehmens das Debitorenmanagement so ausrichten, dass nach Möglichkeit keine Indizienlage geschaffen wird, die dem Insolvenzverwalter die Entdeckung oder Durchsetzung von Ansprüchen gem. §§ 129 ff. InsO ermöglichen oder erleichtern.

473 *Maier*, ZInsO 2016, 843, 845.

Eine derartige Organisation ist auch aus Compliance Gesichtspunkten nicht zu beanstanden. Der Insolvenzverwalter muss die Voraussetzungen für die Inanspruchnahme aus den §§ 129 ff. InsO darlegen und beweisen.[474] Eine wie auch immer geartete Mitwirkungs- oder Auskunftspflicht des Anfechtungsgegners besteht grundsätzlich nicht. Anweisungen, die eine Mitwirkung oder Auskunft gegenüber dem Insolvenzverwalter einschränken oder untersagen, verstoßen grundsätzlich nicht gegen Compliance Vorschriften, wenn keine Rechtsverletzung einhergeht. Gleiches gilt bzgl. der Dokumentation der Kenntnis von Umständen, die auf die Zahlungsunfähigkeit hinweisen.

Der Verstoß gegen die genannten Organisationspflichten bzgl. des Kredit- und Debitorenmanagements kann demnach die Haftung des zuständigen Organs begründen, wenn es aufgrund mangelnder Organisation, Einweisung, Schulung und Überwachung der Mitarbeiter zu Schäden aus der Inanspruchnahme aus den §§ 129 ff. InsO kommt.

2. *Zwischenergebnis zu I.*

Der Lieferant kann seine Organe haftbar machen, wenn es nach vorstehenden Ausführungen durch schuldhafte Pflichtverletzungen der Organe zu Schäden aus Insolvenzanfechtung beim Lieferanten kommt. Insoweit ist der Anwendungsbereich der D&O-Versicherung berührt, da vorbehaltlich des Eingreifens von Ausschlüssen letztlich der D&O-Versicherer den Schaden ersetzen muss.

II. Ausschlüsse (Ziff. A-7 AVB-AVG)

Fraglich ist, ob Ausschlüsse in der D&O-Versicherung eingreifen, wenn nach der Anfechtung durch den Insolvenzverwalter die Lieferanten ihre Organmitglieder wegen des Schadens aus rückwirkendem Forderungsausfall auf Schadensersatz in Anspruch nehmen.

Ziff. A-7 AVB-AVG regelt den Ausschlusskatalog im Rahmen der D&O-Versicherung. Vorliegend relevant sind die Ausschlüsse gem. Ziff. A-7.1 AVB-AVG bei vorsätzlicher Schadenverursachung und wissentlicher Pflichtverletzung sowie gem. Ziff. A-7.14 AVB-AVG bzgl. Einbußen durch Darlehen und Kredite.

474 Uhlenbruck/*Borries/Hirte*, § 129, Rn. 258, § 130, Rn. 108; § 131, Rn. 21; § 133, Rn. 195.

1. *Ausschluss gem. Ziff. A-7.1 S. 1 AVB-AVG*

Gem. Ziff. A-7.1 S. 1 AVB-AVG sind vom Versicherungsschutz Haftpflichtansprüche ausgeschlossen

> *wegen vorsätzlicher Schadenverursachung oder durch wissentliches Abweichen von Gesetz, Vorschrift, Beschluss, Vollmacht oder Weisung oder durch sonstige wissentliche Pflichtverletzung.*

Ausgeschlossen sind vorliegend demnach Ersatzansprüche, wenn die versicherte Person den Schaden aus Insolvenzanfechtung vorsätzlich herbeiführt oder die Pflichtverletzung, die zu einem Schaden aus Insolvenzanfechtung führt, wissentlich begeht.

a. *Vorsätzliche Schadenverursachung*

Der Begriff des Vorsatzes ist in den AVB-AVG nicht definiert. Mangels gegenteiliger Anhaltspunkte hat der Begriff die Bedeutung, die ihm in der Rechtssprache allgemein beigelegt wird.[475] Hiernach ist Vorsatz das Wissen und Wollen des rechtswidrigen Erfolgs.[476] Ausgehend von dieser Bedeutung ist auch der bedingte Vorsatz vom Vorsatzbegriff in den AVB-AVG umfasst.[477] Bedingt vorsätzlich handelt, wer den als möglich erkannten rechtswidrigen Erfolg billigend in Kauf nimmt.[478]

Ausweislich Ziff. A-7.1 AVB-AVG muss sich der Vorsatz auch auf den konkreten Schaden selbst beziehen, nicht lediglich auf die Handlungen, die zu dem Schaden führen.[479] Voraussetzung für den Ausschluss der vorsätzlichen Schadenherbeiführung wäre daher, dass das Organ den aus der Insolvenzanfechtung resultierenden Vermögensschaden in Form des Forderungsausfalls mit Vorsatz (dolus directus ersten oder zweiten Grades) will bzw. im Rahmen des bedingten Vorsatzes billigend in Kauf nimmt.[480]

---

475 BGH NJW 2003, 236, 237; BGH NJW 2000, 1194, 1196; *Koch*, VersR 2015, 133, 141.

476 BGH NJW-RR 2012, 404; Bruck/Möller/*Gädtke*, AVB-AVG 2011/2013 Ziff. 5, Rn. 38.

477 OLG Frankfurt am Main r+s 2011, 509, 512; *Seitz*, VersR 2007, 1476; *Penner*, VersR 2005, 1359, 1360; Bruck/Möller/*Gädtke*, AVB-AVG 2011/2013 Ziff. 5, Rn. 38.

478 BGH NJW 1984, 801; BGH NJW 1986, 180, 182; Bruck/Möller/*Gädtke*, AVB-AVG 2011/2013 Ziff. 5, Rn. 39.

479 Brück/Möller/*Gädtke*, AVB-AVG 2011/2013 Ziff. 5, Rn. 40; *Seitz*, VersR 2007, 1476, 1477; *Penner*, VersR 2005, 1359, 1360.

480 *Seitz*, VersR 2007, 1476, 1477.

Derartige Konstellationen dürften praktisch jedoch kaum denkbar sein, da hierfür durch ein Organ des Gläubigers bewusst anfechtbare Rechtshandlungen des Schuldners herbeigeführt werden müssten, deren Anfechtung zu einem vom Organ gewollten Schaden des eigenen Unternehmens führen. Selbst bei bedingtem Vorsatz ist nicht ersichtlich, weshalb ein Organ den Schaden aus Insolvenzanfechtung billigend in Kauf nehmen sollte, wenn es nicht gerade darum geht, das eigene Unternehmen bewusst zu schädigen. Diese Konstellation deckt sich auch nicht mit den oben dargestellten Fällen der Beihilfe zur Insolvenzverschleppung, da sich der Vorsatz hierbei auf die Insolvenzverschleppung und nicht auf den Eintritt eines Schadens aus Insolvenzanfechtung richtet.[481]

In Fällen, in denen ein Organ im Bewusstsein des konkreten Anfechtungsrisikos dennoch Forderungen aus Lieferung und Leistung gegen einen zahlungsunfähigen Abnehmer begründet, dürfte in aller Regel nicht (bedingter) Vorsatz, sondern allenfalls bewusste Fahrlässigkeit vorliegen. Bei der bewussten Fahrlässigkeit vertraut der Handelnde gerade darauf, dass der Schaden nicht eintreten werde.[482] Dem Ausschluss der vorsätzlichen Schadenverursachung kommt daher im Zusammenhang mit Schäden aus Insolvenzanfechtung geringe Bedeutung zu.

b. Wissentliche Pflichtverletzung

Eine wissentliche Pflichtverletzung liegt vor, wenn die versicherte Person die verletzte Pflicht positiv erkannt hat und sich bewusst war, pflichtwidrig zu handeln.[483] Bedingter Vorsatz, bei dem die versicherte Person die betreffende Pflicht lediglich für möglich hält genügt ebenso wenig, wie fahrlässige Unkenntnis der Pflicht.[484]

Ein bewusster Verstoß gegen die Pflicht setzt zudem voraus, dass sich die versicherte Person in einer Situation, in der ihr bewusst ist, wie und auf welche Art und Weise sie sich verhalten müsste, bewusst dafür entscheidet, von dieser geforderten Verhaltensweise abzuweichen. Der Verstoß gegen die positiv erkannte

481 Siehe Zweiter Teil, B.I.2.

482 BGH NJW-RR 1998, 34, 35.

483 BGH NJW-RR 2001, 1311, 1312; BGH NJW 2006, 289, 291; Bruck/Möller/*Gädtke*, AVB-AVG 2011/2013, Ziff. 5, Rn. 51; *Lange*, § 11, Rn. 13.

484 BGH NZI 2015, 271; BGH NJW-RR 2001, 1311, 1312; BGH VersR 2006, 106, 108; Bruck/Möller/*Gädtke*, AVB-AVG 2011/2013, Ziff. 5, Rn. 51.

Pflicht muss demnach zumindest mit direktem Vorsatz, d.h. auch willentlich erfolgt sein.[485]

aa. Kenntnis der verletzten Pflicht

Für den Ausschluss der wissentlichen Pflichtverletzung müsste der versicherten Person zunächst die Pflicht zum Schutz des Vermögens vor Schäden aus Insolvenzanfechtung bekannt sein. Der Schutz der Vermögensinteressen des Unternehmens ist eine Kardinalpflicht des Vorstands bzw. des Geschäftsführers.

Ausgehend von der Pflicht, das Unternehmen vor Vermögensschäden durch Forderungsausfälle zu schützen, leitet sich die Pflicht ab, Forderungsausfälle durch Insolvenzanfechtung so weit wie möglich zu vermeiden. Im Fall von Kardinalpflichten wird vorausgesetzt, dass die versicherte Person diese Pflicht kennt. Demnach gelten die Pflichten der Organe, die den Rang von Kardinalpflichten haben grundsätzlich als bekannt.[486]

bb. Wissentlicher Verstoß gegen die erkannte Pflicht

Soweit die versicherte Person in Kenntnis des Insolvenzanfechtungsrisikos bewusst die Entscheidung trifft, einem zahlungsunfähigen Unternehmen (weiterhin) Lieferantenkredite zu gewähren und somit lediglich anfechtbare Forderungen zu begründen, verletzt sie wissentlich ihre Pflicht zum Schutz des Vermögens des Unternehmens sowie ihre Pflicht zur ordnungsgemäßen Führung des Unternehmens nach anerkannten betriebswirtschaftlichen Regeln. Die etwaige Hoffnung, es werde nicht zu einer Insolvenz und infolge zu einer Anfechtung kommen, spielt keine Rolle. Die Wissentlichkeit muss sich nicht auf die Schadensfolgen beziehen.[487]

Bzgl. des Organisationsverschuldens gilt das Gleiche. Wenn die versicherte Person es bewusst unterlässt, die betreffenden Mitarbeiter bzgl. der Risiken aus Inanspruchnahme aus Insolvenzanfechtung zu instruieren und Prozesse zur Vermeidung der Inanspruchnahme zu etablieren und zu überwachen, liegt eine wissentliche Verletzung der Pflicht zur Vermeidung von Forderungsausfällen durch mangelnde Organisation vor; gleichgültig ob die Forderungen durch Nichtzahlung oder durch Insolvenzanfechtung ausfallen.

---

485 BGH NZI 2015, 271; BGH NJW-RR 2001, 1311, 1312; Bruck/Möller/*Gädtke*, AVB-AVG 2011/2013, Ziff. 5, Rn. 51.

486 BGH NZI 2015, 271, 272; *Lange* in: Handbuch Versicherungsprozess, § 21, Rn. 190.

487 BGH NJW-RR 2001, 1311, 1312; Bruck/Möller/*Gädtke*, AVB-AVG 2011/2013 Ziff. 5, Rn. 52; *Mitterlechner/Wax/Witsch*, § 7, Rn. 65 f.; *Lange*, § 11, Rn. 13.

c. Zwischenergebnis zu 1.

Aufgrund der Vermögensbetreuungspflicht sind Forderungsausfälle soweit möglich zu vermeiden; das gilt auch für Forderungsausfälle durch Insolvenzanfechtung. Das Insolvenzanfechtungsrisiko für den Lieferanten setzt in den Fällen der §§ 130 Abs. 1, 131 Abs. 1 Nr. 3, Abs. 2, 133 Abs. 1 InsO die Kenntnis jedenfalls von Umständen voraus, die auf die Zahlungsunfähigkeit des Abnehmers bei Vornahme der Zahlung hinweisen. Mit erfolgreicher Inanspruchnahme aus den genannten Vorschriften ist die Kenntnis von Umständen, die auf die Zahlungsunfähigkeit hindeuten, regelmäßig nachgewiesen.

Die versicherte Person, die trotz Kenntnis dieser Umstände neue Forderungen gegen das zahlungsunfähige Unternehmen begründet oder es unterlässt, im Rahmen der Organisationspflicht des Unternehmens soweit möglich dafür zu sorgen, dass es nicht zur Insolvenzanfechtung kommt, handelt daher grundsätzlich wissentlich pflichtwidrig. Der Ausschluss gem. Ziff. A-7.1 AVB-AVG greift in diesen Fällen demnach ein, sodass bzgl. der Haftung für Schäden aus Insolvenzanfechtung kein Versicherungsschutz aus der D&O-Versicherung in Betracht kommt.

2. Ausschluss gem. Ziff. A-7.14 AVB-AVG

Gem. Ziff. A-7.14 S.1 AVB-AVG sind vom Versicherungsschutz Haftpflichtansprüche ausgeschlossen

> *wegen Schäden der Versicherungsnehmerin oder einer Tochtergesellschaft durch Einbußen bei Darlehen und Krediten.*

Der Ausschluss gem. Ziff. A-7.14 AVB-AVG hat sich in der Praxis nicht durchgesetzt und wird daher regelmäßig nicht vereinbart.[488] Die nachfolgenden Ausführungen werden daher kurzgehalten.

Schäden aus Insolvenzanfechtung durch Ausfälle von Forderungen aus Lieferung und Leistung resultieren grundsätzlich aus der Gewährung von Lieferantenkrediten. Fraglich ist daher, ob der Lieferantenkredit vom Ausschluss gem. Ziff. A-7.14 AVB-AVG erfasst ist. Wie gezeigt sind Risikoausschlüsse eng auszulegen.[489]

Der GDV begründet den Ausschluss damit, dass Forderungsausfälle grundsätzlich nicht kalkulierbar sind und die Gefahr besteht, dass jede Zahlung der

---

488 Bruck/Möller/*Gädtke*, AVB-AVG 2011/2013 Ziff. 5, Rn. 147; Seitz/Finkel/Klimke/*Finkel/Seitz*, Ziff. 5 AVB-AVG, Rn. 108; *Olbrich*, S. 195.

489 Siehe Zweiter Teil, B.III.1.

Versicherungsnehmerin auf eine fehlerhafte Kreditvergabe zurückgeführt werden kann.[490] Nach Entscheidung des LG Wiesbaden ist Sinn und Zweck der Klausel, Tatbestände vom Versicherungsschutz auszuschließen, die in besonderer Weise der Gefahr eines kollusiven Zusammenwirkens zwischen den versicherten Personen und dem Anspruchsteller ausgesetzt sind. Insbesondere bei der Mitversicherung von Innenhaftungsansprüchen birgt die konzerninterne Darlehensvergabe die erhebliche Gefahr des kollusiven Zusammenwirkens von Versicherungsnehmerin und versicherten Personen, mit dem Versuch, unternehmerische Risiken auf den D&O-Versicherer abzuwälzen.[491]

Bereits der Wortlaut von Ziff. A-7.14 AVB-AVG erfasst nicht unmittelbar Lieferanten- oder Warenkredite. Der durchschnittliche Versicherungsnehmer wird unter dem Wort „Kredit" zunächst nur Finanzkredite verstehen. Forderungsausfallrisiken aus Lieferantenkrediten sind im Rahmen des Kredit- und Debitorenmanagements wie gezeigt zudem durchaus kalkulierbar, auch die Auslegung durch das LG Wiesbaden findet auf den Lieferantenkredit keine Anwendung. Aufgrund der engen Auslegung von Ausschlussklauseln sind Lieferantenkredite daher nicht vom Ausschluss gem. Ziff. A-7.14 AVB-AVG erfasst.[492]

III. Zwischenergebnis zu C.

Schäden, die der Lieferant durch Insolvenzanfechtung erleidet, können grundsätzlich im Rahmen einer D&O-Versicherung gedeckt sein, wenn sie auf einer Pflichtverletzung einer versicherten Person beruhen. Das ist im vorliegenden Zusammenhang dann der Fall, wenn die versicherte Person in Kenntnis der Zahlungsunfähigkeit des Abnehmers Lieferantenkredite gewährt, die durch spätere Inanspruchnahme aus den §§ 129 ff. InsO ausfallen. In diesen Fällen verletzt die versicherte Person ihre Vermögensbetreuungspflichten gegenüber dem versicherten Unternehmen. Gleiches gilt, wenn es zu Schäden aus Insolvenzanfechtung durch Verletzung von entsprechenden Organisationspflichten kommt.

Begrenzt ist die Einstandspflicht des D&O-Versicherers im vorliegenden Zusammenhang jedoch insbesondere durch den Ausschluss der wissentlichen Pflichtverletzungen. Wissentlich ist die Verletzung der Vermögensbetreuungspflicht, wenn eine Geschäftsbeziehung in Kenntnis des konkreten Insolvenzanfechtungsrisikos bewusst fortgeführt wird oder wenn im Rahmen des

490 *Olbrich*, S. 195, m.w.N.

491 LG Wiesbaden VersR 2005, 546.

492 Bruck/Möller/*Gädtke*, AVB-AVG 2011/2013 Ziff. 5, Rn. 147; MüKo-VVG/*Ihlas*, D&O, Rn. 589; Seitz/Finkel/Klimke/*Finkel/Seitz*, Ziff. 5 AVB-AVG, Rn. 108.

Organisationsverschuldens wesentliche Maßnahmen zur Vermeidung des Insolvenzanfechtungsrisikos wissentlich unterlassen werden.

Keinesfalls bietet daher die D&O-Versicherung Lieferanten über den Haftpflichtanspruch gegen ihre Organe hinreichenden Schutz vor Vermögensschäden, die aus der Inanspruchnahme aus Insolvenzanfechtung resultieren.

Dritter Teil: Insolvenzanfechtungsversicherung

Die vorstehenden Ausführungen haben deutlich gemacht, dass die bereits etablierten Versicherungen Lieferanten nur unzureichenden Schutz vor Insolvenzanfechtung bieten; das gilt wie gezeigt insbesondere auch für die Warenkreditversicherung. Um den Bedarf an Versicherungsschutz speziell für das Insolvenzanfechtungsrisiko zu decken, ist beginnend 2012 die Insolvenzanfechtungsversicherung als eigenständiges Versicherungsprodukt entwickelt worden.

Die Insolvenzanfechtungsversicherung wird derzeit auf der Grundlage der von Tokiomarinekiln im Jahr 2014 eingeführten AVB für die Insolvenzanfechtungsversicherung von zwei Versicherern in Deutschland angeboten.[493] Seit 2016 bietet Euler Hermes auf der Grundlage eigener AVB ebenfalls eine Insolvenzanfechtungsversicherung an, die in einigen Bereichen von den AVB der Tokiomarinekiln abweichende Regelungen enthalten. Musterbedingungen zur Insolvenzanfechtungsversicherung des GDV gibt es nicht.

Nachstehend wird der Umfang des Versicherungsschutzes der Insolvenzanfechtungsversicherung auf der Grundlage der Tokiomarinekiln Allgemeine Versicherungsbedingungen Insolvenzanfechtungsversicherung, Stand August 2016, (im Folgenden „AVB-AnfechtV“, Anlage 6) untersucht.

A. Rechtliche Einordnung

Ausdrückliche Regelungen zur Insolvenzanfechtungsversicherung finden sich weder im VVG noch im VAG. Aufsichtsrechtlich ist die Insolvenzanfechtungsversicherung eine Kreditversicherung im Sinne von Anlage 1 Nr. 14 a) VAG, „allgemeine Zahlungsunfähigkeit“.

Zwar entsteht der Insolvenzmasse durch die Vornahme der anfechtbaren Rechtshandlung ein Vermögensschaden, den der Anfechtungsgegner gem. §§ 129 ff. InsO wieder ausgleichen muss. Der Anfechtungsgegner haftet aber nicht im Sinne von Haftpflichtvorschriften. Bei der Insolvenzanfechtung handelt

---

493 Am 26. November 2019 wurde der Verkauf der Tokio Marine Kiln Europe S.A. an Cooper Gay - Frankreich SAS (CGF), einen Teil der BGC Versicherungsgruppe, bekannt gegeben. Aus Tokio Marine Kiln Europe S.A. wurde infolge die Cooper Gay SA, über die die Insolvenzanfechtungsversicherung weiterhin vertrieben wird.

es sich gerade nicht um ein Haftpflichtrisiko. Der Anspruch des Insolvenzverwalters aus den §§ 129 ff. InsO ist ein Rückgewähranspruch, kein Haftpflichtanspruch.[494] Zudem sieht die Insolvenzanfechtungsversicherung keine Freistellung des Versicherungsnehmers im Sinne von § 100 VVG vor. Eine aufsichtsrechtliche Einordnung unter „Allgemeine Haftpflicht" gem. Anlage 1 Nr. 13) VAG kommt daher nicht in Betracht.

Zu denken wäre weiterhin an eine Einordnung gem. Anlage 1 Nr. 16) VAG, verschiedenen finanzielle Verluste. Die Insolvenzanfechtungsversicherung schützt jedoch vor Vermögensschäden durch rückwirkenden Forderungsausfall aufgrund Zahlungsunfähigkeit. Versichert ist damit ein typisches Kreditrisiko.

Die Insolvenzanfechtungsversicherung ist demgemäß ein Großrisiko im Sinne des § 210 Abs. 2 Nr. 2 VVG i.V.m. Nr. 14 der Anlage 1 zum VAG, entsprechend kann diesbezüglich auf die Ausführungen zur Warenkreditversicherung verwiesen werden. Da auch der rückwirkende Forderungsausfall gem. §§ 129 ff. InsO zu einem Eigenschaden betreffend die Aktiva des Versicherungsnehmers führt, ist die Insolvenzanfechtungsversicherung wie die Warenkreditversicherung eine Eigenschadenversicherung.[495]

B. Rechtliche Versicherbarkeit

Rechtlich versicherbar ist grundsätzlich jedes objektiv bewertbare wirtschaftliche Interesse.[496] Der Versicherungsvertrag unterliegt allerdings wie jeder andere Vertrag den allgemeinen Grenzen der Privatautonomie gem. §§ 134, 138 BGB.[497] Bedenken könnten sich bzgl. der rechtlichen Versicherbarkeit des Insolvenzanfechtungsrisikos aber ergeben, da mittels Insolvenzanfechtung unerwünschte Vermögensverfügungen zu Lasten der Gläubigergesamtheit rückgängig gemacht werden. Darüber hinaus ist ein wesentlicher Umstand bei der Inanspruchnahme aus Insolvenzanfechtung, dass der Anfechtungsgegner jedenfalls nach §§ 130 Abs. 1, 131 Abs. 1 Nr. 3, Abs. 2, 133 Abs. 1 InsO bei Vornahme der anfechtbaren Rechtshandlung grundsätzlich Kenntnis von der Zahlungsunfähigkeit des Leistenden gehabt haben muss. Bei der Anfechtung nach § 133 Abs. 1 InsO bezieht sich die Kenntnis zudem auf den Vorsatz zur Gläubigerbenachteiligung.[498]

---

494 Siehe Erster Teil, B.II.

495 Siehe Zweiter Teil, A.II.1.b.

496 Vgl. *Ruttmann*, S. 35.

497 *Ruttmann*, S. 37; Prölls/Martin/*Armbrüster*, § 1, Rn. 113.

498 Siehe Erster Teil, A.II.3.b.bb.

Fraglich ist daher, ob der Versicherungsschutz des Lieferanten vor den Folgen der Insolvenzanfechtung gegen ein gesetzliches Verbot gem. § 134 BGB oder die guten Sitten gem. § 138 BGB verstößt.

I. Verstoß gegen gesetzliches Verbot gem. § 134 BGB

Eine wirksame Versicherung setzt ein erlaubtes versichertes Interesse voraus.[499] Das versicherte Interesse muss schützenswert sein, weil seine Beeinträchtigung als ein von der Rechtsordnung anerkannter wirtschaftlicher Nachteil eingeschätzt wird.[500] Ein gegen ein gesetzliches Verbot verstoßender Versicherungsvertrag ist gem. § 134 BGB nichtig, wenn sich aus dem Gesetz nichts anderes ergibt.[501]

Das versicherte Interesse in der Insolvenzanfechtungsversicherung besteht darin, den Anfechtungsgegner vor Vermögensschäden durch Inanspruchnahme aus Insolvenzanfechtung zu schützen. Insoweit unterscheidet sich das versicherte Interesse in der Insolvenzanfechtungsversicherung, das Forderungsinteresse, nicht vom versicherten Interesse in der Warenkreditversicherung.[502]

Die Vorschriften gem. §§ 129 ff. InsO sind keine Verbotsgesetze im Sinne von § 134 BGB.[503] Ein Rechtsgeschäft ist daher nicht automatisch nichtig, wenn es anfechtbar ist. Nichtigkeit im Sinne von § 134 BGB kommt nur dann in Betracht, wenn weitere Umstände hinzukommen, die für sich genommen die Nichtigkeit des Rechtsgeschäfts begründen.[504] Erfüllt die anfechtbare Rechtshandlung zugleich Straftatbestände, etwa Gläubigerbegünstigung gem. § 283c StGB, ist ebenfalls nicht ohne weiteres Nichtigkeit gem. § 134 BGB gegeben. Auch bei Vorliegen von Straftatbeständen muss nach den allgemeinen Regeln geprüft werden, ob sich daraus neben der Anfechtbarkeit auch die Nichtigkeit des Rechtsgeschäfts ergeben kann. Die §§ 129 ff. InsO sind insoweit die zivilrechtlich spezielleren Regelungen.[505]

---

499 BGH VersR 1972, 850; *Armbrüster*, § 8, Rn. 397; *Wandt*, Rn. 694; *Ruttmann*, S. 37 f.

500 *Wandt*, Rn. 697.

501 *Bruns*, § 11, Rn. 6.

502 Siehe Zweiter Teil, A.II.1.

503 BGH ZIP 2008, 125, 128; MüKo-InsO/*Kirchhof*, Vor §§ 129-147, Rn. 45; Uhlenbruck/*Borries/Hirte*, § 129, Rn. 39; FK-InsO/*Dauerheim* § 129, Rn. 13.

504 BGH ZInsO 2006, 1217, 1218; HambKomm/*Rogge/Leptien*, Vorb. zu §§ 129 ff., Rn. 9; Uhlenbruck/*Borries/Hirte*, § 129, Rn. 39.

505 MüKo-InsO/*Kirchhof*, Vor §§ 129-147, Rn. 46; Uhlenbruck/*Borries/Hirte*, § 129, Rn. 42.

Es ist nicht verboten, anfechtbare Rechtshandlungen vorzunehmen oder Begünstigter davon zu sein. Anfechtbare Rechtshandlungen sind solange rechtlich wirksam, bis deren rechtliche Wirkung durch Insolvenzanfechtung rückgängig gemacht wird.[506] Das versicherte Interesse in der Insolvenzanfechtungsversicherung verstößt daher grundsätzlich nicht gegen Verbotsnormen. Das Insolvenzanfechtungsrisiko von Lieferanten ist daher rechtlich versicherbar.

II. Sittenwidrigkeit gem. § 138 Abs. 1 BGB

Ein Versicherungsvertrag kann wegen Sittenwidrigkeit nichtig sein, wenn er gegen das Anstandsgefühl aller billig und gerecht Denkenden verstößt.[507] Nicht versicherbar ist ein Interesse, wenn der Versicherer, sofern er den Verstoß gegen die guten Sitten gekannt hätte, den Versicherungsschutz nicht hätte übernehmen können, ohne dass der Vertrag nach § 138 Abs. 1 BGB nichtig gewesen wäre.[508] Eine Versicherung gegen die wirtschaftliche Belastung aus gesetzlichen Bußgeldern und Geldstrafen ist hiernach z.B. sittenwidrig, da der Präventionszweck der Sanktion dadurch zumindest in Frage gestellt wird.[509] Im Hinblick auf die Insolvenzanfechtung stellt sich daher zumindest für die Vorsatzanfechtung die Frage, ob eine Versicherung des Risikos, aus §§ 133 Abs. 1, 143 Abs. 1 InsO in Anspruch genommen zu werden, sittenwidrig sein könnte.

Der Tatbestand der Vorsatzanfechtung wird, anders als noch bei der Absichtsanfechtung unter der Konkursordnung, nicht als unerlaubte Handlung verstanden.[510] Vom Sinn und Zweck her schützt die Regelung des § 133 InsO allerdings nicht die Gleichbehandlung der Gläubiger, sondern die Chancengleichheit in Bezug auf die Befriedigung.[511] § 133 InsO steht nicht in unmittelbarem Zusammenhang mit der materiellen Insolvenz, sondern missbilligt sozialinadäquate Verhaltensweisen des Schuldners.[512] Der Schuldner ist nicht berechtigt, vorsätzlich einzelne Gläubiger gegenüber anderen zu bevorzugen, soweit die ihnen

506 Siehe Erster Teil, B.I.

507 *Bruns*, § 11, Rn. 6.

508 BGH VersR 1962, 659, 660; BGH VersR 1972, 850; vgl. *Ruttmann*, S. 37.

509 *Armbrüster*, § 8, Rn. 394.

510 MüKo-InsO/*Kayser*, § 133, Rn. 13b; Uhlenbruck/*Borries/Hirte*, § 133, Rn. 1; KPB/*Bork*, § 133, Rn. 3.

511 *Kayser*, ZIP 2018, 1153, 1157; Uhlenbruck/*Borries/Hirte*, § 129, Rn. 3; HK-InsO/*Thole*, § 133, Rn. 3; MüKo-InsO/*Kayser*, § 133, Rn. 1a; KPB/*Bork*, § 133, Rn. 3; *Bork*, ZIP 2014, 797, 803.

512 BT-Drucks. 12/2443, S. 160; *Bork*, ZIP 2014, 797, 803.

gegenüber bestehenden Verpflichtungen gleichrangig sind. Die Vorschrift schützt das Interesse der Gläubiger, dass der Schuldner ihre prinzipiell gleichen Befriedigungschancen nicht beeinträchtigt. Zentraler Anknüpfungspunkt ist der in der Rechtshandlung zum Ausdruck gekommene Wille des Schuldners, den Anfechtungsgegner zum Nachteil anderer Gläubiger zu bevorzugen.[513]

Die Insolvenzanfechtung gem. § 133 InsO hat indes keinen Sanktionscharakter. Es soll ausschließlich eine Masseschmälerung verhindert werden.[514] Zwar wird es als sozialinadäquat empfunden, wenn der Schuldner zu Lasten der Gläubiger Vermögen verschiebt. Es ist auch gerechtfertigt, das Risiko, dass diese Vermögensverschiebung rückgängig gemacht wird, auf den Empfänger auszuweiten, wenn dieser Kenntnis vom Benachteiligungsvorsatz hat. Der Vorsatzanfechtung kommt aber neben den ggf. einschlägigen Strafvorschriften nicht die Funktion zu, generalpräventiv auf den Schuldner einzuwirken.[515] Nicht dem Schuldner wird mittelbar der Nutzen durch die Verfügung genommen, sondern dem Begünstigten. Das geschieht zugunsten der Masse und somit zugunsten der übrigen Gläubiger.

Auch gegenüber dem Begünstigten entfaltet § 133 InsO keinen generalpräventiven Charakter. Zum einen handelt der Anfechtungsgegner nicht notwendigerweise selbst; er muss nicht einmal Gläubiger des Schuldners sein.[516] Zum anderen sollen gläubigerbenachteiligende Verfügungen nur im Fall der Eröffnung eines Insolvenzverfahrens rückgängig gemacht werden. Eines Unwerturteils bedarf es daher nicht.[517] Ist die Grenze zu sittenwidrigen oder strafrechtlichen Verhalten überschritten, greifen insoweit die einschlägigen zivil- und strafrechtlichen Normen.[518]

Die Grenze der Sittenwidrigkeit ist daher lediglich bei Vorliegen der Tatbestandsmerkmale nach § 133 InsO nicht erreicht. Daher ist eine Versicherung gegen Schäden aus Insolvenzanfechtung auch nach § 133 InsO grundsätzlich nicht sittenwidrig.

513 BGH ZInsO 2005, 260, 262.
514 BGH ZIP 2008, 123, 128; KK-InsO/*Mohr*, § 143, Rn. 7 f.
515 *Lind*, S. 37; *Bork* in: Handbuch des Insolvenzanfechtungsrechts, Kp. 5, Rn. 2.
516 HK-InsO/*Thole*, § 133, Rn. 3.
517 *Lind*, S. 38; MüKo-InsO/*Kayser*, § 133, Rn. 13.
518 Siehe Erster Teil, B.I.

C. Technische Versicherbarkeit

Neben der Frage der rechtlichen Versicherbarkeit spielt beim Risiko Insolvenzanfechtung insbesondere auch die technische Versicherbarkeit eine Rolle. Problematisch in diesem Zusammenhang könnte sein, dass es so gut wie keine belastbaren Informationen darüber gibt, wie oft und in welchem Umfang Unternehmen von Insolvenzanfechtung betroffen sind.[519]

Wirtschaftlicher Hintergrund des Versicherungsgeschäfts ist die finanzielle Vorsorge des einzelnen durch Transfer des Risikos und des Schadens auf die Gemeinschaft.[520] Aus theoretischer Sicht ist grundsätzlich alles versicherbar, was versichert wird. Voraussetzung ist, dass sich der ursprüngliche Risikoträger mit dem potenziellen Versicherer auf den Risikotransfer einigen kann.[521] Dennoch müssen einschränkend im Hinblick auf die rechtlichen Regelungen von Versicherungsverträgen Voraussetzungen erfüllt sein, damit der Transfer eines Risikos im Wege einer Versicherung erfolgen kann. Hierin liegt die Bedeutung der Versicherungstechnik.[522] Die versicherungstechnischen und die dazugehörigen versicherungsmathematischen Kriterien der Versicherbarkeit sind entsprechend ausdifferenziert.[523]

Auch aufsichtsrechtlich wird das Vorliegen eines Versicherungsgeschäfts nach von der Rechtsprechung entwickelten Kriterien bewertet. Im Sinne von § 1 VVG können hiernach Risiken Gegenstand einer Versicherung sein, wenn das übernommene Risiko auf eine Vielzahl durch die gleiche Gefahr bedrohter Personen verteilt wird und der Risikoübernahme eine auf dem Gesetz der großen Zahl beruhenden Kalkulation zugrunde liegt.[524]

Das Risiko muss in zweifacher Hinsicht nach mathematischen Wahrscheinlichkeitsregeln hinsichtlich Schadenhäufigkeit, Schadenquote und Schadendurchschnitt kalkulierbar sein.[525] Zum einen muss es nach dem Gesetz der

---

519 Siehe Einleitung.

520 Bruck/Möller/*Beckmann*, Einf. A, Rn. 227; Deutsch/Iversen, §1, Rn. 3; *Wandt*, Rn. 123 ff.

521 HGFV/*Goßner*, S. 7; *Ruttmann*, S. 35.

522 *Armbrüster*, § 8, Rn. 400 ff.; Bruck/Möller/*Beckmann*, Einf. A, Rn. 227; *Farny*, ZVersWiss 1975, 170, 171; *Wandt*, Rn. 135.

523 *Armbrüster*, § 8, Rn. 401; vgl. *Ruttmann*, S. 36.

524 BGH VersR 1964, 497, 498; BGH VersR 1995, 344, 345; BVerwG VersR 1969, 819; BVerwG VersR 1987, 297, 298; BVerwG VersR 1992, 1381, 1382; *Bähr/Püttgen* in Handbuch des Versicherungsaufsichtsrechts, § 3, Rn. 5.; MüKo-VVG/*Looschelders*, § 1, Rn. 6; HGFV/*Goßner*, S. 6.

525 *Deutsch/Iversen*, § 1, Rn. 8.

großen Zahl auf eine Mehrzahl von der gleichen Gefahr bedrohter Risikoträger verteilt sein. Das bedeutet, bei einer genügend großen Anzahl von Versicherungsnehmern ergibt sich eine Schadenverteilung, die das Risiko bezogen auf die Gesamtheit berechenbar macht.[526] Der Zweck der Versicherung besteht gerade darin, gleichartige Versicherungen breit zu streuen.[527] Zum anderen muss das Risiko für den jeweiligen konkreten Risikoträger berechenbar sein.[528] Die Kalkulation setzt daher grundsätzlich die Existenz und/oder Erhebung statistischer Daten voraus.

Es gibt allerdings bislang keine hinreichend belastbaren statistischen Daten zur Häufigkeit und durchschnittlichen Höhe der Inanspruchnahme aus Insolvenzanfechtung.[529] Ähnlich wie bei der Versicherung von Emerging Risks[530] bewegt sich das Risiko Insolvenzanfechtung eher im Grenzbereich der technischen Versicherbarkeit. Die Kalkulation des Risikos muss demnach auf andere Weise erfolgen.

I. Abstraktes Insolvenzanfechtungsrisiko

Die wesentlichen Risikofaktoren für die Eintrittswahrscheinlichkeit des Insolvenzanfechtungsrisikos für Lieferanten nach dem Gesetz der großen Zahl sind die gesetzlichen Grundlagen der §§ 129 ff. InsO, die Auslegung und Anwendung durch die Rechtsprechung sowie das Verhalten der Insolvenzverwalter und der Lieferanten. Statistischer Ausgangspunkt ist die Anzahl der unternehmensbezogenen eröffneten Insolvenzverfahren als Voraussetzung jeder Insolvenzanfechtung. Die übrigen Merkmale sind sodann entsprechend zu gewichten und bei der Berechnung des für alle Lieferanten geltenden Risikos, von Insolvenzanfechtung betroffen zu sein, zu berücksichtigen.

Aufgrund der statistischen Unsicherheit ergeben sich mehrere Probleme bei der Einschätzung des Risikos. Zum einen stellt sich die Frage nach der Häufigkeit, also der Frequenz des Schadenseintritts und sodann nach der potentiellen Schadenhöhe. Wie gezeigt kann der Insolvenzverwalter unter den Voraussetzungen des § 133 Abs. 1, Abs. 2 InsO im vorliegenden Zusammenhang bezogen auf Forderungen aus Lieferung und Leistung Rechtshandlungen in einem

526 *Bähr/Püttgen* in: Handbuch der Versicherungsaufsicht, § 3, Rn. 14; *Armbrüster*, § 8, Rn. 401.
527 *Deutsch/Iversen*, § 1, Rn. 8.
528 Bruck/Möller/*Beckmann*, Einf. A, Rn. 228; *Armbrüster*, § 8, Rn. 401.
529 *Dahl/Schmitz*, NJW 2017, 1505, 1511; *Trams*, NJW Spezial 2014, 597, 598.
530 Vgl. zum Umfang der Versicherbarkeit von Emerging Risks: *Teschabai-Oglu*, S. 45 ff.

Zeitraum von bis zu vier Jahren vor Stellung des Insolvenzantrags anfechten.[531] Aufgrund des langen Zeitraums kann es durch die Kumulation von Ansprüchen zu erheblichen Rückforderung kommen. Aber auch die Anfechtung einer einzelnen Rechtshandlung, auch einer Rechtshandlung, die kurz vor Stellung des Insolvenzantrags vorgenommen wurde, kann die Rückerstattung eines erheblichen Betrags und somit einen erheblichen Schaden verursachen. Wenn es bzgl. der Frequenz und der potentiellen Schadenhöhe kaum verwertbare Informationen gibt, muss der Versicherer diese Unsicherheiten durch entsprechend hohe Risikozuschläge kompensieren.[532] Auch die Kumulneigung des Risikos ist entsprechend zu beachten, da eine einzelne Insolvenz zu einer Vielzahl von Insolvenzanfechtungen bei unterschiedlichen Versicherungsnehmern führen kann.[533]

Bei eröffneten Insolvenzverfahren kommt es regelmäßig zu Insolvenzanfechtungen. Lieferanten, die in Branchen tätig sind, in denen es häufiger zu Insolvenzen kommt, etwa im Bau- oder Textilbereich, sind entsprechend oft von Insolvenzanfechtung betroffen. Dieser Umstand führt aber nicht zwingend zur Unversicherbarkeit des Risikos. Eine hohe Schadenfrequenz allein ist kein Hindernis, da ein künftiges Ereignis auch dann versicherbar ist, wenn lediglich der Zeitpunkt des Eintritts ungewiss ist.[534]

II. Konkretes Insolvenzanfechtungsrisiko

Die oben dargestellten Anforderungen zur Berechnung und Bewertung des abstrakten Insolvenzanfechtungsrisikos sind auf das konkrete Anfechtungsrisiko einzelner Versicherungsnehmer entsprechend anzuwenden. Allein auf das Insolvenzrisiko der Abnehmer des Versicherungsnehmers abzustellen ist daher zu kurz gegriffen. Das zeigt sich bereits daran, dass das Insolvenzanfechtungsrisiko auch aus bereits beendeten Geschäftsbeziehungen droht, die ebenfalls bzgl. ihres Insolvenzrisikos bewertet werden müssten. Daher ist eine Stichtagsbetrachtung bzgl. des künftigen Insolvenzrisikos einzelner Abnehmer, etwa bei Abschluss der Insolvenzanfechtungsversicherung, nur teilweise aussagekräftig. Zudem kann sich die Bonität der Abnehmer laufend ändern.

---

531 Siehe Erster Teil, B.VI.3.c.

532 *Armbrüster*, § 8, Rn. 404; *Gardette*, ZVersWiss 1997, 216.

533 *Gardette*, ZVersWiss 1997, 216; als Beispiel kann auf die Insolvenz von TeldaFax und Flex Strom verwiesen werden, die u.a. bei einer großen Anzahl von Netzbetreibern zur Inanspruchnahme aus Insolvenzanfechtung geführt haben.

534 *Gardette*, ZVersWiss 1997, 216, 225.

Soweit im konkreten Fall das Risiko nach Frequenz und Höhe der potentiellen Schäden bewertet wird, sind Anknüpfungspunkte vor allem der getätigte Jahresumsatz, die Anzahl der Abnehmer sowie die Struktur der Abnehmer nach Umsatzgröße, die Branchen aus denen die Abnehmer stammen und ergänzend die Anzahl der bekannten Insolvenzen der letzten drei Jahre sowie die Anzahl und Höhe der Inanspruchnahme aus Insolvenzanfechtung. Gerade Letzteres kann einen Hinweis auf das Verhalten des Versicherungsnehmers im Umgang mit seinen Abnehmern geben. In diesem Rahmen sind ggf. weitere Faktoren zu berücksichtigen, etwa ob das Unternehmen über ein besonders ausgeprägtes Kreditmanagement verfügt und daher zahlreiche Informationen über die wirtschaftlichen Verhältnisse seiner Abnehmer hat. Auch die Art und Weise, wie Kundenbeziehungen geführt werden, kann eine Rolle spielen sowie der Umstand, dass der Versicherungsnehmer durch sein Verhalten anfechtbare Rechtshandlungen oder deren Entdeckung fördert, etwa durch Drohung mit Insolvenzantrag, Duldung von erheblichem oder fortlaufendem Zahlungsverzug oder ausgeprägtes Mahnverhalten.

Ausgehend von den statistischen Daten zu Unternehmensinsolvenzen und unter Berücksichtigung der dargestellten weiteren Faktoren in abstrakter und konkreter Hinsicht, sind die Versicherer in der Lage, das Risiko, aus Insolvenzanfechtung in Anspruch genommen zu werden, als Basis für eine Prämienberechnung zu bewerten. Die statistische Unsicherheit, die geringe Erfahrung und die Schwierigkeit bei der Bewertung der Risikofaktoren machen jedenfalls bislang jedoch erhöhte Risikozuschläge erforderlich. In der Praxis wird die Insolvenzanfechtungsversicherung derzeit häufig als „teuer“ empfunden.

D. Deckungsschutz gem. AVB-AnfechtV

Nachfolgend werden die wesentlichen Regelungen der Insolvenzanfechtungsversicherung zum Deckungsumfang und zur Entschädigungsleistung auf Grundlage der AVB-AnfechtV dargestellt. Soweit es wesentliche Abweichungen in den Deckungskonzepten gibt, werden die Unterschiede zur Insolvenzanfechtungsversicherung gem. den Euler Hermes Allgemeine Versicherungsbedingungen für die Anfechtungsversicherung als Einzelversicherung (im Folgenden „AVB-AFV-E“, Anlage 7) ebenfalls dargestellt.

I. Gegenstand der Versicherung (Ziff. A.I.1. AVB-AnfechtV)

Gegenstand der Insolvenzanfechtungsversicherung ist der Schutz des Versicherungsnehmers vor Vermögensschäden, die durch die Rückerstattung angefochtener Zahlungen gem. §§ 129 ff. InsO und dem damit verbundenen Forderungsausfall entstehen. Gem. Ziff. A.I.1. AVB-AnfechtV ist der Gegenstand der Versicherung wie folgt beschrieben:

> *Versichert sind durch den Insolvenzverwalter geltend gemachte Forderungen aus Insolvenzanfechtung, soweit sich diese Forderungen auf vom Versicherungsnehmer erhaltene Zahlungen eines Schuldners beziehen, die aus Lieferungen und Leistungen des Versicherungsnehmers resultieren, die ihre Grundlage im gewöhnlichen Geschäftsbetrieb des Versicherungsnehmers haben.*

Anfechtungen nach dem AnfG[535] sind aufgrund der eindeutigen Formulierung „durch den Insolvenzverwalter geltend gemachte Forderungen aus Insolvenzanfechtung“ nicht Gegenstand der Insolvenzanfechtungsversicherung, da insoweit klargestellt ist, dass nur Ansprüche nach den §§ 129 ff. InsO im Rahmen des Insolvenzverfahrens Gegenstand der Versicherung sind.

1. *Sinn und Zweck*

Obwohl die Warenkreditversicherung und die Insolvenzanfechtungsversicherung im Wesentlichen denselben Gegenstand haben, nämlich den Schutz vor Ausfällen von Forderungen aus Lieferung und Leistung, ist die jeweilige Zielrichtung eine andere. Die Warenkreditversicherung schützt grundsätzlich vor Forderungsausfällen aufgrund unvorhersehbarer Zahlungsunfähigkeit des Schuldners.[536] Die Insolvenzanfechtungsversicherung schützt hingegen vor Forderungsausfällen durch Insolvenzanfechtung aufgrund grundsätzlich erkennbarer Zahlungsunfähigkeit des Schuldners.

Zwar basiert auch der Forderungsausfall aus Insolvenzanfechtung auf der Insolvenz des Schuldners, im Gegensatz zur Warenkreditversicherung tritt der Schaden aber erst mit Rückerstattung der angefochtenen Zahlungen gem. § 143 Abs. 1 InsO ein. Bei der Insolvenzanfechtungsversicherung steht nicht der Ausfall der Forderung, sondern der Anspruch auf Rückgewähr der erhaltenen Zahlung im Vordergrund. Das ergibt sich bereits aus der Formulierung in Ziff. A.I.1.

---

535 Siehe Erster Teil, B.IV.

536 Siehe Zweiter Teil, A.II.1.

AVB-AnfechtV „Versichert sind durch den Insolvenzverwalter geltend gemachte Forderungen aus Insolvenzanfechtung […]".

2. *Begriff „gewöhnlicher Geschäftsbetrieb"*

Gem. Ziff. A.I.1. AVB-AnfechtV fallen unter den Versicherungsschutz Forderungen aus dem „gewöhnlichen Geschäftsbetrieb" des Versicherungsnehmers. Gemeint sind damit Forderungen aus gegenseitigen Verträgen, die die Haupttätigkeit des Unternehmens betreffen. Insoweit entspricht die Formulierung „gewöhnlicher Geschäftsbetrieb" gem. Ziff. A.I.1. AVB-AnfechtV der Formulierung „regelmäßigen Geschäftsbetrieb" in der Warenkreditversicherung.[537]

Der örtliche Geltungsbereich des Versicherungsschutzes ergibt sich aus dem Versicherungsschein. Regelmäßig übernehmen die Versicherer Versicherungsschutz für aus Deutschland fakturierte Forderungen gegen Abnehmer mit Sitz in EU-Ländern, USA, Kanada und Norwegen. Bei Exportgeschäften kann daher das Insolvenzrecht des Staates Anwendung finden, in dem das Insolvenzverfahren über das Vermögen des Abnehmers eröffnet wird.[538]

II. Versicherungsfall (Ziff. A.I.2. AVB-AnfechtV)

Der Versicherungsfall der Insolvenzanfechtungsversicherung ist in Ziff. A.I.2. AVB-AnfechtV wie folgt definiert:

> *Versicherungsfall im Sinne dieses Versicherungsvertrages ist die schriftliche Inanspruchnahme des Versicherungsnehmers durch den Insolvenzverwalter auf Rückzahlung bereits erhaltener Zahlungen, die zu einem Schaden in Höhe der vom Versicherungsnehmer geleisteten Rückzahlung führen kann.*

1. *Anspruchserhebungs-/Claims-made-Prinzip*

Als Versicherungsfall wird das Ereignis bezeichnet, dass die Leistungspflicht des Versicherers entstehen lässt.[539] Der Versicherungsfall der Insolvenzanfechtungsversicherung knüpft gem. Ziff. A.I.2. AVB-AnfechtV an die Inanspruchnahme des Versicherungsnehmers an (Anspruchserhebungs-/Claims-made-Prinzip) und weist insoweit Parallelen zur D&O-Versicherung auf.

---

537 Siehe Zweiter Teil, A.I.

538 Siehe Erster Teil, C.II.

539 Bruck/Möller/*Baumann*, § 1, Rn. 109.

Nach dem Claims-made-Prinzip in der D&O-Versicherung kann der Versicherungsschutz nur beansprucht werden, wenn während der Dauer des Versicherungsvertrags ein Anspruch gegen den Versicherten erstmals geltend gemacht wird.[540] Es kommt weder auf den Zeitpunkt des anspruchsbegründenden Verhaltens noch auf den Zeitpunkt des Ereignisses an, das den Schaden unmittelbar herbeiführt.[541]

Auch im Rahmen der Insolvenzanfechtungsversicherung muss der Versicherungsfall, also die Inanspruchnahme durch den Insolvenzverwalter gem. §§ 129 ff. InsO, gem. Ziff. C.I.1. AVB-AnfechtV während der Vertragslaufzeit eintreten, damit der Versicherungsnehmer die Versicherungsleistung beanspruchen kann:

> *Der Versicherungsnehmer hat Anspruch auf Entschädigungsleistung, soweit Versicherungsschutz im konkreten Versicherungsfall besteht, der Versicherungsfall während der Vertragslaufzeit eingetreten ist und [...].*

Der Vorteil des Claims-made-Prinzips besteht darin, dass der Zeitpunkt des Versicherungsfalls sowie die Höhe der Inanspruchnahme eindeutig definiert sind. Mit Inanspruchnahme durch den Insolvenzverwalter steht der Eintritt des Versicherungsfalls sowie der geltend gemachte Rückforderungsanspruch gem. § 143 Abs. 1 InsO fest.

Denkbar wäre auch, in der Insolvenzanfechtungsversicherung den Versicherungsfall an die Eröffnung des Insolvenzverfahrens oder die tatsächliche Rückgewähr der angefochtenen Zahlung anzuknüpfen. Ansprüche aus Insolvenzanfechtung entstehen mit Eröffnung des Insolvenzverfahrens und sind sofort fällig.[542] Das Abstellen auf den Zeitpunkt der Eröffnung des Insolvenzverfahrens ist aber in mehrfacher Hinsicht nicht zielführend. Es gibt Fälle, in denen der Versicherungsnehmer von der Eröffnung des Insolvenzverfahrens gar keine positive Kenntnis hat, z.B. bei Abnehmern, mit denen der Versicherungsnehmer in keiner Geschäftsbeziehung mehr steht. In diesen Fällen erhielte der Versicherungsnehmer erst mit Inanspruchnahme durch den Insolvenzverwalter gem. §§ 129 ff. InsO Kenntnis von der Insolvenz und somit von dem bereits eingetretenen Versicherungsfall. Bei Eröffnung des Insolvenzverfahrens ist für den Versicherungsnehmer ferner grundsätzlich nicht absehbar, ob und in welcher

---

540 Bruck/Möller/*Koch*, § 100, Rn. 71; *Lange*, § 9, Rn. 9; *Pataki*, VersR 2004, 835, 837.

541 *Schramm*, Ziff. C.III.1., S. 41; Seitz/Finkel/Klimke/*Finkel/Seitz*, Ziff.2 AVB-AVG, Rn. 36.

542 Siehe Zweiter Teil, B.

Höhe es zur Insolvenzanfechtung kommt, sodass bei Eintritt des Versicherungsfalls mit Eröffnung des Insolvenzverfahrens der Schadeneintritt noch ungewiss ist. Der Versicherer müsste daher jedenfalls bis zum Ablauf der Verjährungsfrist[543], also drei Jahre nach Eröffnung des Insolvenzverfahrens, Finanzreserven für möglicherweise eintretende Schäden bereithalten; selbst für den Fall, dass der Versicherungsvertrag nach Eröffnung des Insolvenzverfahrens beendet ist. Aus dem Claims-made-Prinzip ergibt sich hingegen der Vorteil, dass eine Nachhaftung nach Beendigung des Versicherungsschutzes grundsätzlich entfällt und somit der Risikozeitraum klar eingegrenzt ist.[544]

Die Anknüpfung des Versicherungsfalls an den Zeitpunkt der tatsächlichen Rückgewähr der angefochtenen Zahlung birgt die Gefahr, dass der Versicherer bei Kenntnis der Inanspruchnahme aus Insolvenzanfechtung den Versicherungsvertrag vor tatsächlicher Rückzahlung beendet. Gerade bei gerichtlichen Auseinandersetzungen bzgl. des Rückgewähranspruchs kann erhebliche Zeit zwischen der Inanspruchnahme und der tatsächlichen Rückzahlung liegen. Zudem will der Insolvenzanfechtungsversicherer größtmöglichen Einfluss auf die Prüfung und ggf. Abwehr des Anfechtungsanspruchs haben. Tritt der Versicherungsfall erst mit Rückzahlung ein, ist die Möglichkeit der Einflussnahme des Versicherers bei der Schadenabwehr und -minderung erheblich eingeschränkt.

a. Rückwärtsdeckung

Vergleichbar den Haftpflichtversicherungen nach dem Claims-made-Prinzip[545] hat auch die Insolvenzanfechtungsversicherung eine unbegrenzte Rückwärtsdeckung. Mitversichert sind demnach alle Rückforderungen des Insolvenzverwalters gem. § 143 Abs. 1 InsO aus anfechtbaren Rechtshandlungen, die bereits vor Beginn der Versicherungsvertragslaufzeit vorgenommen wurden.

Ohne diese Rückwärtsdeckung wäre der Versicherungsschutz erheblich eingeschränkt bzw. könnte erst nach Jahren fortdauernder Versicherung voll zum Tragen kommen. Die anfechtbare Zahlung auf Forderungen aus Lieferung und Leistung kann wie gezeigt gem. § 133 Abs. 1, Abs. 2 InsO bis zu vier Jahren vor Insolvenzantrag liegen. Der Anspruch verjährt drei Jahre nach dem Jahr der Eröffnung des Insolvenzverfahrens.[546] Müssten beide Ereignisse, Vornahme der

543 Siehe Zweiter Teil, A.II.9.

544 *Pataki*, VersR 2004, 835, 837; *Schramm*, Ziff. C.III.1., S. 42.

545 *Lange*, § 10, Rn. 25; *Pataki*, VersR 2004, 835, 837; *Schramm*, Ziff. C.III.1., S. 41; Seitz/Finkel/Klinke/*Finkel/Seitz*, Ziff. 3. AVB-AVG, Rn. 5.

546 Siehe Zweiter Teil, A.II.9.

anfechtbaren Rechtshandlung und schriftliche Inanspruchnahme durch den Insolvenzverwalter, in die Laufzeit des Versicherungsvertrages fallen, wäre der Versicherungsschutz für Schäden aus Insolvenzanfechtung faktisch ausgehöhlt.

b. Abweichende Deckungskonzepte

Im Gegensatz zu den AVB-AnfechtV ist die Rückwärtsdeckung nach den Euler Hermes AVB-AFV-E deutlich eingeschränkt. Zwar sind hiernach alle nach erfolgter Insolvenzanfechtung wiederaufgelebte Forderungen versichert, allerdings gem. Ziff. A.3.e) AVB-AFV-E lediglich unter der Voraussetzung, dass

> *das Insolvenzverfahren über das Vermögen des Kunden während der Laufzeit des Versicherungsvertrages beantragt und eröffnet wurde.*

Das bedeutet, dass bei der Insolvenzanfechtungsversicherung von Euler Hermes sowohl der Antrag auf Eröffnung des Insolvenzverfahrens als auch die Inanspruchnahme aus Insolvenzanfechtung in die Laufzeit des Versicherungsvertrages fallen muss. Ansprüche aus den §§ 129 ff. InsO aus vor Beginn des Versicherungsvertrags bereits beantragten oder eröffneten Insolvenzverfahren sind demnach nicht versichert, auch wenn die Rückerstattung gem. § 143 Abs. 1 InsO während der Laufzeit des Versicherungsvertrags geltend gemacht wird.

Der Eintritt des Versicherungsfalls oder eine Entschädigungsleistung kommen hiernach im ersten Versicherungsjahr in der Euler Hermes Variante der Insolvenzanfechtungsversicherung kaum in Betracht. Denn selbst wenn an Tag eins nach Abschluss der Euler Hermes Insolvenzanfechtungsversicherung die Eröffnung des Insolvenzverfahrens beantragt wird, ist während der Durchführung des vorläufigen Insolvenzverfahrens die Inanspruchnahme aus Insolvenzanfechtung ausgeschlossen.[547] Auch in der Folgezeit müsste der Insolvenzverwalter die Ansprüche aus §§ 129 ff. InsO zügig geltend machen, damit es im ersten Versicherungsjahr noch zum Eintritt des Versicherungsfalls kommt. Unter Berücksichtigung der Klärung des Sach- und Streitstands dürfte eine Entschädigungsleistung im ersten Versicherungsjahr praktisch ausgeschlossen sein.

2. AGB-Inhaltskontrolle der Versicherungsfalldefinition

Im Rahmen der D&O-Versicherung wird die Wirksamkeit des Claims-made-Prinzips im Sinne der AGB-Inhaltskontrolle aufgrund des zeitlichen Ablaufs zwischen Pflichtverletzung, Schadeneintritt und Geltendmachung von

---

547 Siehe Erster Teil, B.

Ersatzansprüchen diskutiert.[548] Hintergrund ist der Umstand, dass bei Pflichtverletzungen, die während der Laufzeit des Versicherungsvertrages begangen werden, eine Entschädigungsleistung nicht in Betracht kommt, wenn die Inanspruchnahme des Schädigers erst nach Beendigung des Versicherungsvertrags erfolgt. Das Ende des Versicherungsvertrags markiert damit auch das Ende des Versicherungsschutzes.[549]

Ähnlich wie bei der Pflichtverletzung, die schlussendlich zum Schadensersatzanspruch in der D&O-Versicherung führt, kann die Vornahme der anfechtbaren Rechtshandlung zeitlich deutlich vor der Inanspruchnahme durch den Insolvenzverwalter gem. §§ 129 ff. InsO liegen. Auch im Rahmen der Insolvenzanfechtungsversicherung läuft der Versicherungsnehmer daher Gefahr, mit Beendigung des Versicherungsvertrags den Versicherungsschutz für Schäden aus Insolvenzanfechtung zu verlieren, obwohl die Vornahme der anfechtbaren Rechtshandlung im versicherten Zeitraum stattgefunden hat und der Versicherungsnehmer den Versicherungsvertrag möglicherweise gerade im Hinblick darauf abgeschlossen hat.

Aus vorstehenden Gründen stellen sich die Fragen zur Wirksamkeit des Claims-made-Prinzips im Rahmen der AGB-Inhaltskontrolle, vergleichbar zu denen in der D&O-Versicherung, daher auch im Rahmen der Insolvenzanfechtungsversicherung.

a. AGB-Kontrollfähigkeit der Versicherungsfalldefinition

Fraglich ist zunächst, ob die Regelung zum Versicherungsfall gem. Ziff. A.I.2, Ziff. i.V.m. Ziff. C.I.1. AVB-AnfechtV der AGB-Inhaltskontrolle unterliegt. Dem könnte entgegenstehen, dass Vereinbarungen über den unmittelbaren Gegenstand der Hauptleistungen, sogenannte Leistungsbeschreibungen, mit Rücksicht auf die Vertragsfreiheit der Inhaltskontrolle nach § 307 Abs. 1 S. 1, Abs. 2 BGB entzogen sind.

Nicht der gerichtlichen Inhaltskontrolle unterliegen hiernach Leistungsbeschreibungen, die Art, Umfang und Güte der geschuldeten Leistung festlegen. Vereinbarungen, die das Hauptleistungsversprechen lediglich einschränken, verändern, ausgestalten oder modifizieren, fallen hingegen unter die AGB-Inhaltskontrolle. Die Inhaltskontrolle von Leistungsbeschreibungen scheidet

---

548 OLG München VersR 2009, 1066, 1067; *Koch*, VersR 2011, 295; Prölls/Martin/*Voit*, Ziff. 2 AVB-AVG, Rn. 1 f.; *Schimikowski*, VersR 2010, 1533; *Westphalen*, VersR 2011, 145; *Pataki*, VersR 2004, 835.

549 OLG München VersR 2009, 1066, 1067; *Koch*, VersR 2011, 295, 297.

demnach aus, im engen Bereich der Leistungsbeschreibungen, ohne deren Vorliegen mangels Bestimmtheit oder Bestimmbarkeit des wesentlichen Vertragsinhalts ein wirksamer Vertrag nicht mehr angenommen werden kann.[550]

Es ist daher zu untersuchen, ob die Versicherungsfalldefinition in Ziff. A.I.2. AVB-AnfechtV zum engen Bereich der Leistungsbeschreibung der Insolvenzanfechtungsversicherung gehört und damit der AGB-Inhaltskontrolle entzogen ist.

aa. Enger Bereich der Leistungsbeschreibung

Der IV. Zivilsenat des BGH schließt mit seinem Urteil vom 26. März 2014 die AGB-rechtliche Kontrolle der Versicherungsfalldefinition für die Haftpflichtversicherung aus. Die Definition des Versicherungsfalls gehört hiernach zum Kernbereich der Leistungsbeschreibung und entzieht sich somit der AGB-Inhaltskontrolle. Mangels einer gesetzlichen Regelung des Versicherungsfalls in § 100 VVG, die der Gesetzgeber bewusst nicht vorgenommen hat, hat die Unwirksamkeit der Regelung des Versicherungsfalls die Unwirksamkeit des gesamten Vertrages zur Folge. Der Versicherungsnehmer verliert demnach bei Unwirksamkeit der Bestimmung zum Versicherungsfall jeglichen Versicherungsschutz.[551]

Folgt man der Argumentation des BGH, könnten die vorstehenden Ausführungen für die Insolvenzanfechtungsversicherung entsprechend gelten, wenn man die Versicherungsfalldefinition gem. Ziff. A.I.2. AVB-AnfechtV zum Kernbereich der Leistungsbeschreibung zählt, weil ohne deren Vorliegen mangels Bestimmtheit oder Bestimmbarkeit des wesentlichen Vertragsinhalts ein wirksamer Vertrag nicht mehr angenommen werden kann.[552] Ein Rückgriff auf gesetzliche Regelungen zur Schließung der etwaigen Lücke kommt nicht in Betracht, da die Insolvenzanfechtungsversicherung gesetzlich nicht geregelt ist. Die Unwirksamkeit der Versicherungsfalldefinition gem. Ziff. A.I.2. AVB-AnfechtV könnte somit die Unwirksamkeit des gesamten Versicherungsvertrages zur Folge haben. Aus diesem Grund könnte die Versicherungsfalldefinition gem. Ziff. A.I.2. AVB-AnfechtV von vornherein der AGB-Inhaltskontrolle entzogen sein. Fraglich ist demnach, ob sich bei Unwirksamkeit von Ziff. A.I.2. AVB-AnfechtV dennoch der wesentliche Vertragsinhalt der Insolvenzanfechtungsversicherung bestimmen lässt.

---

550 BGH NJW 2014, 2269, 2272; BGH NJW 2008, 360, 362; BGH NJW 2001, 2014, 2016; Jauernig/*Stadler*, § 307, Rn. 14; *Koch*, VersR 2011, 295, 296; *Armbrüster*, NJW 20015, 1788, 1791.

551 BGH VersR 2014, 625, 627; vgl. kritisch *Koch*, VersR 2014, 1277.

552 BGH VersR 2007,1690, 1691; *Koch*, VersR 2011, 295, 296.

bb. Bestimmbarkeit des wesentlichen Vertragsinhalts

Der Sinn und Zweck der Insolvenzanfechtungsversicherung, der Schutz vor Schäden aus der Inanspruchnahme aus den §§ 129 ff. InsO, setzt bereits denklogisch die Geltendmachung von entsprechenden Ansprüchen voraus. Der Umfang der Hauptleistung des Versicherers ergibt sich dementsprechend aus Ziff. A.I.1. AVB-AnfechtV, wonach „durch den Insolvenzverwalter geltend gemachte Forderungen aus Insolvenzanfechtung [...]" versichert sind.

Ziff. A.I.2. AVB-AnfechtV schränkt die Hauptleistung aus der Insolvenzanfechtungsversicherung lediglich dahingehend ein, dass die Inanspruchnahme durch den Insolvenzverwalter auf Rückzahlung bereits erhaltener Zahlungen, die zu einem Schaden in Höhe des vom Versicherungsnehmer zurückgezahlten Betrags führen kann, schriftlich erfolgen muss; präzisiert durch Ziff. C.I.1. AVB-AnfechtV, wonach die Inanspruchnahme während der Vertragslaufzeit erfolgen muss. Letzteres kann aber auch bereits Ziff. A.I.2. AVB-AnfechtV entnommen werden, da auf die Inanspruchnahme des „Versicherungsnehmers" abgestellt wird. Mit Beendigung des Versicherungsvertrags endet jedoch auch die Eigenschaft als Versicherungsnehmer. Der durchschnittliche Versicherungsnehmer kann Ziff. A.I.2. AVB-AnfechtV demnach nur so verstehen, dass der Versicherungsfall während der Vertragslaufzeit eintreten muss.

Die Regelung der Versicherungsfalldefinition gem. Ziff. A.I.2. AVB-AnfechtV, ergänzt durch Ziff. C.I.1 AVB-AnfechtV, stellt also lediglich eine Einschränkung der in Ziff. A.I.1. AVB-AnfechtV genannten Leistungsbeschreibung dar, sodass auch ohne Definition des Versicherungsfalls in Ziff. A.I.2. AVB-AnfechtV bestimmt ist, dass die Einstandspflicht des Versicherers bei Geltendmachung von Insolvenzanfechtungsansprüchen entsteht. Ohne die Versicherungsfalldefinition gem. Ziff. A.I.2. AVB-AnfechtV i.V.m. Ziff C.I.1 AVB-AnfechtV entfällt lediglich die Einschränkung, dass die Inanspruchnahme schriftlich und während der Vertragslaufzeit erfolgen muss.

Der wesentliche Vertragsinhalt der Insolvenzanfechtungsversicherung lässt sich im Ergebnis demnach auch ohne die Versicherungsfalldefinition gem. Ziff. A.I.2. AVB-AnfechtV bestimmen. Ziff. A.I.2. AVB-AnfechtV betrifft somit nicht den Kernbereich der Leistungsbeschreibung und unterliegt daher grundsätzlich der AGB-Inhaltskontrolle.

b. Inhaltskontrolle gem. § 307 BGB

Die Versicherungsfalldefinition gem. Ziff. A.I.2. AVB-AnfechtV könnte gem. § 307 Abs. 1 S. 1 BGB unwirksam sein, wenn der Versicherungsnehmer durch die Beschränkung des Eintritts des Versicherungsfalls auf die Laufzeit des

Versicherungsvertrags entgegen den Geboten von Treu und Glauben unangemessen benachteiligt wird. Im Rahmen der Inhaltskontrolle im Sinne von § 307 Abs. 1 und Abs. 2 BGB ist vorrangig zu prüfen, ob eines der Regelbeispiele gem. § 307 Abs. 2 BGB verwirklicht ist.[553] Mangels gesetzlicher Regelung der Insolvenzanfechtungsversicherung scheidet das Regelbeispiel gem. § 307 Abs. 2 Nr. 1 BGB aus. In Betracht kommt jedoch eine unangemessene Benachteiligung gem. § 307 Abs. 2 Nr. 2 BGB.

Eine unangemessene Benachteiligung gem. § 307 Abs. 2 Nr. 2 BGB ist im Zweifel anzunehmen, wenn wesentliche Rechte und Pflichten der Vertragsparteien in einer den Vertragszweck gefährdenden Weise eingeschränkt werden. Eine solche Einschränkung liegt nach der Rechtsprechung des BGH vor, wenn der Vertrag durch eine Leistungszweckbegrenzung ausgehöhlt und zwecklos wird.[554]

aa. Vertragszweckgefährdung

Für alle anfechtbaren Rechtshandlungen, die während der Vertragslaufzeit der Insolvenzanfechtungsversicherung zu einer Vermögensverschiebung zugunsten des Versicherungsnehmers geführt haben, besteht trotz Prämienzahlung kein Versicherungsschutz, wenn die Insolvenzanfechtung erst nach Beendigung des Versicherungsvertrags erfolgt. Es besteht somit, vergleichbar der Problematik in der Haftpflichtversicherung[555], aufgrund des Claims-made-Prinzips die Gefahr, dass der Versicherungsnehmer bei Inanspruchnahme durch den Insolvenzverwalter keinen Versicherungsschutz mehr hat, obwohl die potentielle Inanspruchnahme aus Insolvenzanfechtung sich auch Jahre später noch auf den gesamten versicherten Zeitraum beziehen kann. Dieses Risiko wird, vergleichbar dem Haftpflichtrisiko im Rahmen der D&O-Versicherung[556], auf den Versicherungsnehmer und/oder die Versicherten verlagert.

Versicherungsnehmer und/oder Versicherte müssen bei Beendigung des Insolvenzanfechtungsversicherungsvertrags also davon ausgehen, dass für alle noch nicht angefochtenen, aber bereits vorgenommenen anfechtbaren

---

553 Vgl. *Koch*, VersR 2011, 295, 297.

554 Vgl. BGH VersR 2009, 533, 534; BGH VersR 2006, 641, 643; BGH VersR 1998, 175, 176; vgl. *Koch*, VersR 2011, 295, 297.

555 Vgl. *Koch*, VersR 2011, 295, 297; *Schimikowski*, VersR 2010, 1533, 1538; *Westphalen*, VersR 2011, 145, 151.

556 Vgl. OLG München VersR 2009, 1066, 1067; *Koch*, VersR 2011, 295, 297; Prölls/Martin/*Voit*, Ziff. 2 AVB-AVG, Rn. 1.

Rechtshandlungen kein Versicherungsschutz mehr besteht. Der Versicherungsnehmer läuft beim Claims-made-Prinzip generell Gefahr, eine Versicherung abgeschlossen zu haben, die zum Zeitpunkt der Anspruchserhebung bereits beendet ist.[557] Der Versicherungsschutz für Insolvenzanfechtungen kann demnach grundsätzlich zwecklos werden, da ggf. Prämie gezahlt wird, ohne hierfür eine Gegenleistung zu erhalten.[558]

bb. Nachteilskompensation durch Vorteile anderer Vertragsbedingungen

Die aufgezeigte Vertragszweckgefährdung durch das Claims-made-Prinzip begründet die Vermutung einer unangemessenen Benachteiligung des Versicherungsnehmers gem. § 307 Abs. 1 S. 1, Abs. 2 Nr. 2 BGB. Die Vermutung entfällt jedoch, wenn die Gesamtwürdigung der Umstände ergibt, dass die Klausel den Versicherungsnehmer und ggf. die Mitversicherten nicht unangemessen benachteiligt.[559] Nachteile einzelner Regelungen können demnach in der Gesamtschau der AVB kompensiert werden, wenn andere Regelungen den Nachteil angemessen wieder ausgleichen.[560] Zu prüfen ist daher, ob die AVB-AnfechtV Regelungen enthalten, die den Nachteil des Claims-made-Prinzips kompensieren.

aaa. Rückwärtsdeckung

Wie gezeigt bietet die Insolvenzanfechtungsversicherung gem. AVB-AnfechtV eine Rückwärtsdeckung bzgl. anfechtbarer Rechtshandlungen, die vor Abschluss des Versicherungsvertrags vorgenommen wurden.[561] Fraglich ist, ob diese Rückwärtsdeckung den Ausschluss der Einstandspflicht für Inanspruchnahmen nach Beendigung des Versicherungsvertrags hinreichend kompensiert.[562]

Für die Haftpflichtversicherung ist lediglich die Rückwärtsdeckung als Kompensation für das Claims-made-Prinzip überwiegend verneint worden.[563] Die

---

557 Vgl. OLG München VersR 2009, 1066, 1067.

558 Vgl. *Koch*, VersR 2011, 295, 297.

559 *Koch*, VersR 2011, 295, 297.

560 BGH NJW 2003, 888, 890 f.; OLG München VersR 1066, 1068; *Koch*, VersR 2011, 295, 297; Prölls/Martin/*Voit*, Ziff. 2 AVB-AVG, Rn. 1 f.; *Westphalen*, VersR 2011, 145, 152.

561 Siehe Dritter Teil, D.II.1.a.

562 Die AVB-AFV-E von Euler Hermes beinhalten wie gezeigt keine entsprechende Rückwärtsdeckung. Hier bezieht sich die Rückwärtsdeckung lediglich auf anfechtbare Rechtshandlungen aus Insolvenzverfahren, die während der Versicherungsvertragslaufzeit beantragt und eröffnet wurden.

563 *Baumann*, VersR 2012, 1461, 1466; *Koch*, VersR 2011, 295, 297; *Schimikowski*, VersR 2010, 1533, 1539; *Westphalen*, VersR 2011, 145, 153.

Rückwärtsdeckung führt nicht dazu, dass die sich aus der fehlenden Nachhaftung ergebende Benachteiligung wieder aufgehoben wird.[564] Die Rückwärtsdeckung kann nur dann die Nachteile des Claims-made-Prinzips ausgleichen, wenn für alle versicherten Personen ein Bedürfnis für eine Rückwärtsdeckung besteht. Dies ist aber z.B. bei Unternehmensneugründungen oder bei neu hinzukommenden Organen in der D&O-Versicherung nicht der Fall. Es ist insoweit auf eine überindividuelle, generalisierende Betrachtungsweise abzustellen.[565] Die Kompensation zwischen Claims-made-Prinzip und Rückwärtsdeckung scheidet aus, da die Rückwärtsdeckung für die versicherte Person nicht zwingend einen Vorteil bringt.

Folgt man der vorstehenden Argumentation auch für die Insolvenzanfechtungsversicherung ist die Rückwärtsdeckung allein nicht geeignet, die Nachteile des Claims-made-Prinzips ausreichend zu kompensieren. Die wesentliche Zielrichtung der Insolvenzanfechtungsversicherung ist zwar, das Risiko der Anfechtung von Rechtshandlungen in der Vergangenheit abzusichern. Zu bedenken ist aber auch für die Insolvenzanfechtungsversicherung, dass neugegründete oder jüngere Unternehmen von der Rückwärtsdeckung nicht profitieren, da ihnen ein entsprechendes rückwirkendes Schutzbedürfnis fehlt.

bbb. Nachhaftung

Die AGB-rechtliche Zulässigkeit des Claims-made-Prinzips im Rahmen der Haftpflichtversicherung ergibt sich aus weiteren Regelungen, die den Nachteil des Claims-made-Prinzips ausgleichen; das sind vor allem die Nachhaftung sowie die Umstandsmeldung.[566]

Eine Nachhaftung oder Umstandsmeldung wie in der D&O-Versicherung gibt es in der Insolvenzanfechtungsversicherung nicht. Der Versicherungsnehmer verliert also mit Beendigung des Vertrags seinen Versicherungsschutz. Droht die Geltendmachung von Insolvenzanfechtungsansprüchen, kann der Versicherer daher durch Nichtverlängerung des Vertrags ggf. den Eintritt des Versicherungsfalls abwenden.[567]

Bislang hat erkennbar niemand das Claims-made-Prinzip in der Insolvenzanfechtungsversicherung in Frage gestellt. Es kann sich jedoch auch für die

564 *Schimikowski*, VersR 2010, 1533, 1539.

565 *Koch*, VersR 2011, 295, 298.

566 OLG München VersR 2009, 1066, 1068; *Koch*, VersR 2011, 295, 298; Prölls/Martin/*Voit*, Ziff. 2 AVB-AVG, Rn. 5; *Westphalen*, VersR 2011, 145, 154.

567 Vgl. Prölls/Martin/*Voit*, Ziff. 2 AVB-AVG, Rn. 6.

Insolvenzanfechtungsversicherung als notwendig erweisen, weitere Kompensationen zum Claims-made-Prinzip anzubieten, insbesondere eine angemessene Nachhaftung. Aufgrund der Möglichkeit für den Insolvenzverwalter, bei Vorliegen der Voraussetzungen des § 133 Abs. 1, Abs. 2 InsO, Zahlungen auf Forderungen aus Lieferung und Leistung bis zu einem Zeitraum von bis zu vier Jahren nach Vornahme anzufechten,[568] wäre eine Nachhaftung für diesen Zeitraum nach Beendigung des Versicherungsvertrags eine denkbare Kompensation. Hierdurch wäre sichergestellt, dass bezogen auf alle während der Laufzeit des Versicherungsvertrags erhaltenen anfechtbaren Leistungen auch nach Beendigung des Versicherungsvertrags Versicherungsschutz besteht.

III. Feststellung des Schadens (Ziff. A.I.3. AVB-AnfechtV)

Gem. Ziff. A.I.3. AVB-AnfechtV ist nach Eintritt des Versicherungsfalls zunächst die Berechtigung des Rückgewähranspruchs gem. §§ 129 ff. InsO zu prüfen, da aufgrund der Komplexität der Materie und der konkreten Sach- und Rechtslage der Anspruch dem Grunde und/oder der Höhe nach in aller Regel nicht unstreitig ist. Gem. Ziff. A.I.3. AVB-AnfechtV gilt:

> *Dem Versicherer obliegen die Feststellung des Schadens sowie die Abwehr unberechtigter Inanspruchnahme des Versicherungsnehmers durch den Insolvenzverwalter.*

Dieser Verpflichtung kommt der Versicherer nach, indem er den Versicherungsnehmer grundsätzlich verpflichtet, vom Versicherer ausgewählte spezialisierte Rechtsanwälte zu beauftragen, die die Ansprüche des Insolvenzverwalters prüfen und ggf. abwehren oder zumindest mindern. In Ziff. A.I.3. a) AVB-AnfechtV ist insoweit geregelt:

> *Nach unverzüglicher Anzeige des Versicherungsnehmers bzgl. seiner Inanspruchnahme durch den Insolvenzverwalter, wird die Berechtigung der Insolvenzanfechtung durch einen vom Versicherer ausgewählten Rechtsanwalt geprüft. Der Versicherungsnehmer ist damit einverstanden, dass der Versicherer die zur Kontaktaufnahme notwendigen Daten des Versicherungsnehmers an die ausgewählte Anwaltskanzlei weiterleitet.*

1. *Verpflichtung zur Beauftragung von Rechtsanwälten*

Der Versicherungsnehmer muss die vom Versicherer ausgewählten Rechtsanwälte gem. Ziff. A.I.3. b) AVB-AnfechtV mit der Prüfung und ggf. Abwehr der Insolvenzanfechtungsansprüche beauftragen und unterstützen:

---

568 Siehe Erster Teil, B.VI.3.c.

Zur Prüfung und gegebenenfalls Abwehr der Inanspruchnahme aus Insolvenzanfechtung erteilt der Versicherungsnehmer dem vom Versicherer ausgewählten Rechtsanwalt entsprechende Vollmacht sowie alle erforderlichen Auskünfte und übergibt alle erforderlichen Unterlagen. Gleiches gilt, wenn der Insolvenzverwalter den Anspruch aus Insolvenzanfechtung gerichtlich geltend macht. Der Versicherungsnehmer befreit den Rechtsanwalt gegenüber dem Versicherer von der Verschwiegenheitsverpflichtung in Bezug auf die Mandatierung aus dieser Versicherung und in Bezug auf den Inhalt der Auseinandersetzung mit dem Inhaber der geltend gemachten Forderung aus Insolvenzanfechtung. Der Versicherer ist insoweit zur Verschwiegenheit verpflichtet.

Die vertragliche Obliegenheit, die vom Versicherer bestimmten Rechtsanwälte zur Prüfung und Abwehr der Inanspruchnahme zu beauftragen und zu unterstützen, korreliert mit der gesetzlichen Obliegenheit des Versicherungsnehmers gem. § 82 Abs. 1 VVG, bei Eintritt des Versicherungsfalls nach Möglichkeit für die Abwendung und Minderung des Schadens zu sorgen. Der Sinn und Zweck von § 82 Abs. 1 VVG besteht darin, dass der Versicherungsnehmer durch den Abschluss der Versicherung nicht seiner Verantwortung für die Schadenminderung entbunden wird. Der Versicherungsnehmer soll sich so verhalten, als sei er nicht versichert.[569] Vernünftigerweise wird jeder Anfechtungsgegner die Ansprüche des Insolvenzverwalters prüfen (lassen) und sich im Zweifel dagegen verteidigen. Der Versicherer will durch sein Recht zur Auswahl des Rechtsanwalts sicherstellen, dass auf das Insolvenzanfechtungsrecht spezialisierte Rechtsanwälte eingeschaltet werden, da hiervon bei der Komplexität und Besonderheit des Insolvenzanfechtungsrechts entscheidend der Erfolg der Maßnahme abhängt.

Die Obliegenheit gem. § 82 Abs. 1 VVG beginnt erst mit Eintritt ders Versicherungsfalls, nicht bereits vorher.[570] Insbesondere besteht keine allgemeine Obliegenheit zur Verhütung von Versicherungsfällen.[571] In den AVB-AnfechtV sind ebenfalls keine Obliegenheiten geregelt, nach denen der Versicherungsnehmer bereits den Eintritt des Versicherungsfalls und/oder des Schadens vermeiden muss. Aufgrund der Natur und der Voraussetzungen der Insolvenzanfechtung könnten das nur Verhaltensregeln sein, die auf die Vermeidung der Vornahme anfechtbarer Rechtshandlungen gerichtet sind. Jeglicher Versuch, entsprechende Obliegenheiten zu formulieren, stellt jedoch einen so großen Eingriff in die unternehmerische Handlungsfreiheit des Versicherungsnehmers dar, dass sie das Versicherungsprodukt ad absurdum führen würden. Daher sieht die

569 Bruck/Möller/*Koch*, § 82, Rn. 6.
570 Bruck/Möller/*Koch*, § 82, Rn. 101; Prölls/Martin/*Voit*, § 82, Rn. 3.
571 Bruck/Möller/*Koch*, § 82, Rn. 55.

Insolvenzanfechtungsversicherung grundsätzlich gar keine Obliegenheiten vor, die auf die Vermeidung der Annahme anfechtbarer Zahlungen auf Forderungen aus Lieferung und Leistungen durch den Versicherungsnehmer gerichtet sind.

2. *Interessenkonflikte bei Schadenermittlung*

Das Interesse des Versicherungsnehmers besteht darin, möglichst keinen Verlust aus Insolvenzanfechtung zu erleiden, also im Schadenfall nach Möglichkeit eine hohe Ersatzleistung des Versicherers zu erhalten. Das Interesse des Versicherers bei Schadeneintritt ist, den zu kompensierenden Schaden so gering wie möglich zu halten. Diese Interessen müssen nicht zwangsläufig gleichlautend sein. Fraglich ist daher, ob sich bei der Schadenprüfung und Abwehr ein Interessenkonflikt zwischen dem Versicherungsnehmer, dem beauftragten Rechtsanwalt und dem Versicherer ergeben kann.

Gem. Ziff. A.I.3.b) AVB-AnfechtV beauftragt der Versicherungsnehmer den vom Versicherer bestimmten Rechtsanwalt. Das bedeutet, das Mandatsverhältnis entsteht zwischen dem beauftragten Rechtsanwalt und dem Versicherungsnehmer. Aus diesem Mandatsverhältnis ist der Rechtsanwalt ausschließlich dem Versicherungsnehmer verpflichtet. In einer Vielzahl von Fällen schließen der Insolvenzverwalter und der Versicherungsnehmer zur Abgeltung der Ansprüche aus den §§ 129 ff. InsO einen Vergleich. Ein mögliches Ergebnis der rechtlichen Beratung kann unter Beachtung der im Versicherungsvertrag vereinbarten Selbstbehalte[572] jedoch auch sein, einen summenmäßig höheren Vergleich als möglich zu schließen, damit der Versicherungsnehmer in den Genuss einer Entschädigungsleistung aus der Insolvenzanfechtungsversicherung gelangt.

Der Abschluss eines höheren Vergleichs als möglich widerspricht jedoch erkennbar dem Interesse des Versicherers und läuft der Schadenminderungspflicht des Versicherungsnehmers gem. § 82 Abs. 1, Abs. 3 VVG zuwider. Unversichert würde der Anfechtungsgegner einen Vergleich so niedrig wie möglich anstreben, gleiches muss auch für den Versicherungsnehmer gelten. Auf diesen Umstand muss der beauftragte Rechtsanwalt seinen Mandanten hinweisen. Ein Interessenkonflikt des beauftragten Rechtsanwalts besteht somit nicht, da er im Rahmen seiner Beratungsleistung auch auf den drohenden Verlust des Versicherungsschutzes bei Verstoß gegen die Schadenminderungspflicht hinweisen muss.

572 Siehe Dritter Teil, D.VII.2.d.

Kann ein Vergleich knapp unter der im Versicherungsvertrag vereinbarten Selbstbehaltsgrenze geschlossen werden, so hat der Versicherungsnehmer dieses Ergebnis also hinzunehmen, auch wenn dadurch die Entschädigungspflicht des Versicherers vollständig entfällt. Das ist auch sachgerecht, denn der Versicherungsnehmer hat durch die Vereinbarung entsprechender Selbstbehalte eingewilligt, dass Schäden bis zu einer bestimmten Höhe nicht ersetzt werden. Im Gegenzug zahlt der Versicherungsnehmer auch eine niedrigere Prämie. Aus diesem Grund kann der Versicherungsnehmer im Schadenfall die vereinbarten Selbstbehalte nicht durch Vereinbarung entsprechend höherer Vergleichszahlungen umgehen. Ein Interessenkonflikt im Rahmen der Schadenermittlung zwischen Versicherungsnehmer, dem beauftragten Rechtsanwalt und dem Versicherer besteht somit nicht, da alle Parteien das Interesse verfolgen müssen, den geltend gemachten Anspruch aus den §§ 129 ff. InsO so weit wie möglich abzuwehren bzw. zu minimieren.

3. *Kosten der Schadenfeststellung und -abwehr*

Entsprechend § 83 Abs. 1 S. 1 VVG trägt der Versicherer gem. Ziff. A.I.4. AVB-AnfechtV grundsätzlich die Kosten der Schadenfeststellung und der Schadenabwehr. Gem. Ziff. A.I.4. AVB-AnfechtV sieht die Insolvenzanfechtungsversicherung daher die Erstattung der Kosten der Beauftragung der Rechtsanwälte sowie etwaiger Prozesskosten vor, weicht allerdings von der gesetzlichen Regelung gem. § 83 Abs. 1 S. 1 VVG in zwei Fällen ab.

a. *Keine Kostenerstattung bei rechtlich unbegründeter und/oder nicht durchsetzbarer Insolvenzanfechtung*

Gem. Ziff. A.I.4. a) AVB-AnfechtV werden die Kosten nicht erstattet, wenn die Insolvenzanfechtung rechtlich unbegründet und/oder nicht durchsetzbar ist:

> *Kommt die Prüfung des vom Versicherer ausgewählten Rechtsanwalts zum Ergebnis, dass die Insolvenzanfechtung unberechtigt ist, trägt die Kosten für die Abwehr der Inanspruchnahme der Versicherungsnehmer nach Maßgabe des Rechtsanwaltsvergütungsgesetzes selbst.*

aa. *Abdingbarkeit von §§ 87, 83 VVG bei Großrisiken*

Da die Insolvenzanfechtungsversicherung wie gezeigt unter die Regelung des § 210 Abs. 2 Nr. 2 VVG i.V.m. Nr. 14 der Anlage 1 zum VAG fällt, kann von den Bestimmungen des § 83 VVG entgegen der Regelung des § 87 VVG zu

---

573 Bruck/Möller/*Schnepp*, § 87, Rn. 6.

Lasten des Versicherungsnehmers abgewichen werden. § 87 VVG gilt nicht für Großrisiken.[573]

bb. Inhaltskontrolle gem. § 307 BGB

Gleichwohl unterliegen Abweichungen von gesetzlichen Bestimmungen der Inhaltskontrolle gem. § 307 BGB. Zu prüfen ist daher, ob die Regelung zur Kostenerstattung gem. Ziff. A.I.4. a) AVB-AnfechtV den Versicherungsnehmer gem. § 307 Abs. 1 S. 1 BGB entgegen den Geboten von Treu und Glauben unangemessen benachteiligt. Gem. § 307 Abs. 2 Nr. 1 BGB wird eine unangemessene Benachteiligung vermutet, wenn eine Bestimmung mit wesentlichen Grundgedanken der gesetzlichen Bestimmung, von der abgewichen wird, nicht zu vereinbaren ist.

Zweck von § 83 VVG ist, einen Ausgleich zu bieten, für die Verpflichtung des Versicherungsnehmers gem. § 82 Abs. 1 VVG den Schaden nach Eintritt des Versicherungsfalls nach Möglichkeit abzuwenden oder zu mindern.[574] Ziff. A.I.4. a) AVB-AnfechtV weicht jedoch nur unwesentlich von § 83 VVG ab, da lediglich dann keine Kostenerstattung erfolgt, wenn die Insolvenzanfechtung rechtlich unbegründete und/oder nicht durchsetzbar ist, d.h. neben den Abwehrkosten kein Schaden entsteht. Relevant sind somit lediglich die außergerichtlichen Kosten der Beauftragung des Rechtsanwalts nach Rechtsanwaltsvergütungsgesetz. Wird eine Klage über Ansprüche aus Insolvenzanfechtung in einem gerichtlichen Verfahren abgewiesen, richtet sich die Kostentragungspflicht nach § 91 ZPO, sodass keine gem. Ziff. A.I.4. a) AVB-AnfechtV zu erstattenden Kosten anfallen.

Selbst wenn die Abweichung gem. Ziff. A.I.4. a) AVB-AnfechtV von § 83 VVG als wesentlich erachtet würde und somit die Vermutung gem. § 307 Abs. 2 Nr. 1 BGB begründet wäre, könnte die Vermutung widerlegt werden, wenn die den Vertragspartner benachteiligende Abweichung vom dispositiven Gesetzestext durch Gewährung anderer rechtlicher Vorteile ausgeglichen wird oder wenn sie durch höherrangige Interessen des Versicherers gerechtfertigt sind.[575]

Ein unversichertes Unternehmen wird in aller Regel ebenfalls Rechtsanwälte zur Prüfung und Abwehr von Insolvenzanfechtungsansprüchen einschalten müssen. Die Insolvenzanfechtungsversicherung ist keine Rechtsschutzversicherung, die vor der Gefahr einer rechtlich unbegründeten und/oder nicht durchsetzbaren

---

574 MüKo-VVG/*Looschelders*, § 83, Rn. 1; Prölls/Martin/*Voit*, § 83, Rn. 1.

575 BGH NJW 2013, 1431, 1432; BGH NJW 2003, 1447, 1448; BGH ZIP 994, 996; BGH ZIP 1991, 792, 794.

Inanspruchnahme und dem damit verbundenen Kostenaufwand schützt. Der Versicherer will daher die Abwicklung kleinteiliger Entschädigungsleistungen für die Erstattung außergerichtlicher Abwehrkosten vermeiden.

b. Anteilige Kostenerstattung

aa. Kostenerstattung gem. Ziff. A.I.4. c)

Ziff. A.I. 4. c) AVB-AnfechtV regelt, dass die Kosten bei teilweise berechtigten und teilweise unberechtigten Ansprüchen lediglich entsprechend anteilig erstattet werden:

> *Ist der Anspruch des Insolvenzverwalters teilweise berechtigt und teilweise unberechtigt, gilt für die Kostentragungspflicht Vorstehendes entsprechend im Verhältnis von unberechtigter zu berechtigter Forderung.*

Zweck der Regelung ist wiederum, dass auch bei teilweise berichtigter Anfechtung lediglich ein entsprechender Teil der Kosten durch den Versicherer ersetzt wird. Zum einen wird auf diese Weise vermieden, dass der Versicherer die Kosten auch dann tragen muss, wenn sich ein hoher geltend gemachter Anfechtungsanspruch schlussendlich lediglich zu einem kleinen Teil als rechtlich begründet und durchsetzbar erweist. Zum anderen wird durch die anteilige Kostenerstattung wiederum zum Ausdruck gebracht, dass es sich nicht um eine Rechtsschutzversicherung handelt.

bb. Kostenerstattung gem. Ziff. A.I.4. d)

Gem. Ziff. A.I.4. d) AVB-AnfechtV werden nur Kosten bzgl. versicherter Forderungen erstatten:

> *Sind von der Schadenfeststellung versicherte und unversicherte Forderungen umfasst, trägt der Versicherungsnehmer die Kosten für den unversicherten Teil selbst.*

Der Versicherer schließt durch die Regelung aus, Kosten für nichtversicherte Risiken zu tragen. Nicht alle Ansprüche aus den §§ 129 ff. InsO fallen unter den Versicherungsschutz. Zunächst grenzt wie gezeigt Ziff. A.I.1. AVB-AnfechtV den Umfang des Versicherungsschutzes ein. Im Übrigen wird der Versicherungsschutz durch Ausschlüsse, wie sich im Folgenden zeigt, begrenzt.

IV. Ausschlüsse (Ziff. A.IV. AVB-AnfechtV)

Unter Ziff. A.IV. AVB-AnfechtV sind Ausschlüsse geregelt, die der Eingrenzung des Deckungsumfangs dienen.

1. Eröffnete Insolvenzverfahren mit hohem Schadenpotential

Gem. Ziff. A.IV.1. AVB-AnfechtV sind Forderungen aus Insolvenzanfechtung nicht versichert, wenn

> *die Insolvenz, die zur Insolvenzanfechtung führt, im Versicherungsschein vom Versicherungsschutz ausgeschlossen ist.*

Der Versicherer hat demnach die Möglichkeit, bestimmte Insolvenzverfahren von vornherein vom Versicherungsschutz durch Vermerk im Versicherungsschein auszuschließen. Das kann in Fällen notwendig sein, bei denen aufgrund der Insolvenz eines Unternehmens mit einer Vielzahl von Anfechtungen bei verschiedenen Versicherungsnehmern zu rechnen ist, also ein Kumulrisiko besteht[576] oder mit einer Anfechtung beim konkreten Versicherungsnehmer mit hohem Schadenpotential mit sehr großer Wahrscheinlichkeit zu rechnen ist.

2. Sperrfrist

Ziff. A.IV.2. AVB-AnfechtV regelt eine Sperrfrist. Hiernach sind Forderungen aus Insolvenzanfechtung nicht versichert, wenn

> *der Versicherungsfall innerhalb der ersten drei Monate nach Abschluss des Versicherungsvertrages eintritt (Sperrfrist).*

Die Regelung dient der Vermeidung von Zweckabschlüssen. Die Gefahr von Zweckabschlüssen ist umso größer, je stärker der Eintritt des Versicherungsfalls vom Verhalten des Versicherungsnehmers abhängig sein kann.[577] Mit entsprechender Kenntnis oder Beratung im Insolvenzanfechtungsrecht lässt sich je nach Fallgestaltung mit Eröffnung des Insolvenzverfahrens abschätzen, wie wahrscheinlich es zu einer Inanspruchnahme durch den Insolvenzverwalter nach Maßgabe der §§ 129 ff. InsO kommt.

Ist die Wahrscheinlichkeit der Insolvenzanfechtung sehr hoch, soll die Sperrfrist verhindern, dass ein im Grunde sicherer Schaden auf den Versicherer abgewälzt wird. Die Regelung weist Parallelen zu § 4 Abs. 5 ARB 2010[578] auf. Auch mit dieser Regelung soll verhindert werden, dass die Versichertengemeinschaft

---

576 Z.B. bei den Insolvenzen von TeldaFax, Flexstrom oder Alno Küchen mit jeweils einer großen Zahl von gewerblichen Gläubigern.

577 *Winter*, § 4 Ziff. II.2., S. 131.

578 § 4 Abs. 5 ARB 2010: „Für die Leistungsarten nach § 2 b) bis d) besteht Versicherungsschutz erst nach Ablauf von drei Monaten nach Versicherungsbeginn (Wartezeit) […]".

579 *Buschbell* in: Handbuch Rechtsschutzversicherung, § 8, Rn. 126.

mit Kosten durch Rechtsstreitigkeiten belastet wird, die bei Abschluss des Vertrages bereits vorprogrammiert waren. Die Sperrfrist ist demnach ein zeitlich begrenzter subjektiver Risikoausschluss.[579]

3. Verträge mit dem vorläufigen Insolvenzverwalter

Gem. Ziff. A.IV.3. AVB-AnfechtV besteht ein Ausschluss, wenn

> *die Zahlungsverpflichtung des Schuldners gegenüber dem Versicherungsnehmer, die der Rückzahlungsforderung des Insolvenzverwalters zugrunde liegt, erst nach Antrag auf Eröffnung des Insolvenzverfahrens begründet wurde und es sich um Geschäfte unter Einbindung eines vorläufigen Insolvenzverwalters handelt, die unter den besonderen rechtlichen Bedingungen der vorläufigen Insolvenzverwaltung stattfinden.*

Durch den Ausschluss kommt zum Ausdruck, dass der Versicherer keinen Schutz für die Anfechtung von Zahlungen übernehmen will, deren zugrundeliegenden Forderungen erst im Eröffnungsverfahren begründet wurden.

Durch die Eröffnung des vorläufigen Insolvenzverfahrens ist die Zahlungsunfähigkeit des Abnehmers offenkundig. Auch wenn der vorläufige (schwache) Insolvenzverwalter neuen Vertragsschlüssen und daraus resultierenden Zahlungen an den Versicherungsnehmer zustimmt, besteht grundsätzlich die Gefahr der späteren Insolvenzanfechtung nach Eröffnung des Verfahrens.[580] Die Insolvenzanfechtungsversicherung dient indes nicht dazu, Geschäfte mit nachgewiesen und bekanntermaßen insolventen Abnehmern abzusichern.

4. Näheverhältnis gem. § 138 InsO

Gem. Ziff. A.IV.4. AVB-AnfechtV sind Risiken ausgeschlossen, die sich aus einem Näheverhältnis des Versicherungsnehmers mit dem späteren Insolvenzschuldner ergeben. Hiernach besteht kein Versicherungsschutz, wenn

> *der Versicherungsnehmer bei Eintritt des Versicherungsfalles im Verhältnis zum Insolvenzschuldner eine nahestehende Person im Sinne des § 138 Insolvenzordnung ist oder zum Zeitpunkt der Vornahme der angefochtenen Rechtshandlung war.*

Der Grund für den Ausschluss liegt zum einen in der Gefahr, dass es zu Schäden aufgrund kollusiven Zusammenwirkens des Versicherungsnehmers mit dem Abnehmer kommt. Zum anderen besteht die Gefahr, dass aufgrund des Näheverhältnisses die Kenntnis der Zahlungsunfähigkeit oder die Kenntnis von Umständen, die auf die Zahlungsunfähigkeit hinweisen, besonders naheliegend

---

580 BGH ZIP 2013, 528, 529 f.

ist bzw. im Sinne von § 130 Abs. 3 InsO, § 131 Abs. 2 InsO und § 133 Abs. 4 InsO sogar vermutet wird.

5. *Gesellschaftsrechtliche Verbindungen*

Gem. Ziff. A.IV.5. AVB-AnfechtV sind ebenfalls aufgrund der Nähe des Versicherungsnehmers zum Abnehmer Ansprüche aus Insolvenzanfechtung ausgeschlossen, wenn

> *der Versicherungsnehmer und der Insolvenzschuldner bei Eintritt des Versicherungsfalles im Sinne der §§ 135, 136 Insolvenzordnung gesellschaftsrechtlich miteinander verbunden sind oder zum Zeitpunkt der Vornahme der angefochtenen Rechtshandlung verbunden waren.*

Die Begründung deckt sich weitgehend mit dem Ausschluss nach Ziff. A.IV.4. AVB-AnfechtV für das Näheverhältnis gem. § 138 InsO.

6. *Unentgeltliche Leistungen*

Gem. Ziff. A.IV.6. AVB-AnfechtV sind Insolvenzanfechtungen gem. § 134 InsO ausgeschlossen. Hintergrund dieses Ausschlusses ist, dass die Versicherer das Risiko unentgeltlicher Leistungen nicht absichern wollen, da unentgeltliche Leistungen in aller Regel keine Forderungen aus Lieferung uns Leistungen im Sinne von Ziff. A.I.1. AVB-AnfechtV betreffen.

Allerdings sind die Versicherer in der Praxis zunehmend bereit, im Rahmen des üblichen Geschäftsbetriebs, also für übliche Geschäftsvorfälle, Insolvenzanfechtungen auf der Grundlage von § 134 InsO wieder in den Versicherungsschutz einzuschließen. Aufgrund der Konstellation, in denen ein anderes Unternehmen, die Verbindlichkeiten des eigentlichen Schuldners tilgt, hat sich gezeigt, dass ein Bedarf für den Wiedereinschluss von Versicherungsschutz für Anfechtungen aus § 134 InsO besteht.[581]

7. *Kosten aus Rechtsverfolgung und Verzugszinsen*

Gem. Ziff. A.IV.7. AVB-AnfechtV sind Forderungen aus Insolvenzanfechtung ausgeschlossen,

> *wenn sich die Insolvenzanfechtung auf vom Insolvenzschuldner erstattete Kosten aus Rechtsverfolgung und/oder Verzugszinsen bezieht.*

---

581 Siehe Erster Teil, B.VI.4.

Sinn und Zweck der Regelung ist, die Versicherungsleistung auf die Hauptforderung aus Lieferung und Leistung zu beschränken und Kosten und Verzugszinsen unversichert zu lassen. Gem. Ziff. A.I.1. AVB-AnfechtV bezieht sich der Versicherungsschutz auf die Anfechtung von Zahlungen auf Lieferung und Leistung des Versicherungsnehmers. Weitergehende Nebenforderungen sollen nicht mitversichert sein. Der Versicherer schützt sich somit vor ggf. hohen Nebenforderungen aus der außergerichtlichen und vor allem gerichtlichen Durchsetzung der Hauptforderung des Lieferanten gegen seinen Abnehmer, wenn der gesamte (ausgeurteilte) und schlussendlich beigetriebene Betrag einschließlich Kosten und Zinsen angefochten und wieder zurückerstattet wird.

8. Verzugszinsen gem. § 143 Abs. 1 S. 3 InsO

Ziff. A.IV.8 AVB-AnfechtV schließt die Verzugszinsen vom Versicherungsschutz aus, die der Insolvenzverwalter gem. § 143 Abs. 1 S. 3 InsO geltend machen kann. Grund hierfür ist der Umstand, dass vor in Kraft treten des Gesetzes „zur Verbesserung der Rechtssicherheit bei Anfechtungen nach der Insolvenzordnung und nach dem Anfechtungsgesetz“[582] der Anspruch auf Verzinsung gem. § 288 Abs. 1 S. 2 BGB mit Eröffnung des Insolvenzverfahrens eintrat. Daraus folgte u.U. eine hohe Zinsforderung des Insolvenzverwalters, wenn zwischen Eröffnung des Insolvenzverfahrens und Geltendmachung des Anfechtungsanspruchs ein erheblicher Zeitraum lag. Der Gesetzgeber sah deswegen die Gefahr des Fehlanreizes für Insolvenzverwalter, Anfechtungsansprüche erst möglichst spät geltend zu machen, um von der Verzinsung ab Eröffnung des Verfahrens zu profitieren.[583] Die Gefahr der unverschuldet hohen Zinsbelastung des Anfechtungsgegners will der Versicherer nicht tragen und schließt die Verzugszinsen gem. § 143 Abs. 1 S. 3 InsO daher aus.

Aufgrund der Gesetzesänderung hat sich das Zinsrisiko nun zugunsten der Anfechtungsgegner verändert. Durch die Neuregelung des § 143 Abs. 1 S. 3 InsO sollen die Anfechtungsgegner vor einer übermäßigen Zinsbelastung geschützt werden. Hiernach sind Verzugszinsen gem. § 288 Abs. 1 S. 2 BGB erst mit Verzugseintritt gem. § 286 BGB geschuldet.[584] Es ist daher zu erwarten, dass der Ausschluss bzgl. der Zinsen gem. Ziff. A.IV.8. AVB-AnfechtV zukünftig gestrichen wird, da das Risiko für den Versicherer, mit erheblichen Zinsforderungen belastet zu werden, ebenfalls entfällt.

582 Siehe Einleitung.
583 BT-Drucks. 18/7054, S. 20 f.
584 BT-Drucks. 18/7054, S. 21.

Ein Einschluss der Verzugszinsen gem. § 143 Abs. 1 S. 3 InsO in den Versicherungsschutz hätte zudem den Vorteil, dass Unklarheiten bei der vergleichsweisen Erledigung der Anfechtungsansprüche hinsichtlich eines prozentualen Abzugs betreffend die Verzugszinsen bei der Berechnung der Entschädigungsleistung entfiele.[585]

9. *Kumulrisiken*

Die Ausschlüsse gem. Ziff. A.IV.9. – Ziff. A.IV.11. AVB-AnfechtV beziehen sich auf in Versicherungsverträgen allgemein häufig verwendete Ausschlüsse für Kumulrisiken.[586] Hiernach sind Schäden aus Insolvenzanfechtung nicht versichert, wenn die Insolvenz des Versicherungsnehmers mitursächlich ist für die Insolvenz, die zur Insolvenzanfechtung führt. Ebenfalls ausgeschlossen sind Schäden, wenn die Insolvenz, die zur Insolvenzanfechtung führt, herrührt aus dem Umgang oder der Freisetzung von gefährlichen, insbesondere radioaktiven Stoffen oder einem Krieg der in Ziff. A.IV.11. AVB-AnfechtV genannten Großmächte.

Derartige Ausschlüsse finden sich in einer Vielzahl von Versicherungsverträgen und dienen dem Schutz des Versicherers vor übermäßiger Inanspruchnahme durch eine Vielzahl gleichzeitig auftretender Versicherungsfälle aus ggf. verschiedensten Versicherungen. In aller Regel resultiert die Notwendigkeit der Ausschlüsse genannter Kumulrisiken aus den Rückversicherungsverträgen der Versicherer. Einen darüberhinausgehenden besonderen Bezug zur Insolvenzanfechtung gibt es nicht.

10. *Arglistige Täuschung*

Gem. Ziff. A.IV.12. AVB-AnfechtV sind schließlich Forderungen aus Insolvenzanfechtung ausgeschlossen, wenn der Versicherungsnehmer zur Erlangung der Versicherungsleistung arglistig getäuscht hat. Auch hierbei handelt es sich nicht um eine Besonderheit der Insolvenzanfechtungsversicherung. Vielmehr schützen sich Versicherer durch derartige Ausschlüsse ganz generell vor missbräuchlicher Inanspruchnahme durch den Versicherungsnehmer.

---

585 Siehe Zweiter Teil, A.II.6.c.bb.

586 Vergleichbare Regelungen enthalten auch die AVB zur Insolvenzanfechtungsversicherung von Euler Hermes in Ziff. A.3.g) AVB-AFV-E.

V. Obliegenheiten (Ziff. B.I. AVB-AnfechtV)

Unter Ziff. B.I. AVB-AnfechtV sind Obliegenheiten geregelt, die den Versicherungsnehmer im Rahmen der Insolvenzanfechtungsversicherung treffen. Im Wesentlichen handelt es sich um Anzeigeobliegenheiten, die dem Versicherer dazu dienen, die Risikoübernahme ggf. erneut zu prüfen.

1. Anzeige der Kundenstruktur und des Nettoumsatzes

Gem. Ziff. B.I.1. AVB-AnfechtV ist der Versicherungsnehmer verpflichtet,

> *drei Monate vor Ablauf eines Versicherungsjahres oder auf Anfrage dem Versicherer die Gesamtzahl seiner Kunden und den Umsatz (netto) zu melden.*

Wie dargestellt, ist die Berechnung des Insolvenzanfechtungsrisikos nicht einfach, da es keine verlässlichen Statistiken zur Häufigkeit und durchschnittlichen Höhe von Anfechtungsansprüchen gibt. Für jeden Versicherungsnehmer muss daher das individuelle Risiko anhand von Informationen ermittelt werden, die der Versicherungsnehmer selbst zur Verfügung stellt. Um ggf. die Prolongation des Vertrags rechtzeitig vorbereiten zu können, ist der Versicherungsnehmer daher verpflichtet, die Gesamtzahl der Kunden sowie den mit den Kunden generierten Nettoumsatz anzuzeigen. Hieraus kann der Versicherer ableiten, ob es im Vergleich zum Vorjahr zu erheblichen Änderungen in der Risikostruktur gekommen ist.

2. Anzeige des Versicherungsfalls

Gem. Ziff. B.I.2. AVB-AnfechtV muss der Versicherungsnehmer den Eintritt des Versicherungsfalls unverzüglich anzeigen. Hiernach gilt:

> *Der Versicherungsnehmer ist verpflichtet, den Versicherer unverzüglich über jede Inanspruchnahme aus Insolvenzanfechtung zu informieren und den Versicherer bei der Prüfung und gegebenenfalls Abwehr der Inanspruchnahme durch den Insolvenzverwalter, insbesondere durch das zur Verfügung stellen aller notwendigen Informationen und Unterlagen, zu unterstützen.*

Die Verpflichtung entspricht der Verpflichtung des Versicherungsnehmers aus § 30 Abs. 1 VVG. § 30 VVG regelt eine gesetzliche Obliegenheit, die erst dadurch praktisch bedeutsam wird, dass der Versicherer sie in den AVB aufgreift und eine Rechtsfolge für den Fall des Verstoßes gegen die Obliegenheit vorsieht.[587]

587 *Armbrüster*, § 22, Rn. 1199.

Die AVB-AnfechtV regeln nicht ausdrücklich, was für Folgen ein Unterlassen der Schadenanzeige hat.

Allerdings sind in Ziff. B.II.1. bis Ziff. B.II.3. AVB-AnfechtV die Rechtsfolgen bei Verstößen gegen Obliegenheiten durch im Wesentlichen die Wiedergabe des Gesetzestextes des § 28 VVG geregelt, sodass bei einem schuldhaften Unterlassen der Anzeige des Versicherungsfalls der Versicherer grundsätzlich ganz oder teilweise Leistungsfrei ist.[588]

Die weitere in Ziff. B.I.2. AVB-AnfechtV geregelte Verpflichtung zur Unterstützung des Versicherers bei der Prüfung und ggf. Abwehr des Anspruchs aus Insolvenzanfechtung entspricht den Regelungen in § 31 Abs. 1 VVG sowie § 82 Abs. 1 VVG und enthält insoweit keine Besonderheiten. Versicherer sind regelmäßig darauf angewiesen, dass Versicherungsnehmer Angaben zum Sachverhalt machen und entsprechende Informationen und Unterlagen zur Schadenprüfung und Schadenabwehr zur Verfügung stellen.[589]

3. *Anzeige von vorläufigen und eröffneten Insolvenzverfahren*

Gem. Ziff. B.I.3. AVB-AnfechtV ist der Versicherungsnehmer verpflichtet,

> *den Versicherer unverzüglich über Kenntnisse bezüglich vorläufiger Insolvenzen und Insolvenzen seiner Kunden zu informieren.*

Die Regelung dient dazu, dem Versicherer frühzeitig zu ermöglichen, sich auf etwaige Versicherungsfälle und daraus resultierende potentielle Entschädigungsleistungen vorzubereiten. Ggf. kann gemeinsam mit dem Versicherungsnehmer versucht werden, das potentielle Anfechtungsrisiko zu ermitteln, um notwendige Rückstellungen bilden zu können. Der Versicherer kann durch die Anzeige auch mögliche Kumulrisiken erkennen, wenn sich mehrere Versicherungsnehmer zu einem konkreten Insolvenzverfahren melden.

4. *Anzeige von Gefahrerhöhungen*

Gem. Ziff. B.I.4. AVB-AnfechtV muss der Versicherungsnehmer dem Versicherer

---

588 Die AVB zur Insolvenzanfechtungsversicherung von Euler Hermes regeln ausdrücklich in Ziff. C.9. Abs. 1 AVB-AFV-E, dass die Meldung des Versicherungsfalls Voraussetzung für die Entschädigungsleistung ist und die Frist zur Meldung 45 Tage nach erfolgter Rückzahlung des im Wege der Insolvenzanfechtung zurückgeforderten Betrags an den Insolvenzverwalter erlischt.

589 *Armbrüster*, § 22, Rn. 1202.

unverzüglich alle sonstigen gefahrerhöhenden Umstände anzuzeigen, insbesondere erhebliche Abweichungen oder Veränderungen in seiner Kundenstruktur und/oder seinem Umsatz. Hierzu gehört vor allem jede nicht unerhebliche Ausweitung des Kundenstamms, etwa durch Zukäufe, Fusionen, neue Produktlinien, außerordentliche Nachfrage oder die Erweiterung des Vertriebsgebiets. Hiermit sind insbesondere Umstände gemeint, die das Risiko im Hinblick auf das Gesamtkundenportfolio verändern können, also insbesondere signifikante Änderungen des Umsatzes oder der Kundenanzahl (Steigerung um mehr als ein Drittel). Nicht gemeint sind einzelkundenspezifische Merkmale. Es müssen keine bonitätsrelevanten Umstände einzelner Kunden gemeldet werden. Der Begriff Kundenstruktur meint nicht die im Rahmen des gewöhnlichen Geschäftsverkehrs wechselnden Kunden, sondern wesentliche Abweichungen in der Art der Betätigung oder bezüglich Branchen.

Die „Gefahrerhöhung" ist in den §§ 23 ff. VVG geregelt. Der Begriff der Gefahrerhöhung ist im Gesetz jedoch nicht definiert. Die Rechtsprechung versteht darunter eine Änderung der bei Vertragsschluss vorhandenen gefahrerheblichen Umstände, die dazu führt, dass der mögliche Schaden sich vergrößert oder der Eintritt des Versicherungsfalls wahrscheinlicher wird und der Versicherer den Vertrag unter diesen Umständen entweder überhaupt nicht oder jedenfalls nicht zu der vereinbarten Prämie abgeschlossen hätte.[590] Sinn und Zweck der Regelung in Ziff. B.I.4. AVB-AnfechtV ist, den Versicherer davor zu schützen, dass sich das Risiko der Insolvenzanfechtung und/oder der potentielle Schaden im Laufe des Versicherungsjahres deutlich erhöht, ohne dass entsprechende Risikoprämie gezahlt wird.

Um den Begriff der Gefahrerhöhung zu präzisieren, listet Ziff. B.I.4. AVB-AnfechtV beispielhaft („insbesondere") auf, welche gefahrerhöhenden Umstände stets anzuzeigen sind. Anzuzeigen sind demnach vor allem Änderungen in der Kundenstruktur und der Anzahl der Kunden, da diese Informationen wie gezeigt maßgeblich für die Berechnung des konkreten Anfechtungsrisikos sind.[591]

Ausdrücklich nicht erforderlich ist die Anzeige von bonitätsrelevanten Informationen einzelner Abnehmer, es sei denn, über deren Vermögen ist im Sinne von Ziff. B.II.3. bereits das Insolvenzverfahren beantragt oder eröffnet worden. Auch lediglich wechselnde Kunden müssen ausdrücklich nicht angezeigt werden. Hintergrund der Regelung ist, dass dem Versicherungsnehmer im Rahmen der Insolvenzanfechtungsversicherung nicht aufgebürdet werden soll,

---

590 BGH VersR 1951, 67, 68; BGH VersR 1981, 245, 246; BGH VersR 2005, 218, 219; *Armbrüster*, § 22, Rn. 1128; *Wandt*, Rn. 861.

591 Siehe Dritter Teil, C.II.

592 Etwas anderes kann sich im Zusammenhang mit dem Ausschluss unter Ziff. A.IV.1. AVB-AnfechtV ergeben; siehe Dritter Teil, D.IV.1.

fortlaufend die Bonität seiner Abnehmer zu prüfen und jeden neuen Kunden anzuzeigen. Diese Verpflichtung würde den Versicherungsnehmer unzumutbar in Anspruch nehmen. Zudem betrachtet der Versicherer im Rahmen der Insolvenzanfechtungsversicherung lediglich das Kundenportfolio aus Risikosicht und grundsätzlich nicht den einzelnen Abnehmer.[592]

Der Versicherer kann Informationen zu Verschlechterung der Bonität einzelner Abnehmer auch nicht verwerten, da ein Ausschluss einzelner Abnehmer, deren Bonität sich lediglich verschlechtert, in den AVB-AnfechtV nicht vorgesehen ist. Ein solcher Ausschluss würde zudem den Sinn und Zweck des Versicherungsvertrags gefährden. Das Risiko der Insolvenzanfechtung ist wie gezeigt im Wesentlichen abhängig von der Zahlungsunfähigkeit der Abnehmer des Versicherungsnehmers. Ein frühzeitiger Ausschluss kriselnder Abnehmer würde daher wie in der Warenkreditversicherung dazu führen, dass gar kein Versicherungsschutz für das Insolvenzanfechtungsrisiko mehr gewährt würde.

Der Begriff „sonstige“ in Ziff. B.I.4. S. 1 AVB-AnfechtV ist im Zusammenhang mit Ziff. B.I.3. AVB-AnfechtV zu sehen. Der Antrag oder die Eröffnung eines Insolvenzverfahrens stellt eine erhebliche Gefahrerhöhung für das Anfechtungsrisiko dar. Die Anzeigeobliegenheit ist dementsprechend in einem eigenen Regelungspunkt ausdrücklich hervorgehoben. Ziff. B.I.4. S. 1 AVB-AnfechtV regelt hiernach alle „sonstigen“ gefahrerhöhenden Umstände.

5. *Geheimhaltungspflicht*

Gem. Ziff. B.I.5. hat der Versicherungsnehmer den Abschluss und den Inhalt des Versicherungsvertrags geheim zu halten, es sei denn, es bestehen gesetzliche Informationspflichten. Sinn und Zweck der Regelung ist, keinen besonderen Anreiz zur Insolvenzanfechtung zu geben, da aufgrund der Versicherung die tatsächliche Durchsetzbarkeit von Ansprüchen gem. §§ 129 ff. InsO gegen den Anfechtungsgegner gewährleistet ist.

6. *Rechtsfolgen*

Unter Ziff. B.II.1. bis Ziff. B.II.3. AVB-AnfechtV sind die Rechtsfolgen bei Verletzung der Obliegenheiten geregelt. Im Wesentlichen geben die Regelungen die gesetzlichen Vorschriften des § 28 VVG wieder. Die Rechtsfolgen der Verletzung der Anzeige von gefahrerhöhenden Umständen sind in den Ziff. B.III.1. bis Ziff. B.III.3. AVB-AnfechtV geregelt, die im Wesentlichen den Regelungsinhalt der §§ 24 und 25 VVG wiedergeben, weshalb eine nähere Betrachtung entbehrlich ist.

VI. Voraussetzung der Entschädigungsleistung (Ziff. C.I.1. AVB-AnfechtV)

Gem. Ziff. C.I.1. AVB-AnfechtV hat der Versicherungsnehmer

> *Anspruch auf Entschädigungsleistung, soweit Versicherungsschutz im konkreten Versicherungsfall besteht, der Versicherungsfall während der Vertragslaufzeit eingetreten ist und*
>
> *a) die Insolvenzanfechtung nach den einschlägigen gesetzlichen Bestimmungen rechtlich begründet und durchsetzbar ist,*
> *b) der Versicherungsnehmer die durch die Insolvenzanfechtung geltend gemachte Forderung zu Gunsten der Masse zurückerstattet hat und*
> *c) die Forderung, soweit durch den Versicherungsnehmer möglich, zur Tabelle angemeldet ist.*

1. *Rechtlich begründete und durchsetzbare Insolvenzanfechtung*

Ziff. C.I.1.a) AVB-AnfechtV stellt klar, dass Voraussetzung der Entschädigungsleistung die rechtlich begründete und durchsetzbare Inanspruchnahme aus Insolvenzanfechtung ist. Die Insolvenzanfechtungsversicherung schützt demnach nicht vor dem Risiko, auch rechtlich unbegründet und/oder nicht durchsetzbar aus den §§ 129 ff. InsO in Anspruch genommen zu werden. Dem entspricht die Kostentragungspflicht gem. Ziff. A.I.4.a) AVB-AnfechtV, da rechtlich unbegründete und/oder nicht durchsetzbare Inanspruchnahmen durch den Insolvenzverwalter nicht versichert sind.[593] Allerdings gelten auch Vergleiche mit dem Insolvenzverwalter als rechtlich begründete und durchsetzbare Inanspruchnahme im Sinne von Ziff. C.I.1a) AVB-AnfechtV, da im Rahmen eines Vergleichs die Ansprüche des Insolvenzverwalters in zugestandenem Umfang anerkannt werden und der vom Anfechtungsgegner zu zahlende Vergleichsbetrag in aller Regel rechtlich auch durchsetzbar ist.

2. *Rückerstattung des Anfechtungsbetrags*

Gem. Ziff. C.I.1.b) AVB-AnfechtV ist weitere Voraussetzung, dass

> *der Versicherungsnehmer die durch die Insolvenzanfechtung geltend gemachte bzw. durch Vergleich festgestellte Forderung zugunsten der Masse zurückerstattet hat.*

---

593 Siehe Dritter Teil, D.I.
594 Siehe Erster Teil, B.VII.1.

Der Versicherungsnehmer darf durch die Entschädigungsleistung nicht bereichert sein. Der Schaden tritt erst mit Rückerstattung der angefochtenen Zahlung ein. Zudem leben die Forderungen gem. § 144 Abs. 1 InsO erst mit Rückerstattung der angefochtenen Zahlung bzw. des Vergleichsbetrags wieder auf.[594]

3. *Anmeldung der Forderung zur Tabelle*

Die Anmeldung der gem. § 144 Abs. 1 InsO wiederauflebenden Forderungen zur Tabelle soll sicherstellen, dass der Versicherer die Möglichkeit hat, Rückflüsse zu erhalten. Gem. Ziff. C.III.3. AVB-AnfechtV tritt der Versicherungsnehmer Ansprüche gegen den Insolvenzschuldner in Höhe der Entschädigungssumme, zum Beispiel aus Quotenzahlungen, Aus- und Absonderungsrechten und Vergleichen etc. an den Versicherer ab.

Es handelt sich bei der Regelung gem. Ziff. C.I.1.c) AVB-AnfechtV aufgrund der Formulierung „soweit durch den Versicherungsnehmer möglich“ lediglich um eine sogenannte „Bemühensklausel“. Da insbesondere im Ausland Forderungsanmeldungen teilweise schwierig oder unmöglich sind, muss der Versicherungsnehmer dem Versicherer lediglich nachweisen, dass die Forderungsanmeldung versucht wurde bzw. warum sie nicht möglich ist.

4. *Verlust des Rechts auf Entschädigung*

Gem. Ziff. C.I.2. AVB-AnfechtV verliert der Versicherungsnehmer das Recht auf die Entschädigungsleistung in folgenden Fällen:

> *Erkennt der Versicherungsnehmer die Forderung des Insolvenzverwalters ohne Zustimmung des Versicherers an oder leistet der Versicherungsnehmer den vom Insolvenzverwalter geforderten Betrag ohne Zustimmung des Versicherers, besteht kein Anspruch auf Entschädigung. Dies gilt nicht, wenn die Forderung des Insolvenzverwalters rechtskräftig durch ein gerichtliches Urteil festgestellt ist.*

Da lediglich die rechtlich begründete und durchsetzbare Insolvenzanfechtung versichert ist bzw. Fälle, die im Einverständnis mit dem Versicherer durch Vergleich erledigt werden, muss der Versicherungsnehmer die Prüfung des Anspruchs und die Zustimmung des Versicherers abwarten, bevor er die Forderung des Insolvenzverwalters anerkennt oder an den Insolvenzverwalter leistet. Etwas anderes gilt nur in Fällen, in denen der Anspruch bereits rechtskräftig festgestellt ist. In diesen Fällen bedarf es keiner weiteren Prüfung des Anspruchs und Zustimmung des Versicherers.

VII. Höhe der Entschädigungsleistung (Ziff. C.II.1. AVB-AnfechtV)

Gem. Ziff. C.II.1. AVB-AnfechtV ist die Grundlage der Feststellung und Berechnung des Schadens der tatsächlich an den Insolvenzverwalter zurückgezahlte Betrag:[595]

> *Die Höhe der Entschädigungsleistung richtet sich nach der durch den Insolvenzverwalter angefochtenen Forderung und dem auf dieser Grundalge tatsächlich zurückgezahlten Betrag zuzüglich angefallener Schadenermittlungs- und Rechtsverfolgungskosten […].*

Das ist sachgerecht, da der Vermögensnachteil für den Versicherungsnehmer maximal in Höhe der abschließend geleisteten Rückzahlung zzgl. Kosten der Beauftragung der Rechtsanwälte entsteht. Dieser Umstand ist zunächst für die Prüfung der Entschädigungspflicht des Versicherers insbesondere bei Vereinbarung quantitativer Risikobeschränkungen relevant, vor allem bei Anwendung einer Integralfranchise.[596]

1. Versicherungssumme

In betragsgemäßer Hinsicht wird die Einstandspflicht des Versicherers begrenzt durch die Versicherungssumme. Ziff. C.II.1. AVB-AnfechtV regelt hierzu:

> *Die Entschädigungsleistung ist auf die im Versicherungsschein festgelegte Höchstversicherungssumme begrenzt und gilt pro Jahr und insgesamt.*

Im Rahmen der Schadenversicherung bildet die Versicherungssumme die absolute Entschädigungsgrenze und gilt je nach Vereinbarung pro Versicherungsfall, Versicherungsjahr oder für den Versicherungsvertrag insgesamt.[597] Eine darüberhinausgehende Entschädigung kommt nicht in Betracht.[598] Gem. Ziff. C.II.1. AVB-AnfechtV steht demnach die Versicherungssumme einmal pro Versicherungsjahr für alle Schäden zur Verfügung. D.h. unabhängig von einem Großschaden, der die gesamte Versicherungssumme verbraucht und/oder mehreren Frequenzschäden, übersteigt die Entschädigungsleistung weder im Einzelfall noch insgesamt die vertraglich vereinbarte Höchstentschädigung.

---

595 Vgl. Ziff. C.11.1.a) AVB-AFV-E.

596 Siehe Dritter Teil, D.VII.2.d.bb.

597 MüKo-VVG/*Hallbach*, § 74, Rn. 1; Prölls/Martin/*Armbrüster*, Vor § 74, Rn. 1.

598 *Armbrüster*, Rn. 1315; *Teschabai-Oglu*, S. 206.

2. Abzüge

Soweit festgestellt ist, in welcher Höhe die vom Insolvenzverwalter gem. §§ 129 ff. InsO geltend gemachten Ansprüche rechtlich begründet und durchsetzbar sind, steht grundsätzlich die Schadenhöhe fest. Im Rahmen der Insolvenzanfechtungsversicherung werden zur Feststellung des versicherten Schadens von dem zurückerstatteten Betrag die in Ziff. C.II.1. AVB-AnfechtV geregelten Abzüge vorgenommen. Hierzu gehören

a) unversicherter Forderungsteile,
b) der in der ursprünglich vom Insolvenzschuldner geleisteten Zahlung enthaltenen Umsatzsteueranteil,
c) die Werte von Gegenleistungen mit Bezug auf die angefochtene Forderung, die aus der Insolvenzmasse zurückerstattet wurden, zum Beispiel aus Aus- und Absonderungsrechten,
d) die im Versicherungsschein genannten Eigenbehalte.

a. Unversicherte Forderungsteile

Ähnlich wie bei der Berechnung der Entschädigungsleistung in der Warenkreditversicherung gem. § 13 Ziff. 2 a) AVB-WKV[599] werden zur Ermittlung der Entschädigungsleistung vom dem vom Versicherungsnehmer an den Insolvenzverwalter zurückerstatten Betrag alle Forderungsteile abgezogen, die nicht unter der Insolvenzanfechtungsversicherung versichert sind. Das können Forderungsteile sein, die die Versicherungssumme übersteigen oder die durch die o.g. Ausschlüsse von vornherein nicht versichert sind.

b. Umsatzsteuerabzug

Vorliegend bemerkenswert ist, dass der auf die vereinnahmte und nach Anfechtung zurückgewährten Zahlung entfallene Umsatzsteueranteil nicht entschädigt wird, obwohl der Insolvenzverwalter grundsätzlich den vollen, in anfechtbarer Weise geleisteten Zahlbetrag herausverlangt. Der Anspruch des Insolvenzverwalters richtet sich auf alles, was der Masse durch die anfechtbare Rechtshandlung entzogen wurde.[600] Enthielt die anfechtbare Zahlung auch Umsatzsteuer, so ist somit die Bruttovergütung gem. § 143 Abs. 1 InsO zu erstatten. Fraglich ist also, ob der Abzug des Umsatzsteueranteils von der Entschädigungsleistung gerechtfertigt ist.

---

599 Siehe Zweiter Teil, A.II.4.
600 MüKo-InsO/*Kirchhoff*, § 143, Rn. 1; siehe Erster Teil, B.III.

aa. Vorsteuerberichtigung

Mit Rückgewähr der angefochtenen Zahlung ist die zugrundeliegende Forderung gem. § 17 Abs. 2 Nr. 1 S. 1 UStG uneinbringlich geworden. Uneinbringlich ist eine Entgeltforderung im Sinne von § 17 Abs. 2 Nr. 1 UStG, wenn bei objektiver Betrachtung damit zu rechnen ist, dass der Leistende die Entgeltforderung auf absehbare Zeit rechtlich oder tatsächlich nicht durchsetzen kann.[601] Ein bereits vereinnahmtes Entgelt kann in diesem Sinne auch dann uneinbringlich sein, wenn es nachträglich zurückgewährt wurde.

Im Fall der Rückgewähr gem. § 143 Abs. 1 InsO sind wiederauflebende Forderungen gem. § 144 Abs. 1 InsO Insolvenzforderungen gem. § 38 InsO und damit gem. § 17 Abs. 2 Nr. 1 UStG uneinbringlich. Dementsprechend ist gem. § 17 Abs. 2 Nr. 1 i.V.m. § 17 Abs. 1 S. 2 UStG eine Vorsteuerberichtigung vorzunehmen.[602] Die Vorsteuerberichtigung erfolgt im Zeitpunkt der Rückzahlung.[603] Der Anfechtungsgegner kann demnach die bereits abgeführte Umsatzsteuer beim Finanzamt geltend machen. Aufgrund des Rückzahlungsanspruchs des Anfechtungsgegners gegen das Finanzamt schließt die Insolvenzanfechtungsversicherung den Ersatz der Umsatzsteuer aus, da der Versicherungsnehmer durch die Entschädigungsleistung nicht über den konkreten Schaden hinaus bereichert sein soll.

Mit Rückzahlung des Anfechtungsbetrags muss der Insolvenzverwalter den Vorsteuerabzug gem. § 17 Abs. 1 S. 1 UStG seinerseits berichtigen.[604] Nach Rechtsprechung des BFH führt die Berichtigung zu einer Masseverbindlichkeit zugunsten des Fiskus gem. § 55 Abs. 1 Nr. 1 InsO, wodurch der Fiskus gegenüber anderen Gläubigern privilegiert wird.[605]

bb. Vorsteuerberichtigung bei Vergleichen

Komplexer stellt sich die Frage im Zusammenhang mit der Umsatzsteuer bei Vergleichen über den Insolvenzanfechtungsanspruch dar. Unter bestimmten Umständen kann der Insolvenzverwalter auf die Geltendmachung von Anfechtungsansprüchen verzichten. Das gilt jedenfalls im Rahmen von Vergleichen.[606] Bei Abschluss eines Vergleichs ist steuerrechtlich maßgeblich, ob

601 BFH ZInsO 2017, 549, 550; BFH ZIP 2017, 1121, 1122; *Kahlert*, ZIP 2012, 1433, 1434.
602 BFH ZInsO 2017, 549, 550; BFH ZIP 2017, 1121, 1122.
603 BFH ZIP 2017, 1121, 1123; *Eisolt*, ZInsO 2017, 630, 633.
604 BGH DStR 1995, 731, 732; MüKo-InsO/*Kirchhof*, § 143, Rn. 94.
605 BFH ZInsO 2017, 549, 550; BFH ZIP 2017, 1121; *Eisolt*, ZInsO 2017, 630, 634.
606 *Bork*, ZIP 2006, 589, 592; Uhlenbruck/*Borries/Hirte*, § 143, Rn. 93.

der Insolvenzverwalter teilweise auf seinen Anfechtungsanspruch oder auf sein Anfechtungsrecht verzichtet.[607]

aaa. Verzicht auf Anfechtungsansprüche

Bei teilweisem Verzicht auf den Anfechtungsanspruch lebt die Forderung (oder Forderungen) gem. § 144 Abs. 1 InsO lediglich in Höhe des vereinbarten und zurückgezahlten Anteils wieder auf.[608] Wegen Uneinbringlichkeit im Sinne von § 17 Abs. 2 Nr. 1 S. 1 UStG kann der Anfechtungsgegner bzgl. dieses Teils die bereits abgeführte Umsatzsteuer vom Finanzamt zurückverlangen. Der Insolvenzverwalter muss den Vorsteuerabzug gem. § 17 Abs. 1 S. 1 UStG seinerseits berichtigen.[609] Insoweit ergeben sich keine Besonderheiten.

bbb. Verzicht auf das Anfechtungsrecht

Verzichtet der Insolvenzverwalter jedoch auf sein Anfechtungsrecht im Rahmen eines Vergleichs[610], kommt § 144 Abs. 1 InsO nicht zur Anwendung. In Höhe der vergleichsweise geleisteten Zahlung für den Verzicht auf das Anfechtungsrecht lebt daher keine Forderung wieder auf. Der entgeltliche Verzicht auf das Anfechtungsrecht zur Vermeidung eines Rechtsstreits ist als „sonstige Leistung" im Sinne des § 17 Abs. 2 Nr. 1 UStG zu werten. Gem. § 13a Abs. 1 Nr. 1 UStG ist Umsatzsteuerschuldner der Insolvenzschuldner.[611]

Wird bei einer Vereinbarung über den entgeltlichen Verzicht auf das Anfechtungsrecht die Umsatzsteuer nicht ausdrücklich geregelt, ist in der Regel davon auszugehen, dass die Umsatzsteuer in dem vereinbarten Betrag enthalten ist.[612] Der Insolvenzverwalter muss in diesem Fall seinerseits die Umsatzsteuer aus dem erhaltenen Betrag abführen. Der Anfechtungsgegner kann eine Rechnung mit ausgewiesener Umsatzsteuer vom Insolvenzverwalter verlangen, um den Vorsteuerabzug geltend zu machen.[613] In diesem Fall hat der Anfechtungsgegner auch bei Erledigung durch entgeltlichen Verzicht keinen Nachteil, wenn er als Versicherungsnehmer im Rahmen der Insolvenzanfechtungsversicherung im

607 *Kahlert*, ZIP 2012, 1433, 1434.

608 MüKo-InsO/*Kirchhof*, § 144, Rn. 7.

609 BFH ZInsO 2017, 549, 550; BFH ZIP 2017, 1121, 1122; BGH DStR 1995, 731, 732; MüKo-InsO/*Kirchhof*, § 143, Rn. 94; *Kahlert*, ZIP 2017, 1433, 1434 f.; *Eisolt*, ZInsO 2017, 630, 631.

610 *Bork*, ZIP 2006, 589, 590 ff.

611 BFH Urteil vom 30.03.2011, Az.: XI R 5/09; *Kahlert*, ZIP 2012, 1433, 1436.

612 *Kahlert*, ZIP 2012, 1433, 1436; Palandt/*Ellenberger*, § 157, Rn. 13.

613 BFH Urteil vom 30.03.2011, Az.: XI R 5/09; *Kahlert*, ZIP 2012, 1433, 1436.

Schadenfall vom Versicherer keine Kompensation für den Umsatzsteueranteil erhält.

Im Ergebnis ist der Abzug der Umsatzsteuer also im Rahmen der Insolvenzanfechtungsversicherung in keiner Variante zu beanstanden. Im Rahmen eines Vergleichs sollte jedoch nach Möglichkeit eine eindeutige Regelung getroffen werden.[614]

c. *Gegenleistungen aus der Insolvenzmasse*

Erhält der Versicherungsnehmer durch die Rückerstattung angefochtener Beträge Gegenleistungen aus der Insolvenzmasse, so wird der Gegenwert von der Entschädigungsleistung abgezogen. Denkbar sind etwa Fälle, in denen Eigentumsvorbehaltsrechte oder andere Sicherheiten gem. § 144 Abs. 1 InsO mit Rückerstattung des angefochtenen Betrags ebenfalls wiederaufleben. Sofern sich die Eigentumsvorbehaltsrechte oder andere Sicherheiten durchsetzen lassen, kommen sie dem Versicherungsnehmer zugute und er muss sich den Gegenwert anrechnen lassen. Der Versicherungsnehmer soll durch die Versicherungsleistung nicht bereichert sein. Bemerkenswert ist, dass die AVB-AnfechtV nur auf Gegenleistungen aus der Insolvenzmasse abstellen, Leistungen Dritter, etwa aus Bürgschaften etc. aber unerwähnt lassen.

Präziser ist die Regelung in den Euler Hermes Allgemeine Versicherungsbedingungen für die Anfechtungsversicherung, Ziff. C.11.1.a) AVB-AFV-E, wonach auf alle Sicherheiten Bezug genommen wird; auch dann, wenn der Versicherungsnehmer die Sicherheiten nicht geltend gemacht hat:

> *Die Höhe des versicherten Ausfalls richtet sich zunächst nach der Höhe des nach der Insolvenzanfechtung an den Insolvenzverwalter zurückgezahlten Betrages gemäß der der Schadenanzeige beiliegenden Rückzahlungsaufforderung zuzüglich der angefallenen und gemäß Abschnitt 5 entschädigungsfähigen Rechtsverfolgungskosten. Von dem daraus resultierenden Betrag werden in nachstehender Reihenfolge abgesetzt:*
>
> - *Forderungen oder Forderungsteile, die unter diesem Versicherungsvertrag nicht versichert sind,*
> - *der Wert aller nicht geltend gemachten Sicherheiten und Garantien, und*
> - *der Wert aller Rechte aus Eigentumsvorbehalten, die mit Ihrem Kunden vereinbart wurden und für die Sie nicht alle angemessenen Anstrengungen zur Durchsetzung unternommen haben.*

614 *Kahlert*, ZIP 2012, 1433, 1437.

d. Eigenbehalte

Der Deckungsumfang kann durch Eigenbehalte, auch Selbstbehalte genannt, beschränkt werden.[615] Die Selbstbehalte werden ebenfalls von dem vom Versicherungsnehmer an den Insolvenzverwalter zurückgezahlten Betrag in Abzug gebracht.

Selbstbehalte dienen zum einen dazu, den Deckungsumfang so zu gestalten, dass ein für Versicherer und Versicherungsnehmer annehmbares Deckungskonzept zu einem ebenfalls für beide Seiten akzeptablen Prämiensatz erreicht wird.[616] Andererseits dient der Selbstbehalt zur Verringerung des moralischen Risikos auf Seiten des Versicherungsnehmers. Das Eigeninteresse des Versicherungsnehmers an der Schadenvermeidung oder -begrenzung soll erhöht werden.[617] Der Versicherungsnehmer soll sich auch im Bewusstsein, Versicherungsschutz für bestimmte Schadensereignisse zu haben, genauso sorgfältig und umsichtig verhalten, als sei er unversichert.[618] Aus diesem Grund darf der Versicherungsnehmer gem. Ziff. D.III.3. AVB-AnfechtV das Risiko aus der Selbstbeteiligung grundsätzlich auch nicht anderweitig absichern.

In Bezug auf die Insolvenzanfechtungsversicherung ist das moralische Risiko in besonderer Weise ausgeprägt, da der Versicherungsnehmer im Rahmen des Kreditmanagements das Risiko, aus Insolvenzanfechtung in Anspruch genommen zu werden, in gewissen Umfang beeinflussen kann. Dies gilt insbesondere in Fällen, in denen sich der Versicherungsnehmer trotz Anzeichen der wirtschaftlichen Krise seines Abnehmers zur weiteren Lieferung oder Leistung entschließt. Mit der Gewissheit, Versicherungsschutz für den Fall der Insolvenzanfechtung zu genießen, könnte der Versicherungsnehmer verleitet werden, Geschäfte zu tätigen, die er sonst nicht (mehr) getätigt hätte, da mit der Anfechtung von Zahlungen im Insolvenzfall zu rechnen ist.

Die Versicherer verwenden zur Modellierung des Deckungsumfangs und zur Eindämmung des moralischen Risikos im Rahmen der Insolvenzanfechtungsversicherung grundsätzlich drei Formen der Selbstbeteiligung.

aa. Abzugsfranchise

Die Insolvenzanfechtungsversicherung sieht in Ziff. C.II.1.c) AVB-AnfechtV Eigenbehalte vor, ohne diese näher zu konkretisieren. Die Ausgestaltung der

---

615 In den AVB-AnfechtV wird der Begriff „Eigenbehalt" synonym verwendet.

616 *Armbrüster*, § 8, Rn. 404; HdV/*Sterk*, S. 775; *Teschabai-Oglu*, S. 207.

617 *Teschabai-Oglu*, S. 207; *Wagner*, VersR 1992, 261, 271; *Wandt*, Rn. 172.

618 Bruck/Möller/*Koch*, § 82, Rn. 6.

Eigenbehalte wird im Versicherungsschein festgelegt. Generell ist eine Selbstbeteiligung in Form einer prozentualen Abzugsfranchise vorgesehen. Abzugsfranchise bedeutet, dass der Versicherungsnehmer von der errechneten Entschädigung den festgelegten Betrag oder wie hier Prozentsatz selbst trägt.[619] Die Höhe der prozentualen Selbstbeteiligung im Rahmen der Insolvenzanfechtungsversicherung liegt derzeit üblicherweise bei 10 % bis 20 %. Die vereinbarte Höhe wird im Versicherungsschein ausgewiesen.

bb. Integral-Franchise

Bei der Integral-Franchise werden Schäden bis zur Höhe eines vereinbarten Betrags gar nicht ersetzt. Ist der Schaden höher als der vereinbarte Betrag, wird er hingegen voll ersetzt.[620] In der Insolvenzanfechtungsversicherung wird der Begriff „Entschädigungsgrenze“ verwendet. Durch die Integral-Franchise sollen üblicherweise Kleinstschäden von der Abwicklung ausgenommen werden.[621]

aaa. Schutz vor Großschäden

Im Rahmen der Insolvenzanfechtungsversicherung werden teilweise sehr hohe Intergral-Franchisen vereinbart; bis in den siebenstelligen Bereich. Der Grund hierfür ist, dass der Versicherungsnehmer die Deckung lediglich für „Katastrophenschäden“, also für sehr hohe Einzelschäden vorhalten will. Durch das hohe Eigenrisiko wird die Prämie naturgemäß deutlich reduziert. Häufig treten derartige Gestaltungen bei großen Unternehmen auf, die den wirtschaftlichen Schaden kleinerer Insolvenzanfechtungen selbst tragen können und wollen. Die Höhe der Integral-Franchise wird im Versicherungsschein festgelegt.

bbb. Interessenkonflikte bei Vergleichen

In Bezug auf die Grenze bzgl. der Entschädigung durch die Integral-Franchise stellt sich die Frage, welche Forderung des Insolvenzverwalters zugrunde gelegt wird, wenn der ursprünglich geltend gemachte Anspruch des Insolvenzverwalters oberhalb der Intergral-Franchise lag, die schlussendlich geleistete Rückzahlung gem. § 143 Abs. 1 InsO jedoch unterhalb der Integral-Franchise. Das kann z.B. der Fall sein, wenn der ursprünglich geltend gemachte Anspruch des Insolvenzverwalters durch Vergleich erledigt wird oder der Insolvenzverwalter Teile seines ursprünglich geltend gemachten Anspruchs fallen lässt.

---

619 HdV/*Sterk*, S. 776; *Wandt*, Rn. 793.

620 HdV/*Sterk*, S. 776; *Wandt*, Rn. 793.

621 *Armbrüster*, Rn. 265; *Wandt*, Rn. 793.

Deutlich wird die Problematik an folgendem Beispiel: Sieht der Versicherungsvertrag eine Integralfranchise in Höhe 20.000 EUR vor und macht der Insolvenzverwalter Ansprüche in Höhe von 30.000 EUR geltend, die schlussendlich durch Vergleich in Höhe von 19.500 EUR erledigt werden, so scheidet die Entschädigungspflicht des Versicherers aus. Das Interesse des Versicherungsnehmers an einer Entschädigungsleistung könnte dafürsprechen, dass stets die ursprünglich vom Insolvenzverwalter geltend gemachte Forderung für die Feststellung der Entschädigungspflicht maßgeblich ist; im oben dargestellten Beispiel also der Betrag in Höhe von 30.000 EUR. In diesem Fall stellt sich auch die Frage nach Interessenkonflikten bei Vergleichsverhandlungen von vornherein nicht.[622]

Das versicherte Interesse im Rahmen der Insolvenzanfechtungsversicherung ist jedoch der Schutz des Vermögens vor rechtlich begründeter und durchsetzbarer Inanspruchnahme aus den §§ 129 ff. InsO.[623] Nicht versichert ist hingegen das Risiko, dem Grunde oder der Höhe nach zu Unrecht in Anspruch genommen zu werden. Daher ist in Bezug auf die Integral-Franchise stets der eingetretene Schaden in Form des tatsächlich zurückgezahlten Betrags und nicht die ursprünglich vom Insolvenzverwalter geltend gemachte Forderung zugrunde zu legen.

cc. Entschädigungsvorrisiko

Eine weitere Möglichkeit, den Risikotransfer zu gestalten, ist die Vereinbarung eines sogenannten Entschädigungsvorrisikos, auch Ausfallvorrisikos genannt. Ziel der Regelung ist, dass der Versicherungsnehmer im Laufe eines Versicherungsjahres alle Schäden bis zu einem vereinbarten Betrag selbst trägt.[624] Erst mit Erreichen des vereinbarten Betrags werden der überschießende Teil des Schadens oder zukünftige weitere Schäden entschädigt. Hierdurch können z.B. Frequenzschäden bis zu einer bestimmten betragsmäßig festgelegten Gesamthöhe aus dem Versicherungsschutz ausgenommen werden.

Hat ein Versicherungsnehmer etwa häufig Schäden aus Insolvenzanfechtungen, die der Höhe nach einzeln und in Summe nicht zu einer Belastung führen, die einen Risikotransfer erfordert, kann ein Entschädigungsvorrisiko sinnvoll sein. Erst wenn außergewöhnlich viele Schäden auftreten oder unerwartet große Schäden, wird die vereinbarte Grenze erreicht. Ist die Grenze des

622 Siehe Dritter Teil, D.III.2.

623 Siehe Dritter Teil, D.I.

624 Vgl. Ziff. C. 11.3 a) AVB-AFV-E.

Entschädigungsvorrisikos überschritten, leistet der Versicherer die Entschädigungsleistung für alle folgenden Schäden.[625] Das Entschädigungsvorrisiko bezieht sich demnach nicht lediglich auf einen einzelnen Schaden, sondern auf alle Schadenfälle pro Versicherungsjahr.

dd. Kumulative Anwendung der Selbstbehalte

Die dargestellten Selbstbehalte werden in der Praxis grundsätzlich kumulativ angewendet. In einzelnen Fällen ist die Intergral-Franchise oder das Entschädigungsvorrisiko disponibel, nicht aber die Abzugsfranchise. Grund hierfür ist das oben dargestellte besondere moralische Risiko in der Insolvenzanfechtungsversicherung.

Die Ausgestaltung und Kombination der Selbstbehalte hängt davon ab, wieviel Risiko der Versicherungsnehmer im Verhältnis zur Versicherungssumme bereit ist, selbst zu tragen. Voraussetzung für die Modellierung des geeigneten Deckungskonzepts im Einzelfall ist zum einen, die Insolvenzanfechtung als Risiko genau zu verstehen und die Risikoanalyse auf den konkreten Versicherungsnehmer zu beziehen, zum anderen, die Grenze der Belastbarkeit des Versicherungsnehmers aus Frequenz- oder Großschäden zu bestimmen. Zudem sinkt die Prämie in dem Maße, in dem der Versicherungsnehmer das Risiko sinnvollerweise selbst tragen kann.

2. Serienschadenklausel

Rechtlich gesehen ist jede anfechtbare Rechtshandlung selbständig anzufechten. Mehrere Rechtshandlungen des Schuldners sind auch dann anfechtungsrechtlich selbständig zu betrachten, wenn sie gleichzeitig vorgenommen worden sind oder sich wirtschaftlich ergänzen.[626] Üblicherweise werden die Ansprüche aus den §§ 129 ff. InsO gegen einen Anfechtungsgegner jedoch zusammengefasst begründet und mit einem Aufforderungsschreiben an den Anfechtungsgegner geltend gemacht. Der Versicherungsfall der Insolvenzanfechtungsversicherung tritt also gem. Ziff. A.I.2. AVB-AnfechtV mit Zugang des Aufforderungsschreibens bezogen auf alle darin geltend gemachten Ansprüche ein.

Es kommt aber in der Praxis auch vor, dass der Insolvenzverwalter gegen denselben Anfechtungsgegner aus demselben Insolvenzverfahren in zeitlichem Abstand mehrfach Ansprüche aus den §§ 129 ff. InsO geltend macht, z.B. wenn

---

625 HdV/*Sterk*, S. 776.
626 BGH ZIP 2008, 125, 127.

sich erst aus der weiteren Sachverhaltsermittlung weitere Ansprüche ergeben. Im Rahmen der Insolvenzanfechtungsversicherung sind demnach Serienschäden möglich. Serienschäden liegen vor, wenn mehrere entschädigungspflichtige Schadensfälle auf derselben Ursache beruhen.[627]

Ziff. CII.2. AVB-AnfechtV trifft eine Reglung für den Fall, dass aufgrund derselben Schadenursache mehrfach Schäden entstehen. Gem. Ziff. C.II.2. AVB-AnfechtV gilt:

> *Die im Versicherungsschein genannte Höchstversicherungssumme steht mit Beginn eines neuen Versicherungsjahres für neue Versicherungsfälle wieder voll zur Verfügung. Dies gilt nicht für solche Schäden, die mit Schäden, die der Schadenverursacher bereits im vorangegangen Versicherungsjahr verursacht hat, wirtschaftlich oder rechtlich in unmittelbarem Zusammenhang stehen.*

Fraglich ist daher, ob in der Insolvenzanfechtungsversicherung die jeweiligen Inanspruchnahmen aus den §§ 129 ff. InsO im Sinne einer Serienschadenklausel verklammert werden, wenn die Anfechtungen gegen denselben Versicherungsnehmer auf demselben Insolvenzverfahren beruhen.[628]

a. Sinn und Zweck von Ziff. C.II.2. AVB-AnfechtV

Erkennbarer Sinn und Zweck der Ziff. C.II.2, S. 2 AVB-AnfechtV ist, den Versicherer davor zu schützen, in mehreren Versicherungsjahren aufgrund desselben Insolvenzverfahrens wiederholt in Anspruch genommen zu werden und ggf. die jährliche Versicherungssumme mehrfach auszuschöpfen. Der wirtschaftliche oder rechtliche Zusammenhang lässt sich dabei anhand der vormaligen Geschäftsbeziehung, die zur Vornahme der anfechtbaren Rechtshandlungen geführt hat, vor allem aber anhand des zugrundliegenden Insolvenzverfahrens herleiten. Mit „Schadenverursacher" kann nur der Insolvenzverwalter gemeint sein, da der Schaden im Sinne der Insolvenzanfechtungsversicherung durch die Vornahme der Insolvenzanfechtung verursacht wird und nicht durch die Vornahme der anfechtbaren Rechtshandlung durch den Leistenden.

Dem Wortlaut nach, lässt sich Ziff. C.II.2., S. 2 AVB-AnfechtV nicht entnehmen, ob die jeweiligen Inanspruchnahmen zu einem Versicherungsfall verklammert werden. Ziff. C.II.2., S. 2 AVB-AnfechtV kann nach den oben dargestellten Grundsätzen zur Auslegung von AVB[629] jedoch nur im Sinne einer

---

627 BGH VersR 2003, 1389.

628 Vgl. BGH VersR 2003, 1389, *Armbrüster*, § 23, Rn. 1317.

629 Siehe Zweiter Teil, B.III.1.

Serienschadenklausel so zu verstehen sein, dass bei mehrfacher Inanspruchnahme des Versicherungsnehmers aus demselben Insolvenzverfahren der Versicherungsfall mit der ersten Inanspruchnahme als eingetreten gilt. Alle weiteren Anfechtungserklärungen werden der ersten Inanspruchnahme zugerechnet.

Anders lässt sich der dem Wortlaut nach erklärte Zweck nicht erreichen, denn die „Schäden" gem. Ziff. C.II.2., S. 2 AVB-AnfechtV entstehen nur durch die Geltendmachung von Anfechtungsansprüchen. Sofern die Versicherungssumme nicht erneut zur Verfügung stehen soll, wenn die Anfechtungen aus demselben Insolvenzverfahren geltend gemacht werden, kann dieses Ziel nur durch eine Verklammerung mehrfacher Inanspruchnahme zu einem Versicherungsfall erreicht werden, der mit der ersten Inanspruchnahme als eingetreten gilt.

Die Verklammerung ist auch im Interesse des Versicherungsnehmers. Löst jede gesondert geltend gemachte Insolvenzanfechtung aufgrund desselben Insolvenzverfahrens einen selbständigen Versicherungsfall aus, können sich für den Versicherungsnehmer im Hinblick auf die bereits dargestellte Integral-Franchise[630] erhebliche Nachteile ergeben. Deutlich wird das durch nachfolgendes Beispiel:

Macht der Insolvenzverwalter bei einer Intergral-Franchise von 20.000 EUR zweimal in zeitlichem Abstand jeweils 15.000 EUR geltend, kommt in beiden Fällen keine Entschädigungsleistung in Betracht, wenn die Inanspruchnahmen jeweils als selbständige Versicherungsfälle betrachtet werden. Macht der Insolvenzverwalter hingegen einmalig 30.000 EUR geltend, so ist die Integral-Franchise erreicht und die Entschädigungsleistung in voller Höhe zu zahlen. Es hängt demnach vom Vorgehen des Insolvenzverwalters ab, ob eine Entschädigungsleistung in Betracht kommt oder nicht. Durch die Verklammerung beider Inanspruchnahmen zu einem Versicherungsfall ist hingegen mit zweiter Inanspruchnahme im dargestellten Beispiel in Höhe von 15.000 EUR die Integral-Franchise erreicht und die Entschädigungsleistung in voller Höhe zu zahlen.

Es ist daher im Wege der Auslegung davon auszugehen, dass Sinn und Zweck der Regelung in Ziff. C.II.2. AVB-AnfechtV ist, dass alle Inanspruchnahmen des Versicherungsnehmers aus den §§ 129 ff. InsO aus demselben Insolvenzverfahren zu einem Versicherungsfall verklammert werden, mit der Wirkung, dass der Versicherungsfall mit der ersten Inanspruchnahme als eingetreten gilt.

630 Siehe Dritter Teil, D.VII.2.d.bb.

b. Schadensereignisse vor und nach Vertragslaufzeit

Fraglich ist, ob die Verklammerung der getrennt voneinander geltend gemachten Insolvenzanfechtungen zu einem Versicherungsfall dazu führt, dass auch Anfechtungen vor und nach Vertragslaufzeit im Rahmen der Insolvenzanfechtungsversicherung zu berücksichtigen sind.

aa. Vergleich zur Haftpflichtversicherung

Aufgrund der Parallelen beim Versicherungsfall Claims-made-Prinzip in der Insolvenzanfechtungs- und D&O-Versicherung, bietet sich vorliegend an, auch bzgl. der Serienschadenklausel Parallelen zur Haftpflichtversicherung zu ziehen. In der Haftpflichtversicherung werden die Schadenereignisse durch Serienschadenklauseln fiktiv zu einem einheitlichen Versicherungsfall in der Weise verklammert, dass der Eintrittszeitpunkt des Versicherungsfalls auf den Zeitpunkt des Eintritts des ersten der Versicherungsfälle fingiert wird.[631] Gilt der Versicherungsfall durch die Verklammerung bereits als vor Beginn des Versicherungsschutzes eingetreten, ist die gesamte Serie vom Versicherungsschutz ausgeschlossen, d.h. auch weitere Anfechtungen aus demselben Insolvenzverfahren während der Vertragslaufzeit fallen nicht unter den Versicherungsschutz.

Im Rahmen der Haftpflichtversicherung erfasst die Verklammerung nur die während der Wirksamkeit der Versicherung eingetretenen Serienschadenereignisse. Treten also nicht alle Schadensereignisse einer Serie im Versicherungszeitraum ein, sondern z.B. auch davor und danach, werden lediglich die im Versicherungszeitraum auftretenden Serienschadensereignisse zu einem Versicherungsfall verklammert.[632] Anderenfalls würde auch für alle Schadensereignisse während der Wirksamkeit der Versicherung kein Versicherungsschutz bestehen, da die Fiktion der Verklammerung dazu führt, dass auf das erste Schadensereignis vor Beginn des Versicherungsschutzes abzustellen ist.[633] Die Verklammerung führt im Rahmen der Haftpflichtversicherung also nicht dazu, dass auch vor oder nach dem Versicherungszeitraum eingetretene Schadensereignisse berücksichtigt werden.[634]

---

631 BGH VersR 1965, 325, 326; Bruck/Möller/*Koch*, AHB 2012 Ziff. 6, Rn. 9; *Littbarski*, Rn. 74; MüKo-VVG/*Thürmann*, ProdHaftpflV, Rn. 342 ff.; Spät/Schimikowski/*Harsdorf-Gebhardt*, AHB Ziff. 6, Rn. 11.

632 Bruck/Möller/*Koch*, AHB 2012 Ziff. 6, Rn. 10; *Littbarski*, Rn. 52; MüKo-VVG/*Thürmann*, ProdHaftpflV, Rn. 345 ff.; Spät/Schimikowski/*Harsdorf-Gebhardt*, AHB Ziff. 6, Rn. 15.

633 Bruck/Möller/*Koch*, AHB 2012 Ziff. 6, Rn. 12.

634 *Littbarski*, Rn. 52; MüKo-VVG/*Thürmann*, ProdHaftpflV, Rn. 345 ff.

bb. Auslegung der Ziff. C.II.2., S. 2 AVB-AnfechtV

Der Wortlaut der Ziff. C.II.2., S. 2. AVB-AnfechtV gibt keinen Aufschluss darüber, ob Insolvenzanfechtungen vor Beginn der Vertragslaufzeit zu berücksichtigen sind. Wie in der Haftpflichtversicherung führt auch in der Insolvenzanfechtungsversicherung die Verklammerung von Anfechtungen vor Beginn des Versicherungsvertrags dazu, dass der Versicherungsschutz für alle folgenden Anfechtungen ausgeschlossen ist. Daher ist wiederum im Wege der Auslegung zu ermitteln, ob bei der Verklammerung der Insolvenzanfechtungen zu einem Versicherungsfall auch Inanspruchnahmen aus den §§ 129 ff. InsO vor Beginn der Vertragslaufzeit zu berücksichtigen sind.

Nach der Rechtsprechung des BGH gelten für Risikobegrenzungsklauseln strenge Beurteilungsmaßstäbe; sie sind unter Beachtung ihres Zwecks und ihrer Formulierung eng auszulegen. Der durchschnittliche Versicherungsnehmer braucht nicht damit zu rechnen, dass er Lücken im Versicherungsschutz hat, ohne dass ihm diese hinreichend verdeutlicht wurden.[635] Daraus folgt, dass im Sinne von Ziff. C.II.2., S. 2 AVB-AnfechtV mehrere Schadensereignisse nur während der Wirksamkeit der Versicherung zu einem Versicherungsfall verklammert werden. Die bereits vor Beginn der Laufzeit geltend gemachten Ansprüche aus Insolvenzanfechtung bleiben außer Betracht. Anderenfalls wäre der Versicherungsschutz durch die Verklammerung erheblich verkürzt. Versichert sind nach dem Wortlaut der AVB-AnfechtV alle Schäden aus Insolvenzanfechtungen, die während der Vertragslaufzeit rechtlich begründet und durchsetzbar geltend gemacht werden. Durch Einbeziehung von Anfechtungen vor Beginn des Versicherungsvertrags in die Verklammerung gem. Ziff. C.II.2., S. 2 AVB-AnfechtV würde dieser Vertragszweck unterlaufen.

Im Ergebnis führt die Auslegung der Ziff. C.II.2. AVB-AnfechtV dazu, dass die Regelung im Sinne einer Serienschadenklausel zu verstehen ist, wonach die mehrfache Inanspruchnahme aus Insolvenzanfechtung aus demselben Insolvenzverfahren gegen einen Versicherungsnehmer während der Vertragslaufzeit als ein Versicherungsfall zu behandeln sind, wobei fingiert wird, dass der Versicherungsfall mit erster Inanspruchnahme als eingetreten gilt. Anfechtungen vor und nach Vertragslaufzeit bleiben unberücksichtigt.

Es wäre sinnvoll, die Serienschadenklausel in den AVB-AnfechtV präziser zu formulieren, um etwaigen Unsicherheiten bei der Auslegung von Ziff. C.II.2.

---

635 BGH VersR 2003, 1389, 1390; BGH VersR 2003, 187, 188; BGH VersR 2009, 341, 342; *Koch*, VersR 2015, 133, 136.

AVB-AnfechtV zu vermeiden. Insoweit kann z.B. auf die nachfolgend dargestellte Serienschadenklausel von Euler Hermes verwiesen werden.

c. *Abweichende Deckungskonzepte*

Deutlicher ergibt sich die Verklammerung der Schadensereignisse zu einem Versicherungsfall aus den Euler Hermes Allgemeine Versicherungsbedingungen für die Anfechtungsversicherung, Ziff. A.2) AVB-AFV-E:

> *Werden vom Insolvenzverwalter eines Kunden nacheinander mehrere geleistete Zahlungen angefochten, gilt der Versicherungsfall bereits mit Zugang der ersten Insolvenzanfechtungserklärung als eingetreten, später erfolgte weitere Insolvenzanfechtungen werden diesem Versicherungsfall zugerechnet. Insolvenzanfechtungen, die nach Beendigung des Versicherungsvertrages erfolgen, sind nicht versichert.*

Für Versicherungsfälle nach Beendung des Versicherungsvertrags trifft Ziff. A.2) AVB-AFV-E eine abschließende Regelung. Hiernach besteht für Anfechtungen nach Vertragslaufzeit kein Versicherungsschutz.

Das Deckungskonzept von Euler Hermes schließt Versicherungsschutz aus für bei Abschluss der Versicherung bereits beantragte oder eröffnete Insolvenzverfahren.[636] Das bedeutet, Anfechtungen vor Beginn der Versicherung sind von vornherein nicht versichert, ebenso wenig wie Anfechtungen aus bereits beantragten oder eröffneten Insolvenzverfahren nach Beginn des Versicherungsschutzes. Für Schadensereignisse vor Beginn der Versicherungsvertragslaufzeit spielt die Serienschadenklausel der Euler Hermes Anfechtungsversicherung daher keine Rolle; sie hat folglich lediglich Bedeutung für die Schadensereignisse, die während der Vertragslaufzeit eintreten. Insolvenzanfechtungen vor oder nach Vertragslaufzeit sind daher in der Euler Hermes Insolvenzanfechtungsversicherung unabhängig von der Serienschadenklausel in keinem Fall versichert.

3. *Subsidiaritätsklausel*

Zur Vermeidung der Mehrfachversicherung im Sinne von § 78 Abs. 1 VVG enthalten die AVB-AnfechtV in Ziff. D.III.1. eine einfache Subsidiaritätsklausel. Hiernach gilt:

> *Wenn und soweit der Versicherungsnehmer im konkreten Versicherungsfall eine Entschädigungsleistung aus anderer Versicherung beanspruchen kann, kann der*

---

636 Siehe Dritter Teil, D.II.1.b.

Versicherungsnehmer in Höhe dieses Anspruchs die Entschädigungsleistung aus vorliegender Versicherung nicht beanspruchen.

Bei einer einfachen Subsidiaritätsklausel ist der Versicherer nicht einstandspflichtig, wenn eine andere Versicherung bzgl. des versicherten Interesses besteht und im konkreten Fall auch Deckung gewährt.[637] Aus Sicht des Versicherers ist Sinn und Zweck der einfachen Subsidiaritätsklausel, die Folgen der Mehrfachversicherung gem. § 78 Abs. 1 VVG zu vermeiden.[638] Der Versicherungsnehmer kann mittels Subsidiaritätsklausel zur Vermeidung von Deckungslücken eine weitere Versicherung abschließen, ohne dass Mehrfachversicherung eintritt. Zudem kann sich für Versicherungsnehmer aus der subsidiären Einstandspflicht eine Prämienersparnis ergeben, da die sich der Umfang der Leistungspflicht des Versicherers reduziert.[639] Einfache Subsidiaritätsklauseln halten einer AGB-Kontrolle grundsätzlich stand.[640]

Vorliegend ist das Verhältnis der Warenkreditversicherung zur Insolvenzanfechtungsversicherung relevant. Wie gezeigt, bietet die Warenkreditversicherung in mehrfacher Hinsicht lediglich eingeschränkten Versicherungsschutz gegen die Inanspruchnahme aus den §§ 129 ff. InsO. Zum einen besteht grundsätzlich Versicherungsschutz nur für gem. § 144 Abs. 1 InsO wiederauflebende Forderungen, wenn diese zuvor unter der Warenkreditversicherung versichert waren, zum anderen ist die Versicherungsleistung grundsätzlich auf die Höhe des zuvor auf den Schuldner gezeichneten Kreditlimits beschränkt. Zudem verwirkt ein Verstoß gegen die Obliegenheiten aus dem Warenkreditversicherungsvertrag auch den Versicherungsschutz bei Insolvenzanfechtung; selbst dann, wenn eine Insolvenzanfechtungszusatzversicherung zur Warenkreditversicherung abgeschlossen ist.[641]

Es kann demnach sinnvoll sein, zusätzlich zur Warenkreditversicherung eine Insolvenzanfechtungsversicherung abzuschließen, um die aufgezeigten Deckungslücken zu schließen. Durch die Subsidiaritätsklausel gem. Ziff. D.III.1. AVB-AnfechtV ist sichergestellt, dass zunächst die Versicherungsleistung aus

---

637 BGH VersR 2004, 994, 995; Beckmann-Matusche/*Armbrüster*, § 6, Rn. 84; *Winter*, VersR 1991, 527, 528.

638 *Winter*, VersR 1991, 527.

639 BGH VersR 2004, 994, 995; Beckmann-Matusche/*Armbrüster*, § 6, Rn. 82; *Armbrüster*, § 23, Rn. 1265.

640 BGH VersR 2004, 994, 995; OLG Karlsruhe VersR 1976, 240; *Winter*, VersR 1991, 527, 529.

641 Siehe Zweiter Teil, A.IV.7.

der Warenkreditversicherung zu beanspruchen ist. Erst, wenn die Leistung aus der Warenkreditversicherung nicht oder nicht ausreichend den Schaden aus Insolvenzanfechtung kompensiert, kann die Leistung aus der Insolvenzanfechtungsversicherung beansprucht werden.

Ausschlaggebend für die Beurteilung der subsidiären Einstandspflicht ist der Zeitpunkt zum Eintritt des Versicherungsfalls. Ist der andere Versicherer zum Zeitpunkt des Eintritts des Versicherungsfalls leistungsfrei, kommt Deckungsschutz aus dem subsidiären Versicherungsvertrag in Betracht. Verletzt der Versicherungsnehmer erst nach Eintritt des Versicherungsfalls eine Obliegenheit, die zur Leistungsfreiheit des vorrangig einstandspflichtigen Versicherers führt, kann der Versicherungsnehmer die Leistung auch nicht vom subsidiär einstandspflichtigen Versicherer verlangen, da die Leistungsfreiheit des vorrangig haftenden Versicherers erst nach Eintritt des Versicherungsfall entfallen ist.[642]

Gem. Ziff. D.III.2. AVB-AnfechtV kann der Versicherer Rückerstattung der eigenen Entschädigungsleistung an sich verlangen oder Abtretung des Anspruchs gegen den vorrangig einstandspflichtigen Versicherer, wenn er bereits eine Entschädigungsleistung ausgezahlt hat, für die er aufgrund der Subsidiaritätsklausel nicht einstandspflichtig ist.

E. Zwischenergebnis zu Teil 3

Durch Abschluss einer Insolvenzanfechtungsversicherung können sich Lieferanten vor dem Risiko schützen, aus Insolvenzanfechtung auf Rückerstattung bereits erhaltener Zahlungen auf Forderungen aus Lieferung und Leistung in Anspruch genommen zu werden.

Im Rahmen der Insolvenzanfechtungsversicherung nach den AVB-AnfechtV steht dem Versicherungsnehmer einmal pro Versicherungsjahr die vereinbarte Versicherungssumme unter Berücksichtigung der vereinbarten Selbstbehalte für die Inanspruchnahme aus Insolvenzanfechtung zur Verfügung. Das gilt grundsätzlich auch für Anfechtungen aus bei Abschluss der Versicherung bereits beantragten oder eröffneten Insolvenzverfahren.

Der Versicherungsfall tritt mit schriftlicher Inanspruchnahme durch den Insolvenzverwalter ein (Anspruchserhebungs-/Claims-made-Prinzip). Zum Ausgleich der für den Versicherungsnehmer mit dem Claims-made-Prinzip verbundenen Nachteile könnte – vergleichbar zur D&O-Versicherung – die

642 Beckmann-Matusche/*Armbrüster*, § 6, Rn. 82; *Armbrüster*, § 23, Rn. 1256.

Regelung einer Nachhaftung erforderlich sein. Bislang sehen die AVB-AnfechtV eine Nachhaftung allerdings nicht vor.

Mit Abschluss einer Insolvenzanfechtungsversicherung wird nicht nur das Risiko verlagert, bzgl. der Vornahme anfechtbarer Rechtshandlungen in der Vergangenheit aus § 143 Abs. 1 InsO in Anspruch genommen zu werden. Vielmehr wird im Hinblick auf die Organisation der Abläufe im Unternehmen sowie auf den Umgang mit Abnehmern in der Krise die Handlungsfreiheit im Rahmen ordentlicher kaufmännischer Sorgfalt wiederhergestellt, die durch die für Lieferanten in der Praxis häufig schwierige Kalkulierbarkeit des Anfechtungsrisikos erheblich eingeschränkt ist.

Die Bewertung des abstrakten und konkreten Risikos durch die Versicherer, sowohl nach Frequenz als auch nach Höhe des Schadenpotentials, führt jedenfalls derzeit noch zu relativ hohen Prämien. Aus diesem Grund werden individuelle Deckungskonzepte unter Berücksichtigung von Eigenbehalten gestaltet, um auf diese Weise eine passende Relation von Risiko, Deckung und Prämie zu erreichen.

Die Insolvenzanfechtungsversicherung ist demnach für Lieferanten der derzeit geeignetste Weg, das Insolvenzanfechtungsrisiko zu versichern.

Zusammenfassung der wesentlichen Ergebnisse

A. Insolvenzanfechtung ist ein relevantes Vermögensschadenrisiko für Lieferanten

Die Möglichkeit, aus Insolvenzanfechtung auf Rückerstattung bereits erhaltener Zahlungen auf Forderungen aus Lieferung und Leistung in Anspruch genommen zu werden, hat sich in den letzten Jahren für Lieferanten in Deutschland aufgrund der Ausgestaltung der geltenden Gesetze, der einschlägigen Rechtsprechung sowie des Verhaltens der Insolvenzverwalter, die regen Gebrauch vom Insolvenzanfechtungsrecht machen, zu einem signifikanten Risiko entwickelt. Mit Rückerstattung gem. §§ 129 ff. InsO angefochtener Zahlungen auf Forderungen aus Lieferung und Leistung realisieren sich beim Anfechtungsgegner Vermögensschäden. In Einzelfällen können diese Vermögensschäden existenzbedrohend sein. In Betracht kommen drüber hinaus Haftpflichtansprüche gegen verantwortliche Personen aufseiten des Anfechtungsgegners, wenn sie einen kausalen Beitrag zur Vornahme von anfechtbaren Rechtshandlungen und/oder späteren Insolvenzanfechtung geleistet haben.

Das Risiko der Inanspruchnahme aus den §§ 129 ff. InsO lässt sich für Lieferanten nur schwer steuern. Das liegt an der Komplexität der Materie und der damit einhergehenden rechtlichen Unsicherheit. Ferner stehen die konsequente Beitreibung von Forderungen sowie der unternehmerische Umgang mit in der Krise befindlichen Abnehmern in einem kaum lösbaren Konflikt zur Vermeidung von Insolvenzanfechtung. Hieran wird nach derzeitiger Einschätzung auch das am 5. April 2017 in Kraft getretenen „Gesetz zur Verbesserung der Rechtssicherheit bei Anfechtungen nach der Insolvenzordnung und nach dem Anfechtungsgesetz“ nichts ändern, da der Gesetzgeber das Insolvenzanfechtungsrecht in seiner wesentlichen Ausgestaltung nicht in Frage stellt, sondern lediglich eine „punktuelle Neujustierung“ vorgenommen hat.

Mit Verschlechterung der wirtschaftlichen Rahmenbedingungen in Deutschland und weltweit treten zwei Effekte ein, die das Anfechtungsrisiko deutlich erhöhen. Unternehmen mit schwacher Bonität werden es schwerer haben, Ihre Liquidität zu gewährleisten, vor allem, weil Banken in Krisenzeiten eine restriktivere Kreditvergabe praktizieren. Aufgrund der nunmehr durch die Rechtsprechung des BGH bestätigten Einbeziehung der Passiva II in die Liquiditätsbilanz geraten liquiditätsschwache Unternehmen noch schneller in Zahlungsunfähigkeit gem. § 17 Abs. 2 S. 1 InsO, die in den wesentlichen Fällen die Voraussetzung für die Vornahme anfechtbarer Rechtshandlungen im Sinne der §§ 129 ff. InsO ist. Zudem ist mit einer steigenden Anzahl von Unternehmensinsolvenzen zu rechnen, was für sich allein bereits die Gefahr der Insolvenzanfechtung erhöht. Aufgrund der rechtlichen Bedeutung des Insolvenzanfechtungsrechts sowie der konkreten gesetzlichen Ausgestaltung der §§ 129 ff. InsO ist nicht davon auszugehen, dass sich das Risiko für Lieferanten in Zukunft ändert. Aus diesen Gründen suchen Lieferanten nach Möglichkeiten des Transfers des Anfechtungsrisikos auf Versicherer.

B. Kein ausreichender Versicherungsschutz aus Warenkredit-, Vertrauensschaden- und D&O-Versicherung

Die Warenkreditversicherung bietet Lieferanten lediglich eingeschränkten Schutz für Schäden aus Insolvenzanfechtung. Nicht für jeden Lieferanten kommt der Abschluss einer Warenkreditversicherung in Betracht. Ferner sind nicht zwingend alle Forderungen aus Lieferung und Leistung in den Versicherungsschutz der Warenkreditversicherung eingeschlossen. Darüber hinaus ergibt sich im Wege der ergänzenden Vertragsauslegung der AVB-WKV gem. §§ 133, 157 BGB die Beschränkung des Versicherungsschutzes für die nach § 144 Abs. 1 InsO wiederauflebenden versicherten Forderungen lediglich auf das höchste zuvor gezeichnete Kreditlimit für den Abnehmer. Bereits dieser Umstand führt zu einem erheblich eingeschränkten Versicherungsschutz, da Schäden aus Insolvenzanfechtung das Kreditlimit weit übersteigen können. Trotz zwischenzeitlich eingeführten Insolvenzanfechtungszusatzversicherungen, die die Versicherungssumme der Warenkreditversicherung für Fälle der Inanspruchnahme aus Insolvenzanfechtung erhöhen, ist die Warenkreditversicherung schlussendlich kein geeigneter Weg, das Insolvenzanfechtungsrisiko hinreichend zu versichern. Der Abschluss einer Top-Up Versicherung führt ebenfalls nicht zur Schließung der Deckungslücken der Warenkreditversicherung bzgl. Schäden aus Insolvenzanfechtung, da der Top-Up Versicherer bei Inanspruchnahme aus Insolvenzanfechtung regelmäßig nicht einstandspflichtig ist.

In der Vertrauensschadenversicherung kommt eine Haftung der versicherten Vertrauensperson aufseiten des Anfechtungsgegners in Betracht, wenn sie vorsätzliche Beihilfe zur Insolvenzverschleppung leistet, die zu einem Vermögensschaden aus Insolvenzanfechtung führt. Das kann der Fall sein, wenn die Vertrauensperson in Kenntnis der Zahlungsunfähigkeit des Abnehmers die Geschäftsbeziehung fortführt und schlussendlich aufgrund erfolgter

Insolvenzanfechtung wertlose Forderungen aus Lieferung und Leistung begründet hat. Der Versicherungsschutz im Rahmen der Vertrauensschadenversicherung für das Risiko Insolvenzanfechtung ist lediglich sehr eingeschränkt und nur für oben genannten Fall denkbar. Die Vertrauensschadenversicherung eignet sich daher nicht dazu, dass Risiko der Insolvenzanfechtung im Wesentlichen auf einen Versicherer zu transferieren.

Zum gleichen Ergebnis kommt die Prüfung des Versicherungsschutzes für Insolvenzanfechtung im Rahmen der D&O-Versicherung. Zwar sind Pflichtverletzungen versicherter Personen denkbar, die mitursächlich für einen Schaden aus Insolvenzanfechtung sind, etwa die Fortsetzung einer Geschäftsbeziehung mit einem erkennbar zahlungsunfähigen Abnehmer oder dem entsprechenden Organisationsverschulden, allerdings dürfte es sich hierbei in der Praxis nicht um den Regelfall handeln. Zudem ist in diesen Fällen davon auszugehen, dass es sich um wissentliche Pflichtverletzungen handelt, die regelmäßig vom Versicherungsschutz in der D&O-Versicherung ausgeschlossen sind.

C. Versicherungsschutz für Lieferanten aus der Insolvenzanfechtungsversicherung

Der Mangel an geeigneten Versicherungslösungen hat zur Einführung der Insolvenzanfechtungsversicherung geführt, die unter die Sparte Kreditversicherung fällt. Die Insolvenzanfechtungsversicherung bietet Lieferanten grundsätzlich die Möglichkeit, sich gegen das Risiko der Insolvenzanfechtung auch betreffend aller anfechtbaren Rechtshandlungen vor Abschluss der Versicherung zu versichern. Die Insolvenzanfechtungsversicherung verwendet vergleichbar zur D&O-Versicherung das Claims-made-Prinzip in Bezug auf den Versicherungsfall, was zu entsprechenden Fragestellungen betreffend die Wirksamkeit auch in der Insolvenzanfechtungsversicherung führt. Die Nachfrage, Akzeptanz und Prämienentwicklung in der Insolvenzanfechtungsversicherung bleibt in den nächsten Jahren abzuwarten.

Im Ergebnis stellt die Insolvenzanfechtungsversicherung für Lieferanten die beste Möglichkeit dar, sich gegen das Insolvenzanfechtungsrisiko aus der Gewährung von Lieferantenkrediten zu versichern.

VERSICHERUNGSRECHTLICHE STUDIEN

Herausgegeben von Professor Dr. Gerrit Winter und Professor Dr. Robert Koch, LL.M.

Band 1 Maximilian Teichler: Berufshaftpflichtversicherungen. Eine Untersuchung der Berufshaftpflicht, ihrer Versicherung und deren Beziehung zueinander am Beispiel der Rechtsanwälte, Ärzte und Architekten in Deutschland. 1985.

Band 2 Burkhard Messerschmidt: Hinweis- und Belehrungspflichten des Versicherers. 1986.

Band 3 Chao-Kuo Chiang: Das Interesse im Seeversicherungsrecht. 1986.

Band 4 Michael Grebe: Die vorläufige Deckungszusage unter besonderer Berücksichtigung ihrer Handhabung in der Lebensversicherung. 1987.

Band 5 Harald Zeller: Die Deckung von Haftpflicht-Risiken im Rahmen der Seekaskoversicherung. 1987.

Band 6 Annemarie Bender: Die Rechtsproblematik der Wartezeiten in der Privatversicherung unter besonderer Berücksichtigung der Rechtsschutzversicherung. 1988.

Band 7 Gerd Kühborth: Die Obliegenheiten des Versicherungsnehmers in der Rechtsschutzversicherung beim und nach dem Eintritt eines Versicherungsfalles. 1988.

Band 8 Peter Caninenberg: Die Sportveranstaltungsausfallversicherung. 1988.

Band 9 Carsten Meyer: Der Rückkaufswert in der Lebensversicherung. Eine Untersuchung aktueller Kritik an dem Recht des Lebensversicherungsvertrages unter Berücksichtigung des AGB-Gesetzes und des Aufsichtsrechts. 1989.

Band 10 Heike Schwesinger: Versorgungsausgleich und berufsständische Versorgungswerke. 1989.

Band 11 Jens Fortmann: Die Investitionsgüterkreditversicherung. 1989.

Band 12 Hans Wille: Bedingungs- und satzungsgemäße Privilegien öffentlich-rechtlicher "Wettbewerbsanstalten" in der Gebäude-Feuerversicherung. Eine Untersuchung zum BGB, VVG, AGBG, GWB (UWG) und EWGV unter kritischer Berücksichtigung alter und neuer deutscher sowie supranationaler Judikatur. 1990.

Band 13 Ulrich Joseph: Lebensversicherung und Abtretung. 1990.

Band 14 Udo Hansen: Beweislast und Beweiswürdigung im Versicherungsrecht. 1990.

Band 15 Uwe Hamann: Die Rückdeckungsversicherung aus zivil-, versicherungs- und arbeitsrechtlicher Sicht. 1991.

Band 16 Hans-Eckhard Tribess: Die Leistungsfreiheit des Versicherers aus § 67 Abs. 1 Satz 3 VVG im Falle des Vorausverzichtes. 1991.

Band 17 Regina Testorf: Gewerbliche Schmuckversicherungen. 1991.

Band 18 Dieter Armbrust: Subsidiaritätsabreden in Versicherungsverträgen. 1991.

Band 19 Cornelia Thies: Die Auswirkungen von AIDS im Privatversicherungsrecht. Eine Untersuchung über AIDS-spezifische Probleme im Kranken-, Lebens- und Haftpflichtversicherungsrecht. 1991.

Band 20 Utz Meyer-Reim: Die Elektronik-Versicherung. Sachversicherung von Fernmelde- und sonstigen elektrotechnischen Anlagen. 1992.

Band 21 Thorsten Hinnekeuser: Der Versicherungsfall in der Bauleistungsversicherung. 1992.

Band 22 Christian Luckey: Mündliche Nebenabreden zu Allgemeinen Versicherungsbedingungen. 1992.

Band 23 Jürgen Möhle: Die Haftpflichtversicherung im Heilwesen. Eine Studie über die versicherungsrechtliche Deckung medizinischer Haftpflichtschäden. 1992.

Band 24 Torsten Busch: Genußkapital als Eigenmittel von Versicherungsunternehmen. 1992.

Band 25 Ulrich Möhrle: Verhaltensabhängige Risikobeschränkungen in der Gewässerschadenhaftpflichtversicherung. 1993.

Band 26 Paul Wollny: Die Directors' and Officers' Liability Insurance in den Vereinigten Staaten von Amerika (D&O-Versicherung). Vorbild für eine Aufsichtsratshaftpflichtversicherung in Deutschland? 1993.

Band 27 Jan Dreyer: Die Reiserücktrittskostenversicherung. 1993.

Band 28 Robert Nehrer: Entwendung und Entwendungsfolgeschäden in der Kraftfahrzeugkaskoversicherung. 1994.

Band 29 Jürgen Sackhoff: Die Anzeige-, Auskunfts- und Belegpflicht des Versicherungsnehmers nach Eintritt des Versicherungsfalles. Eine rechtsvergleichende Untersuchung unter besonderer Berücksichtigung des Richtlinienentwurfes zur Harmonisierung des Versicherungsvertragsrechts. Zugleich ein Beitrag zur Relevanzrechtsprechung des Bundesgerichtshofes. 1994.

Band 30 Anne Heidelbach: Der kleinere Versicherungsverein auf Gegenseitigkeit unter besonderer Berücksichtigung der gesellschaftsrechtlichen Probleme. 1994.

Band 31 Claudius Mann: Die zeitliche Beschränkung des Versicherungsschutzes in der Rechtsschutzversicherung. 1994.

Band 32 Martin Dietrich: Produktbeobachtungspflicht und Schadenverhütungspflicht der Produzenten. 1994.

Band 33 Barbara Halser: Die versicherte Gefahr und der Versicherungsfall in der Industrie-Straf-Rechtsschutzversicherung. 1994.

Band 34 Hans von Gehlen: Die Beeinflussung des Versicherungsfalls durch den Versicherungsnehmer in der Rechtsschutzversicherung. 1995.

Band 35 Thomas Adler: Das Tagegeld in der Krankenversicherung als Schadens- oder Summenversicherung. 1995.

Band 36 Achim Gmilkowsky: Die Produkthaftung für Umweltschäden und ihre Deckung durch die Produkthaftpflichtversicherung. 1995.

Band 37 Jens Hilgenhövel: Die gewohnheitsrechtliche Erfüllungshaftung des Versicherers für Auskünfte seiner Agenten. 1995.

Band 38 Wiebke Heinrich: Das Sachverständigenverfahren im Privatversicherungsrecht. 1996.

Band 39 Arnt Vespermann: Staatshaftung im Versicherungswesen. 1996.

Band 40 Hubertus W. Labes: Schiedsgerichtsvereinbarungen in Rückversicherungsverträgen. 1996.

Band 41 John Benjamin Schroeder: Die Kriegsgefahr im deutschen Versicherungsrecht. 1996.

Band 42 Hilke Wesselhöft: Datenschutz im Versicherungswesen. 1996.

Band 43 Klaus C. Kossen: Die Kautionsversicherung. 1996.

Band 44 Cord Imelmann: Versicherungsaufsichtsrechtliche Fragen der Allfinanzkonzeption. 1996.

Band 45 Marcus Lüpke: Versicherungsschutz bei behördlicher Inanspruchnahme zur Altlastsanierung. 1996.

Band 46 Bettina Kagelmacher: Die Beschränkungen der Privatversicherungsfreiheit im Hinblick auf das Allgemeininteresse sowie auf Rechte Dritter. Die Grenzen der Versicherbarkeit widerrechtlichen Verhaltens. 1997.

Band 47 Moritz Mittelbach: Die Verdienstausfallversicherung für See- und Binnenschiffe. 1997.

Band 48 Marc-Alexander Lüth: Rechtsberatung durch den Rechtsschutzversicherer. 1997.

Band 49 Ulf Liebelt-Westphal: Schadenverhütung und Versicherungsvertragsrecht. Schadenverhütung durch die Gestaltung des Versicherungsvertrages (Risikobeschreibung, Ausschluß von Risiken und Auferlegung von Obliegenheiten). 1997.

Band 50 Katrein Schneider: Die Feuer-Betriebsunterbrechungsversicherung. 1997.

Band 51 Hubertus Wegmann: Obliegenheiten in der Privaten Krankenversicherung. 1997.

Band 52 Sven Schubert: Das Sachverständigenverfahren im Seeversicherungsrecht. 1998.

Band 53 Horst Suhren: Alte und neue Informationspflichten des Rechtsschutzversicherers. 1998.

Band 54 Bianca Müller: Verbraucherschutz durch das Bundesaufsichtsamt für das Versicherungswesen. 1998.

Band 55 Thorsten Haeberlin: Der aktuelle Stand des Versicherungsnehmerschutzes im englischen und deutschen Versicherungsvertragsrecht vor dem Hintergrund der jüngsten EG-Rechtsentwicklung. 1998.

Band 56 Thorsten Meinert: Das Bereicherungsverbot im deutschen Seeversicherungsrecht. Mit einem Exkurs zum Entschädigungsprinzip im englischen Seeversicherungsrecht. 1998.

Band 57 Annette Wenckstern: Die Haftung bei der Arzneimittelprüfung und die Probandenversicherung. Haftungsersetzung durch Versicherungsschutz. 1999.

Band 58 Jan-Uwe Hungar: Die Rechtsstellung des Schiffshypothekengläubigers im Versicherungsfall. 1999.

Band 59 Torsten Stade: Die Kaskoversicherung für Luftfahrzeuge. 1999.

Band 60 Michael Rudolf Fischer: Versicherungsaufsichtsrecht und öffentliches Übernahmeangebot. 1999.

Band 61 Jill Bohnhorst: Gentechnologie in der Haftpflichtversicherung. 1999.

Band 62 Nils Abram: Die Berufshaftpflichtversicherung für Versicherungsvermittler. 2000.

Band 63 Carsten Hoppmann: Vorstandskontrolle im Versicherungsverein auf Gegenseitigkeit. 2000.

Band 64 Georg Lange: Die Reparaturkostenversicherung. 2000.

Band 65 Nikolas Streuf: Der Vertragsschluss mit einem englischen Versicherer via Internet. 2002.

Band 66 Jan Philipp Tietjen: Die Versicherungsdauer in der (See-)Güterversicherung nach den Grundsätzen der Haus-zu-Haus-Klausel. 2002.

Band 67 Axel Wehling: Schutz innovativer Versicherungsdienstleistungen. 2002.

Band 68 Alexander Wehowski: Die Zulassung ausländischer Versicherungsunternehmen in der Bundesrepublik Deutschland und den Vereinigten Staaten von Amerika. 2002.

Band 69 Marcus Hennies: Die Finanzaufsicht über Versicherungen in der Europäischen Gemeinschaft. Unter besonderer Berücksichtigung der Solvabilitätsvorschriften. 2003.

Band 70 Silke Riedel: Sicherungsschein und Sicherungsbestätigung in der Versicherungswirtschaft. 2004.

Band 71 Detlef A. Huber: Die Hagelversicherung. 2005.

Band 72 Frank-Hartmut Vogelsang: Die Berufshaftpflichtversicherung des Architekten. Deckungssummenbeschränkungen und Risikoausschlüsse. 2005.

Band 73 Inga Uhlenbrock: Die Lösungsrechte des Versicherers bei Verletzung der vorvertraglichen Anzeigepflicht durch den Versicherungsnehmer. Unter besonderer Betrachtung der Berufsunfähigkeitsversicherung. 2005.

Band 74 Hansjörg Heppe: Bedingungen in der Sportbootversicherung. 2005.

Band 75 Georg Herzog: Bausparkassenbedingungen und AGB-Kontrolle. 2006.

Band 76 Thomas Glitza: Aufräumungskosten bei Umweltschäden in den Sachversicherungszweigen. 2006.

Band 77 Carsten Maßmann: Die Taxe im Seeversicherungsrecht. 2007.

Band 78 Ingo Hollenborg: Berufsunfähigkeit Selbständiger im Rahmen der Berufsunfähigkeitsversicherung. Unter besonderer Berücksichtigung der Betriebsumorganisationspflicht. 2009.

Band 79 Boris Lau: Das Wettbewerbsverbot in Versicherungsagenturverträgen. Eine kartellrechtliche Untersuchung. 2010.

Band 80 Martin Greiser: Die Verbriefung von Versicherungsrisiken. 2010.

Band 81 Xiaofan Du: Liberalisierung der Dienstleistungen von Versicherern. Ein Vergleich des Versicherungsaufsichtsrechts für ausländische Versicherer zwischen China und Deutschland. 2010.

Band 82 Anne-Christine Seßinghaus: Die Kündigung von auf die Person eines Dritten genommenen privaten Krankheitskostenpflichtversicherungsverträgen. Rechte und Pflichten der Beteiligten im Spannungsfeld von Privatautonomie und sozialer Zielsetzung. 2020.

Band 83 Nikolaus Dickstein: Die Kostenanrechnungsklausel in der D&O-Versicherung. Eine Untersuchung der AGB-rechtlichen und dinglichen Wirksamkeit der formularmäßigen Kostenanrechnung. 2020.

Band 84 Kai Engelsberg: Versicherungsfall Insolvenzanfechtung. Versicherungsschutz gegen das Insolvenzanfechtungsrisiko für Lieferanten. 2020.

www.peterlang.de

Schutz vor Forderungsausfall
Allgemeine Versicherungsbedingungen
für die Warenkreditversicherung 1999 (Version 2008)

EULER HERMES
Kreditversicherung

Inhaltsverzeichnis

Euler Hermes
Kreditversicherungs-AG
Friedensallee 254, 22763 Hamburg
Postanschrift: 22746 Hamburg

Tel. +49 (0) 40/88 34-0
Fax +49 (0) 40/88 34-77 44
info.de@eulerhermes.com
www.eulerhermes.de

Commerzbank AG, Hamburg
BLZ 200 800 00, Konto 09 157 608 00
IBAN: DE46200800000915760800
BIC: DRESDEFF200
USt-ID-Nr. DE 118 617 655
Sitz der Gesellschaft: Hamburg
Registergericht: Hamburg HRB 5160

§ 1 Gegenstand der Versicherung

Die Euler Hermes Kreditversicherungs-AG (im Folgenden kurz Versicherer) ersetzt dem Versicherungsnehmer Ausfälle an Forderungen aus Warenlieferungen sowie Werk- und Dienstleistungen. Der Versicherungsschutz erstreckt sich auf Forderungen, die während der Laufzeit des Versicherungsvertrages entstehen und die wegen eines ebenfalls während der Laufzeit des Versicherungsvertrages bei einem versicherten Kunden eingetretenen Versicherungsfalles ausfallen. Die weiteren Voraussetzungen und der Umfang des Versicherungsschutzes ergeben sich aus diesen und den weiteren vereinbarten Bedingungen sowie aus der Vordeklaration.

§ 2 Umfang des Versicherungsschutzes

1. Versicherungsschutz besteht für vertraglich begründete Forderungen, die frei von Gegenrechten des Kunden sind und die im Rahmen des regelmäßigen Geschäftsbetriebes des Versicherungsnehmers entstanden sind, sofern sie entweder im Rahmen der Selbstprüfung liegen (§ 3 AVB) oder der Versicherer eine Versicherungssumme für den jeweiligen Kunden in der Kreditmitteilung festgesetzt hat (§ 4 AVB).

Der Versicherungsschutz beginnt bei

a) Warenlieferungen ab Versendung und bei

b) Werk- und Dienstleistungen ab Beginn der Leistung,

sofern die Forderungen aus diesen Lieferungen und Leistungen innerhalb der nächsten 30 Kalendertage fakturiert werden. Wird später fakturiert, beginnt der Versicherungsschutz erst ab diesem Zeitpunkt.

2. Versicherungsschutz besteht nicht für Ausfälle an Forderungen

a) gegen öffentlich-rechtliche Abnehmer und natürliche Personen, sofern die Forderungen gegen letztere nicht im Zusammenhang mit der Ausübung einer unternehmerischen Tätigkeit dieser entstanden sind,

b) gegen Kunden, bei denen der Versicherungsnehmer mittelbar oder unmittelbar mehrheitlich beteiligt ist; gleiches gilt im Fall der entsprechenden Beteiligung der Kunden bei dem Versicherungsnehmer,

c) aus der Vermietung oder Verpachtung von Immobilien,

d) aus Warenlieferungen, Werk- und Dienstleistungen, für deren Durchführung der Versicherungsnehmer die erforderlichen behördlichen Genehmigungen nicht eingeholt hat sowie aus der Lieferung von Waren, deren Einfuhr in das Bestimmungsland gegen ein bestehendes Verbot verstößt oder deren Ausfuhr gegen ein bestehendes Verbot in der Bundesrepublik Deutschland verstößt,

e) aufgrund von Krieg, kriegerischen Ereignissen, inneren Unruhen, Aufruhr, Revolution, Streik, Beschlagnahme, Beeinträchtigung des Waren- und Zahlungsverkehrs durch Behörden oder staatliche Institutionen, Naturkatastrophen sowie solche, die direkt oder indirekt durch Kernenergie mit verursacht wurden.

3. Die Mehrwertsteuer ist nicht versichert. Ebenfalls nicht versichert sind Zölle und sonstige Steuern, die aufgrund des grenzüberschreitenden Verkehrs entstehen. Des Weiteren nicht versichert sind Verzugs- und Fälligkeitszinsen, Vertragsstrafen, Schadenersatzforderungen, Kursverluste oder sonstige Kosten, die durch Mängelrügen oder sonstige Einwendungen des Schuldners entstanden sind.

4. Forderungen sind nicht versichert, bei denen der Versicherungsnehmer mit seinen Kunden von vornherein ein längeres Zahlungsziel vereinbart als im Versicherungsschein festgelegt worden ist, es sei denn, die Kreditmitteilung des Versicherers enthält eine abweichende Bestimmung.

§ 3 Debitorenmanagement des Versicherungsnehmers/ Selbstprüfungsgrenze

1. Der Versicherungsnehmer hat in der Vordeklaration oder in einer sonstigen Vereinbarung mit dem Versicherer das Debitorenmanagement beschrieben, das er derzeit betreibt bzw. spätestens ab Beginn des Versicherungsvertrages in seinem Unternehmen betreiben wird.

Sofern der Versicherer nicht in einer gesonderten Vereinbarung besondere Voraussetzungen für den Versicherungsschutz festlegt, sind Forderungen, die der Versicherungsnehmer unter Einhaltung dieses Debitorenmanagements begründet und für die er kein längeres als das im Versicherungsschein festgelegte Zahlungsziel vereinbart, bis zur Höhe der im Versicherungsschein genannten Selbstprüfungsgrenze versichert, ohne dass es hierfür der Festsetzung einer Versicherungssumme gemäß § 4 AVB bedarf.

2. Soweit die Forderungen gegen einen Kunden die Selbstprüfungsgrenze übersteigen, sind sie nur versichert, wenn der Versicherungsnehmer binnen 30 Kalendertagen nach Übersteigen der Selbstprüfungsgrenze die Festsetzung einer Versicherungssumme beantragt und der Versicherer anschließend eine Versicherungssumme festsetzt.

Soweit der Versicherer die Festsetzung einer Versicherungssumme ablehnt, sind die Forderungen oberhalb der Selbstprüfungsgrenze nicht versichert. Der Versicherungsschutz für die im Rahmen der Selbstprüfung zum Zeitpunkt der Ablehnung bereits versicherten Forderungen bleibt unberührt. Forderungen aus künftigen Lieferungen und Leistungen gegen denselben Kunden sind nicht mehr versichert.

3. Im Rahmen der Selbstprüfung sind nur Kunden mit Sitz in den im Versicherungsschein besonders gekennzeichneten Ländern versichert, soweit nicht der Versicherer den Versicherungsschutz gemäß § 6 AVB für künftige Lieferungen und Leistungen beschränkt oder aufhebt.

4. Der Versicherungsschutz besteht im Rahmen der Selbstprüfung nicht, wenn in den letzten 12 Monaten vor Lieferung oder Leistung bei dem Kunden einer der in § 10 Nr. 3 a) bis c) AVB aufgeführten Umstände eingetreten ist oder bei dem Kunden Zahlungsunfähigkeit im Sinne von § 12 AVB vorliegt.

§ 4 Versicherungssummen/ Antragspflicht

1. Der Versicherungsnehmer ist verpflichtet, für alle Forderungen gegen seine gegenwärtigen und künftigen Kunden in den versicherten Ländern binnen 30 Kalendertagen ausreichende Versicherungssummen zu beantragen, sobald die Gesamtforderung an einen Kunden die im Versicherungsschein genannte Antragsgrenze übersteigt.

2. Sobald absehbar ist, dass die Gesamtforderung an einen Kunden die eingeräumte Versicherungssumme übersteigen wird, muss der Versicherungsnehmer eine Erhöhung der Versicherungssumme beantragen.

Gewährt der Versicherer die beantragte Versicherungssumme nicht in voller Höhe, so muss der Versicherungsnehmer innerhalb von 12 Monaten ab Zugang der entsprechenden Kreditmitteilung einen erneuten Antrag in der benötigten Höhe stellen.

3. Unterschreitet die Gesamtforderung an einen Kunden, für den eine Versicherungssumme festgesetzt wurde, die Antragsgrenze, so bleiben die Forderungen weiterhin versichert.

§ 5 Nachrücken von Forderungen/ Anrechnung eingehender Zahlungen

1. Im Rahmen der Versicherungssumme sind Forderungen in der Reihenfolge ihres Entstehens versichert.

2. Unversicherte Forderungen über der jeweiligen Versicherungssumme rücken in den Versicherungsschutz nach, wenn und soweit versicherte Forderungen bezahlt wurden. Schecks und Wechsel gelten erst mit ihrer Einlösung als Zahlung.

Wird eine Versicherungssumme gemäß § 6 AVB herabgesetzt, so können nach Bezahlung versicherter Forderungen bisher unversicherte Forderungen und Forderungen aus künftigen Lieferungen und Leistungen in den Versicherungsschutz nachrücken, wenn und soweit im Rahmen der reduzierten Versicherungssumme hierfür Raum wird.

Ein Nachrücken unversicherter Forderungen ist ausgeschlossen, wenn der Versicherungsschutz gemäß § 6 AVB aufgehoben wird oder nicht mehr besteht.

3. Eingehende Zahlungen werden wie folgt angerechnet:

a) Jede Zahlung, die vor Eintritt des Versicherungsfalles oder vor Beendigung des Versicherungsvertrages beim Versicherungsnehmer eingeht, wird grundsätzlich auf die jeweils älteste fällige Forderung angerechnet. Dies gilt unabhängig von der Tilgungsbestimmung, die der Versicherungsnehmer mit seinen Kunden vereinbart hat.

b) Sofern der Versicherungsnehmer ausreichende Versicherungssummen beantragt hat und diese vom Versicherer nicht in voller Höhe übernommen werden konnten, werden die Zahlungen, die nach der Aufhebung des Versicherungsschutzes, aber vor Eintritt des Versicherungsfalles beim Versicherungsnehmer eingehen, anteilig im Verhältnis der offenen Forderungen zur Versicherungssumme verrechnet. Für Zahlungen, die vor der Aufhebung des Versicherungsschutzes eingehen, gilt Nr. 3 a).

§ 6 Beginn und Ende des Versicherungsschutzes

1. Der Versicherungsschutz beginnt mit Vertragsbeginn, soweit in dem Versicherungsschein oder in der Kreditmitteilung kein anderer Zeitpunkt festgesetzt ist.

2. Bei Gefahrerhöhung oder aus sonstigen wichtigen Gründen kann der Versicherer jederzeit sofort den Versicherungsschutz für den Kunden oder für die Gesamtheit aller Kunden mit Sitz in einem Land beschränken oder aufheben. Die Beschränkung oder Aufhebung wird mit Zugang der Mitteilung bei dem Versicherungsnehmer wirksam und gilt ab diesem Zeitpunkt für alle Forderungen aus künftigen Lieferungen und Leistungen des Versicherungsnehmers gegen die betreffenden Kunden.

3. Der Versicherungsschutz für einen Kunden endet in den in § 7 AVB geregelten Fällen sowie bei Eintritt des Versicherungsfalles gemäß § 12 AVB oder bei Beendigung des Versicherungsvertrages.

§ 7 Überfälligkeitsmeldung/ Ausschluss des Versicherungsschutzes

1. Hat der Versicherer für einen Kunden eine Versicherungssumme festgesetzt, muss der Versicherungsnehmer dem Versicherer jede unbezahlte versicherte Forderung gegen diesen Kunden mitteilen, sobald die in dem Versicherungsschein angegebene Überfälligkeitsfrist überschritten ist (Überfälligkeitsmeldung).

Die Überfälligkeitsfrist beginnt mit Ablauf des mit dem Kunden zum Zeitpunkt der Lieferung oder Leistung für die versicherte Forderung vereinbarten Zahlungszieles.

Hat der Versicherer im Einzelfall einer nachträglichen Verlängerung des Zahlungszieles für die betreffende Forderung zugestimmt (§ 10 Nr. 4 AVB), dann gilt diese für den Fristbeginn.

Unterlässt der Versicherungsnehmer die Meldung, so gefährdet er den Versicherungsschutz (vgl. § 18 AVB).

2. Nach Eingang einer Überfälligkeitsmeldung überprüft der Versicherer, ob er den Versicherungsschutz für den betreffenden Kunden aufrecht erhält oder nicht. Der Versicherungsnehmer erhält hierüber eine entsprechende Mitteilung.

3. Sobald die in dem Versicherungsschein festgelegte Ausschlussfrist nach ursprünglicher Fälligkeit überschritten wird, endet der Versicherungsschutz für alle Forderungen aus weiteren Lieferungen und Leistungen automatisch, sofern der Versicherungsnehmer nicht vom Versicherer eine anderweitige Mitteilung erhalten hat.

4. Die vorstehenden Nr. 1 bis 3 greifen bei Einzelforderungen nicht, die unterhalb der im Versicherungsschein angegebenen Freigrenze liegen.

5. Bei Kunden, die ausschließlich im Rahmen der Selbstprüfung (§ 3 AVB) versichert sind, müssen keine Überfälligkeiten gemäß Nr. 1 gemeldet werden. Der Versicherungsschutz endet jedoch auch hier für Forderungen aus weiteren Lieferungen und Leistungen, sobald die im Versicherungsschein festgelegte Ausschlussfrist nach ursprünglicher Fälligkeit für eine unbezahlte Forderung überschritten wird.

Der Versicherungsschutz für den betreffenden Kunden setzt wieder ein, wenn sämtliche fälligen Forderungen bezahlt sind und für neu entstandene Forderungen keine negativen Informationen gemäß § 10 Nr. 3 a) bis c) AVB bekannt sind bzw. bei dem Kunden keine Zahlungsunfähigkeit im Sinne von § 12 AVB vorliegt.

§ 8 Debitorenmanagement/ Geschäftsgegenstand

Der Versicherungsnehmer teilt dem Versicherer auf dessen Anforderung schriftlich, per Telefax oder Online-Verbindung mit, ob und ggf. welche Veränderungen sich zwischenzeitlich bei seinem Debitorenmanagement und/oder Geschäftsgegenstand im Vergleich zum Vorjahr bzw. im Vergleich zu den Angaben in der Vordeklaration ergeben haben.

§ 9 Schadenminderungspflicht

1. Der Versicherungsnehmer verpflichtet sich, mit der Sorgfalt eines ordentlichen Kaufmannes, alle zur Vermeidung oder Minderung eines Ausfalles geeigneten Maßnahmen auf eigene Kosten zu ergreifen. Er folgt dabei den Weisungen des Versicherers, verwertet Sicherheiten bestmöglich und holt vor Abschluss von Vergleichen oder Zahlungsabsprachen die Einwilligung des Versicherers ein.

Die Pflicht zur Schadensminderung gilt fort, auch nachdem der Versicherer eine Entschädigung geleistet hat.

2. Der Versicherungsnehmer bevollmächtigt den Versicherer, mit Kunden, für die Versicherungsschutz besteht, Vereinbarungen zur Sicherung der Forderungen zu treffen, um das Ausfallrisiko zu vermeiden oder zu mindern.

§ 10 Anzeige- und Verhaltenspflichten

1. Neben den in § 4 und § 7 Nr. 1 sowie in den §§ 8 und 9 AVB geregelten Pflichten bestehen weitere Anzeige- und Verhaltenspflichten des Versicherungsnehmers, die nachfolgend geregelt sind.

2. Der Versicherungsnehmer hat Fälle drohender oder eingetretener Zahlungsunfähigkeit seiner Kunden unverzüglich schriftlich, telefonisch oder per Telefax oder Online-Verbindung anzuzeigen.

3. In dem Antrag auf Festsetzung einer Versicherungssumme teilt der Versicherungsnehmer dem Versicherer mit, ob in den letzten 6 Monaten vor Antragstellung

a) Wechsel abweichend von der ursprünglichen Zahlungsvereinbarung nachträglich prolongiert oder

b) Schecks, Wechsel oder Lastschriften mangels Deckung nicht eingelöst oder

c) ungünstige Informationen über die Vermögenslage oder die Zahlweise des Kunden bekannt wurden.

4. Wenn nach Antragstellung einer der in Nr. 3 a) bis c) genannten Umstände eintritt oder das vereinbarte Zahlungsziel für eine versicherte Forderung nachträglich verlängert werden soll (§ 7 Nr. 1 AVB), meldet der Versicherungsnehmer dies dem Versicherer unverzüglich telefonisch oder schriftlich, per Telefax oder Online-Verbindung.

5. Der Versicherungsnehmer erteilt alle Auskünfte und reicht alle Unterlagen ein, die der Versicherer für erforderlich hält, um den Versicherungsfall und die Höhe des Ausfalls feststellen zu können.

6. Der Versicherungsnehmer räumt dem Versicherer das Recht ein, in seine für das Vertragsverhältnis wesentlichen Geschäftsunterlagen Einsicht zu nehmen, hiervon Kopien zu verlangen oder anzufertigen.

7. Die vorstehenden Regelungen in Nr. 5 und 6 gelten auch, nachdem der Versicherer bereits eine Entschädigung gezahlt hat.

8. Der Versicherungsnehmer behandelt Informationen des Versicherers über die Bonitätsverhältnisse seiner Kunden oder anderer Unternehmen streng vertraulich. Er wird den Versicherer von eventuellen Ansprüchen Dritter freihalten, wenn diese Ansprüche auf die schuldhafte Weitergabe der vertraulichen Informationen zurückzuführen sind.

9. Bei einem Verstoß gegen Anzeige- und Verhaltenspflichten gefährdet der Versicherungsnehmer seinen Versicherungsschutz (vgl. § 18 AVB).

§ 11 Prämie

1. Die Prämienhöhe und die Grundlagen für die Prämienberechnung ergeben sich aus dem Versicherungsschein.

Der Versicherungsnehmer ist verpflichtet, dem Versicherer die für die Prämienberechnung erforderlichen Angaben zum vereinbarten Zeitpunkt zu liefern.

2. Die Prämie versteht sich zuzüglich der gesetzlichen Versicherungsteuer und ist nach Rechnungserhalt unverzüglich zu bezahlen.

3. In jedem Fall garantiert der Versicherungsnehmer dem Versicherer die Zahlung der im Versicherungsschein angegebenen Mindestprämie.

4. Wird die erste Prämie nicht rechtzeitig gezahlt, so ist der Versicherer berechtigt, von dem Vertrag zurückzutreten. Bis zur Zahlung der ersten Prämie ist der Versicherer von der Verpflichtung zur Leistung frei.

Im Übrigen gelten die entsprechenden Regelungen des Versicherungsvertragsgesetzes (§§ 37 bis 39).
Bei Rücktritt vom Vertrag hat der Versicherungsnehmer eine Geschäftsgebühr in Höhe von 25 % der Mindestprämie zu zahlen.

§ 12 Inkasso/Versicherungsfall

1. Der Versicherungsfall tritt nur ein, wenn spätestens zum Ablauf der im Versicherungsschein festgelegten Frist nach Fälligkeit einer versicherten Forderung die Euler Hermes Collections GmbH mit dem Inkasso beauftragt wurde und die Zahlungsunfähigkeit des Kunden vorliegt.

Zahlungsunfähigkeit liegt nur vor, wenn

a) es der Euler Hermes Collections GmbH innerhalb der im Versicherungsschein festgelegten Frist nach Auftragserteilung durch den Versicherungsnehmer nicht gelungen ist, die versicherte Forderung vollständig einzuziehen (Nichtzahlungstatbestand) oder

b) das gerichtliche Insolvenzverfahren eröffnet oder dessen Eröffnung vom Gericht mangels Masse abgewiesen worden ist oder

c) die Annahme eines Schuldenbereinigungsplanes vom Insolvenzgericht festgestellt worden ist oder

d) mit sämtlichen Gläubigern ein außergerichtlicher Liquidations- oder Quotenvergleich zustande gekommen ist oder

e) eine vom Versicherungsnehmer vorgenommene Zwangsvollstreckung in das Vermögen des Kunden nicht zur vollen Befriedigung geführt hat oder

f) bei einem Kunden mit Sitz im Ausland ein Tatbestand eingetreten ist, der nach dem Rechtssystem des jeweiligen Landes einem der vorgenannten Tatbestände entspricht.

2. Die Beauftragung der Euler Hermes Collections GmbH ist für den Eintritt des Versicherungsfalles entbehrlich, wenn

a) bereits ein gerichtliches Insolvenzverfahren beantragt oder

b) die Zahlungsunfähigkeit eines Kunden im Sinne von Nr. 1 b) bis f) bereits vor Ablauf der in Nr. 1 vereinbarten Frist zur Abgabe zum Inkasso eingetreten ist oder

c) die Forderung den im Versicherungsschein genannten Freibetrag nicht übersteigt.

3. Als Zeitpunkt für den Eintritt der Zahlungsunfähigkeit gilt im Falle von Nr. 1

a) der Tag, an dem die im Versicherungsschein vereinbarte Frist seit Zugang des Inkassoauftrages bei der Euler Hermes Collections GmbH verstrichen ist,

b) und **c)** der Tag des Gerichtsbeschlusses,

d) der Tag, an dem sämtliche Gläubiger ihre Zustimmung zum Vergleich gegeben haben,

e) der Tag, an dem die Fruchtlosigkeit der Zwangsvollstreckung vom Vollstreckungsorgan bescheinigt wurde,

f) der Tag, an dem der Tatbestand nach dem jeweiligen Rechtssystem als eingetreten gilt.

4. Der Versicherungsfall tritt auch ein, wenn die Zahlungsunfähigkeit des Kunden nach Lieferung oder Leistung wegen Verschlechterung seiner Bonität droht und die Ware, soweit sie zurückgenommen worden ist, im Einvernehmen mit dem Versicherer bestmöglich anderweitig verwertet wurde und dabei ein Mindererlös entstanden ist.
Als Tag des Eintritts des Versicherungsfalls gilt hier der Tag, an dem der Ausfall nach anderweitiger Verwertung der Ware feststeht. Der Eintritt dieses Versicherungsfalles ist nicht von einer vorhergehenden Beauftragung der Euler Hermes Collections GmbH abhängig.

§ 13 Entschädigungsleistung/ Ausfallberechnung

1. Der Versicherer zahlt die Entschädigung nach Eintritt des Versicherungsfalls innerhalb der im Versicherungsschein angegebenen Frist, vorausgesetzt, die erforderlichen Unterlagen wurden eingereicht und der endgültige versicherte Ausfall wurde nachgewiesen. Maßgeblich für die Schadenabrechnung ist derjenige Versicherungsfall, der zeitlich zuerst eingetreten ist.

Steht die Höhe des Ausfalls bis zum Ablauf dieser Frist noch nicht endgültig fest, erstellt der Versicherer eine vorläufige Schadenabrechnung. Hierzu schätzt der Versicherer die abzusetzenden Beträge, soweit ihre Höhe noch unbestimmt ist.

2. Zur Berechnung des versicherten Ausfalls werden in nachstehender Reihenfolge von den bei Eintritt des Versicherungsfalles bestehenden Forderungen abgesetzt:

a) nicht versicherte Forderungen oder Forderungsteile,

b) folgende Forderungsminderungen:

- aufrechenbare Forderungen,
- Rücklieferungen und Erlöse aus Eigentumsvorbehalten,
- Erlöse aus sonstigen Rechten und Sicherheiten,
- Quotenzahlungen,

soweit sie jeweils die versicherten Forderungen betreffen.

Die Forderungsminderungen werden in der Höhe abgesetzt, die sich nach Abzug der Verwertungs- und Feststellungskosten des Insolvenzverwalters ergibt.

Kann nicht festgestellt werden, ob die vorgenannten Forderungsminderungen auf versicherte oder unversicherte Forderungen entfallen, werden sie anteilig verrechnet.

Für Forderungsminderungen zwischen Aufhebung oder Beschränkung des Versicherungsschutzes und Eintritt des Versicherungsfalles gelten diese Bestimmungen in gleicher Weise.

3. Zahlungen oder Erlöse, die nach dem Eintritt des Versicherungsfalles bei dem Versicherungsnehmer eingehen, sind dem Versicherer unverzüglich anzeigen. Der Versicherer erstellt dann ggf. eine neue Schadenabrechnung.

Kann nicht festgestellt werden, ob die vorgenannten Zahlungen und Erlöse auf versicherte oder unversicherte Forderungen entfallen, werden sie anteilig verrechnet.

4. Ein Anspruch auf Entschädigungsleistung erlischt, wenn der Versicherungsnehmer ihn nicht innerhalb von 6 Monaten nach Kenntniserlangung vom Eintritt des Versicherungsfalls angemeldet hat.

§ 14 Selbstbeteiligung

1. An jedem nach § 13 AVB berechneten Ausfall ist der Versicherungsnehmer mit einer Selbstbeteiligung in der im Versicherungsschein festgelegten Höhe beteiligt, soweit im Einzelfall nicht ein höherer Prozentsatz in der Kreditmitteilung festgesetzt ist.

2. Die vom Versicherungsnehmer zu tragende Selbstbeteiligung darf nicht anderweitig versichert oder gesondert abgesichert werden. Hat der Versicherungsnehmer die vereinbarte Selbstbeteiligung anderweitig versichert, ist der Versicherer berechtigt, die Entschädigung in Höhe des Anspruchs des Versicherungsnehmers gegen den anderen Versicherer zu kürzen.

§ 15 Höchstentschädigung

Die Entschädigungsleistungen des Versicherers für die in einem Versicherungsjahr eingetretenen Versicherungsfälle betragen höchstens das im Versicherungsschein genannte Vielfache der für dieses Versicherungsjahr gezahlten Prämie.

§ 16 Rechtsübergang nach Entschädigungsleistung

In Höhe der geleisteten Entschädigung tritt der Versicherungsnehmer bereits im Voraus sämtliche Ansprüche gegen den Kunden bzw. dessen Rechtsnachfolger sowie alle Nebenrechte an den Versicherer ab. Der Versicherungsnehmer ist verpflichtet, auf Verlangen des Versicherers die zum Übergang der Rechte erforderlichen Handlungen vorzunehmen.

Die Verpflichtungen des Versicherungsnehmers gemäß § 10 Nr. 5 und 6 AVB bleiben auch nach Rechtsübergang bestehen.

§ 17 Abtretung des Auszahlungsanspruchs

Die Abtretung des Anspruchs auf Auszahlung der Entschädigung ist mit schriftlicher Einwilligung des Versicherers zulässig. Die dem Versicherer zustehenden Einreden sowie das Recht der Aufrechnung bleiben auch den Abtretungsempfängern gegenüber bestehen. Der Schaden wird nur mit dem Versicherungsnehmer abgerechnet.

§ 18 Verstoß des Versicherungsnehmers gegen Verhaltenspflichten

1. Verletzt der Versicherungsnehmer schuldhaft eine zu erfüllende Obliegenheit, ist der Versicherer in Bezug auf ein versichertes Einzelrisiko, für das die verletzte Obliegenheit gilt, von der Verpflichtung zur Leistung frei, ohne dass es einer Kündigung bedarf. Dies gilt nicht, wenn die Verletzung weder für den Eintritt oder die Feststellung des Versicherungsfalles noch die Feststellung oder den Umfang der dem Versicherer obliegenden Leistung ursächlich war.

2. Hat der Versicherungsnehmer schuldhaft eine Gefahrerhöhung nicht angezeigt, ist der Versicherer nicht zur Leistung verpflichtet, wenn der Versicherungsfall nach dem Zeitpunkt eintritt, zu dem die Anzeige dem Versicherer hätte zugehen müssen. Der Versicherer bleibt zur Leistung verpflichtet, wenn ihm die Gefahrerhöhung zu dem Zeitpunkt bekannt war, zu dem ihm die Anzeige hätte zugehen müssen, oder wenn die Gefahrerhöhung nicht ursächlich für den Eintritt des Versicherungsfalles oder den Umfang der Leistungspflicht war.

3. Die Antragspflicht (§ 4 AVB) und die Verpflichtung, dem Versicherer die für die Prämienberechnung erforderlichen Angaben zu liefern (§ 11 Nr. 1 AVB), sind vom Versicherungsnehmer zu erfüllende Vertragspflichten. Verletzt der Versicherungsnehmer eine dieser Vertragspflichten, ist der Versicherer – ohne dass es einer Kündigung bedarf – von der Verpflichtung zur Leistung frei, es sei denn, dass die Verletzung als unverschuldet anzusehen ist.

§ 19 Vertragswährung

Vertragswährung ist die im Versicherungsschein festgelegte Währung. Auf andere Währungen lautende Fakturenbeträge sind zum Kurs der Europäischen Zentralbank am Tag der Lieferung, bei Werk- und Dienstleistungen am Tag der Fakturierung in die Vertragswährung umzurechnen.

Für die Berechnung der Entschädigungsleistung gilt der Wechselkurs am Tag des Eintritts des Versicherungsfalles, jedoch kein höherer als der am Tag der Versendung (bei Warenlieferung) oder Fakturierung (bei Werk- und Dienstleistungen). Erlöse werden zu dem Kurs am Tag des Zahlungseinganges umgerechnet.

Für nicht notierte Währungen gilt der von der Deutschen Bundesbank bzw. ersatzweise der von der Europäischen Zentralbank zum entsprechenden Zeitpunkt als Mittelkurs bekannt gegebene Umrechnungssatz.

§ 20 Vertragsdauer/Kündigung des Vertrages

1. Die Dauer des Versicherungsvertrages ergibt sich aus dem Versicherungsschein. Der Versicherungsvertrag verlängert sich nach Ablauf um jeweils ein Versicherungsjahr, wenn er nicht mit einer Frist von 2 Monaten vor Ablauf von einem der beiden Vertragspartner durch eingeschriebenen Brief gekündigt wird.

2. Der Versicherungsvertrag erlischt in dem Zeitpunkt, in dem beim Versicherungsnehmer einer der Tatbestände des § 12 Nr. 1 b) bis f) AVB vorliegt. Dies gilt jedoch nicht, wenn ein gerichtliches Insolvenzverfahren über das Vermögen des Versicherungsnehmers eröffnet wurde.

Der Anspruch des Versicherers auf die zeitanteilige Mindestprämie bleibt hiervon unberührt.

§ 21 Schlussbestimmungen

1. Dem Versicherungsnehmer steht das Recht, wegen einer Prämienschuld mit einem Entschädigungsanspruch aufzurechnen oder insoweit ein Zurückbehaltungsrecht auszuüben, nur dann zu, wenn der Entschädigungsanspruch entweder vom Versicherer anerkannt oder rechtskräftig festgestellt worden ist.

2. Auf den Versicherungsvertrag findet deutsches Recht, insbesondere das Versicherungsvertragsgesetz, ergänzend zu den vertraglichen Vereinbarungen Anwendung, sofern nichts anderes schriftlich vereinbart ist. Der Vertrag wird als laufende Versicherung im Sinne des § 53 VVG abgeschlossen.

3. Erfüllungsort und Gerichtsstand ist bei Kaufleuten Hamburg.

Allgemeine Bedingungen für die Zusatzversicherung zur Kreditversicherung

(AVB Limit-Plus - Version 2011/1)

Inhaltsverzeichnis

§ 1 Vorbemerkung

Mit der Zusatzversicherung (nachstehend Limit-Plus genannt) wird der Versicherungsschutz der Kreditversicherung erweitert. Der Zusatzversicherer (nachstehend ACE genannt) übernimmt zusätzliche Risiken, die der Hauptversicherer nicht deckt. Limit-Plus setzt daher das Bestehen eines Kreditversicherungsvertrages zwischen dem Versicherungsnehmer und dem Hauptversicherer voraus.

§ 2 Gegenstand von Limit-Plus

ACE ersetzt dem Versicherungsnehmer Ausfälle an Forderungen gegen Kunden des Versicherungsnehmers, soweit sowohl

§ 2.1 die Forderung auf Warenlieferungen, Werkleistungen oder Dienstleistungen des Versicherungsnehmers beruht;

§ 2.2 der Forderungsausfall auf einer Zahlungsunfähigkeit des Kunden des Versicherungsnehmers gemäß § 6 beruht;

§ 2.3 der Versicherungsnehmer mit dem Hauptversicherer einen Kreditversicherungsvertrag abgeschlossen hat;

§ 2.4 der Hauptversicherer für den Kunden des Versicherungsnehmers zwar für einen Teil des Forderungsausfalles, nicht aber für den gesamten Forderungsausfall Versicherungsschutz übernommen hat;

§ 2.5 ACE für den Kunden des Versicherungsnehmers Versicherungsschutz übernommen hat;

§ 2.6 die ausgefallene Forderung zwischen der Übernahme und der Beendigung des Versicherungsschutzes für den Kunden durch den Hauptversicherer entstanden ist;

§ 2.7 die Forderung gegen den Kunden des Versicherungsnehmers bis zur Beendigung des Versicherungsschutzes für Neuforderungen gegen diesen Kunden durch den Hauptversicherer entstanden ist; als auch

§ 2.8 die Zahlungsunfähigkeit des Kunden nach Übernahme des Limit-Plus-Versicherungsschutzes während der Laufzeit des Limit-Plus-Vertrages eingetreten ist.

§ 3 Umfang des Versicherungsschutzes

Bei Limit-Plus sind Forderungen nur versichert, soweit

§ 3.1 die Forderungen nach den Bedingungen des Hauptversicherungsvertrages versichert sind;

§ 3.2 für den Kunden des Versicherungsnehmers bei Limit-Plus eine Zusatzversicherungssumme übernommen worden ist;

§ 3.3 die Forderungen oder Forderungsteile gegen den Kunden des Versicherungsnehmers die Deckung durch die Versicherungssumme des Hauptversicherers übersteigen.

Soweit Forderungen nach den Bedingungen des Hauptversicherungsvertrages in den durch die Versicherungssumme des Hauptversicherers bestimmten Versicherungsschutz des Hauptversicherers nachrücken, rücken sie aus dem Versicherungsschutz von Limit-Plus aus. Soweit Forderungen aus dem Versicherungsschutz von Limit-Plus ausrücken, rücken unversicherte Forderungen in den durch die Zusatz-Versicherungssumme bestimmten Versicherungsschutz von Limit-Plus nach.

§ 4 Versicherungssumme bei Limit-Plus

Die jeweilige Versicherungssumme bei Limit-Plus wird in der schriftlichen oder elektronischen Kreditmitteilung für den jeweiligen Kunden des Versicherungsnehmers durch ACE individuell festgesetzt.

Wenn der Hauptversicherer eine Herabsetzung seiner Versicherungssumme vornimmt, reduziert sich die Versicherungssumme für Limit-Plus automatisch im gleichen Verhältnis, in dem die herabgesetzte Versicherungssumme des Hauptversicherers zu dessen ursprünglichen Versicherungssummen steht, es sei denn ACE gibt dem Versicherungsnehmer eine anders lautende Kreditmitteilung.

§ 5 Übernahme und Beginn des Versicherungsschutzes

Die Übernahme des Versicherungsschutzes für einen Kunden durch ACE erfolgt auf Antrag des Versicherungsnehmers.

Die Übernahme und der Beginn des Limit-Plus Versicherungsschutzes für einen Kunden werden in der schriftlichen oder elektronischen Kreditmitteilung der ACE festgelegt. Der Limit-Plus Versicherungsschutz beginnt jedoch nicht vor der Übernahme des Versicherungsschutzes für den Kunden in der Hauptversicherung.

Eine Übernahme des Limit-Plus Versicherungsschutzes für Forderungen gegen einen Kunden des Versicherungsnehmers ist ab dem Zeitpunkt ausgeschlossen, ab dem auch der Hauptversicherer keine Neuforderungen mehr gegen diesen Kunden in den Versicherungsschutz gemäß Hauptversicherungsvertrag mit einbezieht.

§ 6 Versicherungsfall/ Zahlungsunfähigkeit

Der Versicherungsfall besteht in der Zahlungsunfähigkeit des Kunden des Versicherungsnehmers. Es gelten jedoch nur diejenigen Tatbestände der Zahlungsunfähigkeit als Versicherungsfall, die im Versicherungsschein von ACE festgelegt sind.

§ 7 Ende des Versicherungsschutzes

Der Versicherungsschutz für einen Kunden des Versicherungsnehmers endet,

§ 7.1 wenn der Versicherungsschutz für diesen Kunden gemäß Hauptversicherungsvertrag endet oder

§ 7.2 mit Beendigung des Limit-Plus Versicherungsvertrages.

§ 7.3 Darüber hinaus hat ACE das Recht den Versicherungsschutz für einen Kunden des Versicherungsnehmers durch schriftliche Mitteilung mit einer Frist von 2 Monaten zum Ende des Versicherungsjahres zu beschränken oder aufzuheben.

§ 8 Selbstbeteiligung

An jedem nach § 9 zu berechnenden Forderungsausfall ist der Versicherungsnehmer mit dem im Versicherungsschein oder in der schriftlichen Kreditmitteilung festgelegten Anteil (Selbstbeteiligung) beteiligt.

Wenn der Hauptversicherer eine Herabsetzung bzw. Erhöhung der Selbstbeteiligung vornimmt ist ACE ebenfalls berechtigt, die Selbstbeteiligung bei Limit-Plus in dem gleichen Verhältnis herabzusetzen bzw. zu erhöhen, in dem die neue Selbstbeteiligung des Hauptversicherungsvertrags zur alten Selbstbeteiligung des Hauptversicherungsvertrags steht.

§ 9 Berechnung des bei Limit-Plus versicherten Ausfalls

Zur Berechnung des bei Limit-Plus versicherten Ausfalls werden von der Summe der zum Zeitpunkt des Eintritts des Versicherungsfalles (§ 6 AVB) offenen Forderungen des Versicherungsnehmers gegen den zahlungsunfähigen Kunden folgende Beträge abgesetzt:

§ 9.1 Die weder in der Hauptversicherung noch bei Limit-Plus versicherten Forderungen und Forderungsteile.

§ 9.2 Die vom Hauptversicherer in der Hauptversicherung versicherten Forderungen und Forderungsteile.

§ 9.3 Aufrechenbare Forderungen des Versicherungsnehmers, soweit diese nicht bereits bei der Berechnung des in der Hauptversicherung versicherten Ausfalles berücksichtigt worden sind.

§ 9.4 Rücklieferungen, Zahlungen und Erlöse auf bei Limit-Plus versicherte Forderungen und Forderungsteile, soweit derartige Rücklieferungen, Zahlungen oder Erlöse nicht bereits von der Versicherungsleistung des Hauptversicherers abgesetzt werden.

Kann nicht festgestellt werden, ob die aufrechenbaren Forderungen, Rücklieferungen, Zahlungen und Erlöse auf bei Limit-Plus versicherte Forderungen oder auf unversicherte Forderungen entfallen, werden sie im Verhältnis der bei Limit-Plus versicherten Forderungen und der unversicherten Forderungen anteilig verrechnet.

Vorstehende Regelung gilt entsprechend für Rücklieferungen, Zahlungen, Erlöse und aufrechenbare Forderungen, die nach den Bedingungen des Hauptversicherungsvertrages im Verhältnis der im Hauptversicherungsvertrag versicherten Forderungen und den dort unversicherten Forderungen anteilig verrechnet werden.

§ 10 Höchstentschädigung

Der Betrag der Entschädigungen aller bei Limit-Plus versicherten Forderungen ist für die in einem Versicherungsjahr eingetretenen Versicherungsfälle auf die im Versicherungsschein festgelegte Höchstentschädigung begrenzt.

§ 11 Fälligkeit der Entschädigung

§ 11.1 Die Entschädigung aus dem Limit-Plus-Vertrag ist einen Monat, nachdem die abschließende Schadensabrechnung des Hauptversicherers ACE zugegangen ist, zur Zahlung fällig, es sei denn, aus § 14 VVG ergibt sich eine frühere Fälligkeit oder die abschließende Schadensabrechnung durch den Hauptversicherer ist ohne rechtliche Verpflichtung erfolgt. Im letzteren Falle gilt § 11.2 entsprechend.

§ 11.2 Ist im Verhältnis zwischen ACE und dem Versicherungsnehmer der Versicherungsfall eingetreten und erstellt der Hauptversicherer eine vorläufige Schadensabrechnung, nimmt ACE binnen eines Monats, nachdem die vorläufige Schadensabrechnung ACE zugegangen ist, ebenfalls eine vorläufige Schadensabrechnung vor. Hierzu schätzt ACE die gemäß § 9 AVB abzusetzenden Beträge soweit deren Höhe noch unbestimmt ist. Ist eine annähernde Schätzung nicht möglich, so werden zunächst 50 v. H. des mutmaßlichen versicherten Ausfalls unter Abzug der Selbstbeteiligung als vorläufige Entschädigung geleistet.

§ 11.3 ACE nimmt eine abschließende Schadensabrechnung jedoch binnen eines Monats vor , nachdem der Versicherungsnehmer die zur abschließenden Feststellung des Schadens erforderlichen Informationen mitgeteilt hat.

§ 12 Rechtsübergang

Soweit ACE den Versicherungsnehmer für ausgefallene Forderungen oder Forderungsteile entschädigt hat, tritt der Versicherungsnehmer bereits im Voraus die entschädigten Forderungen oder Forderungsteile in Höhe der ausgezahlten Entschädigung an ACE ab. Die Abtretungsverpflichtung umfasst auch die für die Forderung oder Forderungsteile bestehenden Sicherungsrechte. ACE nimmt die Abtretung an. Für die Verpflichtung des Versicherungsnehmers zur Wahrung der abgetretenen Rechte und zur Mitwirkung bei deren Durchsetzung gilt § 86 Abs. 2 VVG.

§ 13 Anbietungspflicht

Der Versicherungsnehmer ist verpflichtet, der ACE alle Forderungen gegen seine Kunden zur Übernahme des Versicherungsschutzes anzubieten, soweit

§ 13.1 der Hauptversicherer Versicherungsschutz für den Kunden übernommen hat und

§ 13.2 die vom Hauptversicherer übernommene Versicherungssumme geringer ist als die vom Versicherungsnehmer für den Kunden beim Hauptversicherer beantragte Versicherungssumme.

§ 14 Prämie

Die Prämie ist eine Jahresprämie.

Die Höhe der Prämie entspricht dem durch den Prämiensatz bestimmten Bruchteil der Summe aller bei Limit-Plus im Versicherungsjahr für den Versicherungsnehmer bereitgestellten Versicherungssummen.

Bei Übernahme des Versicherungsschutzes für einen Kunden des Versicherungsnehmers oder bei Erhöhung der Versicherungssumme für einen Kunden während des laufenden Versicherungsjahres wird die Prämie anteilig erhöht. Die Prämienerhöhung entspricht dem Produkt aus neuer Versicherungssumme (bei Neukunden) bzw. dem Erhöhungsbetrag der Versicherungssumme (bei Altkunden), dem Prämiensatz und dem verbleibenden Teil des Versicherungsjahres. Der ab Bereitstellung der neuen bzw. erhöhten Versicherungssumme verbleibende Teil des Versicherungsjahres wird berechnet als Anzahl der verbleibenden vollen Monate geteilt durch 12 (zwölf).

Bei Aufhebung des Versicherungsschutzes für einen Kunden des Versicherungsnehmers oder bei Herabsetzung der Versicherungssumme für einen Kunden während des laufenden Versicherungsjahres wird die Prämie anteilig herabgesetzt, sobald die unter Limit-Plus versicherten Forderungen gegen den jeweiligen Kunden die herabgesetzte Versicherungssumme nicht übersteigen. Die Prämienherabsetzung entspricht dem Produkt aus aufgehobener Versicherungssumme bzw. Herabsetzungsbetrag der Versicherungssumme, Prämiensatz und dem Anteil des Versicherungsjahres, der in vollen Monaten dem Zeitraum zwischen Wirksamwerden der Aufhebung der Versicherungssumme bzw. Herabsetzung der Versicherungssumme und dem Ende des Versicherungsjahres entspricht.

Der Prämiensatz ist ein Anteil der Versicherungssumme und wird im Versicherungsschein festgelegt.

Die Prämienpflicht für einen Kunden endet mit Ablauf des Versicherungsjahres, in dem der Versicherungsfall eingetreten ist, spätestens jedoch bei Beendigung des Limit-Plus-Versicherungsvertrages.

Wird die erste Prämie nicht rechtzeitig gezahlt, so ist die ACE berechtigt, von dem Vertrag zurückzutreten, es sei denn, der Versicherungsnehmer hat die Nichtzahlung nicht zu vertreten. Bei Rücktritt vom Vertrag in diesem Fall ist ACE berechtigt, eine Geschäftsgebühr in Höhe von 25% der Mindestprämie zu verlangen.

Bis zur Zahlung der ersten Prämie ist die ACE von der Verpflichtung zur Leistung frei, es sei denn, der Versicherungsnehmer hat die Nichtzahlung nicht zu vertreten.

Im Übrigen gelten die entsprechenden Regelungen des Versicherungsvertragsgesetzes (§§ 33 bis 39 VVG).

§ 15 Obliegenheiten/ Auskunft- und Mitteilungspflichten

Der Versicherungsnehmer ist hinsichtlich aller unter Limit-Plus versicherten Kunden sowie aller gemäß § 13 zum Versicherungsschutz anzubietenden Kunden verpflichtet,

§ 15.1 gegenüber dem Hauptversicherer alle Obliegenheiten aus dem Hauptversicherungsvertrag zu erfüllen;

§ 15.2 ACE über den Hauptvertrag, den Versicherungsschutz gemäß Hauptvertrag und alle Maßnahmen des Hauptversicherers unverzüglich zu informieren. Die Informationspflicht des Versicherungsnehmers erfasst insbesondere:

die Veränderung jeglicher Bedingungen oder der Prämie des Hauptversicherungsvertrages;

die Beendigung des Hauptversicherungsvertrages;

die Teilannahme einer Versicherungssumme für einen Kunden des Versicherungsnehmers durch den Hauptversicherer;

die Veränderung des Umfangs des Versicherungsschutzes oder Herabsetzung der Versicherungssumme für einen Kunden durch den Hauptversicherer;

den Eintritt bonitätserheblicher Umstände bezüglich des versicherten Kunden, wie Einleitung eines gerichtlichen Mahn- oder Klagverfahren, eines außergerichtlichen Schiedsverfahrens, die Beantragung eines Insolvenzverfahren, eines Wechselprotestes sowie des Angebots des Kunden an den Versicherungsnehmer zum Abschluss eines außergerichtlichen Vergleiches; für Kunden mit Sitz außerhalb der Bundesrepublik Deutschland sind diejenigen Umstände anzuzeigen, die nach der am Sitz des Kunden geltenden Rechtsordnung den vorgenannten Tatbeständen entsprechen;

den Eintritt des Versicherungsfalles gemäß § 6 bei einem Kunden;

die Entscheidung des Hauptversicherers über die Leistung einer Entschädigung;

die Schadensabrechnung des Hauptversicherers;

die Verrechnung von aufrechenbaren Forderungen, Rücklieferungen, Zahlungen und Erlösen auf die versicherten und unversicherten Forderungen.

Darüber hinaus ist der Versicherungsnehmer verpflichtet, der ACE Einsicht in alle Bücher und Geschäftsunterlagen zu gestatten, die alle bei Limit-Plus versicherten Kunden betreffen.

§ 15.3 Der Versicherungsnehmer hat ACE alle Auskünfte zu erteilen und alle Unterlagen vorzulegen, die ACE zur Feststellung des Versicherungsfalls und der Höhe des Ausfalles für erforderlich erachtet.

§ 16 Verstoß des Versicherungsnehmers gegen Verhaltenspflichten

Verletzt der Versicherungsnehmer schuldhaft eine zu erfüllende Obliegenheit, ist ACE in Bezug auf ein versichertes Einzelrisiko, für das die verletzte Obliegenheit gilt, von der Verpflichtung zur Leistung frei, ohne dass es einer Kündigung bedarf. Dies gilt nicht, wenn die Verletzung weder für den Eintritt oder die Feststellung des Versicherungsfalles noch die Feststellung oder den Umfang der ACE obliegenden Leistung ursächlich war.

Hat der Versicherungsnehmer schuldhaft eine Gefahrerhöhung nicht angezeigt, ist ACE nicht zur Leistung verpflichtet, wenn der Versicherungsfall nach dem Zeitpunkt eintritt, zu dem die Anzeige ACE hätte zugehen müssen. ACE bleibt zur Leistung verpflichtet, wenn ihr die Gefahrerhöhung zu dem Zeitpunkt bekannt war, zu dem ihr die Anzeige hätte zugehen müssen, oder wenn die Gefahrerhöhung nicht ursächlich für den Eintritt des Versicherungsfalles oder den Umfang der Leistungspflicht war.

§ 17 Vertragswährung

Vertragswährung ist die im Versicherungsschein festgelegte Währung. Auf andere Währungen lautende Fakturenbeträge sind zum Kurs der Europäischen Zentralbank am Tag der Versendung, bei Werk- und Dienstleistungen am Tag der Fakturierung in die Vertragswährung umzurechnen.

Für die Berechnung der Entschädigungsleistung gilt der Wechselkurs am Tag des Eintritts des Versicherungsfalles, jedoch kein höherer als der am Tag der Versendung (bei Warenlieferungen) oder Fakturierung (bei Werk- und Dienstleistungen). Erlöse werden zu dem Kurs am Tag des Zahlungseinganges umgerechnet.

Für nicht notierte Währungen gilt der von der Deutschen Bundesbank bzw. ersatzweise der von der Europäischen Zentralbank zum entsprechenden Zeitpunkt als Mittelkurs bekannt gegebene Umrechnungssatz.

§ 18 Dauer und Beendigung des Versicherungsvertrages

§ 18.1 Die Dauer des Limit-Plus Versicherungsvertrages ergibt sich aus dem Limit-Plus Versicherungsschein. Der Limit-Plus Versicherungsvertrag verlängert sich nach Ablauf um jeweils 1 (ein) Versicherungsjahr, wenn er nicht mit einer Frist von 2 (zwei) Monaten vor Ablauf von einem der beiden Vertragspartner durch eingeschriebenen Brief gekündigt wird.

§ 18.2 Darüber hinaus endet der Limit-Plus Versicherungsvertrag, wenn der Hauptversicherungsvertrag mit dem Hauptversicherer endet.

Das Recht beider Vertragspartner zur außerordentlichen Kündigung des Limit-Plus Versicherungsvertrages aus wichtigem Grund bleibt unberührt.

§ 19 Schlussbestimmungen

§ 19.1 Änderungen oder Ergänzungen dieses Versicherungsvertrages gelten nur, soweit sie in einem Nachtrag zum Versicherungsschein festgelegt oder in anderer Form von ACE schriftlich bestätigt worden sind.

§ 19.2 Änderungen und Ergänzungen bezüglich des Bestehens und des Umfanges des Versicherungsschutzes sowie von Auskunfts- und Verhaltenspflichten des Versicherungsnehmers gelten nur für Forderungen des Versicherungsnehmers, die nach dem Eintritt der Wirksamkeit der Änderung bzw. Ergänzung entstanden sind.

§ 19.3 Veränderungen der Selbstbeteiligung gemäß § 8 finden auf alle versicherten Forderungen Anwendung, bei denen der Versicherungsfall nach Wirksamwerden der Änderung eintritt.

§ 19.4 Im Übrigen finden Änderungen oder Ergänzungen bezüglich der Vertragsbestimmungen bei Limit-Plus auf alle versicherten Forderungen Anwendung, bei denen der Versicherungsfall nach Wirksamwerden der Änderung oder Ergänzung eintritt.

§ 19.5 Auf den Limit-Plus-Vertrag findet deutsches Recht, insbesondere das Versicherungsvertragsgesetz, ergänzend zu den vertraglichen Vereinbarungen Anwendung, soweit schriftlich nichts anderes vereinbart wurde.

§ 19.6 Gerichtsstand für alle Streitigkeiten aus dem Limit-Plus-Vertrag ist Frankfurt am Main, soweit der Versicherungsnehmer Kaufmann, eine juristische Person des öffentlichen Rechts oder ein öffentlich-rechtliches Sondervermögen ist und soweit nicht Rechtsangelegenheiten gemäß § 40 Abs. 2 ZPO betroffen sind.

EULER HERMES

Schutz vor Insolvenzanfechtung

Allgemeine Versicherungsbedingungen (AVB)
für die Anfechtungsversicherung als Ergänzung zur Kreditversicherung (AFV-K) 2019 V.01

Inhaltsverzeichnis

A Umfang des Versicherungsvertrages

1. Gegenstand der Anfechtungsversicherung

Wir, die Euler Hermes Deutschland Niederlassung der Euler Hermes SA, haben den vorliegenden **Versicherungsvertrag** ausgestellt, um für Sie, den im **Versicherungsschein** genannten **Versicherungsnehmer**, Versicherungsschutz im Rahmen einer **Anfechtungsversicherungssumme** zu übernehmen und Ihnen gemäß den Bedingungen dieses **Versicherungsvertrages** Forderungsausfälle aus **Insolvenzanfechtung** zu ersetzen, wenn Ihre **Ursprungsversicherungssummen** in diesem Falle nicht ausreichen.

Dies setzt voraus, dass über das Vermögen des **Kunden** das Insolvenzverfahren eröffnet wurde, nachdem Sie eine Warenlieferung, Werk- oder Dienstleistung (im Folgenden „Lieferung/Leistung") vertragsgemäß an den **Kunden** erbracht haben.

Weitere Voraussetzung ist, dass der bestellte Insolvenzverwalter oder mit vergleichbaren Rechten ausgestattete Amtsträger (im Folgenden „Insolvenzverwalter") eine vor Eröffnung des Insolvenzverfahrens geleistete Zahlung des **Kunden** nach den gesetzlichen Bestimmungen über die **Insolvenzanfechtung** wirksam angefochten hat und die Forderung aus der Lieferung/Leistung wieder auflebt.

Dafür zahlen Sie als Gegenleistung bei Fälligkeit die vereinbarte Prämie.

Der vorliegende **Versicherungsvertrag** enthält alle Bedingungen Ihres **Primärversicherungsvertrages** (einschließlich etwaiger Sonderbedingungen, die in einer Kreditmitteilung enthalten sind), die gegebenenfalls durch ausdrückliche Bestimmungen dieses **Versicherungsvertrages** angepasst werden. Sie haben in Fällen (ungeachtet der Höhe der **Ursprungsversicherungssumme** oder der **Anfechtungsversicherungssumme**), die gemäß den Bedingungen Ihres **Primärversicherungsvertrages** vom Versicherungsschutz ausgeschlossen worden wären, auch im Rahmen des vorliegenden **Versicherungsvertrages** keinen Versicherungsschutz.

Die in diesem **Versicherungsvertrag** maßgeblichen, drucktechnisch hervorgehobenen Begriffe werden in Abschnitt E definiert.

Euler Hermes Deutschland
Niederlassung der Euler Hermes SA
22746 Hamburg
Hausanschrift:
Friedensallee 254, 22763 Hamburg

Tel. +49 (0) 40/88 34-0
Fax +49 (0) 40/88 34-77 44
info.de@eulerhermes.com
www.eulerhermes.de

Commerzbank AG, Hamburg
IBAN: DE46200800000915760800
BIC: DRESDEFF200
UCI: DE85ZZZ00001433069

Hauptbevollmächtigter: Ronald van het Hof
Sitz der Niederlassung: Hamburg
Registergericht: Hamburg HRB 133354
USt-ID-Nr. DE 815 517 982
VersSt.-Nr. 817/V90817039524

Hauptsitz: Euler Hermes SA, 56 avenue des Arts, 1000 Brüssel, Belgien
Rechtsform: Société anonyme (Aktiengesellschaft nach belgischem Recht),
Registre des Personnes Morales (Brüssel): Registernummer 0403.248.596
Belgische Versicherungsgesellschaft von der belgischen Nationalbank unter Nr. 418 zugelassen

2. Versicherungsfall

Der Versicherungsfall tritt ein mit Zugang der wirksamen schriftlichen Insolvenzanfechtungserklärung des Insolvenzverwalters und Aufforderung zur Rückzahlung der erhaltenen Zahlung. Werden vom Insolvenzverwalter eines **Kunden** nacheinander mehrere geleistete Zahlungen angefochten, gilt der Versicherungsfall bereits mit Zugang der ersten Insolvenzanfechtungserklärung als eingetreten, später erfolgte weitere **Insolvenzanfechtungen** werden diesem Versicherungsfall zugerechnet. **Insolvenzanfechtungen**, die nach der Beendigung des **Versicherungsvertrages** erfolgen, sind nicht versichert.

3. Versicherte Forderung

Eine nach erfolgter **Insolvenzanfechtung** wieder aufgelebte Forderung aus Lieferung/Leistung ist versichert, wenn:

- **a)** die Forderung ursprünglich gemäß den Bestimmungen des **Primärversicherungsvertrages** versichert war,
- **b)** der **Kunde** seinen Sitz in Deutschland, Österreich, der Schweiz oder in einem der im **Versicherungsschein** zusätzlich genannten Länder hat,
- **c)** der **Primärversicherungsvertrag** und dieser **Versicherungsvertrag** durchgehend bestanden haben, von dem Zeitpunkt, zu dem die Zahlung für die Lieferung/Leistung geleistet wurde bis zu dem Zeitpunkt, zu dem die **Insolvenzanfechtung** erklärt wurde,
- **d)** die **Insolvenzanfechtung** binnen 36 (sechsunddreißig) Monaten seit dem Ende des Jahres, in dem die Insolvenz des **Kunden** vorgelegen hat, erfolgt ist, und
- **e)** die Zahlung für die Forderung, auf die sich die **Insolvenzanfechtung** bezieht, nicht früher als 48 (achtundvierzig) Monate vor dem Antrag auf Eröffnung des Insolvenzverfahrens bei dem **Kunden** geleistet wurde.

4. Nicht versicherte Forderung

Eine nach erfolgter **Insolvenzanfechtung** wieder aufgelebte Forderung aus Lieferung/Leistung ist auch nicht versichert, wenn einer der folgenden Umstände vorliegt:

- **a)** Die Forderung besteht gegen einen **Kunden,** der gemäß Vereinbarung im **Versicherungsschein** vom Versicherungsschutz in der Anfechtungsversicherung ausgeschlossen ist.
- **b)** Der Versicherungsfall tritt innerhalb der ersten drei Monate nach Beginn des **Versicherungsvertrages** ein (Sperrfrist).

5. Eingeschränkter Versicherungsschutz

Forderungen gegen einen **Kunden**, die nach **Insolvenzanfechtung** wieder aufgelebt sind und ursprünglich gemäß den bei ihrer vollständigen Bezahlung geltenden Bedingungen des **Primärversicherungsvertrages** im Rahmen der unbenannten Versicherung bzw. Selbstprüfung versichert waren, sind nur bis zu einem Betrag von 25 TEUR im Rahmen dieses **Versicherungsvertrages** versichert, es sei denn, im **Versicherungsschein** ist ein anderer Betrag für diesen Versicherungsschutz vereinbart.

B Handhabung Ihres Versicherungsvertrages

6. Berechnung und Zahlung der Prämie

Die im **Versicherungsschein** genannte Prämie gilt für jedes Versicherungsjahr. Die Prämie wird zu Beginn des Versicherungsjahres in Rechnung gestellt. Sie versteht sich zuzüglich der gesetzlichen Versicherungsteuer. Die Rechnung enthält auch die Angaben zur Zahlweise.

7. Schadenminderungspflichten

Zur Vermeidung oder Minderung eines Ausfalles treffen Sie stets alle geeigneten Maßnahmen (einschließlich der Befolgung unserer Weisungen), insbesondere:

- **a)** halten Sie unverzüglich Rücksprache mit uns, wenn der Insolvenzverwalter von Ihnen im Wege der **Insolvenzanfechtung** die Rückzahlung bereits von diesem **Kunden** erhaltener Zahlungen verlangt,
- **b)** leisten Sie nach Geltendmachung des Insolvenzanfechtungsanspruchs ohne unsere vorherige Zustimmung keine Rückzahlung, geben kein Anerkenntnis ab und stimmen keinem Vergleich zu,
- **c)** ergreifen Sie in Abstimmung mit uns alle zur Prüfung und Abwehr des geltend gemachten Insolvenzanfechtungsanspruchs geeigneten Maßnahmen. Dazu zählt insbesondere die Beauftragung eines Rechtsanwalts,
- **d)** verwerten Sie Waren, die Sie infolge der **Insolvenzanfechtung** von der Insolvenzmasse zurückgenommen haben, im Einvernehmen mit uns bestmöglich, und
- **e)** melden Sie die infolge der Rückzahlung wieder auflebenden Forderungen auf eigene Kosten im Insolvenzverfahren an.

C Entschädigungsleistung

8. Schadenanzeige

Um einen Schadenfall zu melden und die Entschädigungsleistung zu beantragen, befolgen Sie bitte die entsprechenden Vorschriften des **Primärversicherungsvertrages**. Ein Anspruch auf Entschädigungsleistung besteht nach Eintritt des Versicherungsfalles für eine versicherte Forderung, wenn die **Insolvenzanfechtung** gemäß den gesetzlichen Bestimmungen begründet ist, wenn Sie die im Wege der **Insolvenzanfechtung** zurückgeforderte Zahlung nach Abstimmung mit uns an den Insolvenzverwalter geleistet und die infolge der **Insolvenzanfechtung** wiederauflebende Forderung im Insolvenzverfahren angemeldet haben und soweit nicht ein Entschädigungsanspruch im Rahmen einer anderen Versicherung besteht.

Die Schadenanzeigefrist endet 30 Tage nach der erfolgten Rückzahlung der im Wege der **Insolvenzanfechtung** zurückgeforderten Zahlung an den Insolvenzverwalter Ihres **Kunden**. In Ihrer Schadenanzeige sind die Rückzahlungsaufforderung, der Nachweis für die geleistete Rückzahlung an den Insolvenzverwalter, der Beleg für den Eingang der ursprünglichen Zahlung des **Kunden** und die Bestätigung über die Anmeldung der wieder auflebenden Forderung im Insolvenzverfahren beizufügen. Wenn wir Sie darum bitten, werden Sie uns zusätzliche Dokumente zur Verfügung stellen, die für die Prüfung und Bearbeitung Ihres Schadenfalles erforderlich sind.

9. Forderungsminderungen

Die Anrechnung von **Forderungsminderungen** im Rahmen des **Primärversicherungsvertrages** und dieses **Versicherungsvertrages** richtet sich nach den entsprechenden Regelungen im **Primärversicherungsvertrag**.

10. Entschädigungsleistung

10.1 Berechnung des versicherten Gesamtausfalles

Zunächst berechnen wir Ihren versicherten Gesamtausfall bezüglich des **Kunden** auf Basis der Bedingungen Ihres **Primärversicherungsvertrages**, ohne zunächst etwaige **Eigenbehalte**, die **Selbstbeteiligung des Primärversicherungsvertrags** sowie die **Ursprungsversicherungssumme** zu berücksichtigen.

10.2 Berechnung der Entschädigungsleistung

Besteht Versicherungsschutz im Rahmen dieses **Versicherungsvertrages**, wird der versicherte Gesamtausfall bis zur Höhe der **Ursprungsversicherungssumme** auf Ihren **Primärversicherungsvertrag** bedingungsgemäß angerechnet. Wir zahlen Ihnen hierbei den Teil der Entschädigungsleistung aus, der Ihnen gemäß den Bedingungen des **Primärversicherungsvertrages** zusteht.

Der Betrag, um den der versicherte Gesamtausfall die **Ursprungsversicherungssumme** übersteigt, wird daraufhin auf die vorliegende **Anfechtungsversicherungssumme** angerechnet. Ist dieser Betrag gleich oder geringer als der verbleibende Versicherungsschutz in der Anfechtungsversicherung, zahlen wir den Betrag abzüglich der **Selbstbeteiligung des Primärversicherungsvertrags** aus. Ist der Betrag größer als der verbleibende Versicherungsschutz in der Anfechtungsversicherung, zahlen wir eine **Entschädigungsleistung** in Höhe des verbleibenden Versicherungsschutzes in der Anfechtungsversicherung abzüglich der **Selbstbeteiligung des Primärversicherungsvertrags** aus.

Zur Klarstellung ist in diesem Zusammenhang festzuhalten, dass etwaige **Eigenbehalte**, die im Rahmen des **Primärversicherungsvertrages** geregelt sind, in diesem **Versicherungsvertrag** keine Anwendung finden. Steuern und sonstige Abgaben sowie alle anderen Beträge, soweit diese im **Primärversicherungsvertrag** unversichert sind (und nicht dem versicherten Ausfall zuzuordnen sind), sind auch im Rahmen dieses **Versicherungsvertrages** unversichert.

10.3 Zahlung der Entschädigungsleistung

Die Entschädigungsleistung werden wir gemäß dem im **Primärversicherungsvertrag** bestimmten Zeitpunkt leisten.

Verletzen Sie schuldhaft eine zu erfüllende Obliegenheit (einschließlich derjenigen des **Primärversicherungsvertrages**), sind wir in Bezug auf ein versichertes Einzelrisiko, für das die verletzte Obliegenheit gilt, von der Verpflichtung zur Leistung frei, ohne dass es einer Kündigung des **Primärversicherungsvertrages** und/oder dieses **Versicherungsvertrages** über die Anfechtungsversicherung bedarf. Dies gilt nicht, wenn die Verletzung weder für den Eintritt oder die Feststellung des Versicherungsfalles noch die Feststellung oder den Umfang der uns obliegenden Leistung ursächlich war.

Haben Sie schuldhaft eine Gefahrerhöhung nicht angezeigt, sind wir nicht zur Leistung verpflichtet, wenn der Versicherungsfall nach dem Zeitpunkt eintritt, zu dem die Anzeige uns hätte zugehen müssen. Wir bleiben zur Leistung verpflichtet, wenn uns die Gefahrerhöhung zu dem Zeitpunkt bekannt war, zu dem uns die Anzeige hätte zugehen müssen, oder wenn die Gefahrerhöhung nicht ursächlich für den Eintritt des Versicherungsfalles oder den Umfang der Leistungspflicht war.

Ungeachtet entsprechender Regelungen in Ihrem **Primärversicherungsvertrag** gelten etwaige Prämienrückvergütungen, Gewinnbeteiligungen, Prämienvorbehalte, Bonus/Malus-Regelungen oder ähnliche Vereinbarungen nicht für diesen **Versicherungsvertrag** und dieser **Versicherungsvertrag** findet auch keine Anwendung auf solche Vereinbarungen in Ihrem **Primärversicherungsvertrag**.

11. Höchstentschädigung

Wir sind nicht zur Erbringung weiterer Entschädigungsleistungen für ein Versicherungsjahr im Rahmen des **Versicherungsvertrages** verpflichtet, sobald der Gesamtbetrag aller an Sie bezüglich dieses Versicherungsjahres im Rahmen des **Versicherungsvertrages** gezahlten Entschädigungsleistungen die im **Versicherungsschein** festgelegte Höchstentschädigung erstmalig erreicht.

Die Höchstentschädigung dieses **Versicherungsvertrages** ist nicht mit der des **Primärversicherungsvertrages** kumulativ gekoppelt.

12. Rechtsübergang und Doppelversicherung

12.1 Der Rechtsübergang nach Entschädigungsleistung im Rahmen des **Versicherungsvertrages** richtet sich nach den entsprechenden Regelungen im **Primärversicherungsvertrag**.

12.2 Wenn Sie im Falle der Rückzahlung der angefochtenen Zahlung eine Entschädigungsleistung aus einer anderen Versicherung in Anspruch nehmen können, können Sie in Höhe dieses Anspruchs die Entschädigungsleistung aus dem vorliegenden **Versicherungsvertrag** nicht geltend machen.

Wenn Sie aus dem vorliegenden **Versicherungsvertrag** eine Entschädigungsleistung erhalten haben, die Sie im vorgenannten Sinne aus einer anderen Versicherung in Anspruch nehmen könnten, sind Sie verpflichtet, uns die Entschädigungsleistung in entsprechender Höhe innerhalb von 30 Tagen zurück zu zahlen.

D Allgemeine Regelungen

13. Dauer und Kündigung des Vertrages

Der Beginn und die Dauer des **Versicherungsvertrages** ergeben sich aus dem **Versicherungsschein**. Der **Versicherungsvertrag** verlängert sich nach Ablauf um jeweils ein Versicherungsjahr, wenn er nicht mit einer Frist von 2 Monaten vor Ablauf von einem der beiden Vertragspartner schriftlich gekündigt wird.

Der vorliegende **Versicherungsvertrag** erlischt bei Beendigung des im **Versicherungsschein** genannten **Primärversicherungsvertrages** mit sofortiger Wirkung.

Wir haben keine Leistungspflicht für Versicherungsfälle, die nach Beendigung dieses **Versicherungsvertrages** eintreten.

14. Maßgebliches Recht, Gerichtsstand und Sanktionsklausel

Das für den vorliegenden **Versicherungsvertrag** maßgebliche Recht richtet sich nach den diesbezüglichen Bestimmungen des **Primärversicherungsvertrages**.

Etwaige Streitigkeiten, die im Zusammenhang mit dem vorliegenden **Versicherungsvertrag** entstehen, werden gemäß den dafür vorgesehenen Bestimmungen des **Primärversicherungsvertrages** geregelt.

Forderungen aus Lieferungen/Leistungen, die gegen relevante Gesetze oder Regulierungen verstoßen (einschließlich Gesetze und Regulierungen, die Wirtschafts- oder Handelssanktionen zum Inhalt haben), sind nicht versichert.

Zur Klarstellung gewähren wir weder Versicherungsschutz im Rahmen des **Versicherungsvertrages** noch zahlen wir Entschädigungsleistungen aus, soweit wir durch die Gewährung und/oder Auszahlung Sanktionsmaßnahmen, Verboten oder Beschränkungen nach relevanten Wirtschafts- oder Handelssanktionen ausgesetzt wären.

15. Sonstige Regelungen

Alle Regelungen betreffend der Abtretung der Entschädigungsleistung, unserer Berechtigung Unterlagen zu prüfen, der Aufrechnungsbestimmungen, der Umrechnung in die Vertragswährung, steuerrechtlicher und haftungsrechtlicher Regelungen ergeben sich aus dem **Primärversicherungsvertrag**.

E Definitionen

„Anfechtungsversicherungssumme": Der Höchstbetrag des Versicherungsschutzes in einem Versicherungsjahr gemäß **Versicherungsschein**, den wir im Rahmen des vorliegenden **Versicherungsvertrages** gewähren. Dieser Betrag ist identisch mit der Höchstentschädigung des **Versicherungsvertrages**.

„Eigenbehalte": Regelungen in Ihrem **Primärversicherungsvertrag**, nach denen Sie – neben und losgelöst von der **Selbstbeteiligung des Primärversicherungsvertrags** – weitere Anteile an jedem Schadenfall im Rahmen des **Primärversicherungsvertrages** selbst tragen müssen. Dies kann betreffen Vereinbarungen eines Vorrisikos, einer Bagatellgrenze, von verschiedenen Franchisen, und/oder einer Mindestselbstbeteiligung.

„Forderungsminderungen":
- Geldbeträge, die Sie vom **Kunden** oder Dritten, die für ihn handeln, erhalten haben, einschließlich gezahlter Quoten aus der Insolvenzmasse des **Kunden**,
- Erlöse aus Eigentumsvorbehaltsrechten und sonstigen verwerteten Sicherheiten wie Garantien,

- Erlöse aus der anderweitigen Verwertung von zurückgenommener Ware,
- aufrechenbare Forderungen und
- Erlöse aus sonstigen Rechten

und die gemäß den Bestimmungen des **Primärversicherungsvertrages** an Sie und/oder uns verteilt werden.

„Insolvenzanfechtung": Die wirksame Ausübung der Rechte des Insolvenzverwalters gemäß §§ 130 ff der Insolvenzordnung oder vergleichbaren Regelungen bei **Kunden** mit Sitz im Ausland.

„Kunde": Eine natürliche oder juristische Person oder eine rechtsfähige Personengesellschaft, die in Ausübung ihrer gewerblichen oder selbständigen beruflichen Tätigkeit handelt, ihren Sitz in einem gemäß Abschnitt 3. b) AVB vereinbarten Land hat und an die Sie eine Lieferung/Leistung erbracht sowie die Forderung daraus fakturiert haben.

„Primärversicherungsvertrag": Der im **Versicherungsschein** genannte Warenkreditversicherungsvertrag sowie zusätzlich etwaige CAP/CAP+ oder Power CAP Verträge, wenn und soweit zutreffend.

„Selbstbeteiligung des Primärversicherungsvertrags": Der im **Primärversicherungsvertrag** festgelegte prozentuale Anteil, mit dem Sie an jedem versicherten Ausfall gemäß den Bestimmungen des **Primärversicherungsvertrages** selbst beteiligt sind.

„Ursprungsversicherungssumme": Der Höchstbetrag des Versicherungsschutzes, der im **Primärversicherungsvertrag** im Rahmen einer von uns gewährten Versicherungssumme oder gemäß den Bestimmungen der Selbstprüfung bzw. unbenannten Versicherung übernommen wird, einschließlich etwaiger CAP/CAP+ oder Power CAP Versicherungssummen.

„Versicherungsnehmer": Der im **Versicherungsschein** genannte **Versicherungsnehmer**.

„Versicherungsschein": Der Teil der **Versicherungsvertrages**, der **Versicherungsschein** genannt wird.

„Versicherungsvertrag": Dieser **Versicherungsvertrag** zum Schutz vor **Insolvenzanfechtung** einschließlich dieser Allgemeinen Versicherungsbedingungen, des **Versicherungsscheines**, aller Änderungen, Ergänzungen und Klauseln, die im Zusammenhang mit diesem **Versicherungsvertrag** erstellt worden sind. Des Weiteren sind Ihr Versicherungsantrag und etwaige zusätzliche Informationen (z.B. eine Vordeklaration), die wir von Ihnen oder in Ihrem Namen in diesem Zusammenhang erhalten haben, Bestandteil.

Gesonderte Bedingungen zur Deckungserweiterung

Soweit von uns im **Versicherungsschein** bestätigt, gelten aufgrund Ihres Antrags gegen Zahlung einer zusätzlichen Prämie folgende Erweiterungen des Versicherungsschutzes in dem zugrundeliegenden **Versicherungsvertrag** über die Anfechtungsversicherung:

I. Versicherungsschutz für nach erfolgter Insolvenzanfechtung wieder aufgelebte Forderungen aus Lieferung/Leistung vor Beginn der Anfechtungsversicherung

In Erweiterung der Bestimmungen in Abschnitt 3. c) dieser AVB sind auch solche Forderungen im Rahmen der von uns bei Inkrafttreten dieser Vereinbarung übernommenen **Anfechtungsversicherungssumme** versichert, deren Bezahlung bis zu dem im **Versicherungsschein** genannten Zeitpunkt vor Beginn dieses **Versicherungsvertrages** erfolgte (Einhaftung), sofern die weiteren Voraussetzungen erfüllt sind.

a) Vorausgesetzt ein **Primärversicherungsvertrag** mit uns besteht bereits bei Abschluss des **Versicherungsvertrages** und bei Beginn des **Versicherungsvertrages** liegt noch kein Antrag auf Eröffnung des Insolvenzverfahrens über das Vermögen des **Kunden** vor, gilt die Einhaftung auch für Forderungen, deren Bezahlung bis maximal 4 (vier) Jahre vor Beginn dieses **Versicherungsvertrages** zurückliegt, wenn und soweit die Forderungen ursprünglich gemäß den Bestimmungen des **Primärversicherungsvertrages** oder eines anderen Warenkreditversicherungsvertrages mit uns versichert waren und die Vertragsbeziehung mit uns von da an ohne Unterbrechung bis zur Insolvenzanfechtungserklärung besteht, es sei denn, im **Versicherungsschein** ist ein kürzerer Zeitraum für die Einhaftung vereinbart, dann gilt dieser.

b) Sofern vor Beginn des **Versicherungsvertrages** kein **Primärversicherungsvertrag** mit uns bestanden hat und bei Beginn des **Versicherungsvertrages** kein Antrag auf Eröffnung des Insolvenzverfahrens über das Vermögen des **Kunden** vorliegt, gilt die Einhaftung für Forderungen, deren Bezahlung innerhalb der letzten 4 (vier) Jahre vor Beginn des **Versicherungsvertrages** erfolgte, wenn zu Beginn des **Primärversicherungsvertrages** eine **Ursprungsversicherungssumme** für den **Kunden** festgesetzt worden ist und die Forderungen die sonstigen Versicherungsbedingungen des Vertrags erfüllen, es sei denn, im **Versicherungsschein** ist ein kürzerer Zeitraum für die Einhaftung vereinbart, dann gilt dieser.

Alle anderen Bestimmungen dieser AVB, insbesondere auch von Abschnitt 3., bleiben unberührt.

II. Beteiligung des Versicherers an den Schadenminderungskosten

In Ergänzung der Allgemeinen Versicherungsbedingungen dieses **Versicherungsvertrages** sind auch Kosten im Rahmen der von uns übernommenen **Anfechtungsversicherungssumme** versichert, die Ihnen im Zusammenhang mit der Vermeidung oder Minderung der Rückzahlung bereits vom **Kunden** erhaltener Zahlungen im Wege der **Insolvenzanfechtung** entstehen (Rechtsanwalts- und Gerichtsgebühren).

Wir beteiligen uns an diesen Kosten im Rahmen der übernommenen **Anfechtungsversicherungssumme** nur, wenn die den Kosten zugrundeliegenden Maßnahmen mit uns abgestimmt sind, Sie den von uns benannten Rechtsanwalt mit der Durchführung dieser Maßnahmen beauftragt haben und Sie unseren Weisungen sowie den Weisungen des Rechtsanwaltes Folge geleistet haben.

Unsere Beteiligung an den Kosten erfolgt im Verhältnis der unter diesem **Versicherungsvertrag** versicherten Forderung zur angefochtenen Gesamtforderung zum Zeitpunkt der Insolvenzanfechtungserklärung. Im Rahmen der **Anfechtungsversicherungssumme** wird unsere Beteiligung an den Kosten nachrangig, nach den versicherten Forderungen berücksichtigt, wenn und soweit die **Anfechtungsversicherungssumme** noch nicht ausgeschöpft ist. Die Beteiligung an diesen Kosten ist eine Entschädigungsleistung und es finden alle in dem **Versicherungsvertrag** vereinbarten entschädigungsreduzierenden Elemente Anwendung (z. B. die Selbstbeteiligung).

Wir beteiligen uns nicht an Kosten, die Ihnen im gewöhnlichen Geschäftsbetrieb entstehen (z.B. Personal- und Sachkosten).

EULER HERMES
Our knowledge serving your success

Allgemeine Bedingungen für die Vertrauensschadenversicherung – Premium
(AVB VSV-Premium)

Die Euler Hermes Deutschland Niederlassung der Euler Hermes SA (nachfolgend EH) bietet im vereinbarten Umfang Versicherungsschutz für Sach- und Vermögensschäden, die den versicherten Unternehmen durch vorsätzliche unerlaubte Handlungen, die nach den gesetzlichen Bestimmungen zum Schadenersatz verpflichten, zugefügt werden.

Schäden – verursacht durch Vertrauenspersonen

§ 1 Für welche Schäden, verursacht durch eine identifizierte Vertrauensperson, besteht Versicherungsschutz?
§ 2 Für welche Schäden, verursacht durch eine nicht identifizierte Vertrauensperson, besteht Versicherungsschutz?
§ 3 Für welche Schäden, die einem Dritten durch eine identifizierte Vertrauensperson zugefügt werden, besteht Versicherungsschutz?
§ 4 Für welche Schäden, die einem Dritten durch eine nicht identifizierte Vertrauensperson zugefügt werden, besteht Versicherungsschutz?

Verrat von Betriebs- und Geschäftsgeheimnissen durch Vertrauenspersonen

§ 5 Besteht Versicherungsschutz für Schäden bei Verrat eigener Betriebs- und Geschäftsgeheimnisse?
§ 6 Besteht Versicherungsschutz für Schäden bei Verrat fremder Betriebs- und Geschäftsgeheimnisse?
§ 7 Sind bei Verrat von Betriebs- und Geschäftsgeheimnissen Schäden durch entgangenen Gewinn versichert?
§ 8 Werden bei Verrat von Betriebs- und Geschäftsgeheimnissen zusätzlich auch Rechtsverfolgungskosten erstattet?
§ 9 Ist die Versicherungssumme bei Schäden durch Verrat von Betriebs- und Geschäftsgeheimnissen begrenzt?

Schäden – verursacht durch Dritte

§ 10 Für welche Schäden, verursacht durch Dritte, besteht Versicherungsschutz?
§ 11 Wer ist Dritter?
§ 12 Welche Schäden, verursacht durch Dritte, sind vom Versicherungsschutz ausgeschlossen?
§ 13 Ist die Versicherungssumme bei von Dritten verursachten Schäden begrenzt?
§ 14 Ist der Versicherungsschutz ausgeschlossen, wenn noch ein anderer Versicherungsvertrag für die in § 10 AVB genannten Risiken besteht?

Eingriffe Dritter in das EDV-System

§ 15 Für welche unmittelbaren Schäden, verursacht durch Eingriffe Dritter in das EDV-System (Hackerschäden), besteht Versicherungsschutz?
§ 16 Für welche unmittelbaren Schäden, verursacht durch Eingriffe Dritter in das EDV-System (Hackerschäden), besteht Versicherungsschutz, ohne dass sich ein Dritter bereichert hat?
§ 17 Sind bei Eingriffen Dritter in das EDV-System mittelbare Schäden versichert?
§ 18 Muss nach der Kenntnis von dem Eingriff Dritter Strafanzeige erstattet werden?
§ 19 Ist der Versicherungsschutz ausgeschlossen, wenn noch ein anderer Versicherungsvertrag für die in den §§ 15 und 16 AVB genannten Risiken besteht?

Vertragsstrafen

§ 20 Besteht Versicherungsschutz für Vertragsstrafen?
§ 21 Ist die Versicherungssumme für gezahlte Vertragsstrafen begrenzt?

Kosten zur Minderung eines Reputationsschadens

§ 22 Werden Kosten zur Minderung eines Reputationsschadens erstattet?
§ 23 Wann liegt ein Reputationsschaden vor?
§ 24 Ist die Versicherungssumme für Kosten zur Minderung eines Reputationsschadens begrenzt?
§ 25 Ist die Kostenerstattung ausgeschlossen, wenn noch ein anderer Versicherungsvertrag die Erstattung der in § 22 AVB genannten Kosten zum Inhalt hat?

Schadenermittlungs- und Rechtsverfolgungskosten

§ 26 Welche Schadenermittlungskosten werden erstattet?
§ 27 Was sind externe und zusätzlich entstandene interne Schadenermittlungskosten?
§ 28 Was ist ein versicherter Schaden?
§ 29 Welche externen Rechtsverfolgungskosten werden erstattet?
§ 30 Was sind externe Rechtsverfolgungskosten?
§ 31 Welche internen Rechtsverfolgungskosten werden erstattet?
§ 32 Was sind zusätzlich entstandene interne Rechtsverfolgungskosten?
§ 33 Ist die Kostenerstattung ausgeschlossen, wenn noch ein anderer Versicherungsvertrag die Erstattung der in den §§ 26, 29, 31 AVB genannten Kosten zum Inhalt hat?

Vertrauenspersonen

§ 34 Wer sind Vertrauenspersonen?
§ 35 Für welche Vertrauenspersonen gelten besondere Regelungen?
§ 36 Wann ist eine Vertrauensperson vom Versicherungsschutz ausgeschlossen?

Euler Hermes Deutschland
Niederlassung der Euler Hermes SA
22746 Hamburg

Hausanschrift:
Friedensallee 254, 22763 Hamburg

Tel. +49 (0) 40/88 34-0
Fax +49 (0) 40/88 34-77 44

info.de@eulerhermes.com
www.eulerhermes.de

05 5523 0416

Schäden – verursacht durch Vertrauenspersonen

§ 1 Für welche Schäden, verursacht durch eine identifizierte Vertrauensperson, besteht Versicherungsschutz?

Versicherungsschutz besteht für Schäden, die einem versicherten Unternehmen von einer identifizierten Vertrauensperson durch vorsätzliche unerlaubte Handlungen, die nach den gesetzlichen Bestimmungen zum Schadenersatz verpflichten, unmittelbar zugefügt werden (Versicherungsfall).

Eine Entschädigung setzt voraus, dass das versicherte Unternehmen den Grund und die Höhe der ihm gegenüber bestehenden Schadenersatzpflicht der Vertrauensperson nachweist.

§ 2 Für welche Schäden, verursacht durch eine nicht identifizierte Vertrauensperson, besteht Versicherungsschutz?

Versicherungsschutz besteht für Schäden, die einem versicherten Unternehmen nach dem Tathergang mit überwiegender Wahrscheinlichkeit von einer nicht identifizierten Vertrauensperson durch vorsätzliche unerlaubte Handlungen, die nach den gesetzlichen Bestimmungen zum Schadenersatz verpflichten, unmittelbar zugefügt werden (Versicherungsfall).

Eine Entschädigung setzt voraus, dass sich der Tathergang den EH vorliegenden Unterlagen oder behördlichen Ermittlungsergebnissen entnehmen lässt. EH ist berechtigt, zur Aufklärung des Schadensachverhalts auf eigene Kosten jederzeit weitere Ermittlungen durchzuführen oder einen Sachverständigen zu beauftragen. Eine Gegenüberstellung von Soll- und Ist-Bestand ohne Aufklärung der Entstehung von etwaigen Differenzen oder statistisch ermittelte Daten reichen als Nachweis für einen Versicherungsfall nicht aus.

§ 3 Für welche Schäden, die einem Dritten durch eine identifizierte Vertrauensperson zugefügt werden, besteht Versicherungsschutz?

Versicherungsschutz besteht für Schäden, die einem versicherten Unternehmen dadurch entstehen, dass eine identifizierte Vertrauensperson durch vorsätzliche unerlaubte Handlungen einem Dritten einen Schaden unmittelbar zugefügt hat, das versicherte Unternehmen dem Dritten aufgrund einer vertraglichen oder gesetzlichen Verpflichtung hierfür Schadenersatz geleistet hat und die Vertrauensperson dem versicherten Unternehmen gegenüber nach den gesetzlichen Bestimmungen über unerlaubte Handlungen in entsprechender Höhe zum Schadenersatz verpflichtet ist (Versicherungsfall). Die Schadenersatzpflicht der Vertrauensperson muss sich nicht auf eine von dem versicherten Unternehmen an den Dritten gezahlte Vertragsstrafe erstrecken.

Eine Entschädigung setzt voraus, dass das versicherte Unternehmen den Grund und die Höhe seiner Schadenersatzpflicht dem Dritten gegenüber sowie den Grund und die Höhe der Schadenersatzpflicht der Vertrauensperson dem versicherten Unternehmen gegenüber nachweist.

§ 4 Für welche Schäden, die einem Dritten durch eine nicht identifizierte Vertrauensperson zugefügt werden, besteht Versicherungsschutz?

Versicherungsschutz besteht für Schäden, die einem versicherten Unternehmen dadurch entstehen, dass es einem Dritten aufgrund einer vertraglichen oder gesetzlichen Verpflichtung Schadenersatz für Schäden geleistet hat, die dem Dritten nach dem Tathergang mit überwiegender Wahrscheinlichkeit von einer nicht identifizierten Vertrauensperson durch vorsätzliche unerlaubte Handlungen, die nach den gesetzlichen Bestimmungen zum Schadenersatz verpflichten, unmittelbar zugefügt wurden (Versicherungsfall).

Eine Entschädigung setzt voraus, dass sich der Tathergang den EH vorliegenden Unterlagen oder behördlichen Ermittlungsergebnissen entnehmen lässt. EH ist berechtigt, zur Aufklärung des Schadensachverhalts auf eigene Kosten jederzeit weitere Ermittlungen durchzuführen oder einen Sachverständigen zu beauftragen. Eine Gegenüberstellung von Soll- und Ist-Bestand ohne Aufklärung der Entstehung von etwaigen Differenzen oder statistisch ermittelte Daten reichen als Nachweis für einen Versicherungsfall nicht aus.

Verrat von Betriebs- und Geschäftsgeheimnissen durch Vertrauenspersonen

§ 5 Besteht Versicherungsschutz für Schäden bei Verrat eigener Betriebs- und Geschäftsgeheimnisse?

Versicherungsschutz besteht für Schäden, die einem versicherten Unternehmen durch vorsätzliche unerlaubte Handlungen einer identifizierten Vertrauensperson unmittelbar zugefügt werden, indem diese vorsätzlich und rechtswidrig die dem versicherten Unternehmen gehörenden Betriebs- und Geschäftsgeheimnisse an unberechtigte Dritte weitergibt oder selbst verwendet (Versicherungsfall).

Eine Entschädigung setzt voraus, dass das versicherte Unternehmen die ihm gegenüber aufgrund der gesetzlichen Bestimmungen über unerlaubte Handlungen bestehende Schadenersatzverpflichtung der Vertrauensperson in bestimmter Höhe nachweist.

§ 6 Besteht Versicherungsschutz für Schäden bei Verrat fremder Betriebs- und Geschäftsgeheimnisse?

Versicherungsschutz besteht für Schäden, die einem versicherten Unternehmen durch vorsätzliche unerlaubte Handlungen einer identifizierten Vertrauensperson unmittelbar zugefügt werden, indem diese vorsätzlich und rechtswidrig die dem versicherten Unternehmen rechtmäßig anvertrauten fremden Betriebs- und Geschäftsgeheimnisse an unberechtigte Dritte weitergibt oder selbst verwendet (Versicherungsfall).

Eine Entschädigung setzt voraus, dass das versicherte Unternehmen die ihm gegenüber aufgrund der gesetzlichen Bestimmungen über unerlaubte Handlungen bestehende Schadenersatzverpflichtung der Vertrauensperson sowie eine vertragliche oder gesetzliche Schadenersatzverpflichtung des versicherten Unternehmens gegenüber demjenigen, der ihm Betriebs- und Geschäftsgeheimnisse rechtmäßig anvertraut hatte, in bestimmter Höhe nachweist.

§ 7 Sind bei Verrat von Betriebs- und Geschäftsgeheimnissen Schäden durch entgangenen Gewinn versichert?

Bei Versicherungsfällen gemäß §§ 5 und 6 AVB sind in Abänderung von § 51 AVB (Ausschlüsse) auch Schäden versichert, die dem versicherten Unternehmen infolge des Verrats von Betriebs- und Geschäftsgeheimnissen durch entgangenen Gewinn entstehen.

§ 8 Werden bei Verrat von Betriebs- und Geschäftsgeheimnissen zusätzlich auch Rechtsverfolgungskosten erstattet?

Bei Versicherungsfällen gemäß §§ 5 und 6 AVB erstattet EH in Erweiterung von §§ 29 und 30 AVB auch die einem versicherten Unternehmen entstandenen externen Rechtsverfolgungskosten zur Abwehr und Minderung des Schadens, wenn dieses Auskunfts-, Herausgabe- oder Unterlassungsansprüche geltend gemacht hat.

§ 9 Ist die Versicherungssumme bei Schäden durch Verrat von Betriebs- und Geschäftsgeheimnissen begrenzt?

Bei Versicherungsfällen gemäß §§ 5 und 6 AVB ist unter Anrechnung auf die im Versicherungsvertrag vereinbarte Versicherungssumme für jeden Versicherungsfall die Entschädigung einschließlich sämtlicher nach diesen AVB zu erstattenden Kosten auf 50 % der Versicherungssumme, maximal EUR 1.000.000,00, begrenzt.

Schäden – verursacht durch Dritte

§ 10 Für welche Schäden, verursacht durch Dritte, besteht Versicherungsschutz?

Versicherungsschutz besteht für Schäden, die einem versicherten Unternehmen von Dritten durch folgende Straftaten im Sinne des Strafgesetzbuches der Bundesrepublik Deutschland zugefügt werden:

1. Raub
Versicherungsschutz besteht für Schäden, die durch Raub von Bargeld, Wertpapieren oder sonstigen Vermögensgegenständen entstehen, sofern sich diese in einem verschlossenen Tresor, verschlossenen Bankschließfach oder im Gewahrsam einer Vertrauensperson befunden haben (Versicherungsfall).

2. Diebstahl
Versicherungsschutz besteht für Schäden, die durch Diebstahl von Bargeld, Wertpapieren oder sonstigen Vermögensgegenständen entstehen, sofern sich diese in einem verschlossenen Tresor oder verschlossenen Bankschließfach befunden haben (Versicherungsfall).

3. Betrug
a) Gefälschte Zahlungsmittel, Schecks oder Wechsel
Versicherungsschutz besteht für Schäden durch Betrug, bei dem eine Vertrauensperson gefälschte Wechsel, Schecks oder gesetzliche Zahlungsmittel eines Mitglieds des Europäischen Wirtschaftsraums (EWR), der USA oder Kanadas für ein versichertes Unternehmen von einem Dritten entgegengenommen hat (Versicherungsfall).

b) Gefälschte Anweisung, Bestellung oder Rechnung
Versicherungsschutz besteht für Schäden durch Betrug, bei dem eine Vertrauensperson aufgrund einer von einem Dritten gefälschten Anweisung, Bestellung oder Rechnung eine Zahlung oder Warenlieferung für ein versichertes Unternehmen ausgeführt hat (Versicherungsfall).

§ 11 Wer ist Dritter?

Dritter ist jede natürliche und juristische Person, die weder versichertes Unternehmen noch Vertrauensperson, Vorstandsmitglied, Geschäftsführer, Aufsichtsrat, Verwaltungsrat, Beirat, Gesellschafter oder Treuhänder eines versicherten Unternehmens ist.

§ 12 Welche Schäden, verursacht durch Dritte, sind vom Versicherungsschutz ausgeschlossen?

Bei Versicherungsfällen gemäß § 10 AVB sind in Ergänzung von § 51 AVB (Ausschlüsse) Schäden vom Versicherungsschutz ausgeschlossen, wenn

1. an deren Verursachung ein Mitarbeiter eines Werttransportunternehmens oder ein Gesellschafter eines versicherten Unternehmens beteiligt war

oder

2. diese Schäden im Zusammenhang mit Factoring entstanden sind. Ein Zusammenhang liegt vor, wenn ohne das tatsächliche oder fingierte Factoring-Geschäft der Schaden nicht eingetreten wäre.

§ 13 Ist die Versicherungssumme bei von Dritten verursachten Schäden begrenzt?

Bei Versicherungsfällen gemäß § 10 AVB ist unter Anrechnung auf die im Versicherungsvertrag vereinbarte Versicherungssumme für jeden Versicherungsfall die Entschädigung einschließlich sämtlicher nach diesen AVB zu erstattenden Kosten auf 50 % der Versicherungssumme, maximal EUR 1.000.000,00, begrenzt.

§ 14 Ist der Versicherungsschutz ausgeschlossen, wenn noch ein anderer Versicherungsvertrag für die in § 10 AVB genannten Risiken besteht?

Bei Versicherungsfällen gemäß § 10 AVB ist der Versicherungsschutz ausgeschlossen, wenn für die in § 10 AVB genannten Risiken ein anderer Versicherungsvertrag besteht. Dies gilt unabhängig davon, ob ein versichertes Unternehmen aufgrund des anderen Versicherungsvertrages eine Leistung beanspruchen kann.

Eingriffe Dritter in das EDV-System

§ 15 Für welche unmittelbaren Schäden, verursacht durch Eingriffe Dritter in das EDV-System (Hackerschäden), besteht Versicherungsschutz?

Versicherungsschutz besteht für unmittelbare Schäden, die einem versicherten Unternehmen durch vorsätzliche, rechtswidrige und zielgerichtete Eingriffe Dritter in das EDV-System des versicherten Unternehmens (Hackerschäden) zugefügt werden, soweit sich ein Dritter in Höhe des Schadens bereichert hat und ein Dritter nach den gesetzlichen Bestimmungen über unerlaubte Handlungen zum Schadenersatz verpflichtet ist (Versicherungsfall).

EDV-System im Sinne dieser AVB ist die Gesamtheit der zur elektronischen Datenverarbeitung rechtmäßig genutzten Soft- und Hardware inklusive Daten, Datenbanken und Telefonanlagen.

Ein Eingriff im Sinne von Absatz 1 liegt vor, wenn auf das EDV-System eingewirkt wird.

Ein zielgerichteter Eingriff liegt vor, wenn sich dieser gegen eine bestimmte Anzahl von EDV-Nutzern richtet und das versicherte Unternehmen zu diesen Nutzern gehört. Versicherungsschutz besteht nicht bei einem Eingriff, der gegen eine unbestimmte Anzahl von EDV-Nutzern gerichtet ist oder gerichtet sein kann.

§ 16 Für welche unmittelbaren Schäden, verursacht durch Eingriffe Dritter in das EDV-System (Hackerschäden), besteht Versicherungsschutz, ohne dass sich ein Dritter bereichert hat?

Versicherungsschutz besteht für unmittelbare Schäden, die einem versicherten Unternehmen durch vorsätzliche, rechtswidrige und zielgerichtete Eingriffe Dritter in das EDV-System des versicherten Unternehmens (Hackerschäden) zugefügt werden und die Schadenersatzpflicht eines Dritten nach den gesetzlichen Bestimmungen über unerlaubte Handlungen begründen, ohne dass sich ein Dritter bereichert hat (Versicherungsfall).

Bei Versicherungsfällen gemäß Absatz 1 ist unter Anrechnung auf die im Versicherungsvertrag vereinbarte Versicherungssumme für jeden Versicherungsfall die Entschädigung einschließlich sämtlicher nach diesen AVB zu erstattenden Kosten auf 50 % der Versicherungssumme, maximal EUR 1.000.000,00, begrenzt.

§ 17 Sind bei Eingriffen Dritter in das EDV-System mittelbare Schäden versichert?

Unter Anrechnung auf die gemäß § 16 Absatz 2 AVB begrenzte Versicherungssumme sind die folgenden mittelbaren Schäden versichert:

1. Aufwendungen zur Fortführung des Geschäftsbetriebes

Bei Versicherungsfällen gemäß § 16 Absatz 1 AVB sind in Abänderung von § 51 AVB (Ausschlüsse) versichert:

Aufwendungen, die ein versichertes Unternehmen innerhalb eines Zeitraumes von sechs Monaten nach dem Eingriff getätigt hat, soweit diese zur Fortführung des Geschäftsbetriebes erforderlich waren und ohne den Versicherungsfall nicht oder nicht in dieser Höhe entstanden wären.

2. Überweisungen nach Ausspähen und Missbrauch von Benutzerzugangsdaten

In Abänderung von § 16 Absatz 1 AVB und § 51 AVB (Ausschlüsse) sind Schäden versichert, die einem versicherten Unternehmen dadurch entstehen, dass das kontoführende Kreditinstitut im Rahmen der für das versicherte Unternehmen durchgeführten elektronischen Bankgeschäfte eine Überweisung ausführt, wenn zuvor durch den Eingriff Dritter im Sinne der §§ 15 oder 16 AVB Benutzerzugangsdaten unrechtmäßig erlangt (z. B. durch Phishing, Pharming, Spyware, Keylogger) und für diese Überweisung missbraucht wurden.

§ 18 Muss nach der Kenntnis von dem Eingriff Dritter Strafanzeige erstattet werden?

Bei Versicherungsfällen gemäß §§ 15 und 16 AVB setzt eine Entschädigung voraus, dass das versicherte Unternehmen eine Strafanzeige erstattet.

§ 19 Ist der Versicherungsschutz ausgeschlossen, wenn noch ein anderer Versicherungsvertrag für die in den §§ 15 und 16 AVB genannten Risiken besteht?

Bei Versicherungsfällen gemäß §§ 15 und 16 AVB ist der Versicherungsschutz ausgeschlossen, wenn für die in §§ 15 und 16 AVB genannten Risiken ein anderer Versicherungsvertrag besteht. Dies gilt unabhängig davon, ob ein versichertes Unternehmen aufgrund des anderen Versicherungsvertrages eine Leistung beanspruchen kann.

Vertragsstrafen

§ 20 Besteht Versicherungsschutz für Vertragsstrafen?

Versicherungsschutz besteht in Abänderung von § 51 Nr. 1 AVB (Ausschlüsse) für die von einem versicherten Unternehmen gezahlten Vertragsstrafen, sofern der Zahlung eine rechtliche Verpflichtung zugrunde lag und der Anspruch auf die Zahlung der Vertragsstrafe durch den Eintritt eines Versicherungsfalles nach diesen AVB ausgelöst wurde.

Ansprüche eines versicherten Unternehmens auf Zahlung einer Vertragsstrafe sind vom Versicherungsschutz ausgenommen.

§ 21 Ist die Versicherungssumme für gezahlte Vertragsstrafen begrenzt?

Bei Versicherungsfällen nach diesen AVB, die gemäß § 20 AVB die Zahlung einer Vertragsstrafe zur Folge haben, ist die Entschädigung für Vertragsstrafen unter Anrechnung auf die im Versicherungsvertrag vereinbarte Versicherungssumme für jeden Versicherungsfall auf 50 % der vereinbarten Versicherungssumme, maximal EUR 1.000.000,00, begrenzt.

Kosten zur Minderung eines Reputationsschadens

§ 22 Werden Kosten zur Minderung eines Reputationsschadens erstattet?

EH erstattet die von einem versicherten Unternehmen aufgrund einer rechtlichen Verpflichtung an einen Dritten geleisteten Zahlungen, den das versicherte Unternehmen beauftragt hat, um einen eingetretenen Reputationsschaden zu mindern.

Für Reputationsschäden selbst besteht kein Versicherungsschutz.

§ 23 Wann liegt ein Reputationsschaden vor?

Ein Reputationsschaden im Sinne des § 22 AVB liegt vor, wenn aufgrund eines Versicherungsfalles nach diesen AVB durch Berichterstattung in den Medien die Glaubwürdigkeit eines versicherten Unternehmens und das ihm entgegengebrachte Vertrauen erschüttert worden sind.

§ 24 Ist die Versicherungssumme für Kosten zur Minderung eines Reputationsschadens begrenzt?

Bei Versicherungsfällen nach diesen AVB, die gemäß § 22 AVB eine Kostenerstattung zur Folge haben, ist die Erstattung der Kosten zur Minderung eines Reputationsschadens unter Anrechnung auf die im Versicherungsvertrag vereinbarte Versicherungssumme für jeden Versicherungsfall auf EUR 50.000,00 begrenzt.

§ 25 Ist die Kostenerstattung ausgeschlossen, wenn noch ein anderer Versicherungsvertrag die Erstattung der in § 22 AVB genannten Kosten zum Inhalt hat?

Die Kostenerstattung ist ausgeschlossen, wenn ein anderer Versicherungsvertrag die Erstattung der in § 22 AVB genannten Kosten zum Inhalt hat. Dies gilt unabhängig davon, ob ein versichertes Unternehmen aufgrund des anderen Versicherungsvertrages eine Leistung beanspruchen kann.

Schadenermittlungs- und Rechtsverfolgungskosten

§ 26 Welche Schadenermittlungskosten werden erstattet?

EH erstattet im Rahmen der Versicherungssumme die einem versicherten Unternehmen entstandenen externen Schadenermittlungskosten bis zu 20 % des versicherten Schadens und die zusätzlich entstandenen internen Schadenermittlungskosten bis zu 5 % des versicherten Schadens.

Liegt kein versicherter Schaden vor, ist die Erstattung von Schadenermittlungskosten ausgeschlossen.

§ 27 Was sind externe und zusätzlich entstandene interne Schadenermittlungskosten?

Schadenermittlungskosten sind Aufwendungen, die ein versichertes Unternehmen zur Aufklärung des Schadenhergangs, zur Feststellung der Schadenhöhe oder zur Ermittlung des Schadenverursachers getätigt hat.

Externe Schadenermittlungskosten sind die zu einem in Absatz 1 genannten Zweck aufgrund einer rechtlichen Verpflichtung von einem versicherten Unternehmen an Dritte geleisteten Zahlungen.

Zusätzlich entstandene interne Schadenermittlungskosten sind die zu einem in Absatz 1 genannten Zweck getätigten Aufwendungen für eine Vertrauensperson gemäß § 34 Nrn. 1 bis 3 AVB oder Sachaufwendungen, die jeweils ohne den Versicherungsfall von versicherten Unternehmen nicht getätigt worden wären. Kosten, die einem der versicherten Unternehmen auch ohne den Versicherungsfall entstanden wären („Sowieso-Kosten"), werden nicht erstattet. Sofern das geschädigte versicherte Unternehmen Zahlungen für Schadenermittlungskosten an ein anderes versichertes Unternehmen leistet, werden diese Kosten nicht erstattet, wenn es sich bei diesen für eines der versicherten Unternehmen um „Sowieso-Kosten" handelt.

§ 28 Was ist ein versicherter Schaden?

Ein versicherter Schaden im Sinne dieser AVB liegt vor, soweit nach den gesetzlichen und vertraglichen Regelungen unter Berücksichtigung einer vereinbarten Selbstbeteiligung ein Anspruch auf Zahlung einer Entschädigung besteht.

§ 29 Welche externen Rechtsverfolgungskosten werden erstattet?

1. Geltendmachung von Schadenersatzansprüchen eines versicherten Unternehmens

a) Ein versicherter Schaden liegt vor

EH erstattet im Rahmen der Versicherungssumme externe Rechtsverfolgungskosten bis zu 20 % des versicherten Schadens, die einem versicherten Unternehmen durch die Geltendmachung eines eigenen gesetzlichen Schadenersatzanspruchs gegen eine Vertrauensperson wegen vorsätzlicher unerlaubter Handlungen entstanden sind.

Liegt kein versicherter Schaden vor, ist die Erstattung externer Rechtsverfolgungskosten – mit Ausnahme der nachfolgend unter b genannten Regelung – ausgeschlossen.

Wird der Schadenersatzanspruch innerhalb der Bundesrepublik Deutschland geltend gemacht, ist eine Erstattung maximal in Höhe der gesetzlichen Gebühren- und Kostenvorschriften möglich. Wird der Schadenersatzanspruch außerhalb der Bundesrepublik Deutschland geltend gemacht, ist die Erstattung auf das 3-fache des Betrages begrenzt, der sich ergäbe, wenn der Schadenersatzanspruch in der Bundesrepublik Deutschland geltend gemacht worden wäre.

b) Ein versicherter Schaden liegt nicht vor

Auch ohne Vorliegen eines versicherten Schadens erstattet EH im Rahmen der Versicherungssumme externe Rechtsverfolgungskosten bis zu 20 % des klageweise geltend gemachten Schadens, wenn ein versichertes Unternehmen gegen eine Vertrauensperson vor einem Arbeits- oder Zivilgericht eine schlüssige Klage auf Zahlung von Schadenersatz wegen vorsätzlicher unerlaubter Handlungen erhoben hat und entweder die Klage rechtskräftig abgewiesen worden oder die rechtskräftige Verurteilung nicht aufgrund einer nachgewiesenen vorsätzlichen unerlaubten Handlung erfolgt ist.

Besteht für den geltend gemachten Schaden aufgrund von versicherungsvertraglichen oder gesetzlichen Bestimmungen unabhängig von der Haftung oder dem Verschulden der Vertrauensperson kein Versicherungsschutz, ist die Erstattung von Rechtsverfolgungskosten ausgeschlossen.

Wird der Schadenersatzanspruch innerhalb der Bundesrepublik Deutschland geltend gemacht, ist eine Erstattung maximal in Höhe der gesetzlichen Gebühren- und Kostenvorschriften möglich. Wird der Schadenersatzanspruch außerhalb der Bundesrepublik Deutschland geltend gemacht, ist die Erstattung auf das 3-fache des Betrages begrenzt, der sich ergäbe, wenn der Schadenersatzanspruch in der Bundesrepublik Deutschland geltend gemacht worden wäre.

2. Abwehr von Ansprüchen Dritter

EH erstattet im Rahmen der Versicherungssumme die einem versicherten Unternehmen entstandenen externen Rechtsverfolgungskosten für die Abwehr des Anspruchs eines Dritten, der ein versichertes Unternehmen wegen eines Schadens, verursacht durch vorsätzliche unerlaubte Handlungen einer Vertrauensperson, haftbar macht.

Erfolgt die Abwehr des Anspruchs innerhalb der Bundesrepublik Deutschland, ist eine Erstattung der Kosten maximal in Höhe der gesetzlichen Gebühren- und Kostenvorschriften möglich. Erfolgt die Abwehr des Anspruchs außerhalb der Bundesrepublik Deutschland, ist die Erstattung der Kosten auf das 3-fache des Betrages begrenzt, der sich ergäbe, wenn die Abwehr in der Bundesrepublik Deutschland erfolgt wäre.

§ 30 Was sind externe Rechtsverfolgungskosten?

Externe Rechtsverfolgungskosten sind die folgenden, aufgrund einer rechtlichen Verpflichtung getätigten Aufwendungen eines versicherten Unternehmens:

- Gerichts- und Verfahrenskosten
- eigene Rechtsanwaltskosten
- gegnerische Rechtsanwaltskosten
- Notarkosten für ein Schuldanerkenntnis, das der Schadenverursacher zugunsten eines versicherten Unternehmens abgegeben hat.

§ 31 Welche internen Rechtsverfolgungskosten werden erstattet?

EH erstattet im Rahmen der Versicherungssumme die einem versicherten Unternehmen zusätzlich entstandenen internen Rechtsverfolgungskosten bis zu 5 % des versicherten Schadens.

Liegt kein versicherter Schaden vor, ist die Erstattung interner Rechtsverfolgungskosten ausgeschlossen.

§ 32 Was sind zusätzlich entstandene interne Rechtsverfolgungskosten?

Zusätzlich entstandene interne Rechtsverfolgungskosten sind Aufwendungen für eine Vertrauensperson gemäß § 34 Nrn. 1 bis 3 AVB oder Sachaufwendungen, die von versicherten Unternehmen getätigt wurden, um einen eigenen gesetzlichen Schadenersatzanspruch gegen eine Vertrauensperson wegen vorsätzlicher unerlaubter Handlungen geltend zu machen oder um den Anspruch eines Dritten abzuwehren, der ein versichertes Unternehmen wegen eines Schadens, verursacht durch vorsätzliche unerlaubte Handlungen einer Vertrauensperson, haftbar macht.

Kosten, die einem der versicherten Unternehmen auch ohne den Versicherungsfall entstanden wären („Sowieso-Kosten"), werden nicht erstattet. Sofern das geschädigte versicherte Unternehmen Zahlungen für Rechtsverfolgungskosten an ein anderes versichertes Unternehmen leistet, werden diese Kosten nicht erstattet, wenn es sich bei diesen für eines der versicherten Unternehmen um „Sowieso-Kosten" handelt.

§ 33 Ist die Kostenerstattung ausgeschlossen, wenn noch ein anderer Versicherungsvertrag die Erstattung der in den §§ 26, 29, 31 AVB genannten Kosten zum Inhalt hat?

Die Kostenerstattung ist ausgeschlossen, wenn ein anderer Versicherungsvertrag die Erstattung der in den §§ 26, 29, 31 AVB genannten Kosten zum Inhalt hat. Dies gilt unabhängig davon, ob ein versichertes Unternehmen aufgrund des anderen Versicherungsvertrages eine Leistung beanspruchen kann.

Vertrauenspersonen

§ 34 Wer sind Vertrauenspersonen?

Vertrauenspersonen sind die zum Zeitpunkt der Schadenverursachung

1. für ein versichertes Unternehmen aufgrund eines mit diesem geschlossenen Arbeits- oder Dienstvertrages tätigen Arbeitnehmer, Aushilfen, Volontäre, Auszubildende, Praktikanten, Heimarbeiter und Gaststudenten;

2. ordnungsgemäß bestellten Vorstandsmitglieder, Geschäftsführer, Aufsichts-, Verwaltungs- und Beiräte eines versicherten Unternehmens, sofern diese jeweils nicht mit mehr als 20 % direkt oder indirekt an einem versicherten Unternehmen beteiligt sind;

3. für ein versichertes Unternehmen aufgrund des Arbeitnehmerüberlassungsgesetzes oder vergleichbarer gesetzlicher Regelungen tätigen Zeitarbeitskräfte;

4. für ein versichertes Unternehmen tätigen Personen, die sich in dessen Auftrag oder auf Veranlassung eines von dem versicherten Unternehmen beauftragten Unternehmens berechtigt in den Räumen oder auf dem Betriebsgelände des versicherten Unternehmens aufhalten;

5. für ein versichertes Unternehmen tätigen Personen, die in dessen Auftrag oder auf Veranlassung eines von dem versicherten Unternehmen beauftragten Unternehmens mit der Installation, Wartung oder Betreuung von EDV-Geräten (Hardware) oder mit der Entwicklung, Wartung oder Betreuung von EDV-Programmen (Software) betraut sind. Diese Personen sind auch dann Vertrauenspersonen, wenn die Tätigkeit für das versicherte Unternehmen nicht in den Räumen oder auf dem Betriebsgelände des versicherten Unternehmens ausgeübt wird;

6. für ein versichertes Unternehmen tätigen Rechtsanwälte, Wirtschaftsprüfer und Steuerberater sowie deren Angestellte, die im Auftrag des versicherten Unternehmens für dieses berufsübliche Dienstleistungen erbringen. Diese Personen sind auch dann Vertrauenspersonen, wenn die Tätigkeit für das versicherte Unternehmen nicht in den Räumen oder auf dem Betriebsgelände des versicherten Unternehmens ausgeübt wird. Keine Vertrauenspersonen sind Anwaltsnotare, Vertreter der Anwaltsnotare und Notariatsverweser sowie deren Angestellte, sofern ihre Tätigkeit im Zusammenhang mit einem notariellen Amtsgeschäft erfolgt.

Die Eigenschaft als Vertrauensperson endet ein Jahr nach dem Ende des zwischen ihr und dem versicherten Unternehmen geschlossenen Vertrages oder – sofern kein Vertragsverhältnis bestanden hat – ein Jahr nach dem Ende ihrer Tätigkeit für das versicherte Unternehmen, spätestens jedenfalls mit dem Zeitpunkt des Versicherungsendes für das versicherte Unternehmen.

§ 35 Für welche Vertrauenspersonen gelten besondere Regelungen?

1. Für einen von einer Vertrauensperson gemäß § 34 Nr. 2 AVB verursachten Schaden besteht nur dann Versicherungsschutz, wenn diese sich selbst rechtswidrig bereichert hat.

2. Für einen von einer Vertrauensperson gemäß § 34 Nrn. 3 bis 6 AVB verursachten Schaden besteht nur dann Versicherungsschutz, wenn das versicherte Unternehmen keinen Schadenersatz von einem Dritten erlangen kann, der dem versicherten Unternehmen gegenüber für den Schaden ganz oder teilweise haftet. Kann ohne das Verschulden des versicherten Unternehmens die Schadenersatzpflicht dieses Dritten nicht innerhalb von 6 Monaten nach der Anzeige des Versicherungsfalles bei EH ganz oder teilweise geklärt werden, zahlt EH eine Entschädigung, sofern auch die übrigen Voraussetzungen hierfür gegeben sind.

Die Zahlung der Entschädigung erfolgt gegen Abtretung sämtlicher Ansprüche, die dem versicherten Unternehmen gegen den Dritten zustehen. EH behält sich vor, die gezahlte Entschädigung zurückzufordern, sofern sich im Rahmen des Regresses gegen den Dritten herausgestellt hat, dass die Voraussetzungen für die Zahlung einer Entschädigung nicht gegeben sind.

§ 36 Wann ist eine Vertrauensperson vom Versicherungsschutz ausgeschlossen?

1. Eine Vertrauensperson, von der das versicherte Unternehmen bei Beginn des mit ihr geschlossenen Vertrages oder – sofern kein Vertragsverhältnis bestanden hat – bei Beginn der Tätigkeit für das versicherte Unternehmen Kenntnis hatte, dass sie bereits eine vorsätzliche unerlaubte Handlung im Sinne eines Versicherungsfalles nach diesen AVB begangen hat, ist vom Versicherungsschutz ausgeschlossen.

2. Eine Vertrauensperson ist vom Versicherungsschutz ab dem Zeitpunkt ausgeschlossen, in dem das versicherte Unternehmen während der Dauer des mit ihr geschlossenen Vertrages oder – sofern kein Vertragsverhältnis bestanden hat – während der Dauer ihrer Tätigkeit für das versicherte Unternehmen Kenntnis davon erlangt hat, dass die Vertrauensperson eine vorsätzliche unerlaubte Handlung im Sinne eines Versicherungsfalles nach diesen AVB begangen hat.

Versicherte Unternehmen

§ 37 Welches sind die versicherten Unternehmen?

Versicherte Unternehmen sind der Versicherungsnehmer und die mitversicherten Unternehmen.

§ 38 Unter welchen Voraussetzungen ist ein Unternehmen mitversichert?

Ein Unternehmen ist unter den folgenden Voraussetzungen mitversichert:

1. Der Versicherungsnehmer hat die Leitung des Unternehmens oder übt die Kontrolle über das Unternehmen direkt oder indirekt aus, indem er

a) die absolute Mehrheit der Gesellschaftsanteile hat oder

b) die absolute Mehrheit der Stimmrechte der Gesellschafter hat oder

c) Gesellschafter ist und dabei das Recht hat, die Mehrheit der Mitglieder des Vorstandes oder eines vergleichbaren Leitungsorgans zu bestellen oder abzuberufen, oder

d) aufgrund eines Beherrschungsvertrages oder einer Satzungsbestimmung das Recht hat, einen beherrschenden Einfluss auf dieses Unternehmen auszuüben,

und

2. Der Versicherungsnehmer hat die Mitversicherung des Unternehmens beantragt und EH hat dem Antrag nach Prüfung zugestimmt.

Beginn und Ende des Versicherungsschutzes

§ 39 Für welchen Zeitraum besteht Versicherungsschutz?

Versicherungsschutz besteht für alle im Zeitraum zwischen Versicherungsbeginn und Versicherungsende von den versicherten Unternehmen entdeckten Versicherungsfälle. Der Versicherungsfall gilt mit dem Zeitpunkt der Kenntniserlangung durch ein versichertes Unternehmen als entdeckt.

Für den Versicherungsschutz sind die zum Zeitpunkt der Entdeckung des Versicherungsfalles geltenden vertraglichen Bestimmungen maßgeblich.

§ 40 Wann ist der Versicherungsbeginn?

Der Zeitpunkt des Versicherungsbeginns ergibt sich für den Versicherungsnehmer und für die bei Abschluss des Versicherungsvertrages im Versicherungsschein genannten mitversicherten Unternehmen aus dem Versicherungsschein.

Für die nach Abschluss des Versicherungsvertrages hinzukommenden mitversicherten Unternehmen ist Versicherungsbeginn der Zeitpunkt der Zustimmung von EH gemäß § 38 Nr. 2 AVB.

§ 41 Besteht auch Versicherungsschutz für vor Versicherungsbeginn verursachte Versicherungsfälle (Rückwärtsversicherung)?

1. Für den Versicherungsnehmer und für die bei Abschluss des Versicherungsvertrages im Versicherungsschein genannten mitversicherten Unternehmen besteht Versicherungsschutz auch für Versicherungsfälle, die bereits vor Versicherungsbeginn verursacht wurden (Rückwärtsversicherung). Das gilt nicht für Versicherungsfälle, von denen der Versicherungsnehmer oder das bei Abschluss des Versicherungsvertrages im Versicherungsschein genannte mitversicherte und geschädigte Unternehmen bei Abgabe der Vertragserklärung durch den Versicherungsnehmer Kenntnis hatte.

2. Für die nach Abschluss des Versicherungsvertrages hinzukommenden mitversicherten Unternehmen besteht Versicherungsschutz auch für Versicherungsfälle, die bereits vor deren Versicherungsbeginn verursacht wurden (Rückwärtsversicherung). Das gilt nicht für Versicherungsfälle, von denen der Versicherungsnehmer oder das geschädigte Unternehmen Kenntnis hatte, bevor es mitversichert war.

§ 42 Wann ist das Versicherungsende?

1. Das Versicherungsende tritt mit dem Zeitpunkt des Endes des Versicherungsvertrages gemäß § 59 AVB ein.

2. Das Versicherungsende für ein mitversichertes Unternehmen tritt bereits vor dem Ende des Versicherungsvertrages gemäß § 59 AVB

a) in dem Zeitpunkt ein, in dem es keine der Voraussetzungen des § 38 Nr. 1 AVB erfüllt,

oder

b) zum Ende des laufenden Versicherungsjahres ein, sofern der Versicherungsnehmer drei Monate vor dessen Ablauf die Mitversicherung dieses Unternehmens kündigt.

§ 52 AVB bleibt durch diese Regelungen unberührt.

§ 43 Bis zu welchem Zeitpunkt müssen Versicherungsfälle angezeigt werden?

Der Versicherungsnehmer hat den Eintritt des Versicherungsfalles EH unverzüglich anzuzeigen. Versicherungsfälle, die später als 60 Tage, nachdem das Versicherungsende für das geschädigte versicherte Unternehmen eingetreten ist, EH angezeigt werden, sind vom Versicherungsschutz ausgeschlossen.

§ 44 Besteht auch Versicherungsschutz für nach Versicherungsende entdeckte Versicherungsfälle?

In Erweiterung von § 39 AVB besteht Versicherungsschutz auch für Versicherungsfälle, die innerhalb eines Zeitraums von 60 Tagen, nachdem das Versicherungsende für das geschädigte versicherte Unternehmen eingetreten ist, entdeckt und EH angezeigt werden, sofern der Schaden bis zu dessen Versicherungsende verursacht wurde. Für diese Versicherungsfälle ist der Versicherungsschutz ausgeschlossen, wenn der Versicherungsfall im Zeitpunkt der Entdeckung in den Deckungsbereich eines anderen Versicherungsvertrages fällt. Dies gilt unabhängig davon, ob ein versichertes Unternehmen aufgrund des anderen Versicherungsvertrages eine Leistung beanspruchen kann.

Versicherung für fremde Rechnung

§ 45 Welche Auswirkungen hat die Versicherung für fremde Rechnung?

Für die mitversicherten Unternehmen schließt der Versicherungsnehmer den Versicherungsvertrag im eigenen Namen (Versicherung für fremde Rechnung). Die Ausübung der Rechte aus dem Versicherungsvertrag und ihre gerichtliche Geltendmachung stehen ausschließlich dem Versicherungsnehmer und nicht den mitversicherten Unternehmen zu. Das gilt auch, wenn ein mitversichertes Unternehmen den Versicherungsschein besitzt. Die Korrespondenz und der Zahlungsverkehr erfolgen ausschließlich zwischen EH und dem Versicherungsnehmer.

EH ist berechtigt und verpflichtet, die Entschädigung an den Versicherungsnehmer zu zahlen und ihm gegenüber die Kostenerstattung vorzunehmen. Ein mitversichertes Unternehmen ist nicht berechtigt, die Zahlung einer Entschädigung oder eine Kostenerstattung zu verlangen.

Sofern der Schaden beim Versicherungsnehmer eingetreten ist, muss sich dieser auch die Kenntnis, die Erklärungen und das Verhalten der mitversicherten Unternehmen zurechnen lassen.

Sofern der Schaden bei einem mitversicherten Unternehmen eingetreten ist, muss sich das geschädigte Unternehmen die Kenntnis, die Erklärungen und das Verhalten des Versicherungsnehmers zurechnen lassen.

Versicherungssumme

§ 46 Welche Versicherungssumme steht zur Verfügung?

1. Die Versicherungssumme stellt für sämtliche während des Versicherungsjahres von allen versicherten Unternehmen entdeckten Versicherungsfälle insgesamt die Höchstsumme der von EH zu leistenden Zahlungen (Entschädigungen und Kostenerstattungen) dar. Es gilt als ein Versicherungsfall, wenn von einer Person allein oder gemeinschaftlich mit weiteren Personen mehrere Schäden verursacht werden.

2. Sofern eine Selbstbeteiligung vereinbart wurde, steht die Versicherungssumme im Anschluss an die Selbstbeteiligung zur Verfügung.

3. Die Versicherungsfälle, die gemäß § 44 AVB entdeckt werden, nachdem für das geschädigte versicherte Unternehmen das Versicherungsende eingetreten ist, werden in Abänderung von Nr. 1 dem Versicherungsjahr zugeordnet, in das der Tag des Versicherungsendes fällt. Die für dieses Versicherungsjahr vereinbarte Versicherungssumme bleibt unverändert. Für den Versicherungsschutz sind in Abänderung von § 39 Absatz 2 AVB die zum Zeitpunkt des Versicherungsendes geltenden vertraglichen Bestimmungen maßgeblich.

4. Nach Entdeckung und Anzeige eines Versicherungsfalles kann der Versicherungsnehmer für das laufende Versicherungsjahr die vollständige Auffüllung der (ganz oder teilweise) verbrauchten Versicherungssumme für danach entdeckte Versicherungsfälle gegen summenanteilige Prämienzahlung für den Betrag der Auffüllung beantragen. Die Versicherungssumme steht ab dem Zeitpunkt der Zustimmung durch EH für danach entdeckte Versicherungsfälle in voller Höhe zur Verfügung.

Vorläufige Entschädigung

§ 47 Unter welchen Voraussetzungen kann eine vorläufige Entschädigung beansprucht werden?

Sofern eine Vertrauensperson oder ein Dritter als Schadenverursacher identifiziert wurde, der Nachweis einer Schadenersatzpflicht dieses Schadenverursachers einem versicherten Unternehmen gegenüber jedoch noch nicht geführt ist, kann eine vorläufige Entschädigung unter Rückforderungsvorbehalt beansprucht werden, wenn EH folgende Unterlagen vorliegen:

1. eine bei einem Arbeits- oder Zivilgericht eingereichte schlüssige Klage, mit der Schadenersatzansprüche eines versicherten Unternehmens wegen vorsätzlicher unerlaubter Handlungen in konkret bezifferter Höhe gegen eine Vertrauensperson oder einen Dritten geltend gemacht werden oder

2. eine bei einem Strafgericht eingereichte Anklageschrift einer Strafverfolgungsbehörde, aus der ein Schaden eines versicherten Unternehmens in konkret bezifferter Höhe, verursacht durch vorsätzliche unerlaubte Handlungen einer Vertrauensperson oder eines Dritten hervorgeht, oder

3. ein Schuldanerkenntnis, aus dem eine Schadenersatzverpflichtung einer Vertrauensperson oder eines Dritten wegen vorsätzlicher unerlaubter Handlungen in konkret bezifferter Höhe gegenüber einem versicherten Unternehmen hervorgeht, das jedoch vom Schadenverursacher angefochten worden ist.

EH ist berechtigt, die sich aufgrund des Versicherungsvertrages, dieser AVB oder der gesetzlichen Bestimmungen ergebenden Einwendungen, Einreden und Ausschlüsse auch bei der Beanspruchung einer vorläufigen Entschädigung geltend zu machen.

§ 48 In welcher Höhe kann eine vorläufige Entschädigung beansprucht werden?

Eine vorläufige Entschädigung kann im Rahmen der Versicherungssumme in Höhe von 50 % der gemäß § 47 Nr. 1 AVB eingeklagten Hauptforderung, der im angefochtenen Schuldanerkenntnis gemäß § 47 Nr. 3 AVB bezifferten Hauptforderung oder des aus der Anklageschrift gemäß § 47 Nr. 2 AVB hervorgehenden Schadens, höchstens jedoch bis zu einem Betrag von EUR 250.000,00, beansprucht werden.

Die vorläufige Entschädigung ist begrenzt auf den Betrag, den der Versicherungsnehmer von EH als abschließende Entschädigung beanspruchen könnte.

§ 49 Wann entfällt der Rückforderungsvorbehalt?

Der Vorbehalt der Rückforderung entfällt, wenn sich aus dem rechtskräftig abgeschlossenen arbeits- bzw. zivilgerichtlichen Schadenersatzverfahren oder dem strafgerichtlichen Verfahren ergibt, dass ein versicherter Schaden in mindestens der Höhe der vorläufigen Entschädigung zuzüglich des Betrages einer etwaigen Selbstbeteiligung vorliegt. Der Vorbehalt entfällt ebenfalls, wenn die Rechtswirksamkeit des angefochtenen Schuldanerkenntnisses in einem arbeits- oder zivilgerichtlichen Verfahren rechtskräftig festgestellt wird oder EH eine abschließende Entschädigung zahlt.

§ 50 Unter welchen Voraussetzungen kann die vorläufige Entschädigung zurückgefordert werden?

Sofern sich nach dem rechtskräftigen Abschluss der in § 49 AVB genannten gerichtlichen Verfahren ergibt, dass kein versicherter Schaden vorliegt, ist EH berechtigt, die vorläufige Entschädigung zurückzufordern.

EH bleibt berechtigt, die sich aufgrund des Versicherungsvertrages, dieser AVB oder der gesetzlichen Bestimmungen ergebenden Einwendungen, Einreden und Ausschlüsse geltend zu machen.

Allgemeine Ausschlüsse

§ 51 Welche Schäden sind vom Versicherungsschutz ausgeschlossen?

Folgende Schäden sind vom Versicherungsschutz ausgeschlossen:

1. Schäden, die mittelbar verursacht werden (z. B. entgangener Gewinn, Zinsen, Geldstrafen, Bußgelder und sonstige staatliche Zahlungsanordnungen, öffentliche Abgaben, Löse-, Erpressungs- und Schmerzensgelder, Schäden im Zusammenhang mit Diskriminierungen und Betriebsunterbrechungen, Reputationsschäden), es sei denn, diese Schäden sind aufgrund des Versicherungsvertrages oder dieser AVB ausdrücklich mitversichert,

2. Schäden, die von persönlich haftenden Gesellschaftern eines versicherten Unternehmens oder Gesellschaftern mit einer Beteiligung von jeweils mehr als 20 % an einem versicherten Unternehmen verursacht worden sind,

3. Schäden, die durch Krieg, kriegerische Ereignisse, innere Unruhen, Terror, Verfügungen von hoher Hand, höhere Gewalt, Kernenergie oder durch Umwelteinwirkungen im Sinne des Umwelthaftungsgesetzes oder des Wasserhaushaltsgesetzes überwiegend mit verursacht worden sind,

4. Schäden, die durch den Einsatz von Feuer oder Leitungswasser verursacht worden sind.

§ 52 Welche Auswirkungen haben Wirtschafts- oder Handelssanktionen (Embargos) auf den Versicherungsschutz?

Der Versicherungsschutz aufgrund des Versicherungsvertrages erstreckt sich nicht auf Risiken und versicherte Unternehmen, sobald und soweit der Versicherungsschutz, einschließlich der auf dem Versicherungsvertrag beruhenden Verpflichtungen und Erfüllungshandlungen, internationale Wirtschafts- und Handelssanktionen (z. B. der UN oder EU) oder nationale Wirtschafts- oder Handelssanktionen verletzen würde.

Der Versicherungsschutz ist ausgeschlossen für Schäden, die von einer Vertrauensperson oder einem Dritten durch eine Verletzung internationaler Wirtschafts- und Handelssanktionen (z. B. der UN oder EU) oder nationaler Wirtschafts- oder Handelssanktionen verursacht werden.

Prämie

§ 53 Wann müssen die Versicherungsprämien gezahlt werden?

Die erste Versicherungsprämie muss der Versicherungsnehmer unverzüglich nach Ablauf von zwei Wochen nach Zugang des Versicherungsscheins, nicht jedoch vor Beginn der Laufzeit des Versicherungsvertrages zahlen.

Die Folgeprämien muss der Versicherungsnehmer jeweils nach Beginn jedes Versicherungsjahres zahlen.

§ 54 Welche Mitteilungen sind für die Berechnung der Folgeprämie erforderlich?

Der Versicherungsnehmer ist verpflichtet, EH für die Berechnung der Folgeprämie auf Anfrage die Firmierungen und Anschriften aller versicherten Unternehmen mit der Anzahl der jeweils zu diesem Zeitpunkt für sie tätigen Vertrauenspersonen gemäß § 34 Nrn. 1 bis 3 AVB vor Beginn jedes Versicherungsjahres mitzuteilen. Nicht gesondert anzuzeigen sind Veränderungen bei der Anzahl der Vertrauenspersonen, die nach der Mitteilung eintreten.

Sofern die aktuellen Angaben des Versicherungsnehmers von den Angaben in seiner vorhergehenden Mitteilung abweichen, wird die Folgeprämie nach den Geschäftsgrundsätzen von EH gegebenenfalls reduziert oder erhöht. Die Prämie für das im Zeitpunkt der Anfrage laufende Versicherungsjahr bleibt unverändert.

Kommt der Versicherungsnehmer seiner Mitteilungspflicht nicht bis zum Beginn des Versicherungsjahres nach, ist er zur Zahlung der Folgeprämie auf der Grundlage seiner letzten Mitteilung verpflichtet. Sobald er EH die aktuellen Angaben zur Verfügung stellt, wird EH die Folgeprämie gemäß Absatz 2 gegebenenfalls ändern.

Kommt der Versicherungsnehmer seiner Mitteilungspflicht nicht bis zum Beginn des Versicherungsjahres nach, ist er verpflichtet, neben der Prämie einen Betrag in Höhe von EUR 200,00 an EH zu zahlen, sofern EH den Versicherungsnehmer nach Beginn des Versicherungsjahres gemahnt hat und dieser die Angaben nicht bis zum Ende des dritten Monats des Versicherungsjahres EH zur Verfügung gestellt hat. Diese Zahlungspflicht besteht nicht, wenn der Versicherungsnehmer nachweist, dass er die Mitteilung ohne Verschulden unterlassen hat.

Macht der Versicherungsnehmer zum Nachteil von EH vorsätzlich falsche Angaben, ist er verpflichtet, neben der Prämie einen Betrag in Höhe von 10 % der Prämie, die auf der Grundlage der richtigen Angaben zu entrichten ist, an EH zu zahlen.

Allgemeine Bestimmungen

§ 55 Besteht ein Aufrechnungsrecht?

Dem Versicherungsnehmer steht das Recht, gegen die Prämienforderung von EH mit einer Forderung aus dem Versicherungsvertrag aufzurechnen, erst dann zu, wenn diese Forderung von EH anerkannt oder rechtskräftig festgestellt worden ist.

§ 56 Wie berechnet sich die Höhe der Entschädigung bei Verlust oder Beschädigung von Sachen oder Daten?

Soweit der Schaden durch Verlust einer Sache entsteht, zahlt EH eine Entschädigung in Höhe des Zeitwerts dieser Sache.

Soweit der Schaden durch Beschädigung einer Sache entsteht, zahlt EH eine Entschädigung in Höhe der tatsächlichen oder voraussichtlichen Wiederherstellungs- oder Wiederbeschaffungskosten, jeweils maximal bis zur Höhe des Zeitwerts dieser Sache.

Beim Verlust von Daten zahlt EH eine Entschädigung in Höhe der Wiederherstellungskosten.

§ 91 VVG (Verzinsung der Entschädigung) findet keine Anwendung.

§ 57 Welche Währung liegt dem Vertrag zugrunde?

Vertragswährung ist der Euro (EUR).

Entsteht ein Schaden in einer anderen Währung, wird für die Berechnung der Entschädigung der am Tag der Entdeckung des Versicherungsfalles durch die Europäische Zentralbank ermittelte Referenzwechselkurs, jedoch kein höherer als der am Tag des Eingangs der Anzeige des Versicherungsfalles bei EH von der Europäischen Zentralbank ermittelte Referenzwechselkurs zugrunde gelegt.

Für nicht notierte Währungen gilt der von der Deutschen Bundesbank bzw. ersatzweise der von der Europäischen Zentralbank zum entsprechenden Zeitpunkt als Mittelkurs bekannt gegebene Umrechnungssatz.

§ 58 Gehen Ansprüche auf EH über?

Die dem versicherten Unternehmen gegen die Vertrauensperson oder einen Dritten zustehenden Ersatzansprüche gehen nach Maßgabe des § 86 VVG auf EH über, soweit eine Entschädigung zum Ausgleich des Schadens gezahlt wurde. Rechte, die einem versicherten Unternehmen zur Sicherung der Ersatzansprüche gegen die Vertrauensperson oder einen Dritten eingeräumt worden sind oder aufgrund eines abstrakten Schuldanerkenntnisses bestehen und nicht kraft Gesetzes auf EH übergehen, sind an EH abzutreten.

EH ist bereit, die nicht auf EH kraft Gesetzes übergegangenen oder an EH abgetretenen Forderungen mit einzuziehen bzw. durch ein von EH beauftragtes Unternehmen mit einziehen zu lassen. Die Einzelheiten werden in einer Individualvereinbarung zwischen dem versicherten Unternehmen und EH geregelt.

§ 59 Wann endet der Versicherungsvertrag und unter welchen Umständen kann der Versicherungsvertrag gekündigt werden?

Der Zeitpunkt des Endes des Versicherungsvertrages ergibt sich aus dem Versicherungsschein. Der Versicherungsvertrag verlängert sich jeweils um ein Jahr, wenn er nicht drei Monate vor seinem jeweiligen Ende vom Versicherungsnehmer oder von EH gekündigt wird.

Nach Anzeige eines Versicherungsfalles können sowohl der Versicherungsnehmer als auch EH den Versicherungsvertrag kündigen. Die Kündigung muss dem Vertragspartner spätestens einen Monat nach Abschluss der Verhandlungen über die Entschädigungspflicht zugehen. Bei einer Kündigung durch EH muss eine Kündigungsfrist von einem Monat eingehalten werden. Bei einer Kündigung durch den Versicherungsnehmer kann dieser bestimmen, dass seine Kündigung sofort oder zu einem anderen Zeitpunkt, jedoch spätestens zum Ende des laufenden Versicherungsjahres wirksam wird. Bestimmt der Versicherungsnehmer in der Kündigungserklärung keinen Zeitpunkt, wird seine Kündigung bindend zum Ende des laufenden Versicherungsjahres wirksam.

Wird der Versicherungsvertrag nach Anzeige eines Versicherungsfalles gekündigt, so steht EH ein Anspruch auf eine zeitanteilige Prämie gemäß § 39 VVG zu.

§ 60 In welcher Form müssen Erklärungen abgegeben werden?

Soweit nicht vertraglich abweichend geregelt, sind alle von EH oder vom Versicherungsnehmer abzugebenden Erklärungen oder Anzeigen, die das Versicherungsverhältnis betreffen, nur wirksam, wenn sie in Textform abgegeben werden.

§ 61 Wo können Ansprüche gerichtlich geltend gemacht werden und welches Recht findet Anwendung?

Ausschließlicher Gerichtsstand für Klagen gegen EH ist Hamburg, sofern der Versicherungsnehmer Kaufmann ist.

Ausschließlicher Gerichtsstand für Klagen gegen den Versicherungsnehmer ist Hamburg, sofern er Kaufmann ist und entweder nach Vertragsschluss seinen Wohnsitz oder gewöhnlichen Aufenthalt aus dem Geltungsbereich des VVG verlegt hat oder sein Wohnsitz oder gewöhnlicher Aufenthalt im Zeitpunkt der Klageerhebung nicht bekannt ist.

Soweit nicht vertraglich abweichend geregelt, gelten nur die gesetzlichen Bestimmungen des Rechts der Bundesrepublik Deutschland unter Ausschluss der Vorschriften des Internationalen Privatrechts.

GDV
DIE DEUTSCHEN VERSI

Unverbindliche Bekanntgabe des Gesamtverbandes der Deutschen Versicherungswirtschaft e.V. (GDV) zur fakultativen Verwendung. Abweichende Vereinbarungen sind möglich.

Allgemeine Versicherungsbedingungen für die Vermögensschaden-Haftpflichtversicherung von Aufsichtsräten, Vorständen und Geschäftsführern (AVB D&O)

Musterbedingungen des GDV
(Stand: Mai 2019)

Hinweise zum Aufbau und zur Anwendung

Teil A enthält Regelungen zur Ausgestaltung des Versicherungsschutzes in der D&O-Versicherung.

Teil B enthält Regelungen über allgemeine Rechte und Pflichten der Vertragsparteien.
- Abschnitt B1 regelt Beginn des Versicherungsschutzes und Beitragszahlung.
- Abschnitt B2 regelt Dauer und Ende des Vertrags/ Kündigung.
- Die Abschnitte B3 und B4 enthalten Obliegenheiten des Versicherungsnehmers und weitere Bestimmungen.

Maßgeblich für den Versicherungsschutz sind der gesamte Bedingungstext, der Versicherungsschein und seine Nachträge.

Inhaltsverzeichnis

Teil A – D&O-Versicherung

Teil B – Allgemeiner Teil

Abschnitt B1 Beginn des Versicherungsschutzes, Beitragszahlung

Abschnitt B2 Dauer und Ende des Vertrages, Kündigung

Abschnitt B3 Anzeigepflicht, Gefahrerhöhung, andere Obliegenheiten

Abschnitt B4 Weitere Regelungen

Teil A – D&O-Versicherung

Hinweis

Dieser Versicherungsvertrag ist eine auf dem Anspruchserhebungsprinzip (Claims-made-Prinzip) basierende Versicherung, das heißt der Versicherungsfall ist die erstmalige Geltendmachung eines Haftpflichtanspruchs gegen eine versicherte Person während der Dauer des Versicherungsvertrages oder einer sich ggf. hieran anschließenden Nachmeldefrist.

Kosten (siehe A-6.4) werden auf die Versicherungssumme angerechnet.

A-1 Versicherungsschutz, versicherte Personen, Vermögensschäden

Der Versicherer gewährt Versicherungsschutz für den Fall, dass ein gegenwärtiges oder ehemaliges Mitglied des Aufsichtsrates, des Vorstandes oder der Geschäftsführung des Versicherungsnehmers oder einer Tochtergesellschaft (versicherte Personen) wegen einer bei Ausübung dieser Tätigkeit begangenen Pflichtverletzung aufgrund gesetzlicher Haftpflichtbestimmungen für einen Vermögensschaden auf Schadenersatz in Anspruch genommen wird.

Vermögensschäden sind solche Schäden, die weder Personenschäden (Tötung, Verletzung des Körpers oder Schädigung der Gesundheit von Menschen) noch Sachschäden (Beschädigung, Verderben, Vernichtung oder Abhandenkommen von Sachen) sind noch sich aus solchen Schäden herleiten. Als Sachen gelten auch Geld und geldwerte Zeichen.

A-2 Versicherungsfall (Claims-made-Prinzip)

Versicherungsfall ist die erstmalige Geltendmachung eines Haftpflichtanspruchs gegen eine versicherte Person während der Dauer des Versicherungsvertrages oder einer sich ggf. hieran anschließenden Nachmeldefrist. Im Sinne dieses Vertrages ist ein Haftpflichtanspruch geltend gemacht, wenn gegen eine versicherte Person ein Anspruch schriftlich erhoben wird oder ein Dritter dem Versicherungsnehmer, einer Tochtergesellschaft oder der versicherten Person schriftlich mitteilt, einen Anspruch gegen eine versicherte Person zu haben.

A-3 Company reimbursement

Besteht eine Verpflichtung des Versicherungsnehmers oder einer Tochtergesellschaft, versicherte Personen für den Fall, dass diese von Dritten, also nicht von dem Versicherungsnehmer oder einer Tochtergesellschaft oder einer anderen versicherten Person in dem in A-1 beschriebenen Umfang haftpflichtig gemacht werden, freizustellen (company reimbursement), so geht der Anspruch auf Versicherungsschutz aus diesem Vertrag in dem Umfang von den versicherten Personen auf den Versicherungsnehmer oder seine Tochtergesellschaft über, in welchem dieser seine Freistellungsverpflichtung erfüllt. Voraussetzung für den Übergang des Versicherungsschutzes ist, dass die Freistellungsverpflichtung nach Art und Umfang rechtlich zulässig ist.

A-4 Tochtergesellschaften

Tochtergesellschaften im Sinne dieser Bedingungen sind Unternehmen im Sinne von §§ 290 Abs. 1, Abs. 2 Ziff. 1 bis 3, 271 Abs. 1 HGB, bei denen der Versicherungsnehmer unmittel- oder mittelbar einen beherrschenden Einfluss ausüben kann, entweder durch

- die Mehrheit der Stimmrechte der Gesellschafter,
- das Recht, die Mehrheit der Mitglieder des Aufsichts-, des Verwaltungsrats oder eines sonstigen Leitungsorgans zu bestellen oder abzuberufen und er gleichzeitig Gesellschafter ist oder
- das Recht, die Finanz- und Geschäftspolitik auf Grund eines mit diesem Unternehmen geschlossenen Beherrschungsvertrages oder auf Grund einer Bestimmung in der Satzung dieses Unternehmens zu bestimmen

und die ihren Sitz in einem Mitgliedstaat der EU haben.

Dies gilt nicht für Personengesellschaften im Sinne des deutschen Rechts und vergleichbare Gesellschaftsformen nach ausländischem Recht.

Neu erworbene und neu gegründete Tochtergesellschaften sind ab dem Zeitpunkt, zu dem der Erwerb oder die Gründung dem Versicherer in Textform angezeigt wird, vom Versicherungsschutz erfasst, soweit der Versicherer der Mitversicherung in Textform zugestimmt hat. Maßgeblicher Zeitpunkt der Anzeige ist der Zugang beim Versicherer.

A-5 Zeitlicher Umfang des Versicherungsschutzes

A-5.1 Pflichtverletzung und Anspruchserhebung während der Vertragsdauer

Versicherungsschutz besteht für alle während der Vertragsdauer eintretenden Versicherungsfälle wegen Pflichtverletzungen, die während der Dauer des Versicherungsvertrages begangen wurden.

A-5.2 Rückwärtsdeckung für vorvertragliche Pflichtverletzungen

Der Versicherungsschutz erstreckt sich auch auf Versicherungsfälle aufgrund von vor Vertragsbeginn begangenen Pflichtverletzungen. Dies gilt jedoch nicht für solche Pflichtverletzungen, die die in Anspruch genommene(n) versicherte(n) Person(en) oder der Versicherungsnehmer bei Abschluss dieses Versicherungsvertrages kannte(n). Als bekannt gilt eine Pflichtverletzung, wenn sie von dem Versicherungsnehmer oder der (den) versicherten Person(en) als – wenn auch nur möglicherweise – objektiv fehlsam erkannt oder ihnen gegenüber, wenn auch nur bedingt, als fehlsam bezeichnet worden ist, auch wenn Schadenersatzansprüche weder erhoben noch angedroht noch befürchtet worden sind.

A-5.3 Anspruchserhebungen nach Vertragsende (Nachmeldefrist)

Der Versicherungsschutz umfasst auch solche Ansprüche, die auf Pflichtverletzungen beruhen, die bis zum Ende des Versicherungsvertrages begangen und innerhalb eines Zeitraums von ... Jahren nach Ende des Versicherungsvertrages erhoben und dem Versicherer gemeldet worden sind.

Darüber hinaus hat der Versicherungsnehmer das Recht, gegen Zahlung eines zusätzlichen Beitrages in Höhe von ... % des letzten Jahresbeitrages die Vereinbarung einer weiteren Nachmeldefrist von ... Jahr(en) zu verlangen. Das Recht des Versicherungsnehmers, die Vereinbarung dieser weiteren Nachmeldefrist zu verlangen, erlischt, wenn die Nachmeldefrist nicht innerhalb eines Monats nach Ende des Versicherungsvertrages in Textform beim Versicherer beantragt wird oder wenn die Zahlung des zusätzlichen Beitrages für die Nachmeldefrist nicht unverzüglich geleistet wird. Maßgeblicher Zeitpunkt der Beantragung ist der Zugang beim Versicherer.

Das Recht zum Erwerb einer weiteren Nachmeldefrist gilt nicht im Falle der Vertragsbeendigung nach einem Antrag auf Eröffnung des Insolvenzverfahrens über das Vermögen des Versicherungsnehmers sowie im Falle der Vertragsbeendigung wegen einer durch Neubeherrschung eingetretenen Gefahrerhöhung gem. B-3.2.

In den Fällen, in denen der Versicherungsvertrag wegen Zahlungsverzug beendet worden ist, gilt weder die automatische Nachmeldefrist noch das Recht zum Erwerb einer weiteren Nachmeldefrist.

Versicherungsschutz besteht für die gesamte Nachmeldefrist im Rahmen und nach Maßgabe der bei Ablauf der letzten Versicherungsperiode geltenden Vertragsbestimmungen, und zwar in Höhe des unverbrauchten Teils der Versicherungssumme der letzten Versicherungsperiode.

A-5.4 Meldung von Umständen (Notice of Circumstance)

Der Versicherungsnehmer und die versicherten Personen haben die Möglichkeit, dem Versicherer während der Laufzeit des Vertrages konkrete Umstände in Textform zu melden, die eine Inanspruchnahme der versicherten Personen hinreichend wahrscheinlich erscheinen lassen.

Kündigt der Versicherer das Versicherungsverhältnis, kann zudem eine Meldung solcher Umstände innerhalb einer Frist von ... Tagen nach Ende des Vertrages erfolgen. Die Meldung von Umständen innerhalb dieser Frist von ... Tagen nach Ende des Vertrages ist jedoch nicht möglich, wenn der Versicherungsvertrag aufgrund Zahlungsverzugs beendet worden ist.

Im Fall einer tatsächlichen späteren Inanspruchnahme, die aufgrund eines gemeldeten Umstandes spätestens innerhalb einer Frist von ... Jahren erfolgen muss, gilt die Inanspruchnahme als zu dem Zeitpunkt der Meldung der Umstände erfolgt.

Maßgeblicher Zeitpunkt für die Meldung ist der Zugang beim Versicherer.

A-5.5 Insolvenz

Im Fall der Stellung eines Insolvenzantrags über das Vermögen des Versicherungsnehmers oder einer Tochtergesellschaft erstreckt sich der Versicherungsschutz für die versicherten Personen des betroffenen Unternehmens nur auf Haftpflichtansprüche infolge von Pflichtverletzungen, die bis zum Zeitpunkt der Insolvenzantragstellung begangen worden sind.

A-5.6 Liquidation und Neubeherrschung

Wird der Versicherungsnehmer selbst freiwillig liquidiert, endet der Versicherungsvertrag mit Abschluss der Liquidation automatisch.

Wird der Versicherungsnehmer in entsprechender Anwendung von A-4 neu beherrscht, endet der Versicherungsvertrag nicht automatisch mit Ablauf der Versicherungsperiode. B3-2 bleibt unberührt.

A-6 Sachlicher Umfang des Versicherungsschutzes

A-6.1 Leistungen der Versicherung

Der Versicherungsschutz umfasst

a) die Prüfung der Haftpflichtfrage,

b) die Abwehr unberechtigter Schadenersatzansprüche und

c) die Freistellung der versicherten Personen von berechtigten Schadenersatzverpflichtungen.

Berechtigt sind Schadenersatzverpflichtungen dann, wenn die versicherten Personen aufgrund Gesetzes, rechtskräftigen Urteils, Anerkenntnisses oder Vergleiches zur Entschädigung verpflichtet sind und der Versicherer hierdurch gebunden ist. Anerkenntnisse und Vergleiche, die von den versicherten Personen ohne Zustimmung des Versicherers abgegeben oder geschlossen worden sind, binden den Versicherer nur, soweit der Anspruch auch ohne Anerkenntnis oder Vergleich bestanden hätte.

Ist die Schadenersatzverpflichtung der versicherten Personen mit bindender Wirkung für den Versicherer festgestellt, hat der Versicherer die versicherten Personen binnen zwei Wochen vom Anspruch freizustellen.

Wird in einem Strafverfahren wegen einer Pflichtverletzung, die einen unter den Versicherungsschutz fallenden Haftpflichtanspruch zur Folge haben kann, die Bestellung eines Verteidigers für die versicherten Personen von dem Versicherer gewünscht oder genehmigt, so trägt der Versicherer die Kosten gemäß Rechtsanwaltsvergütungsgesetz, ggf. die mit ihm besonders vereinbarten höheren Kosten des Verteidigers.

Übersteigt der Streitwert die Versicherungssumme, so trägt der Versicherer nur die Kosten nach dem Streitwert in Höhe der Versicherungssumme.

A-6.2 Vollmacht des Versicherers

Der Versicherer ist bevollmächtigt, alle ihm zur Abwicklung des Schadens oder Abwehr der Schadenersatzansprüche zweckmäßig erscheinenden Erklärungen im Namen der versicherten Personen abzugeben.

Kommt es in einem Versicherungsfall zu einem Rechtsstreit über Schadenersatzansprüche gegen versicherte Personen, ist der Versicherer zur Prozessführung bevollmächtigt. Er führt den Rechtsstreit im Namen der versicherten Personen.

A-6.3 Kapitalbeteiligung der versicherten Personen bzw. deren Angehöriger

Besteht eine mittelbare oder unmittelbare Kapitalbeteiligung der versicherten Personen, die eine Pflichtverletzung begangen haben bzw. von Angehörigen dieser versicherten Personen an dem Versicherungsnehmer bzw. einer vom Versicherungsschutz erfassten Tochtergesellschaft, so umfasst der Versicherungsschutz bei Ansprüchen des Versicherungsnehmers bzw. einer vom Versicherungsschutz erfassten Tochtergesellschaft nicht den Teil des Schadenersatzanspruchs, welcher der Quote dieser Kapitalbeteiligung entspricht. Berücksichtigt wird die Quote der Kapitalbeteiligung im Zeitpunkt des Versicherungsfalles im Sinne von A-2 an der Gesellschaft, die Ansprüche geltend macht. Sofern zum Zeitpunkt der Pflichtverletzung eine höhere Kapitalbeteiligung bestand, so wird ausschließlich diese berücksichtigt.

Als Angehörige gelten Ehegatten, Lebenspartner im Sinne des Lebenspartnerschaftsgesetzes oder vergleichbare Partnerschaften nach dem Recht anderer Staaten, Eltern und Kinder, Adoptiveltern und -kinder, Schwiegereltern und -kinder; Stiefeltern und -kinder, Großeltern und Enkel, Geschwister sowie Pflegeeltern und -kinder (Personen, die durch ein familienähnliches, auf längere Dauer angelegtes Verhältnis wie Eltern und Kinder miteinander verbunden sind).

A-6.4 Versicherungssumme, Höchstersatzleistung

Für den Umfang der Leistung des Versicherers ist die vereinbarte Versicherungssumme der Höchstbetrag für jeden Versicherungsfall und für alle während einer Versicherungsperiode eingetretenen Versicherungsfälle zusammen. Aufwendungen des Versicherers für Kosten der gerichtlichen und außergerichtlichen Abwehr der gegenüber einer versicherten Person von einem Dritten und/oder dem Versicherungsnehmer bzw. einer Tochtergesellschaft geltend gemachten Ansprüche (insbesondere Anwalts-, Sachverständigen-, Zeugen- und Gerichtskosten) werden auf die Versicherungssumme angerechnet.

A-6.5 Selbstbehalt

In jedem Versicherungsfall tragen die in Anspruch genommenen versicherten Personen den im Versicherungsschein aufgeführten Betrag selbst (Selbstbehalt). Im Falle von A-3 gilt statt des Selbstbehalts der versicherten Person der im Versicherungsschein aufgeführte Betrag für den Versicherungsnehmer.

Soweit die versicherten Personen als Vorstandsmitglieder von Gesellschaften in Anspruch genommen werden, auf die das deutsche Aktiengesetz (AktG) Anwendung findet, gilt Folgendes:

- Sofern kein höherer Selbstbehalt vereinbart ist, tragen die versicherten Personen im Versicherungsfall einen Selbstbehalt von ... % des Schadens bis zur Höhe des ...-fachen der festen jährlichen Vergütung des Vorstandsmitglieds.

- Diese Selbstbehaltsregelung findet keine Anwendung auf Ansprüche wegen Pflichtverletzungen, die vor dem 05.08.2009 begangen worden sind oder solange und soweit die versicherte Gesellschaft gegenüber den Vorstandsmitgliedern aus einer vor dem 05.08.2009 geschlossenen Vereinbarung zur Gewährung einer D&O- Versicherung ohne Selbstbehalt verpflichtet ist.

- Auf Abwehrkosten findet dieser Selbstbehalt keine Anwendung.

A-6.6 Serienschaden

Unabhängig von den einzelnen Versicherungsperioden gelten mehrere während der Wirksamkeit des Versicherungsvertrages geltend gemachte Ansprüche eines oder mehrerer Anspruchsteller

a) aufgrund einer Pflichtverletzung, welche durch eine oder mehrere versicherte Personen begangen wurde oder

b) aufgrund mehrerer Pflichtverletzungen, welche durch eine oder mehrere versicherte Personen begangen wurden, sofern diese Pflichtverletzungen demselben Sachverhalt zuzuordnen sind und miteinander in rechtlichem, wirtschaftlichem oder zeitlichem Zusammenhang stehen,

als <u>ein</u> Versicherungsfall.

Dieser gilt unabhängig von dem tatsächlichen Zeitpunkt der Geltendmachung der einzelnen Haftpflichtansprüche als in dem Zeitpunkt eingetreten, in dem der erste Haftpflichtanspruch geltend gemacht wurde.

A-6.7 Anerkenntnis, Befriedigung, Vergleich

Falls die vom Versicherer verlangte Erledigung eines Haftpflichtanspruches durch Anerkenntnis, Befriedigung oder Vergleich an dem Verhalten des Versicherungsnehmers oder einer versicherten Person scheitert oder falls der Versicherer seinen vertragsgemäßen Anteil zur Befriedigung des Geschädigten zur Verfügung stellt, so hat der Versicherer für den von der Weigerung bzw. der Zurverfügungstellung an entstehenden Mehraufwand an Hauptsache, Zinsen und Kosten nicht aufzukommen.

A-7 Ausschlüsse

Vom Versicherungsschutz ausgeschlossen sind Haftpflichtansprüche

A-7.1 wegen vorsätzlicher Schadenverursachung oder durch wissentliches Abweichen von Gesetz, Vorschrift, Beschluss, Vollmacht oder Weisung oder durch sonstige wissentliche Pflichtverletzung. Den versicherten Personen werden die Handlungen und Unterlassungen nicht zugerechnet, die von anderen Organmitgliedern begangen wurden;

A-7.2 wegen Rückzahlung oder Rückgabe von Bezügen, Tantiemen oder sonstigen Vorteilen, welche die versicherten Personen aus der versicherten Tätigkeit oder mit Rücksicht auf diese erhalten haben;

A-7.3 wegen Schäden durch von dem Versicherungsnehmer oder einer Tochtergesellschaft in den Verkehr gebrachte Produkte, Arbeiten oder sonstige Leistungen;

A-7.4 wegen Schäden durch Umwelteinwirkungen und alle sich daraus ergebenden weiteren Schäden;

A-7.5
- welche vor Gerichten außerhalb der EU oder nach dem Recht von Staaten, die nicht der EU angehören, geltend gemacht werden – dies gilt auch im Falle der Vollstreckung von Urteilen, die außerhalb der EU gefällt wurden –;
- wegen Schäden aus der Verletzung oder Nichtbeachtung des Rechts von Staaten, die nicht der EU angehören;

A-7.6 aus Pflichtverletzungen im Zusammenhang mit sog. „Insider-Regeln";

A-7.7 aus Pflichtverletzungen bei einer anderen als der versicherten Tätigkeit (z. B. Tätigkeit bei einem anderen Unternehmen oder freiberufliche Tätigkeit);

A-7.8 die sich daraus ergeben oder damit im Zusammenhang stehen, dass Versicherungsleistungen oder Versicherungen nicht oder unzureichend wahrgenommen, abgeschlossen oder fortgeführt werden;

A-7.9 wegen unlauteren Wettbewerbs oder Wettbewerbsbeschränkungen sowie aus der Verletzung von Berufsgeheimnissen, Urheber-, Patent-, Warenzeichen-, Geschmacksmuster- und vergleichbaren Immaterialgüterrechten;

A-7.10 wegen Schäden aufgrund von Vertragsstrafen, Kautionen, Bußgeldern und Entschädigungen mit Strafcharakter (punitive und exemplary damages), die gegen den Versicherungsnehmer oder eine Tochtergesellschaft verhängt oder von ihnen übernommen wurden;

A-7.11 des Versicherungsnehmers, einer Tochtergesellschaft oder einer verbundenen Gesellschaft, deren Vermögensschaden bei einer anderen Gesellschaft dieses Konzerns zu einem Vermögensvorteil geführt hat, in Höhe des Vermögensvorteils;

A-7.12 im Zusammenhang mit Bestechung, Bestechlichkeit, Vorteilsannahme, Vorteilsgewährung oder vergleichbaren Handlungen;

A-7.13 wegen Schäden aus Spekulationsgeschäften, soweit diese nicht innerhalb eines ordnungsgemäßen Geschäftsgangs erforderlich und üblich sind (z. B. Kurssicherungsgeschäfte);

A-7.14 wegen Schäden des Versicherungsnehmers oder einer Tochtergesellschaft durch Einbußen bei Darlehen und Krediten. Dies gilt nicht, soweit die Einbußen verursacht sind durch Pflichtverletzungen bei der Rechtsverfolgung;

A-7.15 wegen Schäden aus Anfeindung, Schikane, Belästigung, Ungleichbehandlung oder sonstigen Diskriminierungen;

A-7.16 wegen Schäden, die direkt oder indirekt auf Asbest, asbesthaltige Substanzen oder Erzeugnisse zurückzuführen sind oder mit diesen im Zusammenhang stehen;

A-7.17 die im Zusammenhang mit Forderungen, Klagen, Verwaltungsakten, Ermittlungsverfahren, Untersuchungen, Urteilen, sonstigen Vollstreckungstiteln oder den diesen zugrunde liegenden Sachverhalten stehen, die bereits vor oder zu Beginn des Vertrages gegen eine versicherte Person oder den Versicherungsnehmer oder eine Tochtergesellschaft gerichtet waren.

A-8 Versicherung für fremde Rechnung

A-8.1 Die Ausübung der Rechte aus dem Versicherungsvertrag steht ausschließlich den versicherten Personen zu; dies gilt nicht in den Fällen gem. A-3.

A-8.2 Rückgriffsansprüche der versicherten Personen und deren Ansprüche auf Kostenersatz, auf Rückgabe hinterlegter und auf Rückerstattung bezahlter Beträge sowie auf Abtretung gem. § 255 BGB gehen in Höhe der vom Versicherer geleisteten Zahlung ohne weiteres auf diesen über. Der Versicherer kann die Ausstellung einer den Forderungsübergang nachweisenden Urkunde verlangen.

A-8.3 Hat eine versicherte Person auf einen Anspruch gem. A-8.2 oder ein zu dessen Sicherung dienendes Recht verzichtet, bleibt der Versicherer dieser gegenüber nur insoweit verpflichtet, als die versicherte Person nachweist, dass die Verfolgung des Anspruchs ergebnislos geblieben wäre.

A-9 Abtretung des Versicherungsanspruches

Der Freistellungsanspruch darf vor seiner endgültigen Feststellung ohne Zustimmung des Versicherers weder abgetreten noch verpfändet werden. Eine Abtretung an den geschädigten Dritten ist zulässig.

Teil B – Allgemeiner Teil

Hinweis: *Hier ist Teil B in der reinen* ***Spartenfassung für die D&O-Versicherung*** *abgebildet.*

Abschnitt B1 Beginn des Versicherungsschutzes, Beitragszahlung

B1-1 Beginn des Versicherungsschutzes

Der Versicherungsschutz beginnt zu dem im Versicherungsschein angegebenen Zeitpunkt. Dies gilt vorbehaltlich der Regelungen über die Folgen verspäteter Zahlung oder Nichtzahlung des Erst- oder Einmalbeitrags.

B1-2 Beitragszahlung, Versicherungsperiode

B1-2.1 Beitragszahlung

Je nach Vereinbarung werden die Beiträge im Voraus gezahlt, entweder durch laufende Zahlungen monatlich, vierteljährlich, halbjährlich, jährlich oder als Einmalbeitrag.

B1-2.2 Versicherungsperiode

Die Versicherungsperiode beträgt ein Jahr. Das gilt auch, wenn die vereinbarte Vertragsdauer länger als ein Jahr ist. Ist die vereinbarte Vertragsdauer kürzer als ein Jahr, so entspricht die Versicherungsperiode der Vertragsdauer.

B1-2.3 Versicherungsjahr

Das Versicherungsjahr beträgt ein Jahr. Besteht die vereinbarte Vertragsdauer nicht aus ganzen Jahren, wird das erste Versicherungsjahr entsprechend verkürzt. Die folgenden Versicherungsjahre bis zum vereinbarten Vertragsablauf sind jeweils ganze Jahre.

B1-3 Fälligkeit des Erst- oder Einmalbeitrags, Folgen verspäteter Zahlung oder Nichtzahlung

B1-3.1 Fälligkeit des Erst- oder Einmalbeitrags

Der erste oder einmalige Beitrag ist unverzüglich nach dem Zeitpunkt des vereinbarten und im Versicherungsschein angegebenen Versicherungsbeginns zu zahlen. Dies gilt unabhängig von dem Bestehen eines Widerrufrechts.

Liegt der vereinbarte Zeitpunkt des Versicherungsbeginns vor Vertragsschluss, ist der erste oder einmalige Beitrag unverzüglich nach Vertragsschluss zu zahlen.

Zahlt der Versicherungsnehmer nicht unverzüglich nach dem in Absatz 1 oder 2 bestimmten Zeitpunkt, beginnt der Versicherungsschutz erst, nachdem die Zahlung veranlasst ist.

Weicht der Versicherungsschein vom Antrag des Versicherungsnehmers oder getroffenen Vereinbarungen ab, ist der erste oder einmalige Beitrag frühestens einen Monat nach Zugang des Versicherungsscheins zu zahlen.

B1-3.2 Rücktrittsrecht des Versicherers bei Zahlungsverzug

Wird der erste oder einmalige Beitrag nicht rechtzeitig nach B1-3.1 gezahlt, so kann der Versicherer vom Vertrag zurücktreten, solange der Versicherungsnehmer die Zahlung nicht veranlasst hat.

Der Rücktritt ist ausgeschlossen, wenn der Versicherungsnehmer die Nichtzahlung nicht zu vertreten hat.

B1-3.3 Leistungsfreiheit des Versicherers

Wenn der Versicherungsnehmer den ersten oder einmaligen Beitrag nicht rechtzeitig nach B1-3.1 zahlt, so ist der Versicherer für einen vor Zahlung des Beitrags eingetretenen Versicherungsfall nicht zur Leistung verpflichtet. Voraussetzung ist, dass er den Versicherungsnehmer durch gesonderte Mitteilung in Textform (z. B. E-Mail, Telefax oder Brief) oder durch einen auffälligen Hinweis im Versicherungsschein auf diese Rechtsfolge der Nichtzahlung des Beitrags aufmerksam gemacht hat.

Die Leistungsfreiheit tritt nur ein, wenn der Versicherungsnehmer die Nichtzahlung zu vertreten hat.

B1-4 Folgebeitrag

B1-4.1 Fälligkeit

Ein Folgebeitrag wird entsprechend der vereinbarten Zahlungsweise jeweils zu Monats-, Vierteljahres-, Halbjahres- oder Jahresbeginn oder zu einem anderen vereinbarten Zeitpunkt fällig.

Die Zahlung gilt als rechtzeitig, wenn sie zur Fälligkeit veranlasst wird.

B1-4.2 Verzug und Schadensersatz

Wird ein Folgebeitrag nicht rechtzeitig gezahlt, gerät der Versicherungsnehmer ohne Mahnung in Verzug. Dies gilt nur, wenn er die verspätete Zahlung zu vertreten hat.

Ist der Versicherungsnehmer mit der Zahlung eines Folgebeitrags in Verzug, ist der Versicherer berechtigt, Ersatz des ihm durch den Verzug entstandenen Schadens zu verlangen.

B1-4.3 Mahnung

Wird ein Folgebeitrag nicht rechtzeitig gezahlt, kann der Versicherer den Versicherungsnehmer auf dessen Kosten in Textform (z. B. E-Mail, Telefax oder Brief) zur Zahlung auffordern und eine Zahlungsfrist bestimmen (Mahnung). Die Zahlungsfrist muss mindestens zwei Wochen ab Zugang der Zahlungsaufforderung betragen.

Die Mahnung ist nur wirksam, wenn der Versicherer je Vertrag die rückständigen Beträge des Beitrags sowie der Zinsen und Kosten im Einzelnen beziffert und auf die Rechtsfolgen (Leistungsfreiheit und Kündigungsrecht) hinweist.

B1-4.4 Leistungsfreiheit nach Mahnung

Tritt nach Ablauf der in der Mahnung gesetzten Zahlungsfrist ein Versicherungsfall ein und ist der Versicherungsnehmer bei Eintritt des Versicherungsfalles mit der Zahlung des Beitrags oder der Zinsen oder Kosten in Verzug, so ist der Versicherer von der Verpflichtung zur Leistung frei.

B1-4.5 Kündigung nach Mahnung

Ist der Versicherungsnehmer mit der Zahlung der geschuldeten Beträge in Verzug, kann der Versicherer nach Ablauf der in der Mahnung gesetzten Zahlungsfrist den Vertrag ohne Einhaltung einer Kündigungsfrist mit sofortiger Wirkung kündigen.

Die Kündigung kann mit der Bestimmung der Zahlungsfrist verbunden werden. Mit Fristablauf wird die Kündigung wirksam, wenn der Versicherungsnehmer zu diesem Zeitpunkt mit der Zahlung in Verzug ist. Hierauf ist der Versicherungsnehmer bei der Kündigung ausdrücklich hinzuweisen.

B1-4.6 Zahlung des Beitrags nach Kündigung

Die Kündigung wird unwirksam, wenn die Zahlung innerhalb eines Monats nach der Kündigung veranlasst wird. Wenn die Kündigung mit der Zahlungsfrist verbunden worden ist, wird sie unwirksam, wenn die Zahlung innerhalb eines Monats nach Fristablauf veranlasst wird.

Die Leistungsfreiheit des Versicherers nach B1-4.4 bleibt bis zur Zahlung bestehen.

B1-5 Lastschriftverfahren

B1-5.1 Pflichten des Versicherungsnehmers

Ist zur Einziehung des Beitrags das Lastschriftverfahren vereinbart worden, hat der Versicherungsnehmer zum Zeitpunkt der Fälligkeit des Beitrags für eine ausreichende Deckung des Kontos zu sorgen.

Konnte der fällige Beitrag ohne Verschulden des Versicherungsnehmers vom Versicherer nicht eingezogen werden, ist die Zahlung auch dann noch rechtzeitig, wenn sie unverzüglich nach einer in Textform (z. B. E-Mail, Telefax oder Brief) abgegebenen Zahlungsaufforderung des Versicherers erfolgt.

B1-5.2 Fehlgeschlagener Lastschrifteinzug

Hat es der Versicherungsnehmer zu vertreten, dass ein oder mehrere Beiträge, trotz wiederholtem Einziehungsversuch, nicht eingezogen werden können, ist der Versicherer berechtigt, das SEPA-Lastschriftmandat in Textform (z. B. E-Mail, Telefax oder Brief) zu kündigen.

Der Versicherer hat in der Kündigung darauf hinzuweisen, dass der Versicherungsnehmer verpflichtet ist, den ausstehenden Beitrag und zukünftige Beiträge selbst zu übermitteln.

Von Kreditinstituten erhobene Bearbeitungsgebühren für fehlgeschlagenen Lastschrifteinzug können dem Versicherungsnehmer in Rechnung gestellt werden.

B1-6 Beitrag bei vorzeitiger Vertragsbeendigung

B1-6.1 Allgemeiner Grundsatz

Bei vorzeitiger Beendigung des Vertrags steht dem Versicherer nur derjenige Teil des Beitrags zu, der dem Zeitraum entspricht, in dem der Versicherungsschutz bestanden hat.

B1-6.2 Beitrag oder Geschäftsgebühr bei Widerruf, Rücktritt, Anfechtung und fehlendem versicherten Interesse

B1-6.2.1 Widerruft der Versicherungsnehmer seine Vertragserklärung innerhalb von 14 Tagen, hat der Versicherer nur den auf die Zeit nach Zugang der Widerrufserklärung entfallenden Teil der Beiträge zu erstatten. Voraussetzung ist, dass der Versicherer in der Widerrufsbelehrung auf das Widerrufsrecht, die Rechtsfolgen des Widerrufs und den zu zahlenden Betrag hingewiesen und der Versicherungsnehmer zugestimmt hat, dass der Versicherungsschutz vor Ende der Widerrufsfrist beginnt.

Ist die Widerrufsbelehrung nach Satz 2 unterblieben, hat der Versicherer zusätzlich den für das erste Versicherungsjahr gezahlten Beitrag zu erstatten. Dies gilt nicht, wenn der Versicherungsnehmer Leistungen aus dem Versicherungsvertrag in Anspruch genommen hat.

B1-6.2.2 Tritt der Versicherer wegen Verletzung einer vorvertraglichen Anzeigepflicht vom Versicherungsvertrag zurück, so steht ihm der Beitrag bis zum Zugang der Rücktrittserklärung zu.

Wird der Versicherungsvertrag durch Rücktritt des Versicherers beendet, weil der einmalige oder der erste Beitrag nicht rechtzeitig gezahlt worden ist, so steht dem Versicherer eine angemessene Geschäftsgebühr zu.

B1-6.2.3 Wird der Versicherungsvertrag durch Anfechtung des Versicherers wegen arglistiger Täuschung beendet, so steht dem Versicherer der Beitrag bis zum Zugang der Anfechtungserklärung zu.

B1-6.2.4 Fällt das versicherte Interesse nach dem Beginn der Versicherung vollständig und dauerhaft weg, steht dem Versicherer der Beitrag zu, den er hätte beanspruchen können, wenn die Versicherung nur bis zu dem Zeitpunkt beantragt worden wäre, zu dem der Versicherer vom Wegfall des Interesses Kenntnis erlangt hat.

B1-6.2.5 Der Versicherungsnehmer ist nicht zur Zahlung des Beitrags verpflichtet, wenn das versicherte Interesse bei Beginn der Versicherung nicht besteht, oder wenn das Interesse bei einer Versicherung, die für ein künftiges Unternehmen oder für ein anderes künftiges Interesse genommen ist, nicht entsteht. Der Versicherer kann jedoch eine angemessene Geschäftsgebühr verlangen.

Hat der Versicherungsnehmer ein nicht bestehendes Interesse in der Absicht versichert, sich dadurch einen rechtswidrigen Vermögensvorteil zu verschaffen, ist der Vertrag nichtig. Dem Versicherer steht in diesem Fall der Beitrag bis zu dem Zeitpunkt zu, zu dem er von den die Nichtigkeit begründenden Umständen Kenntnis erlangt.

Abschnitt B2 Dauer und Ende des Vertrags, Kündigung

B2-1 Dauer und Ende des Vertrags

B2-1.1 Vertragsdauer

Der Vertrag ist für den im Versicherungsschein angegebenen Zeitraum abgeschlossen.

B2-1.2 Stillschweigende Verlängerung

Bei einer Vertragsdauer von mindestens einem Jahr verlängert sich der Vertrag um jeweils ein Jahr. Er verlängert sich nicht, wenn einer der Vertragsparteien spätestens drei Monate vor dem Ablauf der jeweiligen Vertragslaufzeit eine Kündigung zugegangen ist.

B2-1.3 Vertragsdauer von weniger als einem Jahr

Bei einer Vertragsdauer von weniger als einem Jahr endet der Vertrag zum vereinbarten Zeitpunkt, ohne dass es einer Kündigung bedarf.

B2-1.4 Kündigung bei mehrjährigen Verträgen

Bei einer Vertragsdauer von mehr als drei Jahren kann der Versicherungsnehmer den Vertrag zum Ablauf des dritten Jahres oder jedes darauf folgenden Jahres kündigen; die Kündigung muss dem Versicherer spätestens drei Monate vor dem Ablauf des jeweiligen Jahres zugegangen sein.

B2-2 Kündigung nach Versicherungsfall

B2-2.1 Kündigungsrecht

Der Versicherungsvertrag kann gekündigt werden, wenn

- der Versicherer einen Anspruch auf Freistellung anerkannt oder zu Unrecht abgelehnt hat oder
- der Versicherer den versicherten Personen die Weisung erteilt, es zum Rechtsstreit über den Anspruch kommen zu lassen.

Die Kündigung muss dem Vertragspartner in Textform (z. B. E-Mail, Telefax oder Brief) spätestens einen Monat nach der Anerkennung oder Ablehnung des Freistellungsanspruchs oder nach der Rechtskraft des im Rechtsstreit mit dem Dritten ergangenen Urteils zugegangen sein.

B2-2.2 Kündigung durch Versicherungsnehmer

Kündigt der Versicherungsnehmer, wird seine Kündigung mit ihrem Zugang beim Versicherer wirksam. Der Versicherungsnehmer kann jedoch bestimmen, dass die Kündigung zu einem späteren Zeitpunkt, spätestens jedoch zum Ende der laufenden Versicherungsperiode, wirksam wird.

B2-2.3 Kündigung durch Versicherer

Eine Kündigung des Versicherers wird einen Monat nach ihrem Zugang beim Versicherungsnehmer wirksam.

Abschnitt B3 Anzeigepflicht, Gefahrerhöhung, andere Obliegenheiten

B3-1 Anzeigepflichten des Versicherungsnehmers oder seines Vertreters bis zum Vertragsschluss

B3-1.1 Vollständigkeit und Richtigkeit von Angaben über gefahrerhebliche Umstände

Der Versicherungsnehmer hat bis zur Abgabe seiner Vertragserklärung dem Versicherer alle ihm bekannten Gefahrumstände anzuzeigen, nach denen der Versicherer in Textform (z. B. E-Mail, Telefax oder Brief) gefragt hat und die für den Entschluss des Versicherers erheblich sind, den Vertrag mit dem vereinbarten Inhalt zu schließen. Diese Anzeigepflicht gilt auch dann, wenn der Versicherer dem Versicherungsnehmer nach seiner Vertragserklärung, aber vor der Vertragsannahme Fragen im Sinn von Satz 1 in Textform stellt.

Wird der Vertrag von einem Vertreter des Versicherungsnehmers geschlossen, so sind bei der Anwendung von Absatz 1 und B3-1.2 sowohl die Kenntnis und die Arglist des Vertreters als auch die Kenntnis und die Arglist des Versicherungsnehmers zu berücksichtigen.

Der Versicherungsnehmer kann sich darauf, dass die Anzeigepflicht nicht vorsätzlich oder grob fahrlässig verletzt worden ist, nur berufen, wenn weder dem Vertreter noch dem Versicherungsnehmer Vorsatz oder grobe Fahrlässigkeit zur Last fällt.

B3-1.2 Rechtsfolgen der Verletzung der Anzeigepflicht

B3-1.2.1 Rücktritt und Wegfall des Versicherungsschutzes

Verletzt der Versicherungsnehmer seine Anzeigepflicht nach B3-1.1 Absatz 1, kann der Versicherer vom Vertrag zurücktreten. Im Fall des Rücktritts besteht auch für die Vergangenheit kein Versicherungsschutz.

Der Versicherer hat jedoch kein Rücktrittsrecht, wenn der Versicherungsnehmer nachweist, dass er die unrichtigen oder unvollständigen Angaben weder vorsätzlich noch grob fahrlässig gemacht hat.

Das Rücktrittsrecht des Versicherers wegen grob fahrlässiger Verletzung der Anzeigepflicht besteht nicht, wenn der Versicherungsnehmer nachweist, dass der Versicherer den Vertrag auch bei Kenntnis der nicht angezeigten Umstände zu gleichen oder anderen Bedingungen geschlossen hätte.

Tritt der Versicherer nach Eintritt des Versicherungsfalls zurück, darf er den Versicherungsschutz nicht versagen, wenn der Versicherungsnehmer nachweist, dass der unvollständig oder unrichtig angezeigte Umstand weder für den Eintritt des Versicherungsfalls noch für die Feststellung oder den Umfang der Leistung ursächlich war. Auch in diesem Fall besteht aber kein Versicherungsschutz, wenn der Versicherungsnehmer die Anzeigepflicht arglistig verletzt hat.

B3-1.2.2 Kündigung

Verletzt der Versicherungsnehmer seine Anzeigepflicht nach B3-1.1 Absatz 1 leicht fahrlässig oder schuldlos, kann der Versicherer den Vertrag kündigen. Das Kündigungsrecht ist ausgeschlossen, wenn der Versicherungsnehmer nachweist, dass der Versicherer den Vertrag auch bei Kenntnis der nicht angezeigten Umstände zu gleichen oder anderen Bedingungen geschlossen hätte.

B3-1.2.3 Vertragsänderung

Hat der Versicherungsnehmer seine Anzeigepflicht nach B3-1.1 Absatz 1 nicht vorsätzlich verletzt und hätte der Versicherer bei Kenntnis der nicht angezeigten Gefahrumstände den Vertrag auch zu anderen Bedingungen geschlossen, so werden die anderen Bedingungen auf Verlangen des Versicherers rückwirkend Vertragsbestandteil. Bei einer vom Versicherungsnehmer unverschuldeten Pflichtverletzung werden die anderen Bedingungen ab der laufenden Versicherungsperiode Vertragsbestandteil.

Erhöht sich durch eine Vertragsänderung der Beitrag um mehr als 10 Prozent oder schließt der Versicherer die Gefahrabsicherung für den nicht angezeigten Umstand aus, so kann der Versicherungsnehmer den Vertrag innerhalb eines Monats nach Zugang der Mitteilung des Versicherers ohne Einhaltung einer Frist kündigen. In dieser Mitteilung hat der Versicherer den Versicherungsnehmer auf dessen Kündigungsrecht hinzuweisen.

B3-1.3 Frist und Form für die Ausübung der Rechte des Versicherers

Die Rechte zum Rücktritt, zur Kündigung oder zur Vertragsänderung muss der Versicherer innerhalb eines Monats schriftlich geltend machen. Dabei hat er die Umstände anzugeben, auf die er seine Erklärung stützt. Zur Begründung kann er nachträglich weitere Umstände innerhalb eines Monats nach deren Kenntniserlangung angeben. Die Monatsfrist beginnt mit dem Zeitpunkt, zu dem der Versicherer von der Verletzung der Anzeigepflicht und der Umstände Kenntnis erlangt, die das von ihm jeweils geltend gemachte Recht begründen.

B3-1.4 Hinweispflicht des Versicherers

Die Rechte zum Rücktritt, zur Kündigung oder zur Vertragsänderung stehen dem Versicherer nur zu, wenn er den Versicherungsnehmer durch gesonderte Mitteilung in Textform (z. B. E-Mail, Telefax oder Brief) auf die Folgen der Verletzung der Anzeigepflicht hingewiesen hat.

B3-1.5 Ausschluss von Rechten des Versicherers

Der Versicherer kann sich auf seine Rechte zum Rücktritt, zur Kündigung oder zur Vertragsänderung nicht berufen, wenn er den nicht angezeigten Gefahrumstand oder die Unrichtigkeit der Anzeige kannte.

B3-1.6 Anfechtung

Das Recht des Versicherers, den Vertrag wegen arglistiger Täuschung anzufechten, bleibt bestehen.

B3-1.7 Erlöschen der Rechte des Versicherers

Die Rechte des Versicherers zum Rücktritt, zur Kündigung und zur Vertragsänderung erlöschen mit Ablauf von fünf Jahren nach Vertragsschluss. Diese Rechte erlöschen nicht für Versicherungsfälle, die vor Ablauf dieser Frist eingetreten sind. Die Frist beträgt zehn Jahre, wenn der Versicherungsnehmer oder sein Vertreter die Anzeigepflicht vorsätzlich oder arglistig verletzt hat.

B3-2 Gefahrerhöhung

B3-2.1 Begriff der Gefahrerhöhung

B3-2.1.1 Eine Gefahrerhöhung liegt vor, wenn nach Abgabe der Vertragserklärung des Versicherungsnehmers die tatsächlich vorhandenen Umstände so verändert werden, dass der Eintritt des Versicherungsfalles oder eine Vergrößerung des Schadens oder die ungerechtfertigte Inanspruchnahme des Versicherers wahrscheinlicher wird.

B3-2.1.2 Eine Gefahrerhöhung kann insbesondere – aber nicht nur – vorliegen, wenn sich ein gefahrerheblicher Umstand ändert, nach dem der Versicherer vor Vertragsschluss gefragt hat.

B3-2.1.3 Eine Gefahrerhöhung nach B3-2.1.1 liegt nicht vor, wenn sich die Gefahr nur unerheblich erhöht hat oder nach den Umständen als mitversichert gelten soll.

B3-2.2 Pflichten des Versicherungsnehmers

B3-2.2.1 Nach Abgabe seiner Vertragserklärung darf der Versicherungsnehmer ohne vorherige Zustimmung des Versicherers keine Gefahrerhöhung vornehmen oder deren Vornahme durch einen Dritten gestatten.

B3-2.2.2 Erkennt der Versicherungsnehmer nachträglich, dass er ohne vorherige Zustimmung des Versicherers eine Gefahrerhöhung vorgenommen oder gestattet hat, so muss er diese dem Versicherer unverzüglich anzeigen.

B3-2.2.3 Eine Gefahrerhöhung, die nach Abgabe seiner Vertragserklärung unabhängig von seinem Willen eintritt, muss der Versicherungsnehmer dem Versicherer unverzüglich anzeigen, nachdem er von ihr Kenntnis erlangt hat.

B3-2.3 Kündigung oder Vertragsänderung durch den Versicherer

B3-2.3.1 Kündigungsrecht

Verletzt der Versicherungsnehmer seine Verpflichtung nach B3-2.2.1, kann der Versicherer den Vertrag fristlos kündigen, wenn der Versicherungsnehmer seine Verpflichtung vorsätzlich oder grob fahrlässig verletzt hat. Das Nichtvorliegen von Vorsatz oder grober Fahrlässigkeit hat der Versicherungsnehmer zu beweisen.

Beruht die Verletzung auf einfacher Fahrlässigkeit, kann der Versicherer unter Einhaltung einer Frist von einem Monat kündigen.

Wird dem Versicherer eine Gefahrerhöhung in den Fällen nach B3-2.2.2 und B3-2.2.3 bekannt, kann er den Vertrag unter Einhaltung einer Frist von einem Monat kündigen.

B3-2.3.2 Vertragsänderung

Statt der Kündigung kann der Versicherer ab dem Zeitpunkt der Gefahrerhöhung einen seinen Geschäftsgrundsätzen entsprechenden erhöhten Beitrag verlangen oder die Absicherung der erhöhten Gefahr ausschließen.

Erhöht sich der Beitrag als Folge der Gefahrerhöhung um mehr als 10 Prozent oder schließt der Versicherer die Absicherung der erhöhten Gefahr aus, so kann der Versicherungsnehmer den Vertrag innerhalb eines Monats nach Zugang der Mitteilung des Versicherers ohne Einhaltung einer Frist kündigen. In der Mitteilung hat der Versicherer den Versicherungsnehmer auf dieses Kündigungsrecht hinzuweisen.

B3-2.4 Erlöschen der Rechte des Versicherers

Die Rechte des Versicherers zur Kündigung oder Vertragsanpassung nach B3-2.3 erlöschen, wenn diese nicht innerhalb eines Monats ab Kenntnis des Versicherers von der Gefahrerhöhung ausgeübt werden oder wenn der Zustand wiederhergestellt ist, der vor der Gefahrerhöhung bestanden hat.

B3-2.5 Leistungsfreiheit wegen Gefahrerhöhung

B3-2.5.1 Tritt nach einer Gefahrerhöhung der Versicherungsfall ein, so ist der Versicherer nicht zur Leistung verpflichtet, wenn der Versicherungsnehmer seine Pflichten nach B3-2.2.1 vorsätzlich verletzt hat. Verletzt der Versicherungsnehmer diese Pflichten grob fahrlässig, so ist der Versicherer berechtigt, seine Leistung in dem Verhältnis zu kürzen, das der Schwere des Verschuldens des Versicherungsnehmers entspricht. Das Nichtvorliegen einer groben Fahrlässigkeit hat der Versicherungsnehmer zu beweisen.

B3-2.5.2 Nach einer Gefahrerhöhung nach B3-2.2.2 und B3-2.2.3 ist der Versicherer für einen Versicherungsfall, der später als einen Monat nach dem Zeitpunkt eintritt, zu dem die Anzeige dem Versicherer hätte zugegangen sein müssen, leistungsfrei, wenn der Versicherungsnehmer seine Anzeigepflicht vorsätzlich verletzt hat. Hat der Versicherungsnehmer seine Pflicht grob fahrlässig verletzt, so gilt B3-2.5.1 Satz 2 und 3 entsprechend. Die Leistungspflicht des Versicherers bleibt bestehen, wenn ihm die Gefahrerhöhung zu dem Zeitpunkt, zu dem ihm die Anzeige hätte zugegangen sein müssen, bekannt war.

B3-2.5.3 Die Leistungspflicht des Versicherers bleibt bestehen,

a) soweit der Versicherungsnehmer nachweist, dass die Gefahrerhöhung nicht ursächlich für den Eintritt des Versicherungsfalles oder den Umfang der Leistungspflicht war oder

b) wenn zur Zeit des Eintrittes des Versicherungsfalles die Frist für die Kündigung des Versicherers abgelaufen und eine Kündigung nicht erfolgt war oder

c) wenn der Versicherer statt der Kündigung ab dem Zeitpunkt der Gefahrerhöhung einen seinen Geschäftsgrundsätzen entsprechend erhöhten Beitrag verlangt.

B3-3 Obliegenheiten des Versicherungsnehmers

B3-3.1 Obliegenheiten vor Eintritt des Versicherungsfalls

B3-3.1.1 Besonders gefahrdrohende Umstände hat der Versicherungsnehmer auf Verlangen des Versicherers innerhalb angemessener Frist zu beseitigen. Dies gilt nicht, soweit die Beseitigung unter Abwägung der beiderseitigen Interessen unzumutbar ist. Ein Umstand, der zu einem Schaden geführt hat, gilt ohne weiteres als besonders gefahrdrohend.

B3-3.1.2 Rechtsfolgen

Verletzt der Versicherungsnehmer vorsätzlich oder grob fahrlässig eine Obliegenheit, die er vor Eintritt des Versicherungsfalles gegenüber dem Versicherer zu erfüllen hat, so kann der Versicherer innerhalb eines Monats, nachdem er von der Verletzung Kenntnis erlangt hat, den Vertrag fristlos kündigen.

Der Versicherer hat kein Kündigungsrecht, wenn der Versicherungsnehmer nachweist, dass er die Obliegenheit weder vorsätzlich noch grob fahrlässig verletzt hat.

B3-3.2 Obliegenheiten bei und nach Eintritt des Versicherungsfalls

Der Versicherungsnehmer hat bei und nach Eintritt des Versicherungsfalls nachfolgende Obliegenheiten zu erfüllen. Diese und die Rechtsfolgen bei Verletzung gelten sinngemäß auch für die versicherten Personen.

a) Er hat nach Möglichkeit für die Abwendung und Minderung des Schadens zu sorgen. Dabei hat der Versicherungsnehmer Weisungen des Versicherers, soweit für ihn zumutbar, zu befolgen sowie Weisungen – ggf. auch mündlich oder telefonisch – einzuholen, wenn die Umstände dies gestatten. Erteilen mehrere an dem Versicherungsvertrag beteiligte Versicherer unterschiedliche Weisungen, hat der Versicherungsnehmer nach pflichtgemäßem Ermessen zu handeln.

b) Jeder Versicherungsfall ist dem Versicherer unverzüglich anzuzeigen.

c) Er hat dem Versicherer ausführliche und wahrheitsgemäße Schadenberichte zu erstatten und ihn bei der Schadensermittlung und -regulierung zu unterstützen. Alle Umstände, die nach Ansicht des Versicherers für die Bearbeitung des Schadens wichtig sind, müssen mitgeteilt sowie alle dafür angeforderten Schriftstücke übersandt werden.

d) Wird ein Ermittlungsverfahren eingeleitet, ein selbständiges Beweisverfahren angeordnet oder ergeht ein Strafbefehl oder Bescheid, der den Ersatz eines Vermögensschadens zum Gegenstand hat oder zur Folge haben könnte, so hat der Versicherungsnehmer oder die versicherte Person dem Versicherer unverzüglich Anzeige zu erstatten, auch wenn der Versicherungsfall selbst bereits angezeigt wurde.

e) Wird gegen eine versicherte Person ein Anspruch gerichtlich geltend gemacht, Prozesskostenhilfe beantragt oder gegen diese gerichtlich der Streit verkündet, so ist dies ebenfalls unverzüglich anzuzeigen. Das gleiche gilt im Falle eines Arrestes oder einer einstweiligen Verfügung. Gegen einen Mahnbescheid muss die versicherte Person fristgemäß Widerspruch einlegen, ohne dass es einer Weisung des Versicherers bedarf.

f) Wird gegen eine versicherte Person ein Anspruch gerichtlich geltend gemacht, hat sie die Führung des Verfahrens dem Versicherer zu überlassen. Der Versicherer beauftragt im Namen der versicherten Person einen Rechtsanwalt. Die versicherte Person muss dem Rechtsanwalt Vollmacht sowie alle erforderlichen Auskünfte erteilen und die angeforderten Unterlagen zur Verfügung stellen.

B3-3.3 Leistungsfreiheit bei Obliegenheitsverletzung

B3-3.3.1 Verletzt der Versicherungsnehmer eine Obliegenheit nach B3-3.1 oder B3-3.2 vorsätzlich, so ist der Versicherer von der Verpflichtung zur Leistung frei. Bei grob fahrlässiger Verletzung der Obliegenheit ist der Versicherer berechtigt, seine Leistung in dem Verhältnis zu kürzen, das der Schwere des Verschuldens des Versicherungsnehmers entspricht.

B3-3.3.2 Verletzt der Versicherungsnehmer eine nach Eintritt des Versicherungsfalls bestehende Auskunfts- oder Aufklärungsobliegenheit, ist der Versicherer nur dann vollständig oder teilweise leistungsfrei, wenn er den Versicherungsnehmer durch gesonderte Mitteilung in Textform (z. B. E-Mail, Telefax oder Brief) auf diese Rechtsfolge hingewiesen hat.

B3-3.3.3 Der Versicherer bleibt zur Leistung verpflichtet, wenn der Versicherungsnehmer nachweist, dass er die Obliegenheit nicht grob fahrlässig verletzt hat. Dies gilt auch, wenn der Versicherungsnehmer nachweist, dass die Verletzung der Obliegenheit weder für den Eintritt oder die Feststellung des Versicherungsfalls noch für die Feststellung oder den Umfang der dem Versicherer obliegenden Leistung ursächlich war. Das gilt nicht, wenn der Versicherungsnehmer die Obliegenheit arglistig verletzt hat.

Abschnitt B4 Weitere Regelungen

B4-1 Mehrere Versicherer, Mehrfachversicherung

B4-1.1 Besteht für einen unter diesem Versicherungsvertrag geltend gemachten Schaden auch unter einem anderen Versicherungsvertrag Versicherungsschutz, so sind Versicherungsnehmer und versicherte Personen verpflichtet, den Schaden zunächst unter dem anderweitigen Versicherungsvertrag geltend zu machen. Die Leistungspflicht des Versicherers unter diesem Vertrag besteht nur, wenn und insoweit der anderweitige Versicherer für den Schaden nicht leistet. Kommt es zu einer Leistung aus diesem Versicherungsvertrag, weil der Versicherer des anderweitigen Versicherungsvertrages seine Leistungspflicht gegenüber dem Versicherungsnehmer oder einer versicherten Person bestreitet, so sind diese verpflichtet, etwaige Ansprüche aus dem anderweitigen Versicherungsvertrag an den Versicherer dieses Vertrages abzutreten.

B4-1.2 Sofern der Versicherungsnehmer oder eine versicherte Person das durch diesen Vertrag versicherte Risiko auch anderweitig versichert (Doppelversicherung, Anschlussversicherung), ist dies dem Versicherer unverzüglich anzuzeigen.

B4-2 Erklärungen und Anzeigen, Anschriftenänderung

B4-2.1 Form, zuständige Stelle

Die für den Versicherer bestimmten Erklärungen und Anzeigen, die den Versicherungsvertrag betreffen und die unmittelbar gegenüber dem Versicherer erfolgen, sind in Textform (z. B. E-Mail, Telefax oder Brief) abzugeben. Dies gilt nicht, soweit gesetzlich Schriftform oder in diesem Vertrag etwas anderes bestimmt ist.

Erklärungen und Anzeigen sollen an die Hauptverwaltung des Versicherers oder an die im Versicherungsschein oder in dessen Nachträgen als zuständig bezeichnete Stelle[1] gerichtet werden. Die gesetzlichen Regelungen über den Zugang von Erklärungen und Anzeigen bleiben bestehen.

B4-2.2 Nichtanzeige einer Anschriften- oder Namensänderung

Hat der Versicherungsnehmer eine Änderung seiner Anschrift dem Versicherer nicht mitgeteilt, genügt für eine Willenserklärung, die dem Versicherungsnehmer gegenüber abzugeben ist, die Absendung eines eingeschriebenen Briefes an die letzte dem Versicherer bekannte Anschrift. Die Erklärung gilt drei Tage nach der Absendung des Briefes als zugegangen. Dies gilt entsprechend für den Fall einer dem Versicherer nicht angezeigten Namensänderung des Versicherungsnehmers.

B4-2.3 Nichtanzeige der Verlegung der gewerblichen Niederlassung

Hat der Versicherungsnehmer die Versicherung unter der Anschrift seines Gewerbebetriebs abgeschlossen, finden bei einer Verlegung der gewerblichen Niederlassung die Bestimmungen nach B4-2.2 entsprechend Anwendung.

---

[1] oder entsprechende unternehmensindividuelle Bezeichnung

B4-3 Vollmacht des Versicherungsvertreters

B4-3.1 Erklärungen des Versicherungsnehmers

Der Versicherungsvertreter gilt als bevollmächtigt, vom Versicherungsnehmer abgegebene Erklärungen entgegenzunehmen betreffend

a) den Abschluss bzw. den Widerruf eines Versicherungsvertrages;

b) ein bestehendes Versicherungsverhältnis einschließlich dessen Beendigung;

c) Anzeige- und Informationspflichten vor Abschluss des Vertrages und während des Versicherungsverhältnisses.

B4-3.2 Erklärungen des Versicherers

Der Versicherungsvertreter gilt als bevollmächtigt, vom Versicherer ausgefertigte Versicherungsscheine oder deren Nachträge dem Versicherungsnehmer zu übermitteln.

B4-3.3 Zahlungen an den Versicherungsvertreter

Der Versicherungsvertreter gilt als bevollmächtigt, Zahlungen anzunehmen, die der Versicherungsnehmer im Zusammenhang mit der Vermittlung oder dem Abschluss eines Versicherungsvertrags an ihn leistet. Eine Beschränkung dieser Vollmacht muss der Versicherungsnehmer nur gegen sich gelten lassen, wenn er die Beschränkung bei der Vornahme der Zahlung kannte oder in Folge grober Fahrlässigkeit nicht kannte.

B4-4 Verjährung

Die Ansprüche aus dem Versicherungsvertrag verjähren in drei Jahren. Die Verjährung beginnt mit dem Schluss des Jahres, in dem der Anspruch entstanden ist und der Gläubiger von den Anspruch begründenden Umständen und der Person des Schuldners Kenntnis erlangt. Die grob fahrlässige Unkenntnis steht der Kenntnis gleich.

Ist ein Anspruch aus dem Versicherungsvertrag bei dem Versicherer angemeldet worden, zählt bei der Fristberechnung der Zeitraum zwischen Anmeldung und Zugang der in Textform (z. B. E-Mail, Telefax oder Brief) mitgeteilten Entscheidung des Versicherers beim Anspruchsteller nicht mit.

Im Übrigen richtet sich die Verjährung nach den allgemeinen Vorschriften des Bürgerlichen Gesetzbuchs.

B4-5 Örtlich zuständiges Gericht

B4-5.1 Klagen gegen den Versicherer

Für Klagen aus dem Versicherungsvertrag gegen den Versicherer bestimmt sich die gerichtliche Zuständigkeit nach dem Sitz des Versicherers oder seiner für den Versicherungsvertrag zuständigen Niederlassung.

Ferner ist auch das Gericht zuständig, in dessen Bezirk der Versicherungsnehmer zur Zeit der Klageerhebung seinen Sitz, den Sitz seiner Niederlassung oder seinen Wohnsitz oder, in Ermangelung eines solchen, seinen gewöhnlichen Aufenthalt hat.

Verlegt jedoch der Versicherungsnehmer nach Vertragsschluss seinen Sitz, den Sitz seiner Niederlassung, seinen Wohnsitz oder, in Ermangelung eines solchen, seinen gewöhnlichen Aufenthalt ins Ausland, sind die Gerichte des Staates zuständig, in dem der Versicherer seinen Sitz hat.

B4-5.2 Klagen gegen Versicherungsnehmer

Für Klagen aus dem Versicherungsvertrag gegen den Versicherungsnehmer bestimmt sich die gerichtliche Zuständigkeit nach dem Sitz, dem Sitz der Niederlassung oder dem Wohnsitz des Versicherungsnehmers; fehlt ein solcher, nach seinem gewöhnlichen Aufenthalt.

Sind der Wohnsitz oder gewöhnliche Aufenthalt im Zeitpunkt der Klageerhebung nicht bekannt, bestimmt sich die gerichtliche Zuständigkeit für Klagen aus dem Versicherungsvertrag gegen den Versicherungsnehmer nach dem Sitz des Versicherers oder seiner für den Versicherungsvertrag zuständigen Niederlassung.

B4-6 Anzuwendendes Recht

Für diesen Vertrag gilt deutsches Recht.

B4-7 Embargobestimmung

Es besteht – unbeschadet der übrigen Vertragsbestimmungen – Versicherungsschutz nur, soweit und solange dem keine auf die Vertragsparteien direkt anwendbaren Wirtschafts-, Handels- oder Finanzsanktionen bzw. Embargos der Europäischen Union oder der Bundesrepublik Deutschland entgegenstehen.

Dies gilt auch für Wirtschafts-, Handels- oder Finanzsanktionen bzw. Embargos, die durch die Vereinigten Staaten von Amerika im Hinblick auf den Iran erlassen werden, soweit dem nicht europäische oder deutsche Rechtsvorschriften entgegenstehen.

TOKIO MARINE KILN

Allgemeine Versicherungsbedingungen Insolvenzanfechtungs-versicherung
AVB AnfechtV August 2016

A Gegenstand der Versicherung

I. Umfang des Versicherungs-schutzes

1. Versichert sind durch den Insolvenzverwalter geltend gemachte Forderungen aus Insolvenzanfechtung, soweit sich diese Forderungen auf vom Versicherungsnehmer erhaltene Zahlungen eines Schuldners beziehen, die aus Lieferungen und Leistungen des Versicherungsnehmers resultieren, die ihre Grundlage im gewöhnlichen Geschäftsbetrieb des Versicherungsnehmers haben.

2. Versicherungsfall im Sinne dieses Versicherungsvertrages ist die schriftliche Inanspruchnahme des Versicherungsnehmers durch den Insolvenzverwalter auf Rückzahlung bereits erhaltener Zahlungen, die zu einem Schaden in Höhe der vom Versicherungsnehmer geleisteten Rückzahlung führen kann.

3. Dem Versicherer obliegen die Feststellung des Schadens sowie die Abwehr unberechtigter Inanspruchnahme des Versicherungsnehmers durch den Insolvenzverwalter.

   a) Nach unverzüglicher Anzeige des Versicherungsnehmers bzgl. seiner Inanspruchnahme durch den Insolvenzverwalter, wird die Berechtigung der Insolvenzanfechtung durch einen vom Versicherer ausgewählten Rechtsanwalt geprüft. Der Versicherungsnehmer ist damit einverstanden, dass der Versicherer die zur Kontaktaufnahme notwendigen Daten des Versicherungsnehmers an die ausgewählte Anwaltskanzlei weiterleitet.

b) Zur Prüfung und gegebenenfalls Abwehr der Inanspruchnahme aus Insolvenzanfechtung erteilt der Versicherungsnehmer dem vom Versicherer ausgewählten Rechtsanwalt entsprechende Vollmacht sowie alle erforderlichen Auskünfte und übergibt alle erforderlichen Unterlagen. Gleiches gilt, wenn der Insolvenzverwalter den Anspruch aus Insolvenzanfechtung gerichtlich geltend macht. Der Versicherungsnehmer befreit den Rechtsanwalt gegenüber dem Versicherer von der Verschwiegenheitsverpflichtung in Bezug auf die Mandatierung aus dieser Versicherung und in Bezug auf den Inhalt der Auseinandersetzung mit dem Inhaber der geltend gemachten Forderung aus Insolvenzanfechtung. Der Versicherer ist insoweit zur Verschwiegenheit verpflichtet."

4. Grundsätzlich trägt der Versicherer die Kosten der Schadenfeststellung einschließlich der Schadenabwehr.

a) Kommt die Prüfung des vom Versicherer ausgewählten Rechtsanwalts zum Ergebnis, dass die Insolvenzanfechtung unberechtigt ist, trägt die Kosten für die Abwehr der Inanspruchnahme der Versicherungsnehmer nach Maßgabe des Rechtsanwaltsvergütungsgesetzes selbst.

b) Wird der Versicherungsnehmer in einem gerichtlichen Verfahren zur Zahlung verurteilt, trägt der Versicherer die durch dieses Verfahren entstandenen Kosten.

c) Ist der Anspruch des Insolvenzverwalters teilweise berechtigt und teilweise unberechtigt, gilt für die Kostentragungspflicht Vorstehendes entsprechend im Verhältnis von unberechtigter zu berechtigter Forderung.

d) Sind von der Schadenfeststellung versicherte und unversicherte Forderungen umfasst, trägt der Versicherungsnehmer die Kosten für den unversicherten Teil selbst.

5. Der Geltungsbereich des Versicherungsschutzes ergibt sich aus dem Versicherungsschein.

II. Laufzeit des Versicherungsschutzes

1. Der Versicherungsschutz beginnt zu dem im Versicherungsschein festgelegten Zeitpunkt.

2. Der Versicherungsschutz endet mit Beendigung des Versicherungsvertrags.

III. Prämie

1. Die Höhe der Prämie zuzüglich der Versicherungssteuer sowie die Fälligkeiten ergeben sich aus dem Versicherungsschein.

2. Wird die erste Prämie nicht rechtzeitig gezahlt, ist der Versicherer, solange die Zahlung nicht bewirkt ist, zum Rücktritt vom Vertrag berechtigt, es sei denn, der Versicherungsnehmer hat die Nichtzahlung nicht zu vertreten.

3. Ist die erste Prämie bei Eintritt des Versicherungsfalles nicht gezahlt, ist der Versicherer nicht zur Leistung verpflichtet, es sei denn, der Versicherungsnehmer hat die Nichtzahlung nicht zu vertreten.

4. Wird eine Folgeprämie nicht rechtzeitig gezahlt, bestimmt der Versicherer dem Versicherungsnehmer in Textform eine Zahlungsfrist von zwei Wochen. Tritt der Versicherungsfall nach Fristablauf ein und ist der Versicherungsnehmer bei Eintritt mit der Zahlung der Prämie oder der Zinsen oder Kosten in Verzug, ist der Versicherer nicht zur Leistung verpflichtet.

5. Der Versicherer kann nach Fristablauf gemäß A.III.4. den Vertrag ohne Einhaltung einer Frist kündigen, sofern der Versicherungsnehmer mit der Zahlung der geschuldeten Beträge in Verzug ist. Die Kündigung wird unwirksam, wenn der Versicherungsnehmer innerhalb eines Monats nach Zugang der Kündigung die Zahlung leistet; A.III.4. Satz 2 bleibt unberührt.

IV. Ausschlüsse

Nicht versichert sind Forderungen aus Insolvenzanfechtung gemäß A.I.1., wenn

1. die Insolvenz, die zur Insolvenzanfechtung führt, im Versicherungsschein vom Versicherungsschutz ausgeschlossen ist,

2. der Versicherungsfall innerhalb der ersten drei Monate nach Abschluss des Versicherungsvertrages eintritt (Sperrfrist),

3. die Zahlungsverpflichtung des Schuldners gegenüber dem Versicherungsnehmer, die der Rückzahlungsforderung des Insolvenzverwalters zugrunde liegt, erst nach Antrag auf Eröffnung des Insolvenzverfahrens begründet wurde und es sich um Geschäfte unter Einbindung eines vorläufigen Insolvenzverwalters handelt, die unter den besonderen rechtlichen Bedingungen der vorläufigen Insolvenzverwaltung stattfinden.

4. der Versicherungsnehmer bei Eintritt des Versicherungsfalles im Verhältnis zum Insolvenzschuldner eine nahestehende Person im Sinne des § 138 Insolvenzordnung ist oder zum Zeitpunkt der Vornahme der angefochtenen Rechtshandlung war,

5. der Versicherungsnehmer und der Insolvenzschuldner bei Eintritt des Versicherungsfalles im Sinne der §§ 135, 136 Insolvenzordnung gesellschaftsrechtlich miteinander verbunden sind oder zum Zeitpunkt der Vornahme der angefochtenen Rechtshandlung verbunden waren,

6. es sich im Sinne des § 134 Insolvenzordnung bei der angefochtenen Rechtshandlung um eine unentgeltliche Leistung des Insolvenzschuldners gehandelt hat,

7. sich die Insolvenzanfechtung auf vom Insolvenzschuldner erstattete Kosten aus Rechtsverfolgung und / oder Verzugszinsen bezieht,

8. sich die Forderung auf Verzugszinsen aus der Insolvenzanfechtung selbst beziehen,

9. wenn die Insolvenz des Versicherungsnehmers mitursächlich ist für die Insolvenz, die zur Insolvenzanfechtung führt,

10. die Insolvenz, die zur Insolvenzanfechtung führt, herrührt aus dem die öffentliche Sicherheit und Ordnung gefährdenden Umgang mit ionisierendem, radioaktivem, toxischem, explosivem oder anderem gefährlichen Material oder die unbeabsichtigte und unplanmäßige Freisetzung, insbesondere nuklearer Stoffe, beispielsweise aus nuklearer Verbrennung, Kernbrennstoffen und nuklearem Abfall durch den Versicherungsnehmer oder Dritte,

11. die Insolvenz, die zur Insolvenzanfechtung führt, herrührt aus Krieg oder kriegerischen Handlungen zwischen mindestens zwei der folgenden Parteien: Russische Föderation, Vereinigte Staaten von Amerika, Vereinigtes Königreich, Frankreich, Volksrepublik China,

12. der Versicherungsnehmer zur Erlangung der Versicherungsleistung arglistig getäuscht hat.

B Obliegenheiten / Gefahrerhöhung

I. Obliegenheiten des Versicherungsnehmers

1. Der Versicherungsnehmer ist verpflichtet, drei Monate vor Ablauf eines Versicherungsjahres oder auf Anfrage dem Versicherer die Gesamtzahl seiner Kunden und den Umsatz (netto) zu melden. Zur Prolongation des Vertrages erfragt der Versicherer lediglich drei Monate vor Ablauf des Versicherungsjahres die Kundenlisten der mitversicherten Unternehmen des abgelaufenen Geschäftsjahres sowie den diesbezüglichen Nettoumsatz

2. Der Versicherungsnehmer ist verpflichtet, den Versicherer unverzüglich über jede Inanspruchnahme aus Insolvenzanfechtung zu informieren und den Versicherer bei der Prüfung und gegebenenfalls Abwehr der Inanspruchnahme durch den Insolvenzverwalter, insbesondere durch das zur Verfügung stellen aller notwendigen Informationen und Unterlagen, zu unterstützen.

3. Der Versicherungsnehmer ist verpflichtet, den Versicherer unverzüglich über Kenntnisse bezüglich vorläufiger Insolvenzen und Insolvenzen seiner Kunden zu informieren. Die mitversicherten Unternehmen sind verpflichtet, dem Versicherer unverzüglich mitzuteilen, wenn sie schriftlich durch den vorläufigen Insolvenzverwalter, den Insolvenzverwalter oder das Insolvenzgericht über die Eröffnung des vorläufigen Insolvenzverfahrens oder das Insolvenzverfahren Kenntnis erlangen.

4. Der Versicherungsnehmer ist verpflichtet, dem Versicherer unverzüglich alle sonstigen gefahrerhöhenden Umstände anzuzeigen, insbesondere erhebliche Abweichungen oder Veränderungen in seiner Kundenstruktur und / oder seinem Umsatz. Hierzu gehört vor allem jede nicht unerhebliche Ausweitung des Kundenstamms, etwa durch Zukäufe, Fusionen, neue Produktlinien, außerordentliche Nachfrage oder die Erweiterung des Vertriebsgebiets. Hiermit sind insbesondere Umstände gemeint, die das Risiko im Hinblick auf das Gesamtkundenportfolio verändern können, also insbesondere signifikante Änderungen des Umsatzes oder der Kundenanzahl (Steigerung um mehr als ein Drittel). Nicht gemeint sind einzelkundenspezifische Merkmale. Es müssen keine bonitätsrelevanten Umstände einzelner Kunden gemeldet werden. Der Begriff Kundenstruktur meint nicht die im Rahmen des gewöhnlichen Geschäftsverkehrs wechselnden Kunden, sondern wesentliche Abweichungen in der Art der Betätigung oder bezüglich Branchen

5. Der Versicherungsnehmer ist verpflichtet, den Abschluss sowie den Inhalt des Versicherungsvertrages geheim zu halten, insbesondere gegenüber potentiellen Kunden, bestehenden Kunden und ehemaligen Kunden, vorläufigen und endgültigen Insolvenz- und Sachwaltern. Ausgenommen sind gesetzliche Informationspflichten, z.B. gegenüber Aktionären.

II. Rechtsfolgen bei Verletzung von Obliegenheiten

1. Der Versicherer ist im Einzelfall von der Verpflichtung zur Leistung frei, ohne dass es einer Kündigung bedarf, wenn der Versicherungsnehmer eine Obliegenheit vorsätzlich verletzt hat. Im Fall einer grob fahrlässigen Verletzung der Obliegenheit ist der Versicherer berechtigt, seine Leistung in einem der Schwere des Verschuldens des Versicherungsnehmers entsprechenden Verhältnis zu kürzen; die Beweislast für das Nichtvorliegen einer grobe n Fahrlässigkeit trägt der Versicherungsnehmer. Obliegenheitsverletzung eines mitversicherten Unternehmens wirken in keinem Fall zu Lasten der übrigen mitversicherten Unternehmen.

2. Abweichend von B.II.1. ist der Versicherer zur Leistung verpflichtet, soweit die Verletzung der Obliegenheit weder für den Eintritt oder die Feststellung des Versicherungsfalles noch für die Feststellung oder den Umfang der Leistungspflicht des Versicherers ursächlich ist. Satz 1 gilt nicht, wenn der Versicherungsnehmer die Obliegenheit arglistig verletzt hat.

3. Bei Verletzung einer Obliegenheit, die vom Versicherungsnehmer vor Eintritt des Versicherungsfalles gegenüber dem Versicherer zu erfüllen ist, kann der Versicherer den Vertrag innerhalb eines Monats, nachdem er von der Verletzung Kenntnis erlangt hat, ohne Einhaltung einer Frist außerordentlich kündigen, es sei denn, die Verletzung beruht nicht auf Vorsatz oder auf grober Fahrlässigkeit.

III. Rechtsfolgen bei Gefahrerhöhung

1. Innerhalb eines Monats nach Kenntnis des Versicherers von der Gefahrerhöhung ist der Versicherer berechtigt, ab dem Zeitpunkt des Eintritts der Gefahrerhöhung, eine seinen Geschäftsgrundsätzen für diese höhere Gefahr entsprechende Prämie zu verlangen oder die Absicherung der höheren Gefahr auszuschließen.

2. Erhöht sich die Prämie als Folge der Gefahrerhöhung um mehr als 10% oder schließt der Versicherer die Absicherung der höheren Gefahr aus, kann der Versicherungsnehmer den Vertrag innerhalb eines Monats nach Zugang der Mitteilung des Versicherers ohne Einhaltung einer Frist kündigen.

3. Verletzt der Versicherungsnehmer seine Anzeigepflichten gemäß B.I. kann der Versicherer den Vertrag ohne Einhaltung einer Frist kündigen, es sei denn, der Versicherungsnehmer hat die Verpflichtung weder vorsätzlich noch grob fahrlässig verletzt. Hat der Versicherungsnehmer seine Anzeigepflicht lediglich einfach fahrlässig verletzt, kann der Versicherer unter Einhaltung einer Frist von einem Monat kündigen. Anzeigepflichtverletzung eines mitversicherten Unternehmens wirken in keinem Fall zu Lasten der übrigen mitversicherten Unternehmen.

C Entschädigung

I. Voraussetzungen der Entschädigung

1. Der Versicherungsnehmer hat Anspruch auf Entschädigungsleistung, soweit Versicherungsschutz im konkreten Versicherungsfall besteht, der Versicherungsfall während der Vertragslaufzeit eingetreten ist und

   a) die Insolvenzanfechtung nach den einschlägigen gesetzlichen Bestimmungen rechtlich begründet und durchsetzbar ist,

   b) der Versicherungsnehmer die durch die Insolvenzanfechtung geltend gemachte Forderung zu Gunsten der Masse zurückerstattet hat und

   c) die Forderung, soweit durch den Versicherungsnehmer möglich, zur Tabelle angemeldet ist.

2. Erkennt der Versicherungsnehmer die Forderung des Insolvenzverwalters ohne Zustimmung des Versicherers an oder leistet der Versicherungsnehmer den vom Insolvenzverwalter geforderten Betrag ohne Zustimmung des Versicherers, besteht kein Anspruch auf Entschädigung. Dies gilt nicht, wenn die Forderung des Insolvenzverwalters rechtskräftig durch ein gerichtliches Urteil festgestellt ist.

II. Höhe der Entschädigung

1. Die Höhe der Entschädigungsleistung richtet sich nach der durch den Insolvenzverwalter angefochtenen Forderung und dem auf dieser Grundlage tatsächlich zurückgezahlten Betrag zuzüglich angefallener Schadenermittlungs- und Rechtsverfolgungskosten, abzüglich

   a) unversicherter Forderungsteile, des in der ursprünglich vom Insolvenzschuldner geleisteten Zahlung enthaltenen Umsatzsteueranteils,

   b) des Wertes von Gegenleistungen mit Bezug auf die angefochtene Forderung, die aus der Insolvenzmasse zurückerstattet wurden, zum Beispiel aus Aus- und Absonderungsrechten,

   c) der im Versicherungsschein genannten Eigenbehalte.

   Die Entschädigungsleistung ist auf die im Versicherungsschein festgelegte Höchstversicherungssumme begrenzt und gilt pro Jahr und insgesamt.

2. Die im Versicherungsschein genannte Höchstversicherungssumme steht mit Beginn eines neues Versicherungsjahres für neue Versicherungsfälle wieder voll zur Verfügung. Dies gilt nicht für solche Schäden, die mit Schäden, die der Schadenverursacher bereits im vorangegangen Versicherungsjahr verursacht hat, wirtschaftlich oder rechtlich in unmittelbarem Zusammenhang stehen.

3. Bei einer Anhebung der Höchstversicherungssumme steht der Differenzbetrag nur für diejenigen Schäden / Schadenteile zur Verfügung, welche nach dem Anhebungszeitpunkt neu verursacht werden.

III. Auszahlung der Entschädigung

1. Die Entschädigung wird nach Eintritt des Versicherungsfalles und Feststellung des Schadens sowie Vorlage aller notwendigen Unterlagen und Informationen innerhalb von zwei Wochen ausbezahlt. Zu den im Schadenfall beizubringenden Unterlagen gehören

   a) das Aufforderungsschreiben des Insolvenzverwalters,

   b) ein Beleg des ursprünglichen Zahlungseingangs,

   c) der Nachweis der Rückerstattung der angefochtenen Zahlung und

   d) der Nachweis, dass die Forderung, soweit durch den Versicherungsnehmer möglich, zur Tabelle angemeldet wurde

2. Im Einzelfall hat der Versicherer das Recht, vor Auszahlung weitere notwendige Unterlagen anzufordern.

3. In Höhe der Entschädigungssumme tritt der Versicherungsnehmer Ansprüche gegen den Insolvenzschuldner zum Beispiel aus Quotenzahlungen, Aus- und Absonderungsrechten und Vergleichen etc. an den Versicherer ab.

IV. Rückflüsse

1. Sämtliche Rückflüsse zum Beispiel aus Quotenzahlungen, Aus- und Absonderungsrechten und Vergleichen etc. werden zwischen dem Versicherer und dem Versicherungsnehmer im Verhältnis der Entschädigungsleistung in Relation zur übrigen Tabellenforderung anteilig verrechnet.

2. Der Versicherungsnehmer hat dem Versicherer unverzüglich den Eingang jeglicher Rückflüsse aus dem der Entschädigungsleistung zugrundeliegenden Insolvenzverfahren anzuzeigen.

D Allgemeine Bestimmungen

I. Abtretung von Ansprüchen

Ansprüche auf Entschädigung aus diesem Vertrag darf der Versicherungsnehmer nur mit vorheriger Zustimmung des Versicherers an Dritte abtreten. Die Abrechnung des Schadens erfolgt in allen Fällen ausschließlich mit dem Versicherungsnehmer.

II. Laufzeit und Kündigung

1. Die Laufzeit des Versicherungsvertrages ergibt sich aus dem Versicherungsschein. Der Versicherungsvertrag verlängert sich jeweils um ein weiteres Jahr, wenn er nicht drei Monate vor seinem jeweiligen Ablauf vom Versicherungsnehmer oder vom Versicherer schriftlich gekündigt wird.

2. Nach Anzeige eines schadenverursachenden Versicherungsfalles können der Versicherer und der Versicherungsnehmer den Versicherungsvertrag schriftlich außerordentlich kündigen. Die Kündigung muss spätestens einen Monat nach Abschluss der Verhandlungen über die Entschädigungspflicht zugehen. Für den Versicherer gilt eine Kündigungsfrist von einem Monat. Der Versicherungsnehmer kann bestimmen, dass seine Kündigung sofort oder zu einem anderen Zeitpunkt, jedoch spätestens zum Schluss des laufenden Versicherungsjahres wirksam wird. Wird der Versicherungsvertrag nach einem Versicherungsfall gekündigt, so hat der Versicherer Anspruch auf eine zeitanteilige Prämie gemäß § 39 Versicherungsvertragsgesetz.

III. Doppelversicherung

1. Wenn und soweit der Versicherungsnehmer im konkreten Versicherungsfall eine Entschädigungsleistung aus anderer Versicherung beanspruchen kann, kann der Versicherungsnehmer in Höhe dieses Anspruchs die Entschädigungsleistung aus vorliegender Versicherung nicht beanspruchen.

2. Hat der Versicherungsnehmer aus vorliegender Versicherung Entschädigungsleistungen erhalten, die er im Sinne von D.III.1. aus anderer Versicherung beanspruchen kann, ist der Versicherungsnehmer zur Rückerstattung der Entschädigung in entsprechender Höhe an den Versicherer des vorliegenden Vertrags verpflichtet. Der Versicherer des vorliegenden Vertrags kann alternativ zur Rückerstattung die Abtretung der Ansprüche des Versicherungsnehmers aus anderer Versicherung an sich verlangen. In diesem Fall ist der Versicherungsnehmer zur Erklärung der Abtretung verpflichtet.

3. Der Versicherungsnehmer darf das Risiko aus der Selbstbeteiligung nicht anderweitig absichern.

IV. Salvatorische Klausel / Gerichtsstand

1. Sollten einzelne Bestimmungen dieses Versicherungsvertrages unwirksam sein oder unwirksam werden, wird dadurch der Versicherungsvertrag im Übrigen nicht berührt. Im Falle der Unwirksamkeit einer Bestimmung haben die Parteien eine Ersatzregelung zu treffen, die der unwirksamen Bestimmung im rechtlichen und wirtschaftlichen Sinne soweit wie möglich entspricht.

2. Änderung oder Ergänzungen des Versicherungsvertrags können nur schriftlich erfolgen. Mündliche Nebenabreden bestehen nicht.

3. Der Versicherungsvertrag unterliegt den Bestimmungen des Rechts der Bundesrepublik Deutschland. Gerichtsstand ist Frankfurt am Main, Deutschland.

EULER HERMES

Schutz vor Insolvenzanfechtung

**Allgemeine Versicherungsbedingungen (AVB)
für die Anfechtungsversicherung als Einzelversicherung (AFV-E) 2019 V.01**

Inhaltsverzeichnis

A Umfang des Versicherungsvertrages

1. Gegenstand der Anfechtungsversicherung

Wir, die Euler Hermes Deutschland Niederlassung der Euler Hermes SA, haben den vorliegenden **Versicherungsvertrag** ausgestellt, um für Sie, den im **Versicherungsschein** genannten Versicherungsnehmer, Versicherungsschutz zu übernehmen und Ihnen gemäß den Bedingungen dieses **Versicherungsvertrages** Forderungsausfälle aus **Insolvenzanfechtung** zu ersetzen.

Dies setzt voraus, dass über das Vermögen des **Kunden** das Insolvenzverfahren eröffnet wurde, nachdem Sie eine Warenlieferung, Werk- oder Dienstleistung (im Folgenden „**Lieferung/Leistung**") vertragsgemäß an den **Kunden** erbracht haben.

Weitere Voraussetzung ist, dass der bestellte Insolvenzverwalter oder mit vergleichbaren Rechten ausgestattete Amtsträger (im Folgenden „Insolvenzverwalter") eine vor Eröffnung des Insolvenzverfahrens geleistete **Zahlung** des **Kunden** nach den gesetzlichen Bestimmungen über die **Insolvenzanfechtung** wirksam **angefochten** hat und die Forderung aus der **Lieferung/Leistung** wieder auflebt.

Dafür zahlen Sie als Gegenleistung bei Fälligkeit die vereinbarte Prämie.

Die in diesem **Versicherungsvertrag** maßgeblichen, drucktechnisch hervorgehobenen Begriffe werden in Abschnitt E definiert und haben durchgehend dieselbe Bedeutung.

2. Versicherungsfall

Der Versicherungsfall tritt ein mit Zugang der wirksamen schriftlichen Insolvenzanfechtungserklärung des Insolvenzverwalters und Aufforderung zur Rückzahlung der erhaltenen **Zahlung**. Werden vom Insolvenzverwalter eines **Kunden** nacheinander mehrere geleistete **Zahlungen angefochten,** gilt der Versicherungsfall bereits mit Zugang der ersten Insolvenzanfechtungserklärung als eingetreten, später erfolgte weitere **Insolvenzanfechtungen** werden diesem Versicherungsfall zugerechnet. **Insolvenzanfechtungen**, die nach der Beendigung des **Versicherungsvertrages** erfolgen, sind nicht versichert.

Euler Hermes Deutschland
Niederlassung der Euler Hermes SA
22746 Hamburg
Hausanschrift:
Friedensallee 254, 22763 Hamburg

Tel. +49 (0) 40/88 34-0
Fax +49 (0) 40/88 34-77 44
info.de@eulerhermes.com
www.eulerhermes.de

Commerzbank AG, Hamburg
IBAN: DE46200800000915760800
BIC: DRESDEFF200
UCI: DE85ZZZ00001433069

Hauptbevollmächtigter: Ronald van het Hof
Sitz der Niederlassung: Hamburg
Registergericht: Hamburg HRB 133354
USt-ID-Nr. DE 815 517 982
VersSt.-Nr. 817/V90817039524

Hauptsitz: Euler Hermes SA, 56 avenue des Arts, 1000 Brüssel, Belgien
Rechtsform: Société anonyme (Aktiengesellschaft nach belgischem Recht),
Registre des Personnes Morales (Brüssel): Registernummer 0403.248.596
Belgische Versicherungsgesellschaft von der belgischen Nationalbank unter Nr. 418 zugelassen

Ein Unternehmen der **Allianz**

3. Versicherte Forderung

Eine nach erfolgter **Insolvenzanfechtung** wieder aufgelebte Forderung aus **Lieferung/Leistung** ist versichert, wenn:

a) das der **angefochtenen Zahlung** zugrunde liegende Geschäft eine **Lieferung/Leistung** war, die Sie aufgrund eines entsprechenden Vertrages mit dem **Kunden** im Rahmen Ihres regelmäßigen Geschäftsbetriebes im eigenen Namen und auf eigene Rechnung an den **Kunden** erbracht haben,

b) diese **Lieferung/Leistung** keine relevanten Gesetze oder Verordnungen verletzt hat (einschließlich Gesetze und Regulierungen, die Wirtschafts- oder Handelssanktionen zum Inhalt haben) und die notwendigen Lizenzen und Genehmigungen vorgelegen haben,

c) Sie bis zur Befriedigung der Forderung aus dieser **Lieferung/Leistung** durch **Zahlung** des **Kunden** Inhaber dieser Forderung waren, es sei denn, Sie sind nur deshalb nicht Inhaber der Forderung gewesen, weil Sie die Forderung im Rahmen einer stillen Abtretung zu Sicherungszwecken abgetreten hatten,

d) der **Kunde** seinen Sitz in Deutschland, Österreich, der Schweiz oder in einem der im **Versicherungsschein** zusätzlich genannten Länder hat,

e) das Insolvenzverfahren über das Vermögen des **Kunden** während der Laufzeit des **Versicherungsvertrages** beantragt und eröffnet wurde,

f) die **Insolvenzanfechtung** binnen 36 (sechsunddreißig) Monaten seit dem Ende des Jahres, in dem die **Insolvenz** des **Kunden** vorgelegen hat, erfolgt ist, und Ihnen die Anfechtungserklärung während der Laufzeit des **Versicherungsvertrages** zugegangen ist und

g) die **Zahlung** für die Forderung, auf die sich die **Insolvenzanfechtung** bezieht, nicht früher als 48 (achtundvierzig) Monate vor dem Antrag auf Eröffnung des Insolvenzverfahrens bei dem **Kunden** geleistet wurde.

4. Nicht versicherte Forderung

Eine nach erfolgter **Insolvenzanfechtung** wieder aufgelebte Forderung aus **Lieferung/Leistung** ist nicht versichert, wenn einer der folgenden Umstände vorliegt:

a) Sie wussten oder mussten zum Zeitpunkt des Inkrafttretens dieses **Versicherungsvertrages** oder zum Zeitpunkt der **Lieferung/Leistung** wissen, dass ein Insolvenzverfahren gegen Ihren **Kunden** beantragt ist.

b) Die Forderung besteht gegen einen **Kunden**, der gemäß Vereinbarung im **Versicherungsschein** vom Versicherungsschutz ausgeschlossen ist.

c) Sie haben die erforderliche benannte Prüfung für den **Kunden** gemäß Abschnitt 8.2 c) AVB nicht durchgeführt.

d) Die **angefochtene Zahlung** erfolgte auf Forderungen gegen den **Kunden**, die resultieren aus
- einem vertraglichen oder gesetzlichen Schadenersatzanspruch oder einer Vertragsstrafe,
- Wechselkursschwankungen, Währungsabwertungen, Verzugs- und Fälligkeitszinsen, Rechtsverfolgungskosten, Bank- und sonstigen Gebühren für Finanzdienstleistungen,
- der Umsatzsteuer oder entsprechenden Verkaufssteuern und der Energiesteuer, soweit diese den Bestimmungen einer Steuerentlastung nach §§ 45 ff. Energiesteuergesetz unterliegt,
- dem nachträglichen Wegfall gewährter Rabatte, Boni, Werbekostenzuschüsse und dergleichen, oder
- der Gebrauchs- und Nutzungsüberlassung (z. B. Vermietung, Verpachtung, Leasing, Lizenzüberlassung).

e) Die **angefochtene Zahlung** erfolgte auf Forderungen gegen folgende **Kunden**:
- **öffentlich-rechtliche Kunden**,
- **Kunden**, bei denen Sie als nahestehende Person im Sinne des § 138 der Insolvenzordnung oder einer analogen Regelung eines ähnlichen anwendbaren Gesetzes gelten oder zum Zeitpunkt der Vornahme der **angefochtenen Zahlung** galten,
- **verbundene Kunden** oder
- Privatpersonen, die für sich persönlich handeln.

f) Ihr **Kunde** hat seine Verpflichtung zur Bezahlung der Forderung an einen Dritten übertragen.

g) Die **Insolvenz** des **Kunden** ist direkt oder indirekt durch
- Ihr vertragswidriges Verhalten oder das vertragswidrige Verhalten eines Dritten, der für Sie handelt, einschließlich des Zusammenwirkens mit dem **Kunden** zur vorsätzlichen Benachteiligung anderer Gläubiger des **Kunden**,
- die Kündigung einer Vertriebs-, Franchise- oder ähnlichen Vereinbarung durch Sie oder eine Gesellschaft Ihrer Gruppe,
- bewaffnete Auseinandersetzungen, Krieg, Terrorismus, Aufruhr, innere Unruhen oder andere Formen von Gewalt,

- eine Beeinträchtigung des Waren- oder Zahlungsverkehrs durch Behörden, staatliche Institutionen oder eine gemäß dem Völkerrecht anerkannte internationale Organisation,
- Transferschwierigkeiten oder Devisenmangel,
- ein Ereignis, das aus einer Kernreaktion, nuklearen Strahlung oder radioaktiven Kontamination herrührt, oder
- eine Naturkatastrophe oder eine andere Form von höherer Gewalt

verursacht worden.

h) Der Versicherungsfall tritt innerhalb der im **Versicherungsschein** festgesetzten Zeitspanne nach Beginn des **Versicherungsvertrages** ein (Sperrfrist).

Verzugszinsen für Forderungen aus der **Insolvenzanfechtung** sind im Rahmen dieses **Versicherungsvertrages** nicht versichert.

5. Eingeschränkter Versicherungsschutz

Forderungen gegen einen **Kunden**, die nach **Insolvenzanfechtung** wieder aufgelebt sind und für den gemäß Abschnitt 8.2 c) AVB keine Prüfung erforderlich war, sind nur bis zu einem Betrag von 25 TEUR im Rahmen dieses **Versicherungsvertrages** versichert, es sei denn, im **Versicherungsschein** ist ein anderer Betrag für diesen Versicherungsschutz vereinbart.

6. Beteiligung an den Rechtsverfolgungskosten

Wir beteiligen uns gemäß Abschnitt 11 AVB im Rahmen der Höchstentschädigung an den **Rechtsverfolgungskosten** für die den Umständen nach gebotenen Maßnahmen zur Prüfung und Abwehr eines von einem Insolvenzverwalter behaupteten Anfechtungsanspruchs, soweit

a) diese **Rechtsverfolgungskosten** mit unserer vorherigen Zustimmung im Rahmen der Beauftragung eines Rechtsanwaltes entstanden sind,

b) Sie alle durch uns bzw. durch den beauftragten Rechtsanwalt erteilten zweckmäßigen Weisungen befolgt haben,

c) diese Kosten nicht durch eine andere Versicherung, insbesondere eine Rechtsschutzversicherung, versichert sind, und

d) es sich nicht um Kosten handelt, die Ihnen im gewöhnlichen Geschäftsbetrieb entstehen (z. B. Personal- und Sachkosten).

Diese Kosten werden als Teil der **Entschädigungsleistung** auf die Höchstentschädigung angerechnet.

B Handhabung Ihres Versicherungsvertrages

7. Berechnung und Zahlung der Prämie

a) Die im **Versicherungsschein** genannte Prämie gilt für jedes **Versicherungsjahr**.

Die Prämie wird zu Beginn des **Versicherungsjahres** in Rechnung gestellt. Sie versteht sich zuzüglich der gesetzlichen Versicherungsteuer. Die Rechnung enthält auch die Angaben zur Zahlweise.

b) Für die Überprüfung, ob die vereinbarte Prämie auch für das jeweils folgende **Versicherungsjahr** im Verhältnis zu dem von uns zu tragenden Risiko angemessen ist, sind Sie verpflichtet, uns 3 Monate vor Ablauf eines **Versicherungsjahres** oder auf unsere Anfrage Ihren Umsatz des letzten abgeschlossenen und ggf. des laufenden Geschäftsjahres mit den von der Anfechtungsversicherung umfassten **Kunden** zu melden und uns auf Anforderung weitere notwendige Unterlagen oder Informationen bereitzustellen.

Falls Sie uns diese Angaben nicht oder fehlerhaft melden, sind wir nicht zur Leistung verpflichtet. Dies gilt nicht, wenn Sie Ihre Meldepflicht weder vorsätzlich noch grob fahrlässig verletzt haben und Sie die Meldung unverzüglich nach Kenntniserlangung nachholen oder berichtigen.

c) Wird die erste Prämie nicht rechtzeitig gezahlt, sind wir, solange die Zahlung nicht bewirkt ist, zum Rücktritt vom Vertrag berechtigt, es sei denn, Sie haben die Nichtzahlung nicht zu vertreten. Ist die erste Prämie bei Eintritt des Versicherungsfalles nicht gezahlt, sind wir von der Verpflichtung zur Entschädigung frei, es sei denn, Sie haben die Nichtzahlung nicht zu vertreten.

In jedem Fall gelten die Regelungen der §§ 37–39 des Versicherungsvertragsgesetzes. Bei Rücktritt vom Vertrag zahlen Sie uns eine Geschäftsgebühr in Höhe von 25 % der vereinbarten Jahresprämie.

8. Verhaltenspflichten

8.1 Anzeigepflichten

Sie informieren uns unverzüglich, wenn

a) Ihnen die Insolvenzanfechtungserklärung des Insolvenzverwalters zugegangen ist, um das weitere Vorgehen mit uns abzustimmen,

b) Anfechtungsfälle anhängig sind oder

c) Sie beabsichtigen, einen Kreditversicherungsvertrag mit einem Versicherer abzuschließen, der nicht mit Euler Hermes verbunden ist.

8.2 Sorgfaltspflichten

Für den Versicherungsschutz im Rahmen dieses **Versicherungsvertrages** ist ausdrücklich vereinbart:

a) Sie gehen im Geschäftsverkehr mit Ihren **Kunden** – insbesondere bei der Gewährung von (Waren)-Krediten – stets mit der Sorgfalt eines ordentlichen Kaufmanns vor und handeln so, als wären Sie nicht versichert.

b) Sie ergreifen alle gebotenen Maßnahmen zur Vermeidung oder Minderung eines Schadens. Dies umfasst insbesondere, aber nicht ausschließlich folgende Obliegenheiten:
- Sie leisten bezüglich des Insolvenzanfechtungsanspruchs ohne unsere vorherige Zustimmung keine Rückzahlung, geben kein Anerkenntnis ab und stimmen keinem Vergleich zu,
- Sie ergreifen in Abstimmung mit uns alle zur Prüfung und Abwehr des geltend gemachten Insolvenzanfechtungsanspruchs geeigneten Maßnahmen. Dazu zählt insbesondere die Beauftragung eines Rechtsanwalts,
- Sie verwerten Waren, die Sie infolge der **Insolvenzanfechtung** von der Insolvenzmasse zurückgenommen haben, im Einvernehmen mit uns bestmöglich, und
- Sie melden die infolge einer **Insolvenzanfechtung** wieder auflebenden Forderungen auf eigene Kosten im Insolvenzverfahren an.

c) Sie führen, wenn die bestehende Gesamtforderung aus **Lieferungen/Leistungen** gegen einen **Kunden** die im **Versicherungsschein** genannte Prüfungsgrenze erreicht oder übersteigt, unverzüglich die benannte Prüfung anhand der im **Versicherungsschein** aufgeführten Prüfungskriterien und Ausschlusskriterien durch und dokumentieren nachweislich das Ergebnis. Die Prüfung ist spätestens zum Ultimo des Monats, in dem die bestehende Gesamtforderung aus **Lieferung/Leistung** gegen einen **Kunden** die im **Versicherungsschein** genannte Prüfungsgrenze erreicht oder übersteigt, durchzuführen und regelmäßig maximal im Jahresabstand zu wiederholen und zu aktualisieren, es sei denn, die bestehende Gesamtforderung gegen einen **Kunden** sinkt unter die Prüfungsgrenze. Nach jeder Prüfung besteht Versicherungsschutz für **angefochtene Zahlungen** bis zur nächsten durchgeführten oder fälligen Kundenprüfung und nur, wenn und soweit die im **Versicherungsschein** aufgeführten Bedingungen eingehalten sind und für den **Kunden** kein Ausschlusskriterium gemäß den Angaben im **Versicherungsschein** gilt.

8.3 Verschwiegenheitspflichten

Sie sind verpflichtet, den Abschluss und Inhalt dieses **Versicherungsvertrages** streng vertraulich zu behandeln, insbesondere gegenüber **Kunden** und Insolvenzverwaltern.

8.4 Verstoß gegen Verhaltenspflichten

Verletzen Sie schuldhaft eine zu erfüllende Obliegenheit, sind wir in Bezug auf ein versichertes Einzelrisiko, für das die verletzte Obliegenheit gilt, von der Verpflichtung zur Leistung frei, ohne dass es einer Kündigung bedarf. Dies gilt nicht, wenn die Verletzung weder für den Eintritt oder die Feststellung des Versicherungsfalles noch die Feststellung oder den Umfang der uns obliegenden Leistung ursächlich war.

Haben Sie schuldhaft eine Gefahrerhöhung nicht angezeigt, sind wir nicht zur Leistung verpflichtet, wenn der Versicherungsfall nach dem Zeitpunkt eintritt, zu dem uns die Anzeige hätte zugehen müssen. Wir bleiben zur Leistung verpflichtet, wenn uns die Gefahrerhöhung zu dem Zeitpunkt bekannt war, zu dem uns die Anzeige hätte zugehen müssen, oder wenn die Gefahrerhöhung nicht ursächlich für den Eintritt des Versicherungsfalles oder den Umfang der Leistungspflicht war.

C Entschädigungsleistung

9. Schadenanzeige

Zur Geltendmachung eines Entschädigungsanspruches reichen Sie eine **Schadenanzeige** ein. Die Schadenanzeigefrist endet 30 Tage nach der erfolgten Rückzahlung der im Wege der **Insolvenzanfechtung** zurückgeforderten **Zahlung** an den Insolvenzverwalter.

In Ihrer **Schadenanzeige** sind die Rückzahlungsaufforderung, der Nachweis für die geleistete Rückzahlung der **angefochtenen Zahlung** an den Insolvenzverwalter, der Beleg für den Eingang der ursprünglichen **Zahlung** des **Kunden** und die Bestätigung über die Anmeldung der wieder auflebenden Forderung im Insolvenzverfahren beizufügen. Wenn wir Sie darum bitten, werden Sie uns zusätzliche Dokumente zur Verfügung stellen, die für die Prüfung und Bearbeitung Ihres Schadenfalles erforderlich sind.

10. Forderungsminderungen

Sie informieren uns unverzüglich über alle **Forderungsminderungen**, die Sie oder ein für Sie handelnder Dritter vor, während und nach der Schadenabrechnung erhalten.

Wenn Sie **Zahlungen** erhalten, die sich ausdrücklich auf eine bestimmte **Lieferung/Leistung** beziehen, werden die **Zahlungen** dieser **Lieferung/Leistung** zugerechnet.

Ist keine Zuordnung der **Zahlungen** zu einer bestimmten **Lieferung/Leistung** möglich, werden zwischen Ihnen und uns alle **Forderungsminderungen** anteilig im Verhältnis des versicherten Ausfalls und der Gesamtforderungssumme, die der **Kunde** zum Zeitpunkt des Eingangs Ihrer **Schadenanzeige** schuldet und die vom Insolvenzverwalter zur Tabelle anerkannt ist, verrechnet. Ihr Anteil an den **Forderungsminderungen** wird auf den Gesamtbetrag der offenen Forderungen gegen den **Kunden** angerechnet, der den versicherten Ausfall übersteigt, solange bis dieser vollständig bezahlt ist.

Nachdem Sie von uns eine entsprechende Aufforderung erhalten haben, leiten Sie innerhalb von 30 Tagen den uns zustehenden Anteil der **Forderungsminderungen** an uns weiter.

11. Entschädigungsleistung

Wir werden Ihre **Entschädigungsleistung** in der nachfolgend beschriebenen Vorgehensweise berechnen.

11.1 Berechnung Ihres versicherten Außenstandes

a) Die Höhe des versicherten Ausfalls richtet sich zunächst nach der Höhe des nach der **Insolvenzanfechtung** an den Insolvenzverwalter zurückgezahlten Betrages gemäß der der **Schadenanzeige** beiliegenden Rückzahlungsaufforderung zuzüglich der angefallenen und gemäß Abschnitt 6 AVB entschädigungsfähigen **Rechtsverfolgungskosten.**

Von dem daraus resultierenden Betrag werden in nachstehender Reihenfolge abgesetzt:

- Forderungen oder Forderungsteile, die unter diesem **Versicherungsvertrag** nicht versichert sind,
- der Wert aller nicht geltend gemachten Sicherheiten und Garantien, und
- der Wert aller Rechte aus Eigentumsvorbehalten, die mit Ihrem **Kunden** vereinbart wurden und für die Sie nicht alle angemessenen Anstrengungen zur Durchsetzung unternommen haben.

b) Anschließend werden wir den Wert enthaltener Umsatzsteuer (oder entsprechender Verkaufssteuern) und Energiesteuer von dem errechneten Betrag abziehen.

c) Der daraus resultierende Betrag ist Ihr versicherter Außenstand.

11.2 Berechnung Ihres versicherten Ausfalls

a) Vom versicherten Außenstand werden wir alle **Forderungsminderungen** abziehen, die gemäß der Regelung in Abschnitt 10 AVB Ihrem versicherten Außenstand zugerechnet werden.

b) Wenn in Ihrem **Versicherungsschein** eine Bagatellgrenze benannt ist, haben Sie nur dann einen Anspruch auf **Entschädigungsleistung**, wenn der nach Anwendung von Abschnitt 11.2 a) AVB verbleibende Betrag höher ist als die Bagatellgrenze.

11.3 Berechnung Ihrer Entschädigungsleistung

a) Wenn in Ihrem **Versicherungsschein** ein Ausfallvorrisiko festgelegt ist, haben wir keine Verpflichtung, Sie gemäß diesem **Versicherungsvertrag** zu entschädigen, solange der Gesamtbetrag aller in dem **Versicherungsjahr** berücksichtigten versicherten Ausfälle den für das Ausfallvorrisiko festgelegten Betrag nicht übersteigt.

b) Wir berechnen Ihre **Entschädigungsleistung**, indem wir den das Ausfallvorrisiko überschreitenden Betrag mit der im **Versicherungsschein** genannten Versicherungsquote multiplizieren.

c) Auf die so kalkulierte **Entschädigungsleistung** finden die Regelungen zur Höchstentschädigung gemäß Abschnitt 12 AVB Anwendung.

11.4 Zahlung Ihrer Entschädigungsleistung

a) Wir zahlen die **Entschädigungsleistung** nach Eintritt des Versicherungsfalles innerhalb von 30 Tagen nach Zugang der vollständigen **Schadenanzeige** und ggf. anderer erforderlicher Unterlagen, um die wir Sie bitten.

b) Ein Anspruch auf **Entschädigungsleistung** besteht nach Eintritt des Versicherungsfalles für eine versicherte Forderung, wenn die **Insolvenzanfechtung** gemäß den gesetzlichen Bestimmungen begründet ist, wenn Sie die im Wege der **Insolvenzanfechtung** zurückgeforderte **Zahlung** nach Abstimmung mit uns an den Insolvenzverwalter geleistet und die infolge der **Insolvenzanfechtung** wiederauflebende Forderung im Insolvenzverfahren angemeldet haben und soweit nicht ein Entschädigungsanspruch im Rahmen einer anderen Versicherung besteht.

Haben Sie ohne unsere Zustimmung den geltend gemachten Rückzahlungsanspruch des Insolvenzverwalters infolge **Insolvenzanfechtung** anerkannt, einem Vergleich zugestimmt oder die Rückzahlung an den Insolvenzverwalter geleistet, besteht kein Anspruch auf **Entschädigungsleistung**. Dies gilt nicht, wenn und soweit der geltend gemachte Rückzahlungsanspruch infolge **Insolvenzanfechtung** rechtskräftig festgestellt wurde.

c) Wenn Sie eine **Entschädigungsleistung** erhalten, auf die Sie gemäß diesem **Versicherungsvertrag** keinen Anspruch haben, zahlen Sie diese innerhalb von 30 Tagen, nachdem Sie von uns eine entsprechende Aufforderung erhalten oder entsprechende Kenntnis erlangt haben, an uns zurück.

12. Höchstentschädigung

Wir sind nicht zur Erbringung weiterer **Entschädigungsleistungen** für ein **Versicherungsjahr** verpflichtet, sobald der Gesamtbetrag der gezahlten **Entschädigungsleistungen** für in diesem **Versicherungsjahr** eingetretene Versicherungsfälle die im **Versicherungsschein** genannte Höchstentschädigung erreicht. Das gilt auch, wenn der Gesamtbetrag der im Wege der **Insolvenzanfechtung** zurückgeforderten **Zahlungen** die Höchstentschädigung überschreitet. Die Beendigung unserer Entschädigungsverpflichtung wegen Erreichung der Höchstentschädigung lässt Ihre Pflichten und Obliegenheiten gemäß dem **Versicherungsvertrag** unberührt.

13. Rechtsübergang

In Höhe der **Entschädigungsleistung** treten Sie uns im Voraus sämtliche Ihnen nach der Inanspruchnahme durch **Insolvenzanfechtung** gegen den **Kunden** bzw. dessen Rechtsnachfolger zustehende Ansprüche sowie alle Nebenrechte, Garantien und sonstigen Sicherheiten ab. Auf unser Verlangen werden Sie die zum Übergang der Rechte erforderlichen Handlungen vornehmen.

14. Anderweitige Absicherung

14.1 Wenn wir nicht schriftlich eine anderslautende Vereinbarung getroffen haben, dürfen Sie versicherte Forderungen oder Forderungsteile, die die Voraussetzung für eine **Entschädigungsleistung** nicht erfüllen, nicht anderweitig gegen **Insolvenzanfechtung** absichern. Sie werden die Forderungen oder Forderungsteile, die nicht entschädigt werden, daher weder vollständig noch teilweise an Dritte (einschließlich ein Finanzinstitut) abtreten oder bei einem anderen Versicherer versichern.

14.2 Wenn Sie beabsichtigen, Teile Ihrer Forderungen, die nicht im Rahmen dieses **Versicherungsvertrages** versichert sind, anderweitig gegen **Insolvenzanfechtung** abzusichern, z. B. durch eine Versicherung bei einem anderen Versicherer, informieren Sie uns hierüber, bevor Sie eine entsprechende Vereinbarung treffen.

15. Doppelversicherung

15.1 Wenn Sie im Falle der Rückzahlung der **angefochtenen Zahlung** eine **Entschädigungsleistung** aus einer anderen Versicherung in Anspruch nehmen können, können Sie in Höhe dieses Anspruchs die **Entschädigungsleistung** aus vorliegender Versicherung nicht geltend machen.

15.2 Wenn Sie aus vorliegender Versicherung eine **Entschädigungsleistung** erhalten haben, die Sie im Sinne von Abschnitt 15.1 AVB aus einer anderen Versicherung in Anspruch nehmen könnten, sind Sie verpflichtet, uns die **Entschädigungsleistung** in entsprechender Höhe innerhalb von 30 Tagen zurück zu zahlen.

16. Abtretung Ihres Anspruchs auf Entschädigungsleistung

Die Abtretung Ihres Anspruchs auf Auszahlung der **Entschädigungsleistung** bedarf unserer schriftlichen Zustimmung. Eine ohne unsere Zustimmung erfolgte Abtretung ist gemäß § 354a Handelsgesetzbuch gleichwohl wirksam; jedoch bleiben wir berechtigt, mit befreiender Wirkung an Sie zu leisten.

D Allgemeine Regelungen

17. Ihr Versicherungsantrag

17.1 Ihr Antrag auf Abschluss einer Versicherung und die Angaben in der Vordeklaration einschließlich aller zusätzlichen Informationen und Unterlagen, die wir von Ihnen oder in Ihrem Namen erhalten haben, bilden die Grundlage des **Versicherungsvertrages** und sind dessen Bestandteil.

17.2 Sie sichern zu, dass alle diese Angaben vollständig und richtig waren. Sollten sich die Angaben nachträglich wesentlich ändern, teilen Sie uns dies unverzüglich mit.

18. Prüfung von Unterlagen

18.1 Wenn wir Sie darum bitten, räumen Sie uns oder einem von uns dazu Bevollmächtigten das Recht ein, in die in Ihrem Besitz befindlichen, für das Vertragsverhältnis wesentlichen Geschäftsunterlagen Einsicht zu nehmen und hiervon Kopien herzustellen. Außerdem unterstützen Sie uns mit allen sachgerechten und notwendigen Schritten dabei, Zugang zu derartigen Unterlagen zu erhalten, wenn diese sich im Besitz Dritter befinden.

18.2 Dieses Recht zur Prüfung der Einhaltung vertraglicher Verpflichtungen besteht auch nach dem Ende des **Versicherungsvertrages** fort.

19. Schriftform

Jede Änderung des **Versicherungsvertrages** oder eines Verzichts von Rechten aus dem **Versicherungsvertrag** bedarf der Schriftform.

20. Vertragswährung

20.1 Vertragswährung ist der Euro. Er gilt insbesondere für die Höchstentschädigung, Prämie, **Forderungsminderungen**, den versicherten Ausfall und die **Entschädigungsleistung**.

20.2 Versicherungsschutz besteht für Forderungen aus der Inanspruchnahme durch **Insolvenzanfechtung** in jeder beliebigen Währung.

20.3 Für die Umrechnung der Forderung aus der Inanspruchnahme durch **Insolvenzanfechtung** gilt der Umrechnungskurs der Europäischen Zentralbank am Tag der Rückzahlung an den Insolvenzverwalter. In allen anderen Fällen gilt der Umrechnungskurs am Tag, an dem die ursprüngliche Forderung aus **Lieferung/Leistung** fällig war, jedoch kein höherer als am Tag der Fakturierung.

20.4 Der Wert von **Forderungsminderungen** wird mit dem Umrechnungskurs am Tag ihres Entstehens oder Eingangs umgerechnet.

21. Aufrechnung

21.1 Sie dürfen nur dann gegen unsere Prämienforderungen oder sonstigen Ansprüche aus dem **Versicherungsvertrag** aufrechnen, wenn wir Ihre Gegenforderung anerkannt haben oder diese rechtskräftig festgestellt wurde.

21.2 Wir dürfen mit unseren eigenen Forderungen gegen Ihre etwaigen Gegenforderungen aufrechnen.

22. Steuern, Abgaben und sonstige Gebühren

Steuern, Abgaben und Bankgebühren für Zahlungseingang oder -transfer, die im Zusammenhang mit dem **Versicherungsvertrag** für Sie anfallen, sind von Ihnen zu zahlen.

23. Laufzeit des Versicherungsvertrages

23.1 Beginn, Dauer und Beendigung des Versicherungsvertrages

a) Der Beginn und die Dauer des **Versicherungsvertrages** ergeben sich aus dem **Versicherungsschein**.

b) Der **Versicherungsvertrag** verlängert sich nach Ablauf um jeweils ein **Versicherungsjahr**, wenn er nicht mit einer Frist von 2 Monaten vor Ablauf von einem der beiden Vertragspartner schriftlich gekündigt wird.

23.2 Außerordentliche Kündigungsgründe

Wir dürfen den **Versicherungsvertrag** schriftlich außerordentlich kündigen, wenn

a) über Ihr Vermögen die Eröffnung eines Insolvenzverfahrens vom Insolvenzgericht mangels Masse abgewiesen oder die Annahme eines Schuldenbereinigungsplanes vom Gericht festgestellt wird, wenn Sie mit sämtlichen Gläubigern einen außergerichtlichen Liquidations- oder Quotenvergleich abschließen oder wenn eine vorgenommene Zwangsvollstreckung in Ihr Vermögen nicht zur vollen Befriedigung führt, oder

b) Sie eine Warenkreditversicherung bei einem Versicherer abschließen, der nicht mit Euler Hermes verbunden ist.

Die Kündigung wird mit Zugang der Erklärung bei Ihnen wirksam.

23.3 Versicherungsschutz nach Beendigung des Versicherungsvertrages

Wir haben keine Leistungspflicht für Versicherungsfälle, die nach der Beendigung des **Versicherungsvertrages** eintreten.

24. Sprache, anwendbares Recht, Gerichtsstand und Sanktionsklausel

24.1 Sprache

Die bindende Version dieses **Versicherungsvertrages** ist in deutscher Sprache verfasst.

24.2 Anwendbares Recht und Gerichtsstand

a) Der **Versicherungsvertrag** und alle Streitigkeiten unterliegen in jeder Hinsicht dem deutschen Recht.

b) Wir beabsichtigen, etwaige Streitfälle zwischen Ihnen und uns gütlich beizulegen. Sollte dies nicht gelingen, ist der ausschließliche Gerichtsstand bei Kaufleuten für alle von uns oder gegen uns erhobenen Klagen Hamburg.

24.3 Sanktionsklausel

Wir gewähren weder Versicherungsschutz im Rahmen des **Versicherungsvertrages** noch zahlen wir **Entschädigungsleistungen** aus, soweit wir durch die Gewährung und/oder Auszahlung Sanktionsmaßnahmen, Verboten oder Beschränkungen nach relevanten Wirtschafts- oder Handelssanktionen ausgesetzt wären.

E Definitionen

„Entschädigungsleistung“: Der Betrag, den wir Ihnen gemäß den Bestimmungen des **Versicherungsvertrages** schulden, um Sie für den Ausfall von versicherten Forderungen zu entschädigen.

„Forderungsminderungen“:

a. Geldbeträge, die Sie vom **Kunden** oder Dritten, die für ihn handeln, erhalten haben, einschließlich gezahlter Quoten aus der Insolvenzmasse des **Kunden,**

b. Erlöse aus Eigentumsvorbehaltsrechten und sonstigen verwerteten Sicherheiten wie Garantien,

c. Erlöse aus der anderweitigen Verwertung von zurückgenommener Ware,

d. aufrechenbare Forderungen und

e. Erlöse aus sonstigen Rechten.

„Insolvenz/insolvent“ liegt vor, wenn:

a. ein (vorläufiger) Insolvenzverwalter bzw. ein (vorläufiger) Sachwalter bestellt oder die Eröffnung des Insolvenzverfahrens vom Gericht mangels Masse abgewiesen wird,

b. die Annahme eines Schuldenbereinigungsplanes vom Insolvenzgericht festgestellt wird oder mit sämtlichen Gläubigern ein außergerichtlicher Liquidations- oder Quotenvergleich zustande kommt, oder

c. Umstände eintreten, die den oben Genannten entsprechen.

„Insolvenzanfechtung/angefochten“: Die wirksame Ausübung der Rechte des Insolvenzverwalters gemäß §§ 130 ff. der Insolvenzordnung oder vergleichbaren Regelungen bei **Kunden** mit Sitz im Ausland.

„Kunde“: Eine natürliche oder juristische Person oder eine rechtsfähige Personengesellschaft, die in Ausübung ihrer gewerblichen oder selbstständigen beruflichen Tätigkeit handelt, ihren Sitz in einem gemäß Abschnitt 3. d) AVB vereinbarten Land hat und an die Sie eine **Lieferung/Leistung** erbracht sowie die Forderung daraus fakturiert haben.

„Lieferung/Leistung“ bedeutet:

a. Die Ware wurde an den ersten unabhängigen Frachtführer zum Zwecke des Transports an den vereinbarten Leistungsort übergeben,

b. falls kein Frachtführer beauftragt ist, die Übergabe der Ware an den **Kunden** oder an einen von ihm beauftragten Dritten, oder

c. die vereinbarten Leistungen wurden vertragsgemäß erbracht.

„Öffentlich-rechtlicher Kunde“: Ein **Kunde**, der

a. eine staatliche Stelle,

b. eine Behörde oder öffentliche Einrichtung, oder

c. eine Organisation, bei der der Staat durch Beteiligung an der Leitung, Verwaltung oder Kapital eine direkte oder indirekte Kontrolle ausübt, gegen welche Sie keine Zwangsvollstreckungsmaßnahmen durchführen können und die nicht dem Insolvenzrecht unterliegt, ist.

„Rechtsverfolgungskosten“: Alle externen Kosten, die zur Abwehr der Ansprüche eines Insolvenzverwalters aus Insolvenzanfechtungstatbeständen entstehen, soweit diese im Rahmen dieses **Versicherungsvertrages** versichert sind. Dazu zählen Rechtsanwaltskosten, Gerichtskosten und Sachverständigengutachten.

„Schadenanzeige“: Eine Mitteilung in Schriftform, mit der Sie gemäß Abschnitt 9 AVB Ihren Anspruch auf **Entschädigungsleistung** geltend machen.

„Verbundener Kunde“: Ein **Kunde,** (i) über den Sie oder eine der Gesellschaften Ihrer Gruppe durch Beteiligung an der Leitung, Verwaltung oder Kapital eine unmittelbare oder mittelbare Kontrolle ausüben, (ii) der eine ähnliche Kontrolle über Sie oder eine der Gesellschaften Ihrer Gruppe hat oder (iii) Teil Ihrer Gruppe ist.

„Versicherungsjahr“: Ein in dem **Versicherungsschein** definierter Zeitraum für die Laufzeit dieses **Versicherungsvertrages** und um das sich der **Versicherungsvertrag** ggf. automatisch verlängert.

„Versicherungsschein“: Der Teil des **Versicherungsvertrages**, der **Versicherungsschein** genannt wird.

„Versicherungsvertrag“: Dieser **Versicherungsvertrag** zum Schutz vor **Insolvenzanfechtung** einschließlich dieser Allgemeinen Versicherungsbedingungen, des **Versicherungsscheines**, aller Änderungen, Ergänzungen und Klauseln, die im Zusammenhang mit diesem **Versicherungsvertrag** erstellt worden sind. Des Weiteren sind Ihr Versicherungsantrag, Ihre Vordeklaration und etwaige zusätzliche Informationen, die wir von Ihnen oder in Ihrem Namen in diesem Zusammenhang erhalten haben, Bestandteil.

„Zahlung“: Jede Befriedigung einer Forderung aus **Lieferung/Leistung** durch **Zahlung**, Aufrechnung oder in sonstiger Weise.

www.ingramcontent.com/pod-product-compliance
Ingram Content Group UK Ltd.
Pitfield, Milton Keynes, MK11 3LW, UK
UKHW022103051026
15623UKWH00003B/649

9 783631 833858